LIVRE D'OR

DU PENSIONNAT J.-B. DE LA SALLE

ET DE L'ÉCOLE SAINT-GENÈS

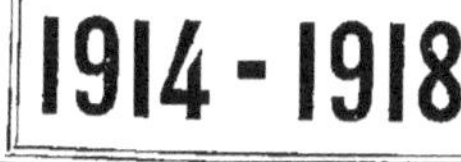

Imp. Al. Sébalas-Berou, 34, Rue Ste-Colombe, Bx

LIVRE D'OR

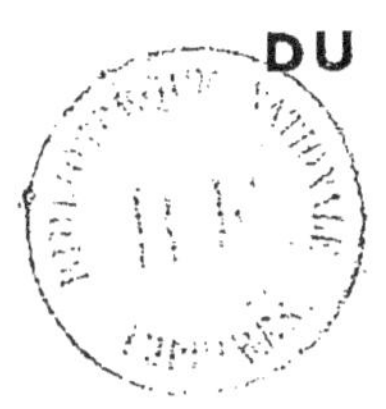

DU PENSIONNAT J.-B. DE LA SALLE

ET DE L'ÉCOLE SAINT-GENÈS

A LA MÉMOIRE DES

Maîtres, Anciens Élèves et Serviteurs du Pensionnat

et de l'École Saint-Genès

Morts pour la France

1914-1918

A LA MÉMOIRE
DES MAÎTRES, DES ANCIENS ÉLÈVES ET DES SERVITEURS DE L'ÉCOLE
1914 — Morts pour la France — 1918

AVERTISSEMENT

L'œuvre que nous présentons au public contient 229 notices nécrologiques, 250 notices de survivants, près de 700 citations ou motifs de décorations : témoignages d'héroïsme que nous souhaiterions impérissables.

Nous avions désiré que cet ouvrage fût une œuvre d'art, et que, par sa présentation, il ne se trouvât point trop indigne des morts dont il perpétuera le souvenir.

Notre désir a été réalisé, grâce au zèle intelligent et au goût délicat de M. Ségalas-Bérou, qui a mené à bien l'impression de ce Livre d'Or ; grâce au talent professionnel de ses employés, parmi lesquels il convient de féliciter spécialement le prote, M. Albert Houques, qui a su, comme il est de tradition en France, unir en un tout inséparable l'art et le métier.

Comment oublier ici M. Sereni dont les planches photographiques admirables font revivre les traits de nos disparus ?

La Commission de rédaction a dû mettre en œuvre plusieurs centaines de documents d'origine et de nature bien diverses. Que tous ceux qui l'ont aidée à les rechercher, à les contrôler, à les classer trouvent ici l'expression de sa gratitude.

On s'étonnera peut-être que l'ouvrage soit publié sans nom d'auteur.

Les auteurs véritables, ce sont les soldats, morts ou survivants, dont il consacre la mémoire. C'est sans ornement et sans fard que leur valeur est ici rappelée, comme c'est sans forfanterie ni gloriole qu'ils ont écrit de leur sang les pages les plus tragiques de l'Histoire de France. Partout où cela fut possible, c'est eux que nous avons laissé parler, eux qui s'étant immolés silencieusement pendant tant d'années, avaient droit à cette revanche sur l'oubli.

L'auteur du Livre d'Or, c'est aussi l'Ecole.

Comme une mère, elle avait cultivé dans le cœur de ses enfants les germes des vertus naturelles et surnaturelles qui devaient s'épanouir plus tard en corolles sanglantes.

Tant qu'ils furent au front, elle les suivit attentive, leur répétant ce que toutes les mères françaises ont répété : « Fais ton devoir ! ».

Elle est fière de ceux qui lui sont revenus, pour partager avec elle le souvenir devenu cher des épreuves passées, le rayonnement de la gloire conquise.

Elle pleure ceux qui ne sont plus, mais ses larmes ont leur noblesse, car elles tombent sur d'héroïques restes ; ses larmes coulent dans la paix, car la certitude chrétienne nous révèle en nos morts d'immortels vivants.

L'École aurait voulu, comme une mère, recueillir les dépouilles de ses enfants, entretenir sur leur tombe un culte durable et pieux. Elle a satisfait en partie à ce désir, en érigeant un cénotaphe qui redit aux cadets les noms et le geste de leurs aînés.

Comme une mère s'efforçant de retenir auprès d'elle, dans une étreinte que rend efficace l'intensité de son amour, ce que la mère veut garder de ses enfants, leur âme, l'École a voulu garder auprès d'elle, dans ce LIVRE D'OR, les pensées et les paroles de ses enfants, ce qui nous reste de leur âme envolée.

L'imperfection est le partage commun de toute œuvre humaine. Cet ouvrage, pas plus qu'aucun autre, n'est parfait. Il contient des lacunes à coup sûr, des inexactitudes peut-être. Qu'on nous les pardonne en considération du but que nous voulions atteindre : défendre contre l'oubli et contre l'ingratitude tous ceux que nous avons aimés.

L'ouvrage comprend :

1º Une préface de M. l'Abbé Bergey, ancien aumônier militaire du 18ᵉ Régiment d'Infanterie, député de la Gironde ;

2º La liste des souscripteurs pour le MONUMENT COMMÉMORATIF ;

3º La liste des souscripteurs du LIVRE D'OR ;

4º Un répertoire alphabétique des noms des maîtres, anciens élèves et serviteurs de l'École inscrits au LIVRE D'OR, *avec indication des pages de leurs notices respectives ;*

5º Le LIVRE D'OR *proprement dit, divisé en deux parties : I. Les Morts, II. Les Survivants ;*

6º Comme complément :
a. — Le compte rendu de l'inauguration du Monument aux Morts ;
b. — La vie de l'Hôpital complémentaire nº 18 (Hôpital Saint-Genès) ;
c. — La vie de l'École pendant la guerre.

PRÉFACE

Es Morts vont vite !

Ceux de la guerre comme les autres !

Leurs sacrifices et leur gloire sont méthodiquement, implacablement ensevelis sous un épais linceul d'oubli.

On veut jouir frénétiquement de la vie.

On veut gagner de l'argent.

Notre époque, sauvée pourtant par Eux, s'est agenouillée devant le Veau d'Or. Un matérialisme de décadence a étouffé son âme.

Ils parlent de souffrance, de deuil, d'idéal.

Ils deviennent, pour la foule versatile et oublieuse, des compagnons gênants par un trop austère langage....

Aux enrichis, ils rappellent trop de créances sacrées.

Aux lâches, qui reculèrent devant le devoir, ils sont d'insupportables remords....

Leur prédication muette pèse trop lourdement sur les culpabilités des uns et les aspirations vulgaires des autres.

Les géants de la Mort ont fait peur aux nains de la vie !

On les enterre une seconde fois, pour qu'ils ne reviennent plus troubler de leurs âpres leçons, de leurs poignants avis, notre course démente et joyeuse à l'abîme. Mais des factionnaires douloureux et obstinés montent silencieusement la garde autour de leurs tombes, pour maintenir lumineux, ardent, leur souvenir.

Ils veulent, de toute la force de leur amour fidèle et fier, en passer le flambeau aux générations à venir, après en avoir consolé et illuminé les derniers jours des pauvres vieux... qui brisés par la douleur, s'en vont rejoindre, dans l'Eternité, leurs enfants martyrs...

Ces vaillants gardiens de la flamme sont les parents, qui ne peuvent oublier; les maîtres, qui pétrirent les âmes de ces héros; les camarades, qui les virent tomber et recueillirent leurs suprêmes pensées avec leur dernier soupir.

Ceux-là n'ont pas peur des Morts de la tranchée !

Ils vivent constamment dans l'évocation de leur silhouette aimée.

Ils en font leurs conseillers, leurs protecteurs, les défenseurs plus que jamais vivants de la Patrie toujours menacée.

Dans cette incomparable relève de la reconnaissance française et de la tendresse fraternelle, la grande famille de Saint-Genès — Société civile, Ecole, Anciens Élèves — a voulu prendre sa place d'honneur.

Nombreux sont ses enfants qui, parmi les autres, demeurent alignés, comme pour un défilé éternel, sous les petites croix de bois.

Leurs Maîtres vénérés en ont fait l'appel et dressé la liste.

Non contents d'avoir érigé en leur mémoire un imposant monument de bronze, de pierre et de marbre, ils ont voulu que les noms des chers héros fussent honorés dans toutes les familles.

Ils les ont rassemblés dans un " Livre d'Or ".

Je viens d'en feuilleter les pages, écrites par ces hommes admirables qui les ont connus, instruits, aimés.

Ils en avaient fait des chrétiens et des Français, capables d'affronter courageusement les dures luttes de la vie.

La France les leur a pris pour les jeter dans les prodigieuses batailles du canon, de la mitrailleuse et de la baïonnette, où ils se sont révélés des Héros et souvent des Saints.

Les Anciens de l'Ecole psalmodieront avec émotion ces litanies de noms connus et de citations glorieuses, qui leur rappelleront — et souvent leur apprendront — les gestes admirables de leurs jeunes frères, dans l'infernale Epopée.

Les plus petits — les élèves d'aujourd'hui, dont beaucoup sont des orphelins — ne pourront épeler chacune des lignes ou feuilleter chacune des pages, sans tressaillir de gratitude, devant tant de douleurs subies pour eux et sans comprendre le poids et la grandeur de l'héritage que leur génération va recueillir.

Et par dessus les courtes ou troubles préoccupations de leur adolescence, ils verront se dresser, nette et impérieuse, la Vision de Devoirs nouveaux.

C'est dire que le " Livre d'Or " fera œuvre salutaire.

Il rappellera qu'il y a quelques années à peine une guerre atroce a failli tuer la Patrie; que des centaines de milliers d'hommes sont morts, pour que d'autres demeurent vivants et libres; que nos Couvents et nos Ecoles ont pris leur large part du Sacrifice Commun et ont droit aux mêmes égards, aux mêmes libertés que toutes les autres collectivités de citoyens français.

Et je ne suis pas très sûr que ce rappel ne soit pas actuellement d'une particulière opportunité.

Je n'ai point à présenter ce Missel de courage et de foi.

Il est assez éloquent par lui-même et verra s'ouvrir de suite devant lui les demeures qui consentent toujours à se souvenir.

Mon rôle modeste d'Ancien Aumônier de quelques-uns de ces Morts, consiste simplement à affirmer à ceux qui — avec une émotion que je devine — patiemment rassemblèrent ces reliques de leurs enfants, qu'ils ont continué, par un geste touchant et nécessaire, leur bel apostolat de Foi et de Patriotisme.

Et puis, je demande qu'on prie pour les âmes de tous ceux qui dorment là-bas dans les terres désolées ou bien dans les cimetières fleuris de nos paroisses....

Mais.... pour beaucoup d'entre eux.... ne devrons-nous pas nous contenter de la prière, que me conseillait, ces jours derniers, aux pieds de sa Cathédrale mutilée, Monseigneur l'Evêque de Verdun : « Saintes âmes de nos soldats.... priez pour nous.... priez pour la France.... » ?

Parmi les milliers de soldats que j'ai vus mourir dans mes bras, il en est beaucoup que je prie tous les jours.... pour qu'ils nous rendent dignes d'Eux.... et pour qu'une seconde fois ils nous aident à sauver notre pays.

D.-M. BERGEY

Ex-aumônier au 18ᵉ R. I.
Chevalier de la Légion d'honneur
Croix de Guerre
Curé de Saint-Émilion
Député de la Gironde

COMITÉ DU "SOUVENIR"

Délégués de la Société Civile Immobilière de Saint-Genès :

† ANTIN (Edmond),   Président du Conseil d'Administration.
† POUGET (Michel),   —   —
MM. VIDEAU (Georges),   —   —
LAMOTHE (Joseph), Membre du Conseil d'Administration.

Délégués de l'École Saint-Genès :

MM. CLAUZEL (Adolphe), Directeur.
VIGUIÉ (Victor), Économe.

Délégués de l'Association Amicale des Anciens Élèves du Pensionnat J.-B. de la Salle et de l'École Saint-Genès :

MM. RICAUD (Théodore), Vice-Président de l'A. A,   *Président.*
MALVESIN (Georges), Membre du Comité de l'A. A, *Secrétaire.*
COLSON (Georges), Secrétaire général de l'A. A, *Secrétaire adjoint.*
MILLIOT (Roger), ancien Trésorier de l'A. A, *Trésorier.*
CHEVALIER (Maurice), Président de l'A. A.
BAC (André), ancien Vice-Président de l'A. A.
DAGRANT (Charles), ancien Membre du Comité de l'A. A.
LABARTHE-PON (Henri), ancien Membre du Comité de l'A. A.
Dr TORD (Louis), ancien Membre du Comité de l'A. A.

La réunion et la présentation des documents composant le présent ouvrage sont dues à la collaboration de :

MM. CLAUZEL (Adolphe), Directeur de l'École Saint-Genès.
SAGASPE (Jean), Chef de Division à l'École Saint-Genès.
BERTRAND (Henri), Professeur à l'École Saint-Genès.

LISTE DES SOUSCRIPTEURS

Pour l'érection du "Monument" élevé à la Mémoire des Maîtres,

Anciens Élèves et Serviteurs

du Pensionnat J.-B. de la Salle et de l'École Saint-Genès

morts pour la France pendant la Guerre 1914-1918

La Société Anonyme Immobilière de Saint-Genès.
L'Ecole Saint-Genès.
L'Association Amicale des Anciens Elèves.
Les Professeurs et le Personnel de l'Ecole.
Les Elèves de l'Ecole Saint-Genès.
Le Groupe Artistique de l'Association Amicale.
La Conférence Saint-Vincent-de-Paul de l'Ecole Saint-Genès.
Les Familles des Elèves de l'Ecole Saint-Genès.

Abadie (Mr Georges).
Abadie (Mr J.).
Abeilhou (MM. Pierre et René).
Ader (Mr F.).
Ader (Mr H.).
Adet (Mme).
Albouy (M^r) (Blaye).
Aldias (Mr C.).
de Allende (Mr Ignacio).
Almey (Mr André).
Amblard (Mme Vve J.).
Amespil (Mr Jean).
Ami de Saint-Genès (Un).
Amie de St-Genès (Une).
Ancien de Saint-Genès (Un).
André-Joseph (Frère).
Anglade (Mr F.).
Angremy (Mr P.).
Anonymes (3 souscripteurs)
Antin (Mr Edmond).
Antin (Mr Gabriel).
Aparicio de Hoyos (Mr J.-F.)
Arean-Estevez (Mr C.).
Arnaud (M. Marc).
Arrivé (Mr M.).
Arzac (Mr Gabriel).
Aubarbier (Mme Vve P.).
Aubry (Mr A.).
Audubert (Mr A.).
Audy (Mme R.).
Augey (Mme François).
Avezac (Mr P.).
Bac (Mr A.).
Bacqué (Mr M.).
Bagnères (Mme).
Baillet (Mr G.).
Baillot d'Estivaux (M^r).
Balade (Mr Louis).
Barandon (M^r et Mme P.).

Barde (Mr Henri).
Barennes (Mr R.).
Barraud (Mr G.).
Barthe (Mr Jean).
Basseterre père (M^r).
Basseterre fils (M^r).
Bastidien (Un).
Baudou (Dr J.-E.).
Baussey (M^r).
Baylac (Mme Vve).
Bayle (Mr Auguste).
Bayle (Mme Vve B.).
Beauvais et fils (M^r Ch.).
Bedel (Mme Vve).
Bedo (Mr Pierre).
Bélégaud (M^r).
Bentéjac (M^r).
Bergeret (Mr J.).
Bernard (Mr Marc).
Bernard (Mr Pierre).
Bernis (Mr Louis).
Beydts (Mr Laurent).
Beydts (Mr Louis).
Beydts (Mr Pierre).
Bicharrette (Mr J.).
Bière (Mr A.).
Birac (Mme Vve).
Blanc (Mme Vve M.).
Blanchereau (Mr Louis).
Boissarie (Mr J.).
Bonnans (Mme Vve).
Bordessoulle (Mr J.).
Boreau (Mr René).
Bosc (Mr Charles).
Bossès (Mr Paul).
Bouchet (Mr M.).
Bounet (M^r et Mme).
Bourbon (M. A.).
de Bournonville (M^r l'abbé).
Bourricaud (Mr A.).

Bousquet (Mr Roland).
de Boussiers (M^r le Comte P.-H.).
Boutet (Mme Vve Pierre).
Boutet (Mr R.).
Boyé (Mr Isnel).
Boyer (Mr Edouard).
Brédon (Mr R.-G.).
Bréthous, entrépren^r (M^r).
Brèthe (Mr Jean).
Broquères (M^r Th.).
Brouillaud et Co (MM. A.).
Bru (Mme).
Bru (Mr Maurice).
Bru (Mr René).
Cadiou (Mr André).
Caillaud (Mr J.).
Caillibaud (Mr A.).
Caldairou (Mr A.).
Calsat (Mme Vve M.).
Cante (Mme Vve Lucien).
Cante (Mr Robert).
Capsec (Mr Charles).
Carbonnel et Maylin (Famille).
Carbonnier (Mme).
Cardon (Mr Lucien).
Carrère (Mr M.-J.).
Carrère (Mr Roger).
Casamajour (Mr André).
Casanova (Mr D.-A.).
Castaigna (Mr André).
Castillon (M^r).
Cazalis (M^r l'abbé).
Cazaubieilh (Mr M.).
Chabosseau (Mr G.).
Chamalbide (Famille).
Chanaud (Dr L.).
Charbonnel (Mr Jean).
Charmet (Mr Marcel).

Chassaing (Mr J.).
de Chatouville (Mme Pierre).
Chaumet (Mr André).
Chazot (Mr E.).
Chenut (Mme F.).
Chevalier (Mr Maurice).
Chevallier (Mr Etienne).
Chevallier (Mr J.).
Cla (Mr P.).
Clauzel (M^r Ad.).
Clavié (Mr G.).
Cluchey, ingénieur (Mr A.).
Cluchey (Mr Claude).
Cluchey (Mr Robert).
Colombier (Mr P.).
Coloubie (Mr Alb.).
Colson (Mr Georges).
Comère (M^r et Mme).
Conférence St-Vincent-de-
    Paul de l'Ecole St-Genès.
Constantin (Mr J.).
Cormouls (Mr Aug.).
Cornié (Mme).
Couleau (Mr U.).
Courbin (Mr Robert).
de Cournuaud (Mr J.).
Cousseau (Mme Vve E.).
Coursol (Mr Robert).
Coussirat (Mlle).
Coustol (Mlle).
Coustol (M^r et Mme).
Coutant (Mr Henri).
Couturié (Mr Etienne).
Couturier (Mr A.).
Crespy (Mr Fernand).
Criny de Vertheuil (Mr J.).
Cruège (Mr Antoine).
Dagrant (Mr Charles).
Dagrant (Mr Maurice).
Daguzan (Mme L.).
Dannecy (M^r Ed.).
Daney, entrepreneur (Mr F.)
Daras (M^r le Lieut.-Colonel)
Daron (M^r et Mme).
Daron (Mr P.).
Darraba (Mr R.).
Darrigrand (Mr Hilaire).
Darroussat (M^r Ed.).
Dartiguelongue (Mr L.).
Daste (Mr Marc).
Daugaron (Mr J.-B.).
David (M^r et Mme), Verde-
    lais.
David (M^r et Mme J.).
Debot (Mr Paul).
Degan (M^r et Mme).
Déjean (Mr J.).
Déjean (Mr J.-P.).
Delage (Mr André).
Delcasse (M^r).
Deliac (Mr Paul).
Deloubis (Mr P.).
Demay (Mr A.).
Demons (Mme Armand).
Deney (Mr J.).
Deney (Mr P.).
Deplot (Mr Charles).
Desgranges (Mr R.).
Desplats (Mr Oswald).
Dessalle (Mr J.).

Dizaute-Lacoste (Mr Louis).
Domecq (M^r et Mme).
Donnadieu (Mr J.).
Donnadou (Mme Vve B.).
Donnadou (Mr D.).
Dorguellh (Mr P.-M.).
Dossett (Mr M.).
Drouet (Mr A.).
Drouet (Mr H.).
Drouet (Mr R.).
Dubos (Mme Jean-René).
Duboscq (Mr P.).
Dubourg (Mr G.).
Dubuc (M. L.).
Dubucq (Mr A.).
Duclion (Mr A.).
Duclos (Mr P.).
Ducos (Mr P.).
Dufau (Mr Pierre).
Dufaure (Mr Henrion).
Dufourg (Mme et Mlle).
Dufourg (Mr Pierre).
Dugay (Mr L.).
Dugenet (Mr M.).
Dulon (Mme Vve François).
Dulon (Mr Gaston).
Duluc (Mr Louis).
Dunesme, notaire (Mr P.).
Dupin (Mr Joseph).
Dupis (Mr Charles).
Dupleix (Mr F.).
Dupont (Mr J.).
Dupont-Laversanne (Mr C.).
Dupourqué (Mr H.).
Dupouy (Mr Numa).
Dupouy (Mr René).
Duprat (Mr R.).
Dupuy (Mr André).
Dupuy (Mr Marcel).
Dupùy-Delphin et Paquier
    (MM.).
Duret (Mr R.).
Eloseguy (Mr Jean).
Elso (Mr Martin).
Espilère (Mr Elie).
Espilère (Mr J.).
Estager (Mr René).
Eyraud (Mr Etienne).
Fabre (Mr J.).
Falgueyret (Mme).
Farges (Mr E.).
Faugeras (Mr J.).
Faux (Mr Charles).
Feuillade (Mme Vve).
Feuillade (Mr J.-J.).
Feuillan (M^r et Mme).
Ferbos (Mr C.).
Féret (Mr Charles).
Flamarique (Mr V.).
de Fonrémis (Mr M.).
Fontanilhes (Mr Henri).
Fournial (Mr Maurice).
Fournier (Mr G.).
Fournol (Mr P.).
Fourteau (Mr R.).
François (M^r).
Frichou frères (MM.).
Frouin (Mr H.).
Furt (Mr Maurice).
de Galainena (Mr F.).

Galène (Mr Charles).
Galène (Mr Paul).
Galey (Mr R.-G.).
Galiacy (Dr Jean).
Galin (Mr Jean).
Galtier (Dr Jules).
Garros (Mr Lucien).
Garrouste (Mme).
Gaudin (Mr A.).
Gaussem (Mr H.).
Gauthier (Mr Daniel).
Gayet (Mr J.).
Gendre (M^r et Mme).
Geneuil (Mme E.).
Giard (Commandant Louis).
Gibert (Mr J.).
Gimaux (Mme).
Gomer (Mr E.).
Gomer (Mr P.).
Goni (Mr Antonio).
Goubier (Mr Jean).
Goussé (Mr J.).
Goujon (Mr Georges).
Gouyon (Mr J.-M.).
Gramond (Mr M.).
Granchère (Mr René).
Grassaud (Mr Henry).
Grenié (Capitaine Jean).
Grenié (Mr Marcel).
Guilhem (Mr Alfred).
Guillot (Mr R.).
Guiraud (Mr J.-R.).
Guyot (Dr Joseph).
Guyot (Mr René).
Hostein (Mr Charles).
Hostin (Mr G.-P.).
Hourcade (Mr J.).
Hu (Mr Fernand).
Hugon frères (MM.).
Hugon (Mr A.).
Itey (Mr J.).
Izambert (Mr Marcel).
Jamet (Mr A.).
Jaulin (Mr A.).
Junca (M^r et Mme).
Labarraque (Mr M.-A.).
Labarthe (Mme Vve).
Labarthe-Pon (Mr H.).
Labat (Mr A.).
Labat (Mr Max).
Labat (Mr Robert).
Labeyrie (Mr J.).
Laborde (Mr J.).
Labrouillère (Mr F.).
Labuzan (Mr J.).
Lacassagne (Mr A.).
Lachaise (Mr U.).
Lacoste (Mr P.).
Ladvocat (MM. V. et S.).
Lafaye (M^r le Chanoine).
Lafite-Dupont (Dr A.).
Lafon (Mr Achille).
Lafon (Mlle Berthe).
Lafourcade (Mr P.-A.).
Lafourcade-Jumembo   (M^r
    Maurice).
Lagardère (Mr Angel).
Lagüe (Mr Pierre).
de Laigneau (Mme).
Lalande (Mme Vve François).

Lallé du Châtaigner (Mr L.).
Lamole (M^r et Mme).
Lamothe et fils (MM.).
Lamothe (Mr Félix).
Lamothe (Mme Vve L.).
de Langalerie (Mme et Mlles)
Langlois (Mr Charles).
Lapeyronie (Mme Vve R.).
Laporte (Mr Maurice).
Laporte (Mme Vve R.).
Laparra (Mr H.).
Laroche (Mr Pierre).
Larodé (Mr R.).
Larran (Mr P.).
Larramendy (Mr L.).
Lartigolle (Mr L.).
Lartigue (Mr Pierre).
Lascombe (Mr F.).
Lassalle (Mr R.).
de la Lastra (Mr L.).
Lataste (Mr Michel).
Latrille (Mr A.).
Laura (Mme P.).
Lavat (Mr Charles).
Lavergne (Mr Albert).
Lavialle (Mr M.).
Leblanc (Mr René).
Lèche-Bouvais (Mme F.).
Leclerc (Mr G.).
Lefèvre (Mr J.).
Legras (Mr G.).
Lemoing (M^r l'abbé F.).
Leroi (Mr Roger).
Lesparre (Mr Louis).
Lespinasse (Mr P.).
Lestage (Mr J.).
Levraud (Mr J.).
Liquard (Mr Abel).
Liquard (Mr Emile).
Livertoux (Mr Marcel).
Livran (Mr Joseph).
Macary (Mr René).
Maille (Mr Henri).
Maille (Mr Jean).
Mainguenaud (Mr P.).
Malepeyre (Mr P.).
Malroux (Mr N.).
Malvesin (Mr G.).
Mangon (Mr C.).
Mano (M^r et Mme Ad.).
Mano (Mr C.).
Manon (Mme Vve A.).
Marbœuf (Mr Robert).
Marguery (Mr R.).
Marrié (Mr Maurice).
Martinaud (Mr Paul).
Martineau (Mr E.).
Martineau (Mr P.).
Martinet (Mr André).
Massé (Mr R.).
Massie (Mr A.).
Mathieu (Mr L.).
Maugein (Mr M.).
Maumont (Mr M.).
Maurin (Mr Georges).
Maurin (Mr J.-C.).
Mauroux (Mme).
Mauvigney (Mr A.-G.).
de Maynard (M^r le Baron).

Maynard, entrep^r (Mr R.).
Médeville (Mr C.-P.).
Mellet, entrepreneur (M^r).
Mendiboure (Mme Vve).
Mercier (Mr Léon).
Merlet (Mr F.).
Merlet (Mme Vve J.-G.).
Merlet père (Mr L.).
de Merlis (Mr P.).
Mestre (M^r).
Métivier (Mr P.).
Métras (M^r).
Meyniel (Mme Vve).
Meyre (Mr R.).
Micheau (M^r Th.).
Michel (Mr Frédéric).
Milliot (Mme Vve J.).
Milliot (Mr Edmond).
Milliot (Mr Roger).
Mivielle (Mr R.).
Mondon frères (MM.).
Monge (Mr Henri).
Monget (Mr Arthur).
Monier (Mr Gustave).
Monseau (Mr J.).
Monsion (Mr J.).
Montauban (Mr René).
Montois (Mr Alfred).
Moreau (M^r et Mme).
Moreau (Mr Jacques).
Moreau (Mr Jean).
Moulinet (Mr J.).
Mourlot (Mr J.).
Moussa (Mr J.).
Moustier (M^r et Mme).
Mullon (Mr Roger).
Nardon (Mr Lucien).
Nauze (Mme Luc).
Ogier (Mr Alb.).
Olphe-Galliard (Mr J.-A.).
Orry (Mme Vve E.).
Orus (Mr P.).
Ossard (M^r Th.).
Ouvrard (Mr J.).
Pacalon (M^r).
Pambrun (Mr A.).
Paquet, entrepren^r (Mr J.).
Pasquier (Mr E.).
Parabère (Mr R.).
Pardiac (Mr G.).
Parouty (M^r).
Paule (Mr R.).
Pauly (Mme J.).
Perraudin (Mr F.).
Petit (Mr P.).
Philip (Mr Gilbert).
Pinçon (Mr A.).
Piquepé (M^r).
Plassan (Mr G.).
Pommié (M^r Ed.).
Pouget (Mr Michel).
Poujardieu (Mlle).
Pouydebat (Mr Henri).
Prélat (Mr Charles).
Prélat (Mr Max).
Pucrabey (Mr Louis).
de Puybaudet (M^r Ch.).
Queysanne (Mr P.).
Rafis (Mr R.).

Ratabou (Mr L.).
Ratinaud (M^r et Mme).
Redon (Mr L.).
Regourd (Mr René).
Rembert (Mr Michel).
Renaud (MM. Edmond et Albert).
Renouil (Mr René).
Révolat (Mr Alex.).
Rey (Mr Fabien).
Rey (M^r l'abbé M.).
Rey (Mr René).
Rezé (Mr Jean).
Ribet (Mr José).
Ricard (Mr P.-E.).
Ricaud (M^r Th.).
Richard (Mr M.).
Riché (Mr A.).
Rivière (Mr P.).
Robert (Mr Emile).
Robert (Mr Marcel).
Roch (Famille).
Rollot (Mme Vve).
Roubeau (Mr G.).
Rouillon (Mr Albert).
Rousseau (Mr Gabriel).
Rousseau (Mr Gabriel).
Rousseau (Mr Henri).
Routy de Charodon (Mme).
Roy (Mr Armand-J.).
Royer, missionnaire (Abbé).
Rozier (Mr Pierre).
de Rudelle (M^r).
Ruiz de Arcaute (Mr V.).
Rulhe (Mr L.).
Saboureau (Mr René).
Sagaspe (Mr J.-F.).
Salanon (Mr R.-H.).
Salin (Mr J.).
Salles (Mr Joseph).
Salles (Mr Maurice).
Samie (Mr Maurice).
Sanz (M^r et Mme José).
Sargos (Mr Charles).
Sarrade (Mr H.).
Saubestre (Mr J.-F.).
Sauvestre (Mr M.).
Sauré (Mr G.).
Schmidt (Mme).
Schmidt (Mr R.).
Sébastiani (M^r).
Seguin (M^r et Mme).
Sérisier (Mr Joseph).
Sicaud (Mr E.).
Simon (Mr Léopold).
Siret (Mr Jean).
Sissoko (Mme A.).
Soubès (Mr J.).
Soupre (Mr André).
Stonestreet (Mr Jean).
Subervie (Mr F.).
Sursol (Mr Joachim-E.).
Tabanou (Mr A.).
Taris (Mr Firmin).
Tastet (Mr E.).
Tercé (Mr M.).
Thibaux (Mr Guy).
Touchard (Mr G.).
Trin (Mr A.).

Urruty-Garay (Mr Bernard).
Vachellerie (Mr A.).
Vacher (Mme).
Vaissier (Mr Raymond).
du Val (Mlᵉ André).
Valentin (Mr M.).
Vannier (Mr M.).
Veisseire (Mr F.).
Verdery (MM. R. et H.).

Verguin (Mr J.).
de Vial (Mr Alfred).
Vidal (Mr G.).
Vidal (Mr R.).
Videau (Mr L.-R.).
Vigier (Mr J.).
Vigneau (Mr).
Viguié (Mr Urbain).
Viguié (Mr Victor).

Viguié (Mme Zénobie).
Villars (Mr F.).
Villemeur (Mr J.).
Vivié (Mr J.).
Warth (Mr M.).
Wetterwald (Mr M.).
Zhendre-Laforest (Mme Vᵉ G.).
Amagat (Mr Gustave).

LISTE DES SOUSCRIPTEURS

Au " Livre d'Or'" du Pensionnat et de l'École Saint-Genès

Son Eminence le Cardinal ANDRIEU, Archevêque de Bordeaux.
M. le Chanoine GIRAUDIN, Vicaire Général.
M. le Chanoine LALANNE, Vicaire Général.
M. le Chanoine DOMECQ-CAZAUX, Vicaire Général.
M. l'abbé BERGEY, député de la Gironde.
M. le Chanoine CARTAU, Curé de Saint-Nicolas, de Bordeaux.
Le Très-Honoré Frère ALLAIS-CHARLES, Supérieur Général de l'Institut des Frères des Ecoles
       Chrétiennes.
Le Cher Frère JUDORE, Assistant du T.-H. Frère Supérieur général.
La Société Annonyme Immobilière de Saint-Genès.
L'Association Amicale des Anciens Elèves du Pensionnat et de l'Ecole Saint-Genès.
La Conférence Saint-Vincent-de-Paul de l'Ecole Saint-Genès.

Adam (Mr Lucien).
Alaux (Mme).
Anglade (Mr F.).
Antin (Mr Edmond).
Antin (Mr Paul).
Arzac (Mr Gabriel).
Bac (Mr André).
Bagnères (Mme et ses fils).
Baillet (Mr Gaston).
Balade (Mr Louis).
Barandon (Mr Emmanuel).
Barbaron (Mr Octave).
Barraud (Mr Gaston).
Beaussey (Mr Gustave).
de Béchade (Mr J.-L.).
Bedel (Mme Vve).
Berthelot (Mme Vve).
Bertrand (Mr Henry).
Beydts (Mr Laurent).
Blanc (Mme Marcel).
Blanchet-Giard (Mme).
Bonnans (Mme Vve).
Borel (Mme Vve).
Bosc (Mr Michel).
Bossès (Mr Paul).
Bourbon (Mr Armand).
de Boussiers (Mr le Comte).
Boutet (Mr J.-L.-Roger).
Boyer (Mr André).
Boyer (Mr Edouard).
Boyer (Mr Louis).
Bréhant (Mr Jean).
Bret (Mr Jean-Michel).
Brethe de La Gressaye (Mr).
Briau (Mr Louis).
Bru (Mr Maurice).
Brune (Mr Daniel).
Caldairou (Mr Albert).
Calsat (Mme Vve).
Carbonnel (Mlle Jeanne).
Carriquiry (Mr Armand).
Casties (Mr R.).
Chamalbide (Mc Vincent).
Chaumette (Mr Pierre-Jos.).

Chevalier (Mc Maurice).
Chollet (Mr René).
Clauzel (Mr Adolphe).
Colson (Mr Georges).
Coudy (Me Albert).
Coulaud (Mr Ulysse).
Coussirat (Mme).
Coustol (Mr Georges).
Crachereau (Mr Louis).
Cruège (Mr Albert).
Cuginaud (Me Marcel).
Dagrant (Mr Charles).
Dagrant (Mr Maurice).
Daguzan (Mme L.).
Darmaillac (Mr).
Darmuzey (Mr Alexandre).
Darraba (Mr René).
Darroussat (Mr Edouard).
Dartiguelongue (Mr Vital).
Dauzats (Mr Marcel).
David (Mr Jules), de Verde-
   lais.
Deguil (Mr Maurice).
Dellac (Mr Paul).
Deloubis (Mr Pierre).
Delphin-Dupuy (Mr).
Deney (Mr l'Abbé), Curé de
   N.-D. de Lourdes des
   Chartrons.
Dereix (Mr A.).
Desrioux (Mr Yannick).
Domecq (Mr et Mme).
Donnadieu (Mr J.).
Donnadou (Mr Daniel).
Dubourg (Mr Gilbert).
Duboscq (Mr Pierre).
Dufaure (Mr Henrion).
Dufort (Mr Marcel).
Dufourg (Mme et Mlle).
Dulon (Mme Vve).
Dupont (Mr P.).
Duporge (Mr Henri).
Dupouy (Mr Numa).
Duprat (Mr Edgard).

Duron (Mr Robert).
Espilère (Mme).
Espilère (Mr Elie).
Estrade (Mr Jean-Charles).
Eyraud (Mr), Bourg.
Feuillan (Mr Paul).
Féret (Mr le Comt Noël).
Féret (Mr Charles).
de Fornel (Mr le Docteur).
Fournial (Mr Maurice).
Fournol (Mr Pierre).
Fourteau (Mr Louis).
Fourlinon (Mr l'Abbé J.).
Gardié (Mr Emmanuel).
Gardié (Mr Marcel).
Garres (Mr Robert).
Garros (Mr Michel).
de Gérard de Lafûte (Mr A.).
Gimel (Mme A.).
Giustiniani (Mr).
Gouyon (Mr Louis).
Granchère (Mr René).
Grenié (Mr Marcel).
Guillot de Suduiraut (Mr R.)
Guyot (Dr Joseph).
Guyot (Mr René).
Hostin (Mr G.-P.).
Hugues (Mr Joseph).
Junca (Mr et Mme).
Labarraque (Mr M.-A.).
Labarthe-Pon (Mr Henri).
Labat (Mme Maxime).
Labaylette (Mr et Mme).
Labrouillère (Mr François).
Labuzan (Mme J.).
Lachapèle (Mr J.-A.).
Lafaye (Mr le Chanoine).
   1er Aumônier de l'Ecole
   Saint-Genès.
Laflte-Dupont (M. le Dr A.).
Lafon (Mr Xavier).
Lafourcade (Mr P.-A.).
Lalande (Mme Vve François).
Lamole (Mr Ernest).

Lamothe (Mr Joseph).
Lamothe (Mme Louis).
de Langalerie (Mme de Géraud).
Larrieu (Mme).
Larodé (M. Raymond).
Lataste (Mr Michel).
Laulan (Mr Jules).
Laumont (Mr P.).
Leclerc (Mr Georges).
Legros (M^r le Dr G.).
Lelièvre (M^r le Chanoine), archiviste diocésain.
Lestage (Mr Jacques-Louis)
Librairie de l'Enseignement Libre à Bordeaux.
Lillet (Mr Hector).
Lissarrague (Mr Dominique)
Macary (Mr René).
Mailhe (Mr Henri).
Mano (Mr Jean-Célestin).
Marguery (Mr René).
Mathieu (Mr Sylvain).
Maugey (Mme G.).
Maurin (Mr Jean-Camille).
Mauvigney (Mr Gérard).
Mazabraud (Mr André).
Mercier (Mr Léon).
Michaud (Mr Franç.-André).
Michel (Mr Frédéric).
Michel (Mme Vve Edouard).
Michel-Audet (Mr Frédéric).
Milliot (Mr Edmond).
Milliot (Mr Roger).
Mondon (Mr Gabriel).

Mondon (Mr Marcel).
Monier (Mr Gustave).
Monteil (Mr Frédéric).
Moreau (M^r et Mme).
Moreau (Mr Pierre).
Moussillac (Mr Pierre).
Moustier (M^r et Mme).
Ogier (M^r et Mme).
Olphe-Galliard (Mr Antoine).
Olphe-Galliard (Mr J.).
Orcibal (Mr Gaston).
Ossard (Mr Michel).
Pellefigue (Mr André).
de Pénanros (Mr Jean).
Périer (Mr Pierre).
Peyrelongue (Mr Maurice).
Philip (Mr Gilbert).
Piganiol (Mr Amédée).
Pinçon (Mr André).
Poirier-Cassagnau (Mme).
Pomarel (Mr Maurice).
Pommier (M^r l'abbé), aumônier.
Pouget (Mme Vve Michel).
Prélat (Mr Charles).
Pucrabey (Mr Louis).
Rafis (Mr Raymond).
Ratabou (Mr Louis).
Réau (Mme Vve).
Réjalot (Mr Jacques).
Rey (M^r l'abbé Maurice).
Ricaud (Mr Théodore).
Robinson (Mr Pierre).
Roch (M^r).

Roubeyrie (M^r).
Rougé (Mr Henri).
Rouvier (M^r).
Rozier (Mr Pierre).
Sagaspe (Mr J.-F.).
Salles (Mr Maurice).
Samie (Mr René).
Saubestre (Mr Jean-Franç.).
Sauvestre (Mr Marcel).
Ségalas-Bérou (Mr A.).
Sereni (Mr Jean).
Serisier (Mr Joseph).
Sicaud (Mr E.).
Sire (Mr L.-E.).
Sire (Mr Maurice).
Soubes (Mr Jean-André).
de Soyres (Mr Bertrand).
Sursol (Mr Joachim).
Taris (Mr Pierre).
Tastet (M^r et Mme).
Tavernier (Mme Olivier).
Tétard (Mme Marie-Emilie).
Tétard (Mr Charles).
Tétard (Mr Louis).
Touchard (Mr G.).
Tournié (Mr Fernand).
Veisseire (Mr F.).
Vergé (Mr Louis-Joseph-E.).
de Vial (Mr Alfred).
Videau (Mr Georges).
Vigier (M^r Ch.-J.).
Viguié (Mr Urbain).
Viguié (Mr Victor).
Zhendre-Laforest (Mme).

LISTE ALPHABÉTIQUE

DES NOMS CONTENUS DANS LE "LIVRE D'OR"

AVEC INDICATION DES PAGES

I. — LES MORTS

II. — LES SURVIVANTS

PREMIÈRE PARTIE

LES MORTS

ALDIAS (Pierre-Jean-Joseph)

Né à Compeyre (Aveyron), le 11 février 1883.
Porté disparu le 4 novembre 1914,
aux environs de Wytschaete-Kemmel (Belgique).
Professeur à l'Ecole Saint-Genès de 1910 à 1914.

C'était un maître bon, dévoué, régulier, modeste, qui avait su s'attirer l'estime et l'affection des enfants et des familles, tant à Marmande, où il professa durant plusieurs années, qu'à Saint-Genès, où il se trouvait depuis quatre ans au moment de la déclaration de guerre. Parce qu'il avait été fidèle aux humbles devoirs, il fut prêt aux grands sacrifices.

Mobilisé dès le 6 août 1914, malgré ses 31 ans, comme sergent au 342ᵉ régiment d'infanterie, il prit part, en septembre, à la première bataille de la Marne. Après un court repos, plein de courage et d'espérance, comme en témoignent ses lettres, il part avec son régiment vers la Belgique, pour la défense d'Ypres.

Après le 16 octobre, date de sa dernière lettre à M. le Directeur, l'incertitude planait sur lui. Il fut porté disparu à son régiment, à partir du 4 novembre 1914.

Une lettre d'un de ses camarades, le sergent Séraphin, apporta à sa famille ses dernières paroles : « ... Si je suis tué ici, tu diras à mes chers parents que « je meurs en brave et en chrétien et que je leur donne rendez-vous au ciel !... » Une heure après, il s'élançait le premier à l'assaut d'une ferme; c'est là qu'il a trouvé la mort..., mort héroïque, m'ont dit ses hommes... »

L'autorité militaire, plusieurs fois interrogée, n'a pu donner aucun renseignement.

Médaille militaire et Croix de guerre posthumes.

AMBLARD (André-Georges-Eugène)

Né à Bordeaux, le 18 juillet 1896.
Mort en captivité à l'ambulance de Cressy-Omencourt (Somme),
le 17 juillet 1918.
Elève à l'Ecole Saint-Genès de 1904 à 1913.

Engagé volontaire dès octobre 1914, caporal-pilote aviateur au 2ᵉ groupe d'aviation, il fut fait prisonnier à Montdidier, le 31 mars 1918, et mourut en captivité.

Le groupe auquel il appartenait avait eu à subir de rudes épreuves et s'était signalé par son héroïsme, comme en témoigne la citation suivante :

La 3ᵉ section de la compagnie 5/7, sous les ordres de l'adjudant-chef Odé :
« Chargée dans des circonstances pénibles, très difficiles et parfois critiques, de la

construction ou de l'entretien de voies indispensables aux premières lignes, mais péné-
trés, depuis le chef de section jusqu'au plus jeune sapeur, de l'importance de leur mission, n'ont cessé de montrer, pendant trois semaines, de belles qualités de courage, de
bravoure et d'abnégation, accomplissant souvent leurs tâches jusqu'à l'extrême limite des
forces et cela sous un tir de harcèlement de l'ennemi. »

La citation posthume suivante a été attribuée à la mémoire du caporal-pilote
Amblard :

Est inscrit au tableau spécial de la Médaille militaire, à titre posthume :

AMBLARD (André-Georges-Eugène), caporal-pilote :

« Caporal-pilote brave et énergique. Frappé mortellement à son poste de combat, le
17 juillet 1918, en accomplissant courageusement son devoir. » Médaille militaire.
Croix de guerre.

ARRAUD (Jean)

Né en 1885, au Château d'Oléron (Charente-Inférieure).
Mort de ses blessures à l'hôpital de Gondrecourt (Meuse), le 4 mai 1915.
Elève à l'Ecole Saint-Genès de 1896 à 1900.

Sergent-fourrier au 206ᵉ régiment d'infanterie, il sut garder aux heures les
plus pénibles l'entrain et la gaîté qui faisaient le fond de son caractère. « Rien
ne le rebutait, écrivait le capitaine de la compagnie à la jeune veuve de notre
camarade, et, malgré des malaises souvent très douloureux, il tenait à assurer
son service, qu'il faisait d'une façon superbe... »

C'est en accomplissant joyeusement son devoir qu'il fut blessé à mort, par
l'éclatement tout proche d'un obus, à Hamonville (Meurthe-et-Moselle), le 25
avril 1915. Evacué à Toul, puis à Gondrecourt, le 4 mai, il mourut en bon chrétien, comme il avait vécu. Son capitaine a pu écrire :

« ...Le jour où j'ai appris la mort de votre cher époux, j'ai eu un gros froid
au cœur, d'autant plus que je le considérais comme mon jeune frère, et que je
savais qu'il m'aimait un peu, n'osant pas dire beaucoup. »

AUBARBIER (Louis)

Né à Montignac (Dordogne), le 3 juin 1891.
Porté disparu le 28 août 1914, au combat de Yonck (Ardennes).
Elève à l'Ecole Saint-Genès de 1901 à 1906.

Caporal au 126ᵉ régiment d'infanterie; il fut une des premières victimes de la
guerre. Dans l'angoisse de ces premiers jours où les services étaient souvent
désorganisés, il veillait au bien-être de ses hommes, disent ses camarades, au
point de ne rien prendre pour lui-même avant de s'être assuré que tous étaient
ravitaillés.

« Blessé, il céda son tour d'évacuation en faveur d'un camarade plus blessé
que lui... et son tour à lui n'est jamais venu ! — C'était la retraite... » Il aurait
été, croit-on, achevé par un boche. Peu de temps auparavant, il écrivait à sa

famille : « ...Si je ne reviens pas, pardonnez, Maman, et vous tous, chers Parents, la peine que j'ai pu vous causer. »

Il laissait à sa mort une veuve et un enfant âgé de cinq ans.

AUDY (Daniel)

Né à Bordeaux, le 6 mars 1894.
Tué face à l'ennemi, à Beaulne (Aisne), le 4 mars 1915.
Elève à l'Ecole Saint-Genès de 1901 à 1909.

Soldat au 57ᵉ régiment d'infanterie; son bon caractère lui avait mérité l'affection de tous ses camarades. Une lettre de l'un d'entre eux nous a permis de connaître les circonstances de sa mort et les touchants honneurs funèbres que lui rendirent ses amis : « ...Il était environ onze heures; nous résolûmes d'aller manger, ce que nous fîmes dans la « guitoune » de Daniel. Je n'avais pas achevé la dernière bouchée, que je recevais de nouveau quelqu'un dans mes bras, et cette fois, c'était l'ami intime que je chérissais comme un frère. J'envoyai immédiatement chercher les infirmiers, qui arrivèrent aussitôt. Pendant qu'on plaçait le blessé sur le brancard, il me recommandait d'écrire à sa chère maman et à son frère, d'avertir ses amis Bousquet. Il n'oublia personne. Il se sentait touché gravement. A tous nos encouragements, il répondait avec calme : « Non, non, je ne » m'illusionne pas, et vous le savez bien aussi, je suis trop bien touché ». Arrivé au poste de secours, on lui fit son pansement. Il supportait sa souffrance courageusement, ne cessant de penser à sa chère maman, à son frère et à tous ses amis. Le major lui fit une piqûre pour le remonter. Hélas ! le mal avait fait son œuvre : cinq minutes après, il entrait dans le coma et je fermai les yeux à ce cher camarade, qui est parti ayant fait tout son devoir et laissant des regrets chez tous.

» J'ai tenu à mettre moi-même en terre la dépouille de notre ami. Il est placé au pied d'un arbre, le visage tourné vers Bordeaux... Ne pouvant me procurer un cercueil, j'ai fait planchéier le fond et les parois de la tombe et j'ai placé sur sa poitrine une petite croix du Sacré-Cœur. »

Par arrêté ministériel du 18 octobre 1919, la Médaille militaire a été attribuée à la mémoire du soldat Audy (Daniel-Augustin) :

« Brave soldat énergique et courageux. A été glorieusement tué en faisant son devoir à son poste de combat, en première ligne, le 4 mars 1915, à Beaulne (Aisne). » Croix de guerre avec étoile de bronze.

AUGEY (Alfred-Pierre)

Né à Bordeaux, le 28 janvier 1882.
Mort au combat de Coivrel (Oise), le 13 juin 1918.
Elève au Pensionnat J.-B. de la Salle de 1889 à 1896.

Soldat au 24ᵉ régiment d'artillerie, puis brancardier au 231ᵉ, il fut trois fois blessé, décoré de la croix de guerre et honoré des deux citations suivantes :

I. — A l'Ordre du régiment du 28 mai 1918 :

« Etant resté seul brancardier à la position de batterie, ses camarades ayant déjà été évacués, s'est dépensé sans compter auprès des blessés de la batterie, et quoique étant légèrement intoxiqué, a refusé de se faire évacuer. »

II. — Citation à l'Ordre du régiment du 17 juillet 1918 :

« S'est distingué en maintes circonstances pour porter secours à ses camarades, sous de violents bombardements. Tué à son poste, le 13 juin 1918. »

A ces glorieux témoignages, s'ajoute celui de l'Aumônier. Pierre Augey était, suivant l'occasion, son chantre ou son servant de messe : « ...Il faisait l'admiration de tous par son courage et son dévoûment. » C'est en évacuant les batteries affreusement bombardées que notre camarade a reçu en plein cœur un éclat d'obus qui le tua sur le coup. Il fut enterré religieusement à Coivrel.

Marié depuis 1910, il n'avait pas d'enfant.

Croix de guerre. — Médaille militaire.

BAGNÈRES (Pierre-Lucien-Louis)

Né à Bordeaux, le 8 octobre 1892.
Mort au combat du plateau d'Amance-Champenoux, le 10 septembre 1914.
Elève à l'Ecole Saint-Genès de 1901 à 1911.

Caporal à la 22ᵉ compagnie du 344ᵉ régiment d'infanterie, il était parti aux Armées le 27 août. Il combattit vaillamment en Lorraine pendant dix jours et contribua ainsi à refouler l'armée du kronprinz, sous les yeux du kaiser, qui s'attendait à faire une entrée triomphale à Nancy.

Résolu coûte que coûte à faire son devoir jusqu'au bout, il adressait à sa mère, la veille du suprême sacrifice, cette carte bien courte, mais où se révèle son cœur de chrétien, de soldat, de fils aimant et dévoué :

« 9 septembre 1914.

» Ma bien chère Maman,

» Ouf ! sains et saufs. Dieu soit loué ! Merci infiniment de ta carte du 28 août. Ce sont les premières nouvelles que je reçois de ceux que j'aime : juge de quelle façon elles ont été reçues, après cette terrible bataille, juste à l'endroit où nous nous arrêtons. Blessés autour de moi, devant moi. Suis en ce moment hors de danger... Courage ! Confiance ! »

Le lendemain, il était tué par un obus, en même temps que treize de ses camarades.

Par arrêté ministériel du 19 octobre 1919, la Médaille militaire a été attribuée au caporal Bagnères (Lucien), mort pour la France.

« Excellent caporal, chef d'escouade énergique et courageux, tué à son poste de combat, à Laneuvelotte, le 10 septembre 1914. » Croix de guerre avec étoile de bronze.

I. Joseph ALDIAS.
II. André AMBLARD.
III. Jean ARRAUD.
IV. Daniel AUDY.

V. Alfred AUGEY.
VI. Louis BAGNÈRES.
VII. Pierre BARANDON.
VIII. Pierre LE BARAZER.

IX. Gaston BARBOT.
X. Albert BEYLAC.
XI. René BEAUSSEY,
XII. Marius BEDEL.

BALADE (Antoine-Jean)

Né à Préchac (Gironde), le 14 avril 1899.
Mort au combat de Coivrel (Oise), le 13 juin 1918.
Elève à l'Ecole Saint-Genès de 1911 à 1915.

Engagé volontaire au 14ᵉ régiment d'artillerie, incorporé le 11 janvier 1918, et affecté ensuite au 231ᵉ régiment d'artillerie, 23ᵉ batterie, il fut frappé d'un obus le lendemain de son arrivée au front et tomba glorieusement à Coivrel. Il fut inhumé par ses camarades dans le cimetière civil de cette localité.

Il avait à peine dix-huit ans !

BARANDON (Pierre)

Né à Bordeaux, le 19 mai 1896.
Mort au poste de secours, après le combat de Port-Abinson (Marne),
le 18 juillet 1918.
Elève à l'Ecole Saint-Genès de 1902 à 1913.
Licencié en Droit.
Incorporé au 7ᵉ régiment d'infanterie, admis à l'Ecole militaire de Saint-Cyr,
d'où il sort Sous-Lieutenant au 107ᵉ R. I.
Chevalier de la Légion d'honneur.

Dès le début de ses études, il se distingua entre ses camarades par son travail et sa piété. Il comprit de si bonne heure la nécessité pour le chrétien d'aujourd'hui d'être apôtre, qu'avant même d'avoir quitté le collège, il exerçait déjà une réelle influence dans les œuvres catholiques et sociales de sa paroisse.

Le baccalauréat lettres-philosophie et le prix d'excellence couronnèrent ses études secondaires. Inscrit à la Faculté de droit, il y conquit, dès le début, l'estime de ses maîtres et de ses camarades.

C'est là que vint le chercher le grand devoir. Il y fut magnifiquement fidèle, continuant d'être pour tous un entraîneur et un chef. Il revit pour ceux qui l'ont connu dans ces deux citations qui consacrent sa mémoire :

I. — Le Général commandant la IVᵉ armée, cite à l'Ordre de l'armée, l'aspirant BARANDON (Pierre), du 107ᵉ régiment d'infanterie :

« Remarqué par son courage et son esprit de décision; le 17 avril 1917, étant en réserve, n'a pas hésité à se porter en avant avec sa section, sans ordres et sous un tir de barrage, pour renforcer un point particulièrement menacé. »

Le 14 mai 1917, le Général commandant la IVᵉ armée, signé : ANTOINE.

II. — Citation à l'Ordre du Corps de cavalerie :

Le Général commandant le 1ᵉʳ Corps de cavalerie, cite à l'Ordre du Corps, le sous-lieutenant BARANDON (Pierre), de la 5ᵉ compagnie du 7ᵉ régiment d'infanterie :

« Grièvement blessé en entraînant avec une vigueur remarquable sa section, à l'assaut des positions ennemies. »

Blessé très grièvement le 18 juillet 1918, en entraînant ses hommes à l'assaut du bois de Boursault (Marne), pendant le combat de Port-Abinson, il fut transporté au poste de secours et y mourut en bon chrétien, ce même jour, à l'aube de la grande victoire.

Il avait fait la campagne d'Italie (secteur de la Piave) et mérité la Croix de guerre italienne.

Légion d'honneur. Croix de guerre.

LE BARAZER (Pierre-Marie-Joseph-Henri)

Né à Libourne, le 28 juin 1898.
Victime des gaz asphyxiants, à Parcy-Tigny (Aisne), le 29 juillet 1918.
Elève à l'Ecole Saint-Genès de 1914 à 1916.

Soldat de 1re classe au 48e régiment d'infanterie, presqu'au sortir du collège, il s'en fut à sa destinée éternelle dans sa vingt-unième année, sans que rien ici-bas ait pu faire ombre dans son âme. Cette âme, humblement cachée sous des dehors pleins de réserve, il l'avait cultivée et enrichie dans l'atmosphère bénie d'une famille patriarcale — c'était le petit-fils du vénérable M. Ad. Demay — et des maisons d'éducation chrétienne où il s'était formé. Sa mort seule devait nous révéler quels sommets il avait su atteindre.

Le 27 juillet 1918, il écrivait pour sa famille son testament spirituel :

« Aux Armées, 27 juillet 1918.

» Bien chers Parents,

» Nous montons à l'attaque demain et si vous recevez cette lettre, c'est que le bon Dieu n'aura pas voulu que j'en revienne.

» Soyez assurés que je serai mort en bon chrétien et en bon Français.

» Nous nous retrouverons un jour...

» J'aurais voulu vous revoir tous, mais je me soumets à la sainte volonté de Dieu...

» Je prierai là-haut pour vous tous...

» Merci, bien chers Parents, de tout ce que vous avez fait pour moi, et pardonnez-moi toutes les peines que j'ai pu vous causer.

» Je pars courageux avec la Foi en Dieu et en la Victoire pour notre chère France.

» Que la volonté de Dieu soit faite !

» Je fais le sacrifice de ma vie de mon plein gré, pour Dieu et pour la France.

» Adieu à tous ceux qui se sont intéressés à moi.

» Pierre LE BARAZER. »

Ses chefs avaient reconnu sa vaillance; ils l'ont honoré de la citation posthume suivante :

« Jeune soldat de la classe 1918. Plein d'entrain, a fait preuve de courage à l'attaque du 23 juillet, entraînant ses camarades par son exemple de bravoure. Grièvement blessé le 29 juillet 1918, au cours d'un bombardement intense, est mort des suites de ses blessures. » — Croix de guerre.

BARBARON (Eugène)

Né à Coutras, le 17 juin 1895.
Mort en Argonne au mois d'août 1915.
Elève à l'Ecole Saint-Genès de 1903 à 1909.

BARBOT (Gaston)

Né à Langon (Gironde)
Mort le 6 juin 1915.
Elève au Pensionnat J.-B. de la Salle de 1901 à 1904.

Maréchal des logis au 23ᵉ régiment d'artillerie, il supporta courageusement les longues épreuves d'une guerre dont il avait déjà fait sur la terre d'Afrique le pénible apprentissage. Attaché obstinément à son devoir, c'est en l'accomplissant qu'il fut frappé par la mort.

Citation à l'Ordre du Corps d'armée :

Le maréchal des logis BARBOT :

« Après avoir commandé sa pièce pendant dix mois, avec zèle, dévouement et courage, a été tué à son poste au moment où il dirigeait le tir de sa pièce sous le feu d'une batterie de 105. » — Croix de guerre. Médaille militaire. Médaille du Maroc.

BARNOLA (Henri)

Né à Bordeaux, au mois d'octobre 1882.
Mort à Massiges, le 25 septembre 1915.
Elève au Pensionnat J.-B. de la Salle de 1890 à 1896.

Caporal au 7ᵉ colonial, il se dépensa, au péril de sa vie, pendant les jours les plus difficiles de la guerre.

Par arrêté ministériel du 9 juin 1920 (Journal officiel du 1ᵉʳ novembre 1920) :

La médaille militaire est attribuée à la mémoire du caporal Barnola, Henri :

« Caporal brave et dévoué, glorieusement tombé au champ d'honneur, le 25 septembre 1915, en Champagne. » Croix de guerre avec étoile de bronze.

BAYLAC (Albert-Louis)

Né à Bordeaux, le 15 juillet 1886.
Mort au combat du Plémont, le 9 juin 1918.
Elève au Pensionnat J.-B. de la Salle de 1901 à 1903.

A la mobilisation, était au 15ᵉ dragons, où il resta jusqu'en 1916. Puis maréchal des logis fourrier au 4ᵉ régiment de cuirassiers à pied. C'est après avoir bravement subi les longues épreuves de la guerre qu'il fut emporté à la veille de notre victoire définitive.

Une citation posthume est venue honorer sa mémoire :

Extrait de l'ordre général n° 36. Le général Brécard, commandant la 1re division de cavalerie à pied cite à l'ordre de la division :

Le maréchal des logis fourrier BAYLAC, 4e régiment de cuirassiers à pied :

« Sous-officier brave et dévoué. — Le 9 juin 1918, au Plémont, sous un violent bombardement de nuit, a assuré la liaison entre sa compagnie et le chef de bataillon. — Tué au cours de l'attaque, d'une balle à la tête, en défendant vaillamment avec une poignée d'hommes les abords du poste de commandement. » Croix de guerre.

BAYLE (Louis-Alexis)

Né à Cantenac (Gironde), le 17 juillet 1892.
Porté disparu au combat de Jonchery (Marne), le 25 novembre 1914.
Élève à l'Ecole Saint-Genès de 1905 à 1908.

Longtemps, sa famille ignora ce qu'était devenu son enfant, caporal au 107e régiment d'infanterie, porté disparu le 25 novembre 1914. C'est seulement en décembre 1917, au bout de trois ans, que l'on reçut, par les soins de l'administration militaire, divers objets lui ayant appartenu : sa montre, une lettre écrite par lui, et des carnets tachés de sang et percés par des éclats d'obus.

Ce cher enfant, enlevé à l'affection des siens à l'âge de vingt-deux ans, n'avait donné que des satisfactions à tous ceux qui avaient été en rapport avec lui. Ce fut l'un des premiers élèves présentés à Saint-Genès, après les douloureux événements de 1904.

BEAUSSEY (René)

Né à Omet (Gironde), le 3 août 1892.
Elève à l'Ecole Saint-Genès de 1904 à 1907.
Porté disparu le 25 janvier 1915, à Craonne.

« Excellent caporal, modèle d'activité et de dévouement, glorieusement tombé le 25 janvier 1915, à Craonne, en donnant l'exemple du devoir généreusement accompli.» Médaille militaire. — Croix de guerre.

BEDEL (Marius-Henri-Raoul)

Né à Auriac (Lot-et-Garonne), le 23 janvier 1895.
Aviateur, abattu par le tir ennemi, le 24 octobre 1917.
Elève à l'Ecole Saint-Genès de 1907 à 1912.

Inclinons-nous bien bas devant ce jeune homme d'élite, une des plus pures gloires de notre maison. Elève jusqu'à treize ans de l'école communale d'Auriac, il fut le seul à fréquenter les sacrements après sa première communion. Son séjour à l'Ecole Saint-Genès opère en lui une conversion du bien au mieux, qui le fixe pour toujours dans sa vocation d'apôtre. Il comparait volontiers dès lors les élans de son âme aux prouesses de l'aviateur. On lui en avait donné le surnom, qu'il acceptait volontiers d'ailleurs. « Mon rêve a toujours été, et il est toujours de monter sur les oiseaux humains. Or, vous m'avez fait apercevoir que j'avais en mains un plus sûr appareil, capable de mener à un but plus élevé, et, comme j'ai la folie de la hauteur, c'est le rêve ! » Mais il ajoutait aussitôt : « Je tâcherai d'y faire monter avec moi le plus de monde possible. »

Cela résume sa vie. La prédication du P. Lintelo, apôtre de l'Eucharistie, les retraites des années 1911 et 1912 avaient déterminé parmi nos grands un élan exceptionnel vers l'apostolat. Marius, sans perdre de vue sa vie intérieure, aima les œuvres. Un mot pittoresque résume son activité et son humilité. Quand il partit pour l'école des Arts et Métiers de Lille, le directeur du Patronage de N.-D. des Anges, où plusieurs anciens de Saint-Genès se dépensaient sans compter, formula cette plainte : « Voilà Marius qui s'en va, qui donc maintenant mouchera les gosses ? »

A Lille, il continue sa vie ascensionnelle. Ils sont dès lors cinq animés de la même ardeur. Une consécration solennelle au Sacré-Cœur, le dévoue pour toujours et sans limite à l'apostolat chrétien. Survient la guerre. Marius n'est pas encore appelé, mais il veut partir. Son aîné l'a déjà devancé, une sainte jalousie l'émeut. « Je ne veux pas, dit-il, que la France reconquière l'Alsace sans que j'y mette les pieds », et songeant à sa mère et à sa sœur, il ajoute : « Je trouve que les armes sont plus à leur place dans mes mains, que les larmes dans mes yeux. »

Entre temps, son frère succombe et la douleur mettant plus à nu cette âme qui ne s'étalait pas, dévoile en lui toute sa magnificence intérieure : « L'épreuve est parfois une vertu ou plutôt aide à acquérir la vertu. Que ce soit pour moi un départ de vie plus forte et meilleure. Tous mes amis me félicitent d'un malheur qui est un honneur, d'une mort qui est une gloire... »

La classe 1915 est enfin incorporée vers la mi-décembre 1914. Il est d'abord aérostier à Bourges, puis à l'arrière front; c'est une inaction qui lui pèse. « Je ne suis pas digne, dit-il tristement, d'être du nombre des martyrs dont le sang servira à régénérer la France. »

L'heure vient enfin en 1917. Il est envoyé au front à la fin de juin, et alors chaque jour le voilà plusieurs heures en patrouille, mitraillant, attaquant, faisant du large dans le secteur céleste.

Le 14 août, attaqué par quatre *Albatros* et survolé par cinq autres, il n'échappe que par miracle. Le 21 octobre, il semble avoir obtenu ce qu'il appelait un succès *flamboyant*.

Le 24 octobre, écrit son capitaine, alors que l'offensive battait son plein, à une heure de l'après-midi, Marius s'offrait pour faire partie d'une patrouille supplémentaire qui devait s'effectuer à une altitude de 1.000 mètres environ. Vers deux heures, la patrouille entière fut canonnée par l'artillerie ennemie. Marius, à sa place de combat, suivait de près son chef de patrouille, quand un obus vint éclater au centre de son appareil... Les témoins, à quelque arme qu'ils appartiennent, ont rendu un suprême hommage au sang-froid et à la bravoure de Marius, qui, avec le plus grand mépris du danger, en traversant les éclatements qui l'environnaient n'a pensé qu'à remplir son devoir jusqu'au bout. »

La citation suivante, à l'ordre de l'Armée, accorde à sa mémoire une consécration dernière :

« Pilote d'un entrain et d'une bravoure au-dessus de tout éloge, joignant à une grande valeur morale un courage intrépide. — Le 24 octobre 1917, a été abattu par le tir de l'artillerie ennemie au cours d'une mission volontaire qui le contraignit à voler très bas et qu'il a remplie avec le plus admirable esprit de sacrifice. »

Ceux qui l'ont connu et qui sont restés vivants, ceux qui lui étaient unis par ce qu'il appelait « l'amitié divine » garderont son souvenir fidèle. Puissent les jeunes camarades qui lui succèdent à Saint-Genès être tentés par son exemple.

Médaille militaire. — Croix de guerre.

BEDRENNE (Joseph)

Né à Mérignac (Gironde), le 15 avril 1889.
Elève à l'Ecole Saint-Genès de 1901 à 1904.
Porté disparu.

(Aucune note ne nous a été fournie sur ce regretté camarade.)

BENTÉJAC (Bertrand-Hector)

Né à Martillac (Gironde), le 29 juillet 1883.
Porté disparu le 23 décembre 1914, à Mesnil-les-Hurlus.
Elève au Pensionnat Jean-Baptiste de la Salle de 1895 à 1899.

Caporal au 20ᵉ régiment d'infanterie; sa bravoure lui mérita, dès le début des hostilités, la citation suivante :

« 13 novembre 1914. — A exécuté de jour et de son plein gré, avec son officier, une très utile reconnaissance dans les bois situés entre nos tranchées et celles de l'ennemi dont il s'est approché à quelques mètres, cela malgré le danger certain dont il était menacé. »

Le 23 décembre, racontent ses camarades, il s'était battu comme un brave, faisant l'admiration de tous ses hommes. Il allait planter un fanion français dans la tranchée ennemie, lorsque les mitrailleuses entrent en jeu. Une balle l'atteint, lui laboure la joue, lui coupe le bas de l'oreille et lui effleure le cuir chevelu. Le sang coulait assez abondamment. Ses amis le voyant, insistent pour qu'il cesse le combat, sa capote est déjà couverte de sang. « Non, dit-il, ce n'est rien, je ne sens pas. » Il tire encore quatre coups de fusil; et une balle l'atteint et le couche. Nos troupes furent à l'instant même obligées d'évacuer, devant une contre-attaque, le terrain qu'elles venaient de conquérir. On ignora le sort du caporal Bentéjac.

Une deuxième citation, du 23 décembre 1914, vint honorer sa bravoure :

Ordre du Corps d'armée n° 49 :

« S'est signalé à l'assaut des tranchées; après s'être battu comme un héros, a été blessé mortellement d'une balle à la tête en pénétrant sur la tranchée ennemie. »

Enfin, par arrêté ministériel du 23 juillet 1919, rendu en application des décrets du 13 août 1914 et du 1ᵉʳ octobre 1918, publié au *Journal officiel* du 12 août 1919 :

La Médaille militaire a été attribuée à la mémoire du caporal Bentéjac (Bertrand-Hector), mort pour la France, le 23 décembre 1914 :

« Après s'être signalé en entraînant ses hommes à l'assaut des tranchées, a été cité à l'ordre du régiment et à l'ordre du Corps d'armée, a été blessé mortellement d'une balle à la tête. » Médaille militaire. — Croix de guerre.

BERGERET (Albert)

Né à Bordeaux, le 5 avril 1895.
Mort pour la France le 7 octobre 1917.
Elève à l'Ecole Saint-Genès de 1907 à 1911.

Aspirant au 14ᵉ régiment d'infanterie. Il était resté très attaché à son Ecole et à ses anciens maîtres. Aux pires jours de la guerre, son insistance pour recevoir l'*Echo* était vraiment touchante : « Rien de ce qui se passe à l'Ecole ne me laisse indifférent, écrivait-il, et je n'ai que l'*Echo* pour m'entretenir d'elle, puisque je ne crois pas qu'il se trouve d'autre ancien élève que moi au 14ᵉ. »

Citation à l'Ordre de la Division :

« Le 12 juillet 1916, faisait partie d'un groupe attaqué de divers côtés, qui s'est défendu toute une journée avec une vaillance et une ténacité admirables, infligeant à l'ennemi de fortes pertes et l'empêchant de progresser. » Croix de guerre. — Médaille de la Bravoure serbe.

BERTHELOT (Jean-Baptiste-Louis)

Né à Bordeaux, le 27 août 1894.
Blessé mortellement à Neuville-Saint-Waast, au chemin des Carrières,
le 11 juin 1915, décédé le lendemain.
Elève à l'Ecole Saint-Genès de 1908 à 1911.

Maréchal des logis au 20ᵉ régiment d'artillerie, 9ᵉ corps d'armée ; sa bravoure fut au-dessus de tout éloge.

En septembre 1914, il était soigné depuis quelques jours à l'hôpital de Mourmelon-le-Grand, lorsqu'il fut désigné pour l'instruction des jeunes, à Poitiers. Tout à coup, il apprend que son régiment a subi de nombreux assauts, que son capitaine a été tué. Il se croit inactif et demande à repartir sur le front. « Mon sacrifice est grand de ne pas revoir mes parents chéris, écrit-il, mais je me dois tout entier à la patrie. »

Il allait au-devant de cette mort glorieuse, sur laquelle M. l'abbé G. Caillaud, aumônier militaire, nous a donné des détails :

« Il était à N. S. W., vers onze heures et demie, dans le chemin des Carrières, dans les premières lignes de tranchée. Il fut blessé par une bombe à main, de celles que les Allemands attachent à une tige et lancent avec le fusil. Il eût l'humérus fracturé, et, comme le constata le major du 153ᵉ, au poste duquel il fut mené, une hémorragie s'ensuivit. De ce poste trop exposé, on le mena au poste du 174ᵉ, où il ne tarda pas à succomber à l'hémorragie. Le corps fut ramené à A..., où, le soir même, nous fîmes l'enterrement en présence de ses camarades. ».

Quelques jours avant sa mort,, il s'était confessé et avait reçu la sainte Communion. Il avait offert sa vie à Dieu pour la France. Deux citations lui ont été décernées.

I. — A l'Ordre du Corps d'Armée :

« Blessé mortellement à l'attaque du 11 juin, alors qu'il s'acquittait avec le plus grand sang-froid de ses fonctions délicates de chef de pièce à l'artillerie de tranchée.»

II. — Ordre du Régiment :

« Le maréchal des logis Berthelot, de la 5ᵉ batterie, détaché à la batterie de 58, vient de trouver une mort glorieuse dans les premières tranchées. Le lieutenant-colonel tient à saluer la mémoire de cet homme de cœur qui, depuis cinq mois, avait accompli de nombreux actes de courage. Il avait sollicité un poste dangereux dans l'espérance de s'y distinguer encore. Il donne un bel exemple de discipline, de bon esprit militaire et de patriotisme. » Médaille militaire. — Croix de guerre.

BERTINI (Henri)

Directeur de l'Ecole d'équitation de l'avenue Carnot.
Décédé le 28 avril 1918, des suites d'une maladie contractée au front.
Elève au Pensionnat J.-B. de la Salle de 1876 à 1881.

Bien qu'il ne soit pas tombé sur le champ de bataille — ce qu'il aurait désiré — ce regretté camarade n'en est pas moins une noble victime de la grande guerre; il mérite de figurer à notre Livre d'Or.

Les citations qui ont constaté sa bravoure nous disent assez quelle âme guerrière il portait en lui. Il était le digne fils du très regretté Louis Bertini, professeur de gymnastique.

I. — Ordre du Régiment. Tirailleurs marocains, 27 février 1916 :
Bertini (Henri) :

« Dégagé de toute obligation militaire, engagé pour la durée de la guerre, a toujours montré, soit comme éclaireur monté, soit comme agent de liaison, la plus grande bravoure et la plus haute abnégation. »

II. — Ordre de l'Armée, 13 mai 1916 :
Est inscrit au tableau spécial de la Médaille militaire, Bertini (Henri) :

« Engagé volontaire pour la durée de la guerre; sur le front depuis le début de la campagne où il n'a cessé de faire preuve de vaillance et d'entrain. »
Médaille militaire. — Croix de guerre. — Médaille du Maroc.

BESSE (Joseph-Marie-Maurice)

Né à Albi, le 13 février 1892.
Mort au combat du Châtelet, près Charleroi (Belgique), le 23 août 1914.
Elève au Pensionnat J.-B. de la Salle de 1899 à 1904.

Fils du capitaine Besse, notre camarade, sergent au 1ᵉʳ régiment de zouaves, n'avait pas attendu les heures douloureuses de 1914 pour se consacrer au service du pays.

Engagé volontaire pour cinq ans, le 14 février 1910, il servit en Algérie du 20 février 1910 au 29 avril 1911, puis partit en guerre au Maroc occidental, où il prit part les 13 et 14 mai 1911, à l'attaque du camp de Salla et Ito, le 6 septembre, au combat de Sidi-Bou-Ahman et le lendemain, à la prise de Marrakech. Revenu en Algérie, c'est là que la guerre vint le surprendre. Le 22 août 1914, il prend sa part glorieuse à la bataille de Charleroi, il y est mortellement blessé au Châtelet et expire le lendemain.

Citation :

« Très bon sous-officier sous tous les rapports. Le 22 août 1914, au combat du Châtelet, s'est porté bravement à l'assaut d'une position allemande. A été mortellement blessé à la tête de sa section. » Médaille du Maroc. — Croix de guerre.

BESSÈDE (Raymond)

Né à Libourne, le 6 juillet 1893.
Mort au combat de la Chalade (Argonne), le 8 août 1915.
Elève à l'Ecole Saint-Genès (Cours normal), de 1912 à 1913.

Caporal au 76ᵉ régiment, 9ᵉ compagnie, il fut blessé une première fois le 13 mars, à Vauquois, par des éclats d'obus à la tête. Il fut tué en montant à l'assaut. C'est le premier élève du cours normal mort au champ d'honneur. — Cité à l'ordre du régiment pour avoir fait des prisonniers.

Croix de guerre. — Médaille militaire.

BICHARRETTE (René)

Né à Bordeaux, le 24 juin 1891.
Mort à Hyères, le 26 décembre 1919.
Eléve au Pensionnat et à l'Ecole Saint-Genès de 1900 à 1906.

Au moment de la déclaration de la guerre, René Bicharrette était caporal au 12ᵉ bataillon de chasseurs alpins, à Grenoble; il fut envoyé au front dès les premiers jours des hostilités; fit la campagne d'Alsace, où il se distingua par sa bravoure et son initiative; fut nommé sergent-major au corps, en 1915, puis sous-lieutenant en 1916. A l'assaut de l'Hartmannwillerkopf, il fut grièvement blessé, ce qui nécessita son envoi à l'arrière.

Bien qu'incomplètement rétabli, il reprend du service et est affecté à l'instruction des récupérés au camp de Valréas. Mais il avait trop présumé de ses forces : au bout de peu de mois, il doit être hospitalisé; la maladie s'aggravant il est envoyé en congé de convalescence et finalement réformé n° 1.

Il était déjà trop tard; malgré tous les soins qui lui furent prodigués, il mourut à Hyères, le 25 décembre 1919.

Plusieurs citations : Médaille militaire et Croix de guerre.

BIRAC (Jean-Marie-Elie)

Né le 15 novembre 1898, à Langon (Gironde).
Mort le 14 octobre 1918, à la Côte 99, près de Nizy-le-Comte (Aisne).
Elève à l'Ecole Saint-Genès (Cours normal) de 1913 à 1914.

Soldat au 31ᵉ régiment d'infanterie, il mérita par son courage la citation suivante :

« Bon et brave soldat, mortellement frappé dans l'accomplissement de son devoir au cours d'un violent engagement sur le Hunding, le 14 octobre 1918. »

Son esprit de foi et son mépris de la mort paraîtront dans ces paroles qu'il prononçait dans sa famille, lors de sa dernière permission : « Le corps... c'est un vieux vêtement qu'on laisse dans un coin. Il n'y a que l'âme qui compte. »
Croix de guerre.

BLANC (Marcel)

Né le 20 octobre 1886, à Bordeaux.
Mort le 1ᵉʳ octobre 1914, au plateau de Sainte-Geneviève, près Belleu
(Hauteurs de Soissons) à l'âge de 28 ans.
Elève au Pensionnat J.-B. de la Salle de 1898 à 1903.

Canonnier au 58ᵉ régiment d'artillerie, notre regretté camarade fut tué d'un éclat d'obus dès les premiers mois de la guerre. Il était le beau-frère de notre camarade Pierre Révolat, tombé lui aussi héroïquement au champ d'honneur.

« Très bon et brave conducteur, tué à son poste de combat le 1ᵉʳ octobre 1914, à la Montagne-Sainte-Geneviève ».
Médaille militaire et Croix de guerre avec étoile de bronze.

BLANC (Marc)

Né à Bordeaux, le 30 novembre 1887.
Elève au Pensionnat J.-B. de la Salle de 1898 à 1901.

(Nous n'avons reçu aucune note sur ce regretté camarade.)

BLEYNIE DE GALAUP (Xavier)

Né le 21 janvier 1864.
Mort d'une maladie contractée au front, le 12 mars 1917.
Elève au Pensionnat J.-B. de la Salle. de 1879 à 1881.

Orphelin de père et de mère dès le bas-âge, élevé par une tante d'une haute vertu et d'un grand bon sens, il fréquenta d'abord le Collège Saint-Joseph de Tivoli, puis le Pensionnat J.-B. de la Salle. Une vocation sérieuse fit de lui un officier. Sorti de Saint-Maixent avec le grade de sous-lieutenant, brillant officier, il s'éleva dans la hiérarchie à une époque où l'on avançait lentement, jusqu'au grade de capitaine. En 1902, triste époque, M. Bleynie de Galaup eut sa fiche dressée, comme les meilleurs d'entre les Français d'alors, par les soins de la secte immonde et sous le haut patronage du Ministre de la Guerre. Il fut de ceux qui, blessés dans leur loyalisme outragé, brisèrent leur épée. Dès lors, son unique souci fut de servir encore dans les œuvres catholiques et sociales.

C'est à ce poste de charité que la guerre trouve M. Bleynie de Galaup. A cinquante ans, il reprend du service pour la défense de la Patrie en danger; et, regrettant de ne pas mourir dans une tranchée ou une offensive victorieuse, « c'est du moins les armes à la main que tombe ce vaillant et loyal soldat, ce chrétien digne des âges héroïques, qui ne vécut que pour son Dieu, sa Patrie, sa famille et les pauvres. » — (Art. nécrol. de l'*Echo de Saint-Genès*.)

BONNANS (Jean-Paul)

Né à Bordeaux, le 12 septembre 1895.
Mort près de Fismes, le 5 septembre 1917.
Elève à l'Ecole Saint-Genès de 1907 à 1911.

Sergent-pilote aviateur, il ravissait son intimité par les délicatesses exquises de son caractère. Plein d'entrain, d'énergie, de courage, il savait trouver des mots de réconfort pour les êtres chéris qui tremblaient à chacun de ses départs.

Sa bravoure lui avait valu une brillante citation à l'ordre de l'aéronautique :

« Caporal Bonnans (Jean-Paul), mitrailleur à l'escadrille C-61 :

« Mitrailleur volontaire à bord d'avions, a pris part à de nombreuses opérations aériennes, en particulier à deux bombardements, où son avion a été gravement atteint par des projectiles ennemis.

» En avril 1916, au cours d'un combat aérien, a forcé son adversaire à piquer brusquement dans ses lignes. »

Le 5 septembre 1917, il rentrait seul à son terrain d'atterrissage, à la fin d'une patrouille. Trois avions ennemis le pourchassèrent en le criblant de balles. Les projectiles avaient vraisemblablement brisé une aile de son appareil. Elle se détacha : notre héroïque camarade fit une chute verticale de plus de 800 mètres et fut tué sur le coup.

Son capitaine annonçant à la famille de Paul Bonnans cette mort brutale pouvait écrire : «... Dites à sa malheureuse mère combien mes pilotes et moi nous nous associons à sa douleur et en quelle estime nous tenions son fils. Toujours gai, plein d'entrain et de bravoure, je le comptais parmi mes meilleurs pilotes. Il était adoré de ses camarades, et j'avais pour lui une affection particulière. »

Croix de guerre.

BONNET (Elie-Marie-Louis)

Né à Bordeaux, le 6 septembre 1891.
Mort à l'hôpital de Noyant (Maine-et-Loire), d'une maladie contractée
au front, le 2 novembre 1915.
Elève au Pensionnat et à l'Ecole Saint-Genès de 1900 à 1907.

Sergent au 5ᵉ tirailleurs.

Louis Bonnet appartenait à une famille qui a payé largement sa dette envers le pays attaqué. Ses trois frères et ses deux beaux-frères se trouvaient en même temps que lui au front.

Comme l'a rappelé sur sa tombe un de ses camarades d'hôpital, ce n'était pas une nature vulgaire, mais un cœur jeune, ardent et généreux. Avant même que l'on pût prévoir la grande guerre, Louis Bonnet avait fait preuve d'un brillant courage au Maroc, où, pendant deux ans et demi, il fit campagne. A la suite des derniers combats de Champagne en 1915, une très courte maladie, après l'avoir forcé à s'éloigner du champ de bataille, le ravit à l'affection de sa famille et de ses camarades.

BONNET (Pierre-Raymond)

Né à Bordeaux, le 2 décembre 1885.
Mort le 18 mars 1915, second maître à bord du Bouvet, coulé
par l'ennemi dans les Dardanelles.
Elève au Pensionnat J.-B. de la Salle de 1898 à 1901.

Le 20 mars 1915, les journaux du matin portaient ce communiqué du Ministère de la marine :

« Au cours des opérations dans les Dardanelles, le 18 mars, les forces navales alliées ont eu à subir un feu très intense et des bâtiments se sont heurtés à des mines dans le détroit... Les résultats acquis au cours de cette journée ont coûté des pertes sensibles; le *Bouvet* a été coulé à la suite de l'explosion d'une mine... »

Notre camarade Pierre-Raymond Bonnet, second maître à bord du *Bouvet*, se trouva de ceux qui périrent ainsi glorieusement et qui ont été honorés collectivement par cette citation du commandant en chef de l'armée navale :

« Le vice-amiral, commandant en chef de l'armée navale, porte à l'ordre du jour de l'armée, le commandant, l'état-major et l'équipage du *Bouvet*, qui a sombré héroïquement, le 18 mars 1915, dans l'attaque des forts des Dardanelles par l'escadre franco-anglaise. »

Pierre-Raymond Bonnet était le fils de M. G. Bonnet, professeur de piano au Pensionnat et à l'Ecole Saint-Genès, et le frère de M. Joseph Bonnet, l'organiste de Saint-Eustache, à Paris.

BORDES (Charles)

Né à Lourdes (Hautes-Pyrénées).
Disparu dans un combat aérien, le 7 septembre 1916.
Elève à l'Ecole Saint-Genès de 1905 à 1907.

D'une bravoure magnifique, il se distingua dès les premiers jours de la guerre et mérita une belle citation :

Ordre du Régiment :
« Charles Bordes, sergent réserviste, engagé volontaire : A fait plusieurs patrouilles

I. Omer BENTÉJAC.
II. Louis BERTHELOT.
III. Raymond BOSSÈDE.
IV. Marcel BLANC.

V. Paul BONNANS.
VI. Louis BONNET.
VII. Charles BORDES.
VIII. Robert-W. BOSSÈS.

IX. René BOUNET.
X. Emile BOUREAU.
XI. Henry DE BOUSSIERS.
XII. Pierre BOUTET.

pendant la période du 21 au 25 septembre 1914 et s'est avancé jusqu'aux lignes allemandes. Le 29 septembre, son adjudant ayant été grièvement blessé, il l'a chargé sur son dos au moment de la retraite. L'adjudant ayant été tué pendant ce transport, il a dû abandonner son corps.

» S'est présenté volontairement ce même jour, à 20 heures, pour aller reprendre le corps de son chef, ainsi que deux blessés laissés sur place; s'est heurté à une patrouille ennemie, n'a pu accomplir sa mission; a recommencé sa tentative au jour et a été blessé en transportant en arrière un camarade blessé. »

Il pouvait, on le voit par de tels exemples, écrire légitimement à son père : « ...Ton mauvais sujet qui, s'il revient, reviendra de loin, crois-le bien, mais comme toujours la tête haute et sans peur : ça n'existe pas pour lui, il a ton sang, il s'en sert. »

Devenu sous-officier pilote-aviateur, il fit partie de cette escadrille des Cigognes qui comptait les pilotes célèbres Guynemer, Clainat, Chaput... C'est Guynemer qui l'y reçut.

Enfant de Lourdes, il avait une tendre confiance en l'Immaculée, une naïve fierté d'être le compatriote de Bernadette.

Un jour, parti de Pau, c'est par la voie des airs qu'il porte un bouquet à la Grotte. Un autre jour, étant au camp d'aviation d'Avord, pas très loin de Nevers, il fleurit d'une gerbe le tombeau de Bernadette.

Le 7 septembre 1916, Charles Bordes, qui en était à sa quatrième victoire aérienne, partit vers 18 heures par un temps brumeux et avec un appareil qu'il montait pour la première fois. Il tomba, avec son appareil dans les lignes ennemies. On n'a plus eu de ses nouvelles.

Médaille militaire. — Croix de guerre.

BOREL (Antonin-André)

Né à Bordeaux, le 30 août 1897.
Blessé le 3 octobre. Mort des suites de sa blessure à l'ambulance
de Romigny, le 4 octobre 1918.
Elève de l'Ecole Saint-Genès de 1906 à 1911.
Sergent au 46ᵉ régiment d'infanterie.

Deux citations :

I. « Excellent soldat, d'un courage à toute épreuve, toujours volontaire pour les missions dangereuses. A contribué par son allant aux succès de novembre 1917. »

II. « S'est distingué sans cesse au cours des combats des 25 et 26 mars 1918, notamment en patrouillant en plein jour sous un feu violent de mitrailleuses. A permis ainsi de recueillir des renseignements importants. »
Croix de guerre.

BOSSÈS (William-Robert)

Né à Bordeaux, en 1896.
Mortellement blessé près de la route de Prilep, au nord de Monastir,
décédé au groupe chirurgical mobile, le 10 mars 1917.
Elève à l'Ecole Saint-Genès de 1904 à 1914.
Chevalier de la Légion d'honneur.

Le sous-lieutenant Robert Bossès fut l'un de ces héros « que Dieu a jugés dignes d'être un holocauste pour le salut de la France ». Entré à Saint-Genès en 1904, il fut un modèle pour ses camarades jusques et y compris dans la classe de Philosophie. Bachelier l'année même où la guerre éclata, il ne pouvait être indifférent aux épreuves de la France. Sous son calme apparent, son âme de patriote s'exalta dans le sentiment d'un devoir à remplir.

Sa préparation militaire faite concurremment avec ses études et terminée par le B. A. M., il obtint de ses parents, bien capables de prendre leur part d'un tel sacrifice, le consentement de s'engager dans l'infanterie.

D'abord agréé au 49ᵉ de ligne à Bayonne, il fut, peu de temps après, admis au peloton des élèves-officiers. Il en sortit parmi les premiers classés et fut promu aspirant au 18ᵉ, à Pau, en décembre 1914. Dès son arrivée, le souci de rester fidèle à ses devoirs de chrétien, l'affection reconnaissante vouée à sa chère Ecole et à ses anciens maîtres se manifestent dans toutes ses lettres.

Il est nommé l'année suivante sous-lieutenant, à peine âgé de dix-neuf ans, dans son régiment même, où il ne compte déjà que des amis. C'est pour lui un motif de légitime fierté, mais il voit surtout de son nouveau grade les devoirs nouveaux qui lui incombent.

Le 24 mai 1916, il est grièvement blessé devant Douaumont. Pendant deux jours, il passe pour mort; son régiment même le compte comme disparu. Evacué d'abord sur Dugny, puis sur Saint-Germain-en-Laye, ses parents l'y trouvèrent blanchi, prostré, méconnaissable. La convalescence fut lente. La souffrance morale était infiniment plus douloureuse à ce vaillant que la déchéance physique qui la causait.

A peine remis, il part en fin décembre pour l'armée d'Orient, où il reprend, dit-il gaîment, « dans un secteur relativement calme, les habitudes de troglodyte contractées au front de France. »

Mais cette tranquillité est trompeuse. La scène change tout à coup, et ses lettres n'arrivent plus. La dernière est du 8 mars. La lutte est réveillée dans les Balkans, et le secteur qu'il occupe au nord de Monastir, sur la route de Prilep, est devenu difficile : « La vie y est pénible et les souffrances très dures. » « J'adresse d'ardentes prières à Dieu, écrit-il, pour qu'il me soutienne et me réconforte. » Le 9 mars, Robert Bossès était envoyé en observation à l'extrême pointe d'un secteur. Une attaque se déclencha; son régiment, cité à cette occasion à l'ordre de l'armée, en fit une victoire, mais le sous-lieutenant Bossès y fut frappé d'une balle qui lui traversa l'abdomen jusqu'à la région lombaire. Très calme, il fit à son capitaine son rapport sur les positions de l'ennemi et ne s'évanouit qu'après. Il expira le lendemain à l'ambulance chirurgicale, trois heures après qu'il y fut arrivé. L'infirmier chargé de la salle des officiers était un prêtre, professeur au Collège libre d'Annonay (Ardèche). Le sous-lieutenant Bossès reçut avec une ferveur touchante les derniers sacrements et cet ancien préfet de la Congrégation expira en murmurant : « Priez pour moi maintenant et à l'heure de ma mort. »

Il fut inhumé avec les honneurs militaires, entouré de ses chefs et de ses soldats, dans le cimetière de Monastir.

Robert Bossès était trop rapidement mort pour pouvoir être proposé pour la Légion d'Honneur. Ce n'est qu'à titre posthume que lui sera décernée la Croix des braves. Le colonel du 371ᵉ demanda et obtint du général en chef que le nom de Robert Bossès fût donné à l'un des ouvrages conquis sur l'ennemi; c'est ainsi que la côte 1248, sur laquelle notre jeune camarade avait versé son sang, garda le nom glorieux de « Ouvrage Bossès ». Enfin, cette citation fut attribuée à sa mémoire :

Robert Bossès, sous-lieutenant, 21ᵉ compagnie, mort au champ d'honneur le 10 mars 1917 :

« Tombé glorieusement pour la France en exécutant froidement un ordre reçu, dans une tranchée de première ligne, donnant à ses camarades un tel exemple d'abnégation, que son nom fut donné, quelques jours après, à l'ouvrage construit sur le terrain ennemi que son dévouement avait aidé à conquérir. »

Motif de promotion dans la Légion d'honneur, à titre posthume :

« Tombé glorieusement pour la France, à l'âge de 21 ans, le 10 mars 1917, en exécutant froidement un ordre reçu en tranchée de première ligne, donnant à ses camarades un tel exemple d'abnégation que son nom fut attribué quelques jours après à l'ouvrage construit sur le terrain ennemi que son dévouement avait aidé à conquérir. » Légion d'honneur. — Croix de guerre avec palme.

BOUDREAU (Roger)

Né à Bordeaux, le 26 avril 1887.
Mort le 2 mai 1918.
Elève au Pensionnat J.-B. de la Salle de 1894 à 1897.

Le docteur Roger Boudreau, tombé vaillamment au champ d'honneur, n'avait pas terminé ses études au Pensionnat J.-B. de la Salle. Nous n'avons reçu aucune note.

BOUILLAUD (Robert)

Né à Saint-Seurin-de-Cadourne, le 5 avril 1894.
Mort le 25 mai 1916.
Elève à l'Ecole Saint-Genès de 1907 à 1911.

(Aucune note n'a été envoyée par la famille de ce regretté camarade.)

BOUNET (Jean-Etienne-René)

Né à Casteljaloux (Lot-et-Garonne), le 6 août 1891.
Disparu en mer dans le naufrage du croiseur auxiliaire Provence-II,
le 26 février 1916.
Elève à l'Ecole Saint-Genès de 1902 à 1910.

Ses classes terminées, il était devenu étudiant en pharmacie et fut tout de suite estimé de ses maîtres et de ses camarades. Il consacrait à l'apostolat tous les instants de répit que lui laissaient sa famille et ses études. Avec Marius Bedel et Louis Koch, pour ne parler que des morts, il se dévoua sans compter au patronage de N.-D. des Anges.

Mobilisé dès les premiers jours de la guerre, il fut enrôlé au 3ᵉ régiment d'infanterie coloniale. Le 16 novembre 1914, il fut envoyé au front. Sa qualité d'étudiant en pharmacie ne lui assura aucun privilège. Il ne put même aller embrasser ses parents et dut se contenter de leur écrire une lettre déchirante : « Dieu permettra, disait-il, que je revienne pour consoler vos vieux jours. »

Au bout de quelques mois, il devint infirmier aide-major, faisant fonction de médecin auxiliaire, « tout en restant, remarquait-il, soldat de 2ᵉ classe. J'économise au Trésor de la guerre 3 fr. 40 par jour. »

Cette saillie nous le peint tout entier. Chez lui, la froide bravoure s'alliait tout naturellement à une indéfectible gaîté. Tantôt il constate que pendant une courte permission qui l'avait momentanément écarté du front, « Schneider et Krupp n'ont pu se mettre d'accord, et continuent toujours la discussion avec des arguments qui, à défaut d'être concluants, sont très bruyants. » Tantôt, c'est la neige qui donne aux tranchées « un aspect de montagnes à bon marché. Pour compléter l'illusion, de temps en temps une marmite vient y éclater, alors on a un volcan. »

Mais le sérieux profond de son âme se révèle dans l'importance qu'il attache à l'accomplissement de ses devoirs religieux, tandis que ses rapports réguliers et attentifs avec ses anciens maîtres et ses anciens camarades dévoilent toute l'affection reconnaissante de son cœur.

Sa bonté pour ses camarades du front lui dictait souvent des actes de réelle témérité. Il allait sous la pluie des balles, des obus, bravant la mort à chaque pas, porter secours aux blessés. Lors de la prise du fortin de Beauséjour, le 25 février 1915, il quitta le poste de secours aussitôt que possible pour aller à la recherche de deux de ses amis mortellement blessés. C'était un témoignage d'amitié qu'ils s'étaient mutuellement promis. Il en rencontra un mourant et le transporta au poste de secours.

La citation à l'ordre de la Division, dont il fut l'objet, en novembre suivant, rappelle cette belle action :

« Infirmier à la compagnie des mitrailleuses, s'est dévoué sans compter pour porter secours, sur la ligne de feu, à ses camarades blessés. S'est déjà distingué lors de la prise du fortin de Beauséjour, en février 1915. »

En février 1916, son régiment fut désigné pour Salonique. Afin d'épargner de la peine à ses parents, il leur cacha son départ jusqu'au dernier moment. Arrivé à Toulon, le 23 février, il écrivit quelques lettres. A ses parents, il disait avec un ferme courage : « Ne vous désolez pas, je reviendrai. »

A ses anciens maîtres : « Les voyages forment la jeunesse et c'est ce prétexte qui guide mes chefs... C'est sur le « Provence » que je vais traverser la mer et en première classe. Je ne me refuse aucun luxe... » — Hélas ! cette mer devait être sa tombe. Longtemps on ignora son sort. Le 16 juin, il était porté disparu. Le 12 octobre 1917, son décès était officiellement déclaré.

La médaille militaire a été attribuée à sa mémoire, le 23 janvier 1922, avec le motif suivant :

« Infirmier faisant fonction de médecin aide-major, disparu en mer, le 26 février 1916, dans le torpillage du croiseur auxiliaire *Provence-II*. — Déjà titulaire de la Croix de guerre à la suite d'une citation à l'ordre de la 3ᵉ division. »

BOUREAU (Emile-Louis-Marie)

Né à Bordeaux, le 9 mai 1898.
Mort à l'hôpital de Vatry (Marne), le 30 octobre 1918.
Elève à l'Ecole Saint-Genès de 1907 à 1910.
Téléphoniste au 254ᵉ régiment d'artillerie de campagne.

Sa conduite remarquable pendant son court séjour au front lui mérita la citation suivante :

Le lieutenant-colonel Bally, commandant le 254ᵉ régiment d'artillerie de campagne, cite à l'ordre du régiment :

Boureau (Emile), état-major de l'A. C. D. 74 :

« Jeune téléphoniste modeste, courageux et dévoué. A toujours fait preuve de conscience et d'entrain, au cours des opérations du 26 septembre au 17 octobre 1918. » — Aux Armées, le 24 octobre 1918. Croix de guerre.

BOURRETÈRE (Henry-François-Marie-Joseph)

Né à Pouillon (Landes), le 16 novembre 1891.
Mort le 16 décembre 1918.
Elève à l'Ecole Saint-Genès de 1907 à 1911.
Soldat au 2ᵉ régiment du génie, jusqu'à la bataille de Verdun.

Versé ensuite dans l'Intendance comme secrétaire; il fut avant tout un solide chrétien et un homme de devoir.

« Il était pour nous le meilleur des camarades, écrit un de ses chefs : complaisant, se mettant à la portée de tous, et, de ce fait, très aimé du personnel de l'Intendance. Pour mes officiers et pour moi-même, c'était un collaborateur dont nous appréciions tous l'intelligence, la conscience, la discrétion, toutes les qualités qui faisaient de lui un secrétaire choisi, que sa jeunesse seule avait empêché d'être élevé au grade d'officier. Ce grade allait d'ailleurs lui être conféré sous peu... »

Au lendemain de son arrivée dans sa famille pour une permission de détente, un mal impitoyable l'emporte en quelques heures.

« Ce beau jeune homme semblait incarner les vertus de notre race : il unissait à la bonté du cœur une belle tenue morale, à l'affabilité du sourire la générosité du geste, à une intelligence ouverte un esprit affiné. » (*Nouvelliste de Bordeaux*, 24 décembre 1918).

BOUSSIERS (Marie-Joseph-Henry de)

Né à Villefranche-de-Lonchapt (Dordogne), le 21 avril 1894.
Mort à Chavigny, sur le front de l'Aisne, le 22 mai 1918.
Elève à l'Ecole Saint-Genès de 1903 à 1910
Sous-lieutenant au 8ᵉ génie.

Son affection reconnaissante pour Saint-Genès et ses sentiments religieux se manifestaient en toute occasion. Tout l'intéressait dans l'Ecole. Au milieu des fatigues et des dangers de la guerre, ce fut, par exemple, pour lui une vraie préoccupation que les suites du coup terrible qui avait frappé M. Blattes.

Un peu moins d'un mois avant sa mort, le 30 avril 1918, il écrivait : « Plus que jamais, j'ai besoin de la protection de Dieu, pas tant pour ma sécurité personnelle que pour celle des hommes qui me sont confiés. C'est à Lui que je demande de toujours me guider et m'éclairer dans les décisions qu'il faut prendre... »

Et le 18 mai, quatre jours avant sa mort : « Je me lève demain de bonne heure pour communier. »

BOUTET (Jean-Pierre)

Né à Bordeaux, le 27 novembre 1892.
Mort au combat de Missy-aux-Bois (S.-O. de Soissons, Aisne),
le 31 mai 1918.
Elève à l'Ecole Saint-Genès de 1905 à 1909.
Sergent-fourrier au 144ᵉ régiment d'infanterie, 10ᵉ compagnie.

S'était dévoué pendant toute la durée de la guerre et avait été légèrement blessé le 2 juin 1917.

Il avait mérité la Croix de guerre avec étoile de bronze et étoile d'argent par ces deux citations :

I. A l'Ordre du Régiment :

« Gradé très brave, possédant de belles qualités militaires. Le 2 juin 1917, a été blessé en assurant la liaison entre son chef de bataillon et son commandant de compagnie, a demandé à ne pas être évacué. »

II. A l'Ordre de la Division :

« Pendant la journée du 26 mars 1918, a assuré son service de liaison sous un feu violent de mitrailleuses; s'est porté au secours de son commandant de compagnie pour lui prodiguer les premiers soins et recueillir les documents intéressants dont il était porteur. » Croix de guerre.

BOUYER (Pierre-Camille-Antide)

Né à Châtenet (Charente-Inférieure), le 26 mars 1897.
Mort au combat du Frétoy (Oise), le 11 mai 1918.
Elève à l'Ecole Saint-Genès, de 1914 à 1915.
Sergent au 39ᵉ régiment d'infanterie,

Il se trouvait le 11 juin 1918 à son poste, en tête de ses hommes, lorsque, à peu de distance de l'ennemi, une balle meurtrière vint le frapper en pleine poitrine. Son corps demeura en possession de l'ennemi. Il était très aimé de ses camarades pour sa gaîté et son entrain.

Il n'avait pas encore vingt et un ans.

BRIAU (Pierre-Alfred)

Né à Bordeaux, le 14 avril 1891.
Mort au Chemin des Dames, le 16 avril 1915.
Elève à l'Ecole Saint-Genès de 1900 à 1905.
Maréchal des logis au 24ᵉ régiment d'artillerie, 4ᵉ batterie.

Il avait mérité d'être cité à l'ordre du régiment :

« D'un courage et d'une conscience au-dessus de tout éloge; le 16 avril 1917, chargé d'assurer une mission d'optique avec l'infanterie, s'est employé, sous un feu violent, avec un courage admirable et un complet mépris du danger, à remplir sa mission. A été tué à son poste de combat. »

Son lieutenant a ajouté à ce témoignage officiel la preuve de son estime personnelle, dans cette lettre adressée à la famille de notre regretté camarade : « N'étant que depuis peu à la batterie, je n'ai pas eu l'avantage d'apprécier votre frère, mais, en tous cas, il a été vivement regretté par tous, hommes, sous officiers et officiers et a fait, par sa belle conduite au feu et son courage, l'admiration de tous ceux qui l'ont connu. Il avait d'ailleurs été l'objet de plusieurs citations qui n'avaient pas abouti et il possédait en plus une lettre de félicitations du chef d'escadron pour l'accomplissement d'une mission en décembre 1915. »

Croix de guerre.

CALLENS (Henri)

Né à Bordeaux, le 7 janvier 1884.
Mort le 15 avril 1915, à l'hôpital militaire de Verdun.
Elève à l'Ecole Saint-Genès de 1896 à 1901.
Soldat au 110ᵉ régiment d'infanterie.

CALMET (René)

Né à Bordeaux le 14 mai 1891.
Mort au combat de Laneuvelotte (Meurthe-et-Moselle), le 10 septembre 1914.
Elève à l'Ecole Saint-Genès de 1903 à 1906.

Comme le regretté caporal Bagnères, et à ses côtés, René Calmet, sergent au

344° régiment d'infanterie, fut fauché avec treize de ses camarades par un obus de 210 et enseveli dans la tranchée. Voici ce qu'un de ses camarades, témoin oculaire du sinistre événement, a pu écrire à ce sujet à M⁰ᵉ Calmet :

« Il était 11 heures du matin. Le premier obus tiré par l'ennemi tomba juste à l'extrémité de la tranchée, avec une explosion formidable. Il nous couvrit de débris et de boue, et, quand les indemnes purent se dégager et que quelques blessés furent retirés de leur position critique, nous dûmes, ce qui fut terrible, attendre la tombée de la nuit avant de pouvoir porter secours aux malheureux camarades...

» Le corps de mon pauvre ami Calmet fut facilement reconnu, grâce à ses galons. »

» Il était littéralement coupé en deux, à la hauteur de la poitrine. La force de l'explosion avait été si grande qu'il fut impossible de retrouver et de reconnaître un seul lambeau de son pantalon.

» A quelques jours de là, un service funèbre a été célébré à l'église de Laneuvelotte pour le repos de l'âme de ces braves tombés au champ d'honneur, et la compagnie, passant à proximité de l'endroit tragique, a rendu les honneurs à leur tombe, pendant qu'un prêtre, infirmier militaire, récitait les prières des morts. »

CALSAT (Henri)

Né à Podensac, le 23 juillet 1896.
Elève à l'Ecole Saint-Genès de 1909 à 1915.
Caporal au 32° régiment d'infanterie.

Encore sur les bancs de l'Ecole pendant la guerre, il échangea les tranchées de Saint-Genès pour celles du Chemin des Dames. Il est de la grande masse de nos poilus qui n'ont pas d'histoire. Porté disparu au mois de juillet 1917; il avait juste vingt et un ans.

La Médaille militaire a été attribuée à la mémoire du caporal Calsat (J.-F. Henri), mort pour la France.

« Excellent caporal, ayant toujours donné toute satisfaction à ses chefs. Tué glorieusement à son poste de combat, le 19 juillet 1917, à Craonne. » Croix de guerre avec étoile de bronze.

CARBONNEL (Alphonse)

Né à Llodio, province d'Alaba (Espagne), le 14 février 1897.
Mort à Bœsinghe (Belgique), le 30 juillet 1917.
Elève à l'Ecole Saint-Genès de 1909 à 1914.
Soldat au 201° régiment d'infanterie,

Alphonse Carbonnel était le plus jeune d'une famille d'orphelins, qu'éleva courageusement la sœur aînée.

M. Firmin Clauzel, M. Blattes, nos disparus toujours aimés, avaient essayé de donner par leur attachement à ce foyer fraternel l'illusion des tendresses familiales dont il était sevré. Sur quatre jeunes gens mobilisés, c'est le plus jeune que la mort a saisi. « Nous sommes montés en ligne le mardi soir, car l'attaque avait lieu dans la nuit, a écrit un des camarades d'Alphonse Carbonnel. Jusqu'au moment du départ, j'ai causé avec lui, nous avons ri un instant, car on ne pense pas toujours à son malheur. Puis l'heure du départ a sonné et nous sommes partis, moi avec le capitaine, lui avec sa section. Nous ne nous sommes revus que pendant l'attaque; il était le même que la veille, aussi gai. Arrivés à hauteur de l'objectif désigné pour le bataillon, nous nous sommes arrêtés et avons pris position devant la ligne des fortins allemands. Nous sommes restés quelques heures sans recevoir un obus boche et tout allait pour le mieux, la compagnie avait à enregistrer peu de pertes.

Vers midi, une rafale d'obus se mit à tomber autour de la tranchée, sans blesser ni tuer personne. C'est vers deux heures et demie qu'un obus est tombé dans la tranchée, tuant quatre des nôtres et en ensevelissant quelques autres... Alphonse Carbonnel se trouvait parmi les quatre tués... »

Une citation posthume est venue consacrer la vaillance de ce jeune soldat, à peine âgé de vingt ans.

Citation à l'Ordre du Régiment :

Le lieutenant-colonel Mongin, commandant le 201ᵉ régiment d'infanterie, cite à l'ordre du régiment le soldat Alphonse Carbonnel :

« Brave soldat, ayant toujours fait courageusement son devoir. Tué le 31 juillet 1917 en se portant bravement à l'assaut des organisations allemandes. »

Aux Armées, le 27 août 1917.

La Croix de guerre a été remise à la famille de notre regretté camarade, à la prise d'armes du 16 février 1918.

Par arrêté ministériel du 5 mars 1920, la Médaille militaire a été attribuée à sa mémoire :

« Jeune soldat de la classe 1917, plein d'ardeur et de bravoure au combat. Tombé glorieusement pour la France le 1ᵉʳ août 1917. » Croix de guerre.

CASSAGNAU (Jean-Clément)

Né à Bordeaux, le 11 juillet 1892.
Mort à bord de l'Himalaya, le 22 juin 1917, victime de la barbarie
des Allemands.
Elève à l'Ecole Saint-Genès de 1901 à 1907.
Soldat au 22ᵉ régiment d'infanterie coloniale.

Il avait participé aux attaques des forts de Vaux et de Douaumont en 1916, avec le 144ᵉ régiment d'infanterie.

D'une lettre à sa sœur, en date du 17 mai 1916, nous tirons le passage suivant :

« Je suis à Verdun; j'ai mis toute ma confiance en Dieu, et plus d'une fois déjà cette pensée m'a soutenu. Avant de monter ici, à Douaumont (deuxième secteur depuis notre arrivée), j'ai eu l'occasion de me confesser à un prêtre soldat. J'ai accroché la petite médaille de Saint Christophe à la chaîne de ma plaque d'identité; j'ai celle de N.-D. de Talence sur ma poitrine... Maintenant, j'ai repris un peu de courage et je puis t'assurer qu'il en faut autant que de la bonne volonté. »

CAZES (Gabriel-Adolphe-Louis)

Né à Sidi-bel-Abbès (Oran), le 20 avril 1895.
Mort à Mourmelon-le-Petit, le 20 avril 1917.
Elève à l'Ecole Saint-Genès (Cours normal), de 1911 à 1913.
Sous-lieutenant au 1er tirailleurs de marche.

Notre camarade était, en 1914, professeur-adjoint au pensionnat de Sainte-Marie d'Auch, dirigé par son oncle, décédé depuis.

Il avait conquis rapidement ses grades et l'estime de ses chefs. Il apportait à l'accomplissement de son devoir de soldat la même conscience, le même sérieux qu'à ses devoirs d'écoliers. L'Ecole Saint-Genès garde, en effet, le souvenir fidèle de cet ancien élève de son Cours normal, qui, au sortir d'une école primaire, pourvu d'une instruction dont la solidité ne compensait point les lacunes, avait, par un travail acharné, conquis ses deux baccalauréats et son brevet supérieur, en deux ans et sans échec.

Parti dès les premiers jours avec la classe 1915, il fut affecté au 1er tirailleurs de marche de la 45e division, la terreur des boches depuis le début de la guerre.

Nommé sous-lieutenant en août 1916, il a mérité par sa belle conduite la citation suivante :

« Le sous-lieutenant Gabriel Cazes a fait preuve, dans la défense d'une position soumise à un bombardement extrêmement violent, d'un calme et d'une bonne humeur qui inspirèrent la plus grande confiance à ses hommes. Est tombé glorieusement le 20 avril 1917, en se portant d'un trou d'obus à un autre pour transmettre des ordres et encourager les hommes. » — Croix de guerre.

CHAMALBIDE (Pierre)

Né à Idaux-Mendy (Basses-Pyrénées).
Mort à Bordeaux, le 5 août 1921, des suites d'empoisonnement
par gaz asphyxiants.
Serviteur à l'Ecole Saint-Genès.

Depuis son service militaire au 6e husssards, Pierre Chamalbide était resté à Saint-Genès, où sa probité, sa discrétion et son dévouement lui avaient valu l'estime de tous. L'intérêt qu'il prenait à notre Maison faisait vraiment de lui un membre de la famille. La guerre le retint loin de nous pendant cinq longues années. A la démobilisation, il vint reprendre sa tâche. Bientôt des troubles profonds altérèrent sa santé. Il avait été victime des gaz asphyxiants imaginés par la barbarie germanique. Une néphrite chronique s'était déclarée et une crise d'urémie l'emporta. Il mourut pieusement, le 5 août 1921 et fut inhumé, suivant son désir, dans son village natal, après toutefois que de touchantes funérailles lui eurent été faites dans notre chapelle.

CHANLOU (Georges-Alexandre)

Né à Bordeaux, le 2 mai 1890.
Mort à Gallipoli, le 21 juin 1915.
Elève à l'Ecole Saint-Genès de 1899 à 1907.
Sergent au 49ᵉ, puis au 176ᵉ régiment d'infanterie.

Blessé le 3 septembre 1914, à Château-Thierry, d'une balle dans le bras, il n'en accomplissait son devoir qu'avec plus d'ardeur et de conscience. Parti sur sa demande au corps expéditionnaire d'Orient, il fut tué à Gallipoli, d'une balle dans la tête. La citation suivante lui a été décernée :

Georges Chanlou, sergent à la 11ᵉ compagnie du 176ᵉ régiment d'infanterie,
« A enrayé un mouvement de recul provoqué par un fléchissement de la ligne. S'est fait tuer sur l'emplacement où il avait réussi à arrêter la section. »
Croix de guerre.

CHANLOU (Louis)

Né à Bordeaux, le 9 juillet 1893.
(Frère du précédent.)
Porté disparu le 24 septembre 1915, dans les combats de l'Artois.
Elève à l'Ecole Saint-Genès de 1906 à 1909.
Soldat au 63ᵉ régiment d'infanterie.

CHANU (Paul-Emile)

Né à Bordeaux, le 21 mai 1889.
Mort près de Vouziers, le 8 octobre 1918.
Elève au Pensionnat J.-B. de la Salle de 1899 à 1904.
Lieutenant au 130ᵉ régiment d'infanterie.

Il avait gardé de ses maîtres et de sa chère Ecole, un souvenir qui, aux jours d'épreuve, était pour lui un réconfort. Une lettre écrite par le colonel Rousseau à M. l'abbé Deney, alors second aumônier de l'Ecole, nous a fait connaître les derniers moments de notre regretté camarade :

« Depuis le 1ᵉʳ février 1918, j'ai quitté mes braves chasseurs pour prendre le commandement du 130ᵉ, un beau et brave régiment qui vient de se couvrir de gloire dans les derniers combats qui ont permis de rejeter l'infâme ennemi jusqu'à l'Aisne. C'est au cours de ces combats, le 8 octobre, que le brave lieutenant Chanu est tombé à la tête de ses hommes, après avoir atteint son objectif et rempli complètement sa mission... Il n'était au régiment que depuis trois mois à peine. Mais quelques jours avaient suffi pour apprécier la droiture, la gaîté, le sentiment du devoir de ce jeune et vaillant officier... »

Le sentiment du devoir, il le portait inné en lui. Avant la guerre, il avait été un des membres les plus dévoués de la Conférence de Saint-Vincent-de-Paul de la paroisse Saint-Nicolas et du Cercle d'Etudes dirigé par l'abbé Bacheré, mort, lui aussi au champ d'honneur.

CHARODON (Jean-Marie-Pierre ROUTY de)

Né à Beaune (Côte-d'Or), le 1er septembre 1899.
Mort à l'ambulance de Remancourt (Aisne), le 5 novembre 1918.
Entré à l'Ecole Saint-Genès en octobre 1914, sorti en juillet 1915.
Aspirant au 67e Bataillon de Chasseurs alpins.

Réfugié à Bordeaux tout au début de la guerre, Pierre Routy de Charodon ne demeura qu'un an à l'Ecole Saint-Genès, mais si court qu'ait été son séjour, il s'attacha profondément à l'Ecole et à ses maîtres.

Sa jeunesse s'épanouissait dans une atmosphère d'héroïsme et de sacrifice. Son frère aîné préparait Saint-Cyr; son père, chef de bataillon, fut une des premières victimes de la guerre.

Ayant terminé ses études secondaires, il fit une année à Saint-Cyr et en sortit au mois de juillet 1918 aspirant au 67e bataillon de chasseurs alpins, 8e compagnie. Son séjour au front devait être bref et la joie de la victoire lui fut ravie au moment où devenait plus infaillible sa certitude et plus brillant son éclat.

D'une lettre de sa mère à la direction de Saint-Genès, nous extrayons ce beau passage :

« ...Ce cher enfant a fait un acte de charité dont le bon Dieu l'a récompensé en lui donnant un prêtre pour l'assister à ses derniers moments :

» En partant à la dernière attaque, Pierre rencontre un boche blessé, qui souffrait beaucoup; alors ce pauvre petit n'écoutant que son cœur, au milieu d'une pluie de balles, s'arrête, panse l'ennemi de son mieux et continue son chemin... »

Mortellement blessé le 4 novembre 1918, au passage du canal de la Sambre, où il se montra héroïque, comme le constate la citation que nous reproduisons, il fut transporté à l'ambulance de Semancourt. C'est là qu'au matin du 5 novembre, il expira, en pleine connaissance, se donnant à lui-même, en présence des médecins qui le soignaient et du Dieu miséricordieux devant lequel il allait paraître, ce simple témoignage :

« Je meurs en ayant fait tout mon devoir. »

Voici sa citation à l'Ordre de l'Armée :

« Jeune aspirant, modèle de courage et d'allant. Le 4 novembre 1918, au passage du canal de la Sambre, manœuvrant sans cesse, a réussi à réduire successivement trois nids de mitrailleuses dont les occupants ont été tués ou mis en fuite. A été grièvement blessé au moment où, pour la quatrième fois, il attaquait un centre de résistance qui gênait la progression de sa compagnie. »

Croix de guerre avec palme.

Signé : DEBENEY.

DECAN de CHATOUVILLE (Pierre-Marie-Daniel)

Né à Saint-Loubès (Gironde), le 3 septembre 1873.
Mort à Villers-Franqueur (Marne), le 15 avril 1917.
Elève au Pensionnat J.-B. de la Salle de 1880 à 1891.
Capitaine commandant de bataillon au 23ᵉ régiment d'infanterie.
Chevalier de la Légion d'honneur.
Décoré de la Croix de guerre, Officier du Nicham-Iftikhar.

Notre camarade était un officier de carrière des plus distingués. Dès le début de la guerre, il se signala par son énergie et sa bravoure. Il fut atteint, à Guise, le 28 août 1914, de trois blessures très graves, resta vingt-six heures sur le terrain et ne dut la vie qu'à une sorte de miracle.

La Légion d'honneur fut la récompense de sa vaillance : le brevet s'exprime ainsi : « Excellent officier. Belle conduite, et grièvement blessé le 28 août 1914. »

Un peu plus tard, la citation suivante à l'Ordre de l'Armée, reconnaissait son dévouement et sa valeur militaire :

« Ayant reçu l'ordre d'occuper une position, le 27 mai. a rapidement et judicieusement organisé le terrain et, par ces dispositions, a pu repousser victorieusement les contre-attaques de l'ennemi les jours suivants. » — 18 juin 1915.

Son profond attachement pour l'Ecole lui faisait partager avec ses anciens maîtres toute la gloire qu'il conquérait. Ses lettres, rédigées à la hâte, comme entre deux feux, contenaient toujours quelques mots d'affectueuse reconnaissance à leur adresse.

Dans la nuit du 15 au 16 avril 1917, au moment des derniers préparatifs d'une attaque, à Villers-Franqueur, un éclat d'obus vint le frapper.

Il reçut, pendant les quelques minutes qui lui restèrent à vivre, l'absolution d'un prêtre brancardier. « Encore à table, a écrit celui-ci, en ce dernier soir, il disait à ses officiers qu'il allait à l'assaut l'âme bien en paix, ayant conscience d'avoir toujours bien fait son devoir... C'était une belle âme de chrétien, de chef et de combattant; nous le pleurons tous; ses hommes sauront le venger. » Cette prédiction : ses hommes sauront le venger, s'est réalisée de point en point. M. le lieutenant Escallier écrivait, en effet, le 8 mai, à Mᵐᵉ de Chatouville : « Avant de quitter la dépouille mortelle de notre pauvre capitaine, j'ai fait une courte prière, j'ai demandé la force de suivre son bel exemple. J'ai demandé la foi aussi ardente qu'il l'avait... Vous connaissez, Madame, quelle fut notre conduite au feu. Notre chef est bien vengé; ....le régiment s'est couvert de gloire... Le 3ᵉ bataillon est proposé pour une citation à l'Armée..., son bataillon, son œuvre... Oh ! comme il aurait été heureux, comme il aurait été fier, votre cher Héros, de vous annoncer lui-même ce magnifique résultat... »

Le général de Bazelaire, commandant le 7ᵉ corps d'armée, l'a honoré de la citation suivante :

« Officier de première valeur, brave et consciencieux. Mortellement frappé au moment où il prenait ses dernières dispositions pour conduire son bataillon à l'attaque. »

Notre regretté camarade était membre fondateur de l'Association Amicale des Anciens Elèves.

Légion d'honneur. — Croix de guerre avec palmes.

CHAVOIX (Charles)

Né à Excideuil (Dordogne), le 21 septembre 1874.
Mort en 1916, au cours des combats de la Somme.
Elève au Pensionnat J.-B. de la Salle de 1890 à 1892.

Les seuls renseignements que nous possédions sur ce regretté camarade nous sont fournis par une lettre de M. Jules Brunet, député de la Dordogne, lieutenant d'artillerie : « ...Profitant de mon passage à Paris, j'ai vu hier mon collègue Chavoix, qui m'a dit que son pauvre enfant, sergent-major dans un régiment d'infanterie, avait été tué dans la Somme au cours d'un embarquement en chemin de fer... » Charles Chavoix avait fait la campagne de Madagascar.

CHENUT (Marie-Joseph-Paul-Elie)

Né à Saint-Aigulin (Charente-Inférieure), le 2 août 1892.
Mort à Fontaine-Valmont (Belgique), le 23 août 1914.
Elève à l'Ecole Saint-Genès de 1907 à 1909.

Caporal au 144ᵉ régiment d'infanterie, notre camarade était déjà marié et père d'une petite fille née trois jours après son départ. Il espérait revoir sa chère famille, qu'il aimait tant, mais le bon Dieu, dans ses décrets insondables, en a décidé autrement. En allant avec son capitaine relever la garde du pont de Fontaine-Valmont, près Charleroi (Belgique), pendant un duel d'artillerie, un obus éclatant près d'eux les réunit dans la mort. On l'entendit seulement crier : « Je suis perdu ! » Les sentiments chrétiens qu'il manifestait dans ses lettres et la conscience qu'il eut de l'imminence de sa mort nous permettent de croire qu'il jouit au ciel de la récompense des braves.

COMERE-CAILLE (Henri)

Né à Bordeaux, le 16 juillet 1889.
Mort à l'hôpital de Nancy, le 7 janvier 1919.
Elève à l'Ecole Saint-Genès de 1896 à 1906.
Maréchal des logis au 301ᵉ d'artillerie lourde.

Ce regretté camarade, qui s'est conduit en brave pendant toute la guerre, et qui a eu dans sa mort l'ivresse de la victoire si chèrement gagnée, avait mérité cette belle citation :

« Au front depuis le début, a toujours fait preuve d'énergie, de tenue et de discipline, donnant ainsi le bon exemple à ses subordonnés, et entière satisfaction à ses chefs. » — Croix de guerre.

I. Alphonse CARBONNEL.
II. Clément CASSAGNAU.
III. Pierre CHAMALBIDE.
IV. Georges CHANLOU.

V. Pierre-R. DE CHARODON
VI. Pierre-D. DE CHATROUVILLE
VII. Paul CHENUT.
VIII. Henri COMÈRE-CAILLE.

IX. Emile CORMOULS
X. Paul CORNIÉ.
XI. Fernand COUSSEAU.
XII. Marcel COUSSIRAT.

CORMOULS (Auguste-Emile)

(Ancien Frère JUNIEN-LÉON)
Professeur à l'Ecole Saint-Genès.
Né à Malajenc (Aveyron), le 30 novembre 1882.
Mort à la prise du Mort-Homme, le 20 août 1917.
Sergent-fourrier au 96ᵉ Régiment d'Infanterie.

Dixième enfant d'une famille patriarcale qui a fourni à l'Eglise des religieux fervents et à notre terre de France des fils fidèles, après avoir enseigné avec succès à Cognac, puis à Marmande, il devint professeur à l'Ecole Saint-Genès en 1911.

C'était un vrai maître, dont le zèle, les talents, la droiture, la délicatesse des sentiments, la distinction des manières et de toute sa personne honoraient grandement l'enseignement chrétien.

L'Ecole Saint-Genès fondait sur lui les plus hautes espérances. Ses élèves lui avaient voué un profond attachement : la volumineuse correspondance qu'il a échangée avec eux depuis son départ à l'armée en est une preuve convaincante. Du reste, sa pensée habitait toujours avec nous, pensée toute surnaturalisée par les habitudes d'une vie intérieure amoureusement cultivée. « Il me semble, écrivait-il aux pires jours, que je vais faire beaucoup plus de bien à mes élèves, une fois la tourmente passée, et cela parce que je serai devenu meilleur. A l'austère école de la souffrance, mon âme se retrempe tous les jours... »

Quand la guerre éclata, Emile Cormouls avait trente-deux ans; il appartenait au service auxiliaire et, à ce titre, n'avait jamais porté les armes. Versé dans le service armé en novembre 1914, il fut incorporé au 122ᵉ régiment d'infanterie, à Rodez. Après quatre mois d'instruction rapide, il est envoyé en Champagne, région de Beauséjour. Vers la mi-juin 1915, il passe au 96ᵉ où il devient caporal. Après avoir manqué deux fois d'être enseveli par l'éclatement de projectiles, il devient le 1ᵉʳ août, caporal-fourrier. En cette qualité, il prend part à l'assaut héroïque du 96ᵉ contre Tahure, où ce régiment fit 400 prisonniers. Sa compagnie est citée à l'Ordre de la Division; lui-même, à la fin de l'hiver est nommé sergent-fourrier et s'acquitte avec un héroïsme modeste de plusieurs missions périlleuses. Le colonel Lallé du Chastaigner, qui le tenait en particulière estime, le proposa pour le grade de sous-lieutenant. Emile Cormouls refusa : il jugeait que d'autres le méritaient davantage. Il participa en trois reprises différentes aux combats gigantesques de Verdun, et, le jour de Pâques 1917, il recevait la Croix de guerre. Le matin du 20 août, il monte à l'assaut avec la première vague, et tombe glorieusement frappé d'une balle à la tête sur les pentes du Mort-Homme reconquis. Il fut vraiment enseveli dans son triomphe.

C'était un beau soldat, sans témérité tapageuse, chez qui la vaillance n'était que l'expansion d'une âme vraiment chrétienne, toujours prête à lutter, et toujours prête à triompher parce qu'elle a toujours su se vaincre. La beauté de cette âme, ce sont les mille pages de sa correspondance et de ses notes intimes qui la manifestent.

Tout serait à citer. Il faut, — à regret, — élaguer. C'est le 9 avril 1915, à son frère : « Je suis prêt, bien prêt, le courage ne me manque pas. Si le Bon Dieu m'a choisi pour holocauste, que sa sainte volonté soit faite ! S'il veut que je continue à me dévouer longtemps encore à son service, qu'il soit béni et remercié... Comme bien vous le pensez, je saurai faire mon devoir, tout mon devoir; vous n'aurez pas à rougir de moi. Mes chefs me trouveront toujours disposé à accepter une mission, quelque périlleuse qu'elle soit. Je ne comprends pas qu'on ait peur de la mort lorsqu'on est bien avec Dieu... »

Et à cette lettre était jointe cette prière : « Seigneur, mon Dieu, dès aujourd'hui, j'accepte volontiers et de plein cœur, de votre main, le genre de mort qu'il vous plaira de m'envoyer, avec toutes ses peines et toutes ses angoisses. »

Et plus tard : « Débordé de besogne, je ne puis guère réciter des formules de prières; malgré cela, je prie continuellement... Je me purifie, je me fortifie, je me sanctifie dans la bonne souffrance. Comme il me semble que je serai bon, au sortir du creuset !... »

Le 22 mars 1916, il renouvelle ses résolutions de générosité et de filial abandon à la Providence : « Quoi qu'il arrive, je ferai toujours mon devoir : Dieu fera le reste. Il saura bien veiller sur son petit serviteur, s'il juge que de sa conservation il peut résulter quelque bien pour son âme et celle de son prochain. »

C'est plus que son devoir qu'il a fait.

Un de ses chefs, le commandant Pebay, s'est plu à lui en rendre témoignage. « ...Rien chez Cormouls de remuant ni de superficiel. Toujours la même manière silencieuse, religieuse, de s'acquitter de son travail, — la comptabilité de sa compagnie, — soit loin du bruit, soit sous le feu des obus. Et puis, à l'heure du danger, malgré les remarques de son commandant de compagnie et de son chef de bataillon, qui lui reprochent de négliger toute prudence, il continue sa promenade nécessaire, jusqu'au moment où une balle l'atteignit mortellement... »

Plusieurs éloquentes citations ont consacré tant d'héroïsme modeste :

Première citation :

« Excellent sous-officier, plein de courage et de dévouement, souvent remarqué pour sa belle conduite au feu. Le 18 mars 1917 a assuré volontairement la liaison avec une compagnie voisine, opération que la violence du bombardement rendait extrêmement dangereuse. »

Deuxième citation :

Ordre de la 31ᵉ division, du 12 octobre 1917 :

« Sous-officier très brave, donnant à tous, dans n'importe quelles circonstances, l'exemple de l'abnégation et de la fidélité au devoir. A trouvé une mort glorieuse le 20 août 1917, en assurant crânement sous un feu violent de mitrailleuses, la liaison entre le Chef de bataillon et son commandant de compagnie. »

Médaille militaire posthume (3 avril 1920, *Journal Officiel*, 13 août 1920) :

« Excellent sous-officier, plein de courage et de dévouement. Tué le 20 août 1917, au Mort-Homme, en menant sa section à l'attaque. Deux citations antérieures. — Croix de guerre avec étoile d'argent. »

CORNIÉ (Jean-Georges-Paul)

Né à Bordeaux, le 15 juin 1893.
Blessé le 31 mai 1918 à Cutry La Kaperie, (Aisne).
Mort à l'ambulance de Royallieu, près Compiègne, le 2 juin 1918.
Elève à l'Ecole Saint-Genès de 1902 à 1907.
Téléphoniste au 57ᵉ régiment d'artillerie.

Engagé volontaire en mars 1913; au front dès le premier jour, il fit 46 mois de guerre.

Téléphoniste au 57ᵉ régiment d'artillerie, il avait mérité d'être cité à l'ordre de la Brigade :

« A contribué par son courage et son dévouement à assurer les liaisons téléphoniques de la brigade en allant réparer les lignes malgré des bombardements les plus violents. Toujours volontaire aux moments les plus difficiles, particulièrement les 5, 7 et 9 mai 1917. »

Blessé mortellement le 31 mai 1918, il connut d'emblée la gravité de son état, et à l'ambulance, il demanda et reçut avec piété les derniers sacrements.

Proposé par ses chefs pour la médaille militaire. Elle lui sera décernée après sa mort, avec le motif suivant :

« Téléphoniste d'un courage et d'un sang-froid remarquables. S'est signalé d'une façon toute particulière au cours des combats du 31 mai au 3 juin en assurant, dans des conditions difficiles, la réparation des lignes hachées à maintes reprises par des bombardements violents. » — Déjà deux fois cité. — 23 juin 1918.

Croix de guerre.

COUSSEAU (Pierre-Fernand)

Né à Bordeaux, le 11 octobre 1884.
Mort à Verdun, le 24 août 1916.
Elève au Pensionnat J.-B. de la Salle de 1893 à 1898.

« ...Infirmier au 144ᵉ d'infanterie, notre ami Fernand a été tué à la porte d'un abri par un obus... Il avait été atteint par un éclat en pleine poitrine. Il était mort sans un cri, sans un soupir, dans une sorte de syncope subite...

» Le trait dominant de son caractère, c'était la bonté; c'était, par suite, son dévouement à toute épreuve. Il avait donné de nombreuses preuves de son courage... Sa gaîté, sa bonne humeur étaient bien connues... Il était un des hommes les plus connus et les plus aimés de tout le bataillon et même du régiment... Il avait été proposé pour la croix... » (Lettre d'un prêtre brancardier.)

COUSSIRAT (Marcel)

Né le 23 octobre 1880.
Mort à Forges (Meuse), le 6 mars 1916.
Elève au Pensionnat J.-B. de la Salle de 1889 à 1894.
Caporal au 211ᵉ d'Infanterie.

COUSTOL (André)

Né à Bordeaux, le 11 juin 1896.
Mort à l'hôpital de Montecchio-Maggiore, commune de Vicence (Italie),
des suites de ses blessures, le 23 juin 1918.
Elève à l'Ecole Saint-Genès de 1904 à 1908.

Il avait été blessé le 15 juin, au plateau d'Assiago, sur le front italien.
Citation à l'ordre du Régiment n° 326, du 17 juillet 1918 :

Le Chef de bataillon Tonnet, commandant le 108ᵉ régiment d'infanterie, cite à l'ordre le soldat Coustol André, de la 2ᵉ compagnie de mitrailleuses du 108ᵉ R. I. :
« Mitrailleur d'un très grand courage. A servi sa pièce sous un très violent bombardement, au moment le plus critique. A été grièvement blessé. Mort des suites de ses blessures. » — Croix de guerre.

CRACHEREAU (Raymond)

Né à Omet (Gironde), le 26 septembre 1891.
Mort probablement le 28 août 1914, à Sury, près Mézières (Ardennes).
Elève à l'Ecole Saint-Genès de 1904 à 1906.
Soldat au 18ᵉ régiment d'infanterie.

Raymond Crachereau venait de terminer son service militaire au moment où la guerre éclata.
On ignore presque tout de sa vie militaire. A partir du 19 août 1914, il ne donna plus signe de vie. Des témoignages d'amis survivants affirment qu'il se battit vaillamment à la bataille de Charleroi. A partir du 28 août, il fut porté disparu sur les contrôles de son régiment.

CRASSOUS (Henri)

Né à Lespignan (Hérault).
Mort à Beauséjour, côte 196, le 16 août 1915.
Elève au Pensionnat J.-B. de la Salle de 1898 à 1901.

Ce regretté camarade était le neveu du cher Frère Ernest (M. Clément Bonnafous) et de M. l'abbé Bonnafous, professeurs de dessin au Pensionnat et à l'Ecole Saint-Genès.
La famille n'a fourni aucun renseignement.

CRESPY (Pierre-Victor-Roger)

Né à Bordeaux, le 19 août 1892.
Mort à l'hôpital de Morlaix (Finistère), le 23 octobre 1915.
Elève à l'Ecole Saint-Genès de 1901 à 1907.
Aspirant au 50ᵉ régiment d'infanterie.

Combattant dès le début des hostilités, il avait gardé et manifestait en toute occasion un vif attachement à l'Ecole et à ses maîtres. « Vous m'avez inculqué, écrivait-il à un de ses professeurs, des principes qui m'ont permis de supporter courageusement toutes les épreuves de la vie, depuis l'Ecole... »

L'éducation chrétienne avait d'ailleurs atteint en lui son plus bel épanouissement : « Je prie avec ferveur, écrit-il encore, et je trouve en la prière le courage et la confiance nécessaires pour accomplir mon devoir. J'ai foi en l'avenir de notre belle France... »

« Il fut blessé le 26 septembre à Neuville-Saint-Vaast, d'une balle entrée par l'épaule droite et sortie au creux de l'aisselle, lui faisant à la sortie une très large plaie... Malgré toutes les ressources de la science et les soins les plus éclairés et les plus empressés, il est mort dans nos bras, le 23 octobre, à 10 heures 30 du soir, en bon chrétien, après avoir fait tout son devoir de bon Français sur les champs de bataille. Il avait fait la communion et reçu l'extrême-onction quelques jours avant de mourir. » (Lettre du père.)

La balle l'avait atteint dans la tranchée allemande qu'il venait de conquérir, alors qu'il commandait à ses hommes de se porter en avant. Quelques instants auparavant, il avait fait prisonniers 43 Allemands dans la tranchée prise d'assaut. Ceci est un fait entre dix : ses chefs et ses soldats témoignaient hautement de sa bravoure. « C'était un bon fils, un bon chrétien et un brave soldat, estimé et honoré de tout le monde, à qui un avenir brillant était réservé. C'était de plus un modeste qui faisait simplement tout son devoir... » (Lettre de sa sœur.)

Le lieutenant-colonel commandant le 50ᵉ régiment d'infanterie le cita à l'ordre du Régiment avec le motif suivant :

Aspirant Roger Crespy, de la 4ᵉ compagnie :
« Excellent chef de section, d'une bravoure et d'un sang-froid remarquables. A été blessé mortellement en entraînant sa section à l'assaut d'une tranchée ennemie. »

La Croix de guerre, méritée par cette citation, a été remise au père de notre camarade, par le général Comby, au cours de la prise d'armes qui a eu lieu le 5 février 1916, sur les allées de Tourny.
Médaille militaire posthume.

CROHARÉ (Hubert-Henry)

Né à Mascara (Algérie), le 28 novembre 1899.
Mort à Châlons-sur-Marne, le 28 octobre 1918.
Elève à l'Ecole Saint-Genès de 1911 à 1915.
Engagé volontaire en avril 1917 au 23ᵉ régiment d'artillerie coloniale,
radiotélégraphiste.

« Mon pauvre frère nous a été ravi à la veille de la victoire dont il se réjouissait tant; son élan généreux pour la France n'a pas été couronné comme il le méritait. Il a fait son devoir jusqu'à la dernière minute et avait eu de durs moments à passer, surtout depuis nos dernières offensives. Très fatigué, pris par la grippe régnant dans son régiment, il a été évacué trop tard... » (Lettre de son frère.)

CRUÈGE (Georges)

Né à Lima (Pérou), le 24 mai 1894.
Mort au combat de Douaumont, le 24 mai 1916.
Elève à l'Ecole Saint-Genès de 1907 à 1911.

Caporal-fourrier au 18ᵉ régiment d'infanterie, il fut tué le 24 mai, anniversaire de sa naissance, au cours d'un violent combat, par une balle au front. « ...Il est tombé sans souffrir, glorieusement, à son poste, où il essayait de constituer un barrage afin d'arrêter l'ennemi... Il était un ami pour nous; il emporte notre estime, nos regrets et aussi notre admiration. » (Lettre d'un camarade annonçant sa mort.)

Ordre de la division : Le caporal-fourrier Georges Cruège, du 18ᵉ d'infanterie, est cité à l'ordre de la —ᵉ division :

« Etant à une distance très faible de l'ennemi, a organisé rapidement un barrage qui, par la suite, a arrêté la progression de l'ennemi. A été tué au cours de l'action. » Croix de guerre.

CRUÈGE (René-Bernard)

Né à Bordeaux, le 17 juillet 1894.
Mort au Mort-Homme, (Verdun), le 9 avril 1916.
Elève au Pensionnat J.-B. de la Salle et à l'Ecole Saint-Genès de 1900 à 1912.

Admis à Saint-Cyr en juin 1914. Lieutenant au 8ᵉ bataillon de chasseurs, 4ᵉ compagnie.

Longtemps élève, il donna pendant sa scolarité bien des preuves de sa droiture et aussi de son tempérament d'une originalité de bon aloi. Il se présenta à deux baccalauréats à la fois et fut admis avec mention. Même succès, en juin 1914, à l'Ecole militaire de Saint-Cyr. Toujours studieux, travailleur, affectueux, on n'eût pu lui reprocher que son excessive modestie. Il débuta au front en janvier 1915, et fut placé dès son arrivée dans une situation périlleuse. Son courage ne se démentit jamais. « On a pleine confiance dans l'issue de la guerre, écrit-il, elle sera peut-être encore éloignée, mais tôt ou tard la bonne cause aura le dessus... »

Il était né pour être officier. Le courage, l'autorité naturelle, un savant doigté pour assouplir les caractères les plus rebelles, la bonne humeur, tout en lui le faisait entraîneur d'hommes.

Suivant le mot de son ordonnance, un brave territorial, ses hommes l'adoraient. A sa mort, d'innombrables lettres parvinrent à sa famille, répétant à l'envi ce même éloge : « Jamais chef ne fut plus regretté. »

Très bon pour ses subordonnés, il leur recherchait des marraines, leur procurait maintes douceurs, organisait pour eux des délassements et des jeux, les remerciait du moindre de leurs efforts, vivait parmi eux comme un frère aîné au milieu de ses cadets.

Il mourut vaillamment.

La lettre suivante du général Nivelle accompagnait une magnifique citation à l'ordre de l'armée :

« Votre fils, ce jeune héros de 21 ans, glorieusement tombé au Champ d'honneur au Mort-Homme, le 9 avril 1916, a été cité à l'ordre de l'Armée. C'est le témoignage de sa bravoure et de sa vaillance. Je ne puis, à mon grand regret, donner à votre glorieux fils la nomination posthume de Chevalier de la Légion d'honneur, malgré les propositions dont il était déjà titulaire; les prescriptions réglementaires actuellement en vigueur interdisant d'une façon absolue ces nominations.

» D'ailleurs, cette distinction n'ajouterait rien à la belle citation que je suis heureux de vous transmettre et qui perpétuera la mémoire du jeune héros dont vous serez fier ! »

Citation à l'ordre de l'Armée :

Le lieutenant Cruège, René, commandant la 4e compagnie du 8e bataillon de chasseurs à pied :

« Au cours de l'attaque du 9 avril 1916, au moment où les Allemands, supérieurs en nombre, avaient réussi à prendre pied dans nos tranchées, s'est élancé, un fusil à la main, à la tête de sa compagnie, en criant : « En avant, les amis, suivez-moi ! » réussissant ainsi à refouler l'ennemi. A été tué au cours de l'action. »

Le Général commandant la IIe Armée,
Signé : NIVELLE.

Une réglementation postérieure a permis de faire ce que le général Nivelle déclarait impossible, et un arrêté ministériel du 4 juin 1919, paru à l'*Officiel* le 7 du même mois, a attribué à la mémoire du Lieutenant Cruège (René-Bernard), du 8e bataillon de chasseurs à pied, mort pour la France, la Croix de la Légion d'honneur. Le brevet répète à peu près mot pour mot la citation ci-dessus.

Légion d'honneur. — Croix de guerre avec palme.

CUGINAUD (René-Jean-Ernest)

Né à Bordeaux, le 7 mars 1881.
Mort à Blangy (Pas-de-Calais), le 18 septembre 1915.
Elève au Pensionnat J.-B. de la Salle de 1889 à 1899.
Sergent au 20e régiment d'infanterie.

A la mobilisation, notre camarade était marié et laissait en mourant une petite fille âgée de sept ans.

« Sa mort est due à la chute, dans la tranchée où il se trouvait, d'une bombe allemande qui malheureusement a fait trois victimes et blessé six hommes.

» Très bon gradé, particulièrement estimé de ses chefs et de ses hommes, il avait toujours fait preuve du plus grand dévouement et s'était montré digne d'un grade supérieur à celui qu'il avait...

» Il est mort à son poste, en bon Français... » (Lettre du capitaine de sa compagnie.)

Citations :

I. Ordre du Régiment :

Sergent Cuginaud : « Excellent sous-officier, aimé de ses hommes et de ses chefs, n'a cessé de faire preuve du plus grand courage; a été tué dans une tranchée avancée alors qu'il avait le commandement d'une section. » Croix de guerre.

II Médaille militaire posthume : « Le 18 septembre 1915, a été tué dans la tranchée avancée pendant qu'il exerçait la surveillance de sa section. »

DARAS (Maurice)

Né le 10 août 1892,
Mort à Paris, le 25 novembre 1918,
Elève à l'Ecole Saint-Genès de 1908 à 1910.

Fils d'un officier distingué, le colonel Daras, il voulut lui aussi, suivre la carrière militaire. Lieutenant au 1er régiment de chasseurs d'Afrique, au début de la guerre, il fut plusieurs fois blessé, et ne pouvant plus servir sur le front français, il demanda le Maroc. « ...Il y a donné autant qu'il a pu de ses forces et de son énergie comme lieutenant au 1er régiment de chasseurs d'Afrique. Il a vécu quelques mois dans un poste de l'intérieur. Guéri, mais non complètement rétabli, la grippe l'a trouvé sans résistance.

Soutenu par ses projets de mariage entamés depuis longtemps, il ne vivait que pour le bonheur du foyer qu'il voulait fonder.

« ... Mon fils Maurice, qui devait se marier le 19 novembre 1918, a été pris à Paris, le 16, par la grippe qui, d'abord bénigne, l'a enlevé le 25.

» Il retrouvera Là-Haut son frère Michel, torpillé sur le « Provence-II » (Lettre du lieutenant-colonel Daras, son père, le 4 décembre 1918.)

Ce regretté camarade était le frère de Georges Daras, qui, fait prisonnier dès 1914, demeura en Allemagne jusqu'à la fin des hostilités.

DARROUSSAT (Pierre-Albert)

Né à Losse (Landes), le 1er juillet 1893,
Mort au combat de Vermandovillers (Somme), le 6 septembre 1916,
Elève à l'Ecole Saint-Genès de 1905 à 1911.

Sergent au 1er bataillon de chasseurs à pied, il fut blessé au début des hostilités, le 29 août 1914, au combat de nuit de Séry-lès-Mézières. Une balle lui traversa le biceps droit. Versé au 12e régiment d'infanterie, à Tarbes, il fut chargé pendant quelque temps de l'instruction des élèves-caporaux. Revenu au front, avec le grade de sous-lieutenant au 1er bataillon de chasseurs à pied, il mourut glorieusement, à la tête de sa section.

Voici les deux citations méritées par ce brave :

I. — Ordre du Régiment :

« Le sergent Darroussat, pendant le combat de nuit de Sery-lès-Mézières, a secondé brillamment et intelligemment son chef de section et a été blessé au moment où il se levait pour rendre compte d'un mouvement offensif de l'ennemi. » (29 août 1914.)

II. — Ordre de l'Armée :

« Le Général commandant la Xe Armée cite le sous-lieutenant Darroussat (Pierre-Albert), du 1er bataillon de chasseurs. Jeune officier d'une très grande bravoure. A superbement entraîné sa section à l'assaut d'un village. Est glorieusement tombé le 6 septembre 1916, au moment où il atteignait son objectif. » Croix de guerre avec palme.

DARTIGUELONGUE (Jules-Léon)

Né à Tartas (Landes), le 28 septembre 1885.
Mort au Chemin des Dames, le 15 juillet 1917.
Elève au Pensionnat J.-B. de la Salle de 1900 à 1903.

Ce terrien que séduisait depuis toujours la vie saine et calme des champs, révéla dès les premiers jours de la guerre l'âme la plus ardemment guerrière qui se puisse rêver. Bien qu'il n'ait jamais connu la guerre de mouvement qu'il aurait aimée et qu'il ait dû subir pendant trois longues années le martyre des tranchées, il a eu du moins à sa dernière heure la fierté de tomber face à cet ennemi auquel il s'était juré de ne jamais se rendre. Pendant plus d'un an, on ignora son sort, une lettre d'un brancardier revenu de captivité et qui l'avait assisté à sa dernière heure, vint dissiper le dernier espoir dont s'atténuait encore la douleur des siens.

Sorti du rang, il était devenu sous-lieutenant au 234e d'infanterie. Il était fort aimé de ses hommes et leur avait voué lui-même un attachement tel que blessé déjà, enseveli deux fois, il avait refusé de se laisser évacuer pour ne pas les quitter et pour ne pas manquer la dernière bataille.

Le soir du 14 juillet 1917, sa compagnie fut cernée sans alerte par des forces ennemies dix fois supérieures en nombre. On lutta jusqu'à épuisement complet des munitions. Le lieutenant Dartiguelongue tomba, blessé à l'abdomen. Il fut impossible de panser la plaie et l'agonie fut d'autant plus douloureuse qu'il garda sa connaissance jusqu'à la dernière minute. « Dis chez moi, dit-il au brancardier qui l'assistait, que je meurs content... c'est pour la France ! »

Outre son grade conquis uniquement par sa vaillance, il avait été l'objet des deux citations que voici :

I. — Ordre de la Division :

« Dartiguelongue (Léon), sous-lieutenant au 234e régiment d'infanterie, officier très brave; au cours d'un combat à la grenade, un point de tranchée ayant été occupé par l'ennemi, a, par son calme, son énergie et son intervention personnelle, contribué à l'en chasser et l'a forcé à regagner sa tranchée de départ. »

II. — Ordre de la Division :

« Dartiguelongue (Jules-Léon), sous-lieutenant au 234e d'infanterie. Le jour de l'attaque du 3 septembre 1916, commandant la fraction de renfort d'un bataillon, s'est élancé bravement en tête de sa section à l'assaut des tranchées ennemies.

» A fait preuve de décision énergique dans l'organisation de la position et le ralliement des groupes. »

La croix de Chevalier de la Légion d'honneur lui a été décernée à titre posthume avec la citation suivante :

« Officier d'un courage exemplaire. Le 14 juillet 1917, à Courtecon, au cours d'une violente attaque ennemie, a su par son exemple personnel maintenir l'ennemi en échec en lui infligeant de lourdes pertes, jusqu'au moment où il a été frappé mortellement. Est mort à son poste en prononçant ces paroles : « Je meurs content; je meurs pour la » France ! »

Légion d'honneur. Croix de guerre.

DAVID (Gilbert)

Né à Verdelais, le 5 mars 1892.
Mort à Maricourt (Somme), le 24 juillet 1916.
Elève à l'Ecole Saint-Genès de 1904 à 1907.
Sergent au 418° régiment d'infanterie.

Engagé volontaire au 144° d'infanterie depuis 1912, il fit avec ce régiment Charleroi, la grande Retraite, la Marne, puis Craonne, où il gagna ses galons de caporal.

Ayant ensuite contracté une pneumonie, il fut évacué dans un hôpital de l'arrière, puis envoyé au dépôt du 144°, et de là au camp de Souges.

Parti ensuite en renfort au 418° régiment de marche, il prit part aux combats qui se livrèrent devant Verdun, du 24 février au 6 mars 1916, et y gagna les galons de sergent.

Après avoir bataillé encore quelques jours, le 418° régiment de marche fut envoyé dans la Somme.

C'est là, aux environs de Maurepas, qu'après avoir séjourné dans les tranchées de première ligne, et avoir pris part à l'attaque du 20 juillet, d'où il était encore sorti sain et sauf, il fut tué net par un obus, pendant la relève, le 24 juillet, à quatre heures du matin, en traversant le village de Maricourt...

Ses camarades de régiment se sont plu à vanter son courageux entrain, sa simplicité et sa gaîté.

M. le Curé de Verdelais a rappelé au service funèbre célébré dans la paroisse natale de Gilbert David, tout le passé de foi et de dévouement de ce jeune homme ; sa vie promettait d'être féconde; son sacrifice n'aura pas été inutile.

La médaille militaire a été attribuée à sa mémoire avec la citation suivante :

« Sous-officier très courageux; ayant à traverser avec sa section un barrage de gaz asphyxiants, s'est maintenu personnellement au point le plus exposé. Est tombé glorieusement, en se dévouant pour ses hommes, le 24 juillet 1916, à Hardecourt. »

Déjà cité. Médaille militaire. Croix de guerre.

DEGAN (Joseph)

Né à Léognan (Gironde), le 24 août 1892.
Mort à la Harazée (Argonne), le 14 juillet 1916, dans sa 24ᵉ année.
Elève à l'Ecole Saint-Genès de 1904 à 1909.
Soldat au 144ᵉ régiment d'infanterie, agent de liaison.

Il s'était trouvé à Verdun, à Vaux, à Douaumont dans des moments particulièrement critiques.

Son âme tout imprégnée de courage et de paix, avait gardé intacts les principes reçus à l'Ecole. Dans une lettre à un de ses anciens maîtres, il pouvait se rendre ce témoignage : « Je n'attends pas ma récompense des hommes, sur la terre. J'ai ma conscience tranquille, j'ai fait mon devoir, plus que mon devoir parfois. Dieu le sait, cela me suffit. Je suis prêt à recommencer, si c'est pour le bien de ma Patrie. »

C'était dans la pratique assidue de ses devoirs religieux qu'il puisait cette résignation courageuse.

« ...Nous avons, au repos, écrivait-il encore, une grande joie que nous ne pouvons avoir aux tranchées, c'est d'entendre la messe, célébrée à jour passé par un missionnaire, dans la petite église rustique du village, et de pouvoir faire la sainte Communion. Quel spectacle touchant et beau, pour nous, surtout, anciens élèves de Saint-Genès, qui avons reçu, dans cette chère Ecole, des principes religieux et vraiment catholiques... »

Cette récompense, qu'il n'attendait pas des hommes, est venue cependant après sa mort. C'est la citation suivante à l'ordre du Régiment :

« Agent de liaison d'un courage et d'un dévouement à toute épreuve, modèle du devoir; a été mortellement frappé le 14 juillet 1916, au moment où il allait porter des ordres en première ligne. » Croix de guerre.

DEGORS (Robert-Marie-Joseph)

Né à Saint-Genès-de-Blaye, le 9 août 1894.
Mort à Hardecourt (Somme), le 20 juillet 1916.
Elève à l'Ecole Saint-Genès de 1904 à 1909.

Engagé volontaire au 144ᵉ régiment d'infanterie, septembre 1912, sous-lieutenant en 1915. Lieutenant en mars 1916 au 418ᵉ régiment d'infanterie, chevalier de la Légion d'honneur, décoré de la Croix de guerre.

Deux belles citations ont consacré la vaillance de ce regretté camarade.

I. — Ordre du Régiment :
« Blessé en entraînant vaillamment sa section à l'assaut du retranchement allemand dans la journée du 26 septembre 1915. »

Il était retourné au front en février 1916, après cette première blessure.

II. — Ordre de l'Armée :
« Est tombé glorieusement en conduisant brillamment sa compagnie à l'attaque des positions allemandes sous un feu intense de mitrailleuses, faisant preuve de vigueur et d'énergie, et donnant à tous le plus bel exemple de courage. »

Signé : Général Fayolle, Commandant la IVᵉ Armée.

Dès le collège, Robert Degors se révéla intelligent et travailleur. On l'eût jugé d'esprit positif et un peu terre-à-terre. En réalité, il fut un délicat, un artiste et même un poète bien personnel.

On goûtera la mélancolie toute lamartinienne, mais virile, de ces quelques vers, que nous nous permettons de choisir, parmi bien d'autres, mis à notre disposition par un ami heureusement indiscret :

L'Adieu a la Maison.

Et c'est pour un adieu que je viens aujourd'hui,
Maison aux murs blanchis, jardin planté de buis,
Bois déjà parfumé des senteurs de l'automne;
A regret, je vous quitte et je vous abandonne..

Adieu, humble maison, reste, au fond de tes feuilles,
Ce que tu fus pour moi, la maison de bonté...
. . . .
. . . .

Mais voici que déjà je vois glisser l'automne.
Les chrysanthèmes d'or embaumeront en vain,
La pendule dira son heure monotone,
Tandis que je verrai des horizons lointains.

Je m'en vais; mais de toi je garde au fond du cœur
Le vivant souvenir de tes chères coutumes.
O mon pays, j'aurai la vivante senteur
De tes matins d'été tout obscurcis de brumes.

Je serai loin, bien loin, mais ton âme qui vole
Avec moi doucement parfois viendra causer;
Je t'entendrai parler sans aucune parole
Quand près de moi souvent tu viendras reposer.

Sur la terre lointaine où passera ma vie,
Dans les pays brûlants aux horizons sans fin,
Je me rappellerai la douceur infinie
Qu'avait le vent du soir à travers les sapins.

Je me ressouviendrai au fond du passé noir
Des heures d'autrefois. Mille petites choses
Me viendront à l'esprit : promenades du soir,
Parmi les doux sentiers tout parfumés de roses...
. . . .

Respectez le passé, ô jours inexorables.
Gardez de ces objets, gardez le souvenir,
Par la glace des ans, rendez-les vénérables,
Quand auprès d'eux, un jour, je m'en viendrai finir.

Et ce poète fut un admirable chef, officier plein de pondération, consciencieux, soucieux de ses hommes, capable aux heures graves d'une folle bravoure, d'un élan sans frein.

Croix de guerre, Légion d'honneur,

DELBÈS (Gaston)

Né à Bordeaux, le 15 juin 1888.
Mort le 18 novembre 1923.
Elève au Pensionnat J.-B. de la Salle de 1898 à 1902.

Epuisé par les privations et les fatigues de la guerre, ce regretté camarade a succombé des suites d'une longue et cruelle maladie contractée au front.

DELL' ADAMINO (Victor)

Né le 13 janvier 1875.
Soldat à la 18ᵉ section des C. O. A.
Mort le 13 mai 1918.
Elève au Pensionnat J.-B. de la Salle de 1881 à 1887.

(Aucune note n'a été envoyée.)

DELORT (Paul)

Né à Bègles (Gironde)
Elève à l'Ecole Saint-Genès de 1904 à 1907.

(Nous n'avons reçu aucun renseignement sur ce regretté camarade.)

DEMONS (René)

Né à Castres (Gironde), le 2 mai 1889.
Mort le 15 mai 1918.
Elève au Pensionnat J.-B. de la Salle de 1900 à 1905.
Soldat au 144ᵉ d'infanterie, devenu, en 1917, sergent pilote-aviateur.

Il faut le répéter à propos de ce camarade, — et pourquoi hésiter à redire les mêmes mots, lorsqu'il s'agit de louer un même héroïsme ? — c'était une âme vraiment guerrière, consciente de tout ce que l'œuvre du soldat contient d'austère beauté. Plus que tout ce que nous pourrions écrire, ce fragment de lettre écrite le jour de la Toussaint 1915 le prouve : « Ceux qui reviendront raconteront aux autres ce qu'il y avait de grand et de beau dans la tâche journalière, et cela consolera vos mères, ô fils glorieusement tombés; votre mort sera contée doucement aux petits, pères pour qui la famille ouvrait un horizon de joie et de bonheur !...

» Et demain, dans notre ciel de France, la Victoire irradiante de clarté clamera aux quatre coins du sol sacré de la Patrie, parmi le fracas des canons et de la mitraille, les noms glorieux de nos morts. Tous y seront, tous y auront leur place. Vous les verrez, ô camarades, et votre élan sera irrésistible !

» Plus tard, lorsque, revenus dans vos foyers, l'image de cette Toussaint de guerre vous apparaîtra, inclinez vos têtes et priez. Pensez à ce cimetière de Vendresse où dormiront peut-être encore vos frères d'armes; priez pour eux, et gardez au plus profond de vous-mêmes leur impérissable souvenir... »

Celui qui vibrait d'un tel lyrisme dans la solitude dangereuse de sa tranchée n'était pas un de ces doux rêveurs, chez qui la chimère tient lieu d'action. C'est ce qu'atteste cette belle citation :

« Le lieutenant-colonel Tribalet, commandant le 144ᵉ régiment d'infanterie, cite à l'ordre du C. A. le sergent téléphoniste Demons (Jean - René) : Sous - officier très énergique et très brave, a toujours entraîné ses hommes sous les plus violents bombardements. S'est distingué lors de la prise d'un poste ennemi de T. S. F. devant Verdun, le 9 mai 1916. » Croix de guerre.

DESPUJOLS (Louis-Félix-Ferdinand)

Né à Niort (Deux-Sèvres), le 23 mai 1871.
Mort au combat de Bœslinghe (Belgique), le 24 avril 1915.
Elève au Pensionnat J.-B. de la Salle de 1881 à 1888.

Il était avant la guerre professeur de dessin et de peinture. Engagé volontaire au 4ᵉ zouaves de marche en décembre 1914, malgré ses 43 ans, il fut versé au 7ᵉ zouaves, comme sergent. A eu un fils au front.

DEVOY (Fernand-Georges)

Né à Bordeaux, le 28 décembre 1896.
Mort à la côte 304, (Verdun), le 29 juin 1916.
Elève à l'Ecole Saint-Genès de 1903 à 1911.
Caporal au 6ᵉ d'Infanterie.

Encore étudiant quand la Patrie l'appela à l'aide, il fit tout son devoir et tomba glorieusement devant Verdun. Il n'avait pas 20 ans !... La citation suivante a proclamé sa vaillance :

« Caporal brave et dévoué. Mort glorieusement pour la France, le 29 juin 1916, à la côte 304. »
Médaille militaire. — Croix de guerre.

DODART (Roger)

Né à Brives-sur-Charente (Ch.-Infér.), le 1ᵉʳ février 1892.
Mort, le 20 novembre 1919,
des suites de maladie contractée au front.
Elève à l'Ecole Saint-Genès de 1904 à 1909.

I. Raymond CRACHEREAU.
II. André COUSTOL.
III. Robert CRESPY.
IV. Henry CROHARÉ.
V. René CRUÈGE.
VI. Georges CRUÈGE.
VII. René CUGINAUD.
VIII. Albert DARROUSSAT.
IX. Léon DARTIGUELONGUE.
X. Gilbert DAVID.
XI. Joseph DEGAN.
XII. Gaston DELBÈS.

DOMECQ (Hector)

Né à Bordeaux, le 28 juin 1895.
Mort à Cuperly (Marne), le 21 mai 1916.
Elève à l'Ecole Saint-Genès de 1902 à 1912.
Caporal au 54ᵉ régiment d'infanterie.

Après de brillantes études terminées par le baccalauréat de philosophie, Hector Domecq avait compté parmi les étudiants les plus distingués et les lauréats de la Faculté de Droit de Bordeaux, où, à la veille de la guerre, il rem-
portait un premier prix au concours annuel. Il avait été un des meilleurs élèves
du regretté professeur Chéneaux, cet éminent civiliste qui, par patriotisme,
s'engagea volontairement à quarante-cinq ans, lorsque le pays fut menacé, et
mourut d'une balle au front en secourant un de ses hommes blessés.

Domecq était digne d'un tel maître. Ce qui dominait en lui, c'était une intelligence lucide et pénétrante, mais son abord un peu froid et un très subtil
scepticisme apparent ne permettaient guère, même à ceux qui vivaient journellement avec lui de soupçonner le sérieux profond de son âme, la solidité de
son caractère, la délicatesse de son cœur, les trésors de poésie qu'il gardait ja-
lousement dissimulés dans le sanctuaire intime de son attachante personnalité.

Quelques extraits de ses lettres du front le prouveront mieux que toutes
nos affirmations, ces lettres, anthologie précieuse, mais où nous devons, hélas !
faire des élagages qui nous paraissent un vandalisme :

« Aujourd'hui, dimanche, nous avons assisté à la messe dans la forêt. Quel
spectacle touchant ! On ne peut se le figurer. La messe a été dite sur un établi,
avec des ornements d'église en miniature. L'aumônier de la division, qui a le
grade de capitaine, a véritablement l'allure du soldat. C'est l'ami des poilus.
Il leur parle avec une tendresse émouvante. Et il faut entendre l'allocution
qu'il fait à l'Evangile ! Il remue les soldats dans leurs fibres profondes. Il leur
fait comprendre que l'idée de patrie et celle de religion doivent se mêler. Véritablement, il fait descendre dans l'âme de chacun une paix joyeuse qui le prépare aux plus grands sacrifices. Ce matin, il y avait foule à la messe et les
communions étaient nombreuses. Je crois que le réveil religieux est surtout
frappant, ici, sur le front. Quand on est sur le point de se trouver peut-être
en face du grand problème, on éprouve le besoin pressant de le résoudre et de
le résoudre religieusement. Et cela est bon et doux à constater... ! » (Lettre à
ses parents, 26 septembre 1915.)

« ...Pour faire son devoir, sans se plaindre et même sans trop souffrir, je
crois qu'il faut oublier les laideurs de la guerre, pour n'en voir que les beau-
tés. Je ne veux voir que cela, et ainsi j'arrive, comme la plupart des soldats
d'ailleurs, à ne pas être triste, au milieu des tristesses du front... » (Lettre du
25 octobre 1915.)

« ...Le beau temps qui régnait ici depuis un mois, vient subitement de disparaître. Peut-être la nature a-t-elle voulu, le Jour des Morts, prendre le deuil
et pleurer avec les veuves et les orphelins, sur la tombe de ceux qui sont morts
pour leur Patrie depuis quinze mois ! Le premier jour de novembre a été triste,
bien en harmonie avec les pensées et les sentiments de ceux qui dans les
cimetières apportaient un souvenir à leurs morts. En devons-nous conclure que

la Nature, loin d'être insensible à nos douleurs, a un état d'âme semblable au nôtre, prend sa part de nos émotions et de nos tristesses ? Je croirais volontiers que nous la voyons à travers notre état d'âme; elle nous donne l'impression de la joie ou de la tristesse, de la puissance ou du calme, de la violence ou de la douceur, mais cette impression qu'elle nous offre, n'est que le reflet des sentiments qui sont en nous...

» Elle aggrave simplement notre état d'âme, le porte aux extrêmes, à une violente tristesse ou à une joie rayonnante, à un violent désir d'action ou à une effrayante envie de calme et d'immobilité... Depuis que je suis sur le front, je me défie d'elle.

» Puisqu'elle aggrave nos sentiments, je m'efforce d'être toujours gai; en la regardant et de cette façon, je la défie de me rendre triste. » (Lettre à ses parents, 3 novembre 1915.)

« Ma philosophie a une base religieuse. Quand on a été nourri comme moi jusqu'à dix-sept ans de principes religieux, on ne peut jamais les oublier. On peut les délaisser pour un certain temps; quelquefois même les abandonner, mais toujours ils reviennent à la surface. Notre intelligence est torturée par eux et notre conscience vient à tout instant nous dire : « Tu n'as acquis aucune certitude philosophique depuis que tu as renié tes anciens principes. Ne les as-tu pas rejetés parce qu'ils gênaient tes passions ? » Et, malgré nous, notre âme est troublée; une espèce de remords l'assaille : c'est une véritable souffrance.

» Tout cela explique qu'à vingt ans, un soldat qui peut à chaque minute se trouver en face de la mort et de tous les problèmes qu'elle cache, puise dans le danger une force nouvelle pour conserver ses principes religieux.

» La religion va lui fournir la base même de sa philosophie. Pour ma part, je considère le soldat, au milieu des dangers qui l'entourent, comme un pauvre être entraîné par des forces infiniment supérieures et auxquelles il ne peut songer à résister. Je le vois comme une épave que la mer entraîne et avec laquelle elle joue, et qu'elle brise sur les rochers du rivage.

» L'épave ne peut rien contre la mer. Que pouvons-nous de plus contre la balle qui siffle à notre oreille, contre l'obus qui éclate à nos côtés ? Même impuissance dans les deux cas.

» Pour nous, êtres intelligents, une seule attitude convient : la résignation. Et pour donner une base à cette attitude, rappelons-nous la phrase que, tout enfants, nous balbutiions dans le Pater : « Que votre volonté soit faite ! » Chez moi, c'est le principe fondamental. Je crois que la balle qui tue n'est pas aveugle, qu'elle ne frappe pas au hasard, mais qu'elle est l'instrument d'une volonté qui nous domine... » (Lettre à ses parents, du 8 février 1916.)

Cher et toujours regretté M. Blattes, comme on reconnaît dans ces lignes d'une si haute et si sereine philosophie chrétienne, votre action apostolique dans des âmes qui ont appris de vous l'art de vivre, et surtout, à l'heure voulue de Dieu, l'art de mourir.

C'est dans la nuit du 20 au 21 mai qu'Hector Domecq fut à la fois blessé au bras et foudroyé par les gaz asphyxiants. Il succombe à Cuperly (Marne) le lendemain.

Par arrêté ministériel du 9 novembre 1921, publié au *Journal Officiel* du 4 décembre de la même année, la Médaille militaire a été attribuée à la mémoire du caporal Domecq (Pierre-Hector), du 54ᵉ régiment d'infanterie, mort pour la France.

« Caporal brave et dévoué. Mort pour la France le 22 mai 1916, des suites des blessures reçues à l'ennemi. »

Croix de guerre avec étoile de bronze.

DONNADIEU (Pierre-Georges)

Né à Bordeaux, le 16 mai 1895.
Disparu le 3 juin 1918, aux combats de Missy-aux-Bois (Aisne)
Elève à l'Ecole Saint-Genès de 1906 à 1912.
Sous-Lieutenant au 144ᵉ d'Infanterie.

Caractère ouvert et franc, Georges Donnadieu était de ceux qui font naître la sympathie dès le premier contact.

Peu de jeunes gens apportent plus de délicatesse, presque de passion, dans leurs affections familiales. Il fut le plus aimant des fils, et cela permet de mesurer toute la profondeur du sacrifice qu'il lui fallut accepter quand la France, mère outragée et menacée, eut besoin de tous ses enfants pour la défendre et pour la venger

Avec quelle vaillance ce sacrifice fut accepté, ce qui suit le prouve mieux que tous les vains éloges.

1ʳᵉ citation. — Extrait de l'ordre général du 18ᵉ C.A., n° 176, du 15 février 1917 :

Donnadieu (Georges), aspirant au 144ᵉ régiment d'infanterie :

« Jeune aspirant de la classe 1915, d'un courage, d'une intrépidité et d'un dévouement rares. A assuré dans un secteur particulièrement mouvementé et soumis aux plus violents bombardements, le ravitaillement en vivres de toute sa compagnie. S'est fait remarquer par ses brillantes qualités d'observateur et de chef de patrouilles. Dans des circonstances difficiles et périlleuses, a commandé sa section avec calme, entrain et énergie, faisant l'admiration de tous ses hommes.

» Blessé le 31 mars 1916 à son poste de combat, n'a pas été évacué. »

2ᵉ citation. — Ordre du 18ᵉ Corps d'armée n° 205, du 28 mai 1917 :

Le général de division Hirschauer, commandant le 18ᵉ corps d'armée, cite à l'ordre du corps d'armée : Donnadieu (Georges) :

« Jeune aspirant plein d'allant, d'énergie et d'un courage rare. Pendant la période du 1ᵉʳ au 8 mai 1917, a exécuté plusieurs reconnaissances, assuré le service d'observation de son bataillon avec une initiative et une intelligence remarquables, malgré la violence des bombardements ennemis, allant de lui-même au-devant des missions périlleuses. A fourni les renseignements les plus précieux et des indications extrêmement importantes sur l'ennemi. »

3ᵉ citation. — Décret du 30 juillet 1921, attribuant la Croix de la Légion d'honneur à la mémoire du sous-lieutenant Donnadieu :

« Est tombé glorieusement pour la France, à la tête de sa section, le 3 juin 1918, au combat de Missy-aux-Bois (Aisne), en donnant à tous, jusqu'au dernier moment, l'exemple du plus pur sacrifice. »

Légion d'honneur. — Croix de guerre, deux palmes.

DONNADOU (André-Jean)

Né à Floirac (Gironde), le 17 juillet 1885.
Mort à l'hôpital de Bouvancourt (Marne), le 12 juin 1917.
Elève au Pensionnat J.-B. de la Salle de 1895 à 1900.

Parti mobilisé au 10ᵉ régiment de dragons, il passa comme conducteur dans l'artillerie après la dissolution de son groupe, fin août 1916. Il avait pris part comme cavalier aux attaques de la Somme en juillet et août 1916. Versé comme artilleur à la 103ᵉ batterie de 58 du 6ᵉ d'artillerie, il faisait partie de la fameuse division marocaine qui s'est couverte de gloire dans toutes les attaques, et en particulier, en Champagne et au plateau de Craonne.

Le 13 juin 1917, il eut l'artère fémorale ouverte par un éclat de bombe d'avion, et mourut le même jour à l'hôpital de Bouvancourt (Marne). Il demanda et reçut les secours religieux avant l'opération chirurgicale au cours de laquelle il mourut.

Il fut enseveli au milieu de cinq camarades tués par la même bombe. Il laissait deux petits enfants. C'était le frère de René Donnadou, mort comme lui pour la France, et de M. Daniel Donnadou, sous-lieutenant glorieusement blessé pendant la guerre.

Le *Journal Officiel* du 18 février 1920 publiait la citation suivante :

« Excellent canonnier, d'une belle tenue au feu. Blessé mortellement le 13 juin 1917. »

Médaille militaire et Croix de guerre.

DONNADOU (René-Pierre)

Né à Floirac (Gironde), le 10 juin 1896.
Blessé d'éclats d'obus, le 15 avril 1916, au Mort-Homme.
Mort aux combats de la Somme, le 9 août 1916, dans la préparation
de l'attaque de Maurepas.
Elève à l'Ecole Saint-Genès de 1909 à 1912.
Caporal au 418ᵉ d'infanterie.

Quelques notes intimes fournies par son frère nous semblent le meilleur éloge de ce regretté camarade si attaché à l'Ecole, où il avait achevé ses études.

« S'il est des familles où, malgré les soins des parents, la discorde et la jalousie règnent entre frères et sœurs, il n'en était pas de même chez nous, et depuis la mort de notre père nos liens de fraternité s'étaient encore resserrés.

» Il nous aimait tant, nous, ses frères, et il aimait tant nos petits enfants, ses neveux et nièces, qu'il disait souvent : « Si dans cette guerre il en est un de » la famille qui doive disparaître, il vaut mieux que ce soit moi; car étant céli- » bataire, je ne laisserai pas de petits orphelins. Il n'en serait pas de même de » mes frères. » Parole sublime dans la bouche d'un jeune homme de vingt ans, encore au printemps de la vie. Dieu a exaucé son vœu, accepté son généreux sacrifice, et l'a rappelé à lui pour ceindre son jeune front de l'auréole des martyrs de la Patrie. » (Lettre de M. Daniel Donnadou, sous-lieutenant d'artillerie.)

Envoyé au front avec sa classe en novembre 1915, il séjourna en Lorraine et passa du 57ᵉ d'infanterie au 418ᵉ, au mois de mars 1916. Il prit part à la défense de Verdun, fut évacué après une blessure à la main droite et ayant eu les pieds gelés, au point d'être menacé de l'amputation du pied gauche. Revenu au front le 2 août, il fut tué le 9, près de la ferme de Mort-Homme.

La médaille militaire a été attribuée à sa mémoire par décret paru au *Journal Officiel* du 6 novembre 1920 :

« Soldat très brave et très courageux. Tué à son poste de combat le 9 août 1916, à Maurepas (Somme). »
Croix de guerre avec étoile de bronze.

DOURNEAU (Robert)

Né à Bruges (Gironde), le 12 juin 1893.
Mort à Verneuil (Oise), le 28 novembre 1915.

Aucun renseignement n'a été fourni sur ce regretté camarade.

DUBOS (René)

Né à Bordeaux, le 14 janvier 1884.
Mort à Fleury-Vaux-Chapitre, le 3 septembre 1916.
Elève au Pensionnat J.-B. de la Salle de 1891 à 1902.
Caporal au 257ᵉ, puis au 212ᵉ régiment d'infanterie.

Ordre général n° 108, du 13 septembre 1916 :

Le général Prax, commandant la 68ᵉ division d'infanterie, cite à l'Ordre de la Division : Dubos (René), caporal à la 13ᵉ compagnie, 212ᵉ régiment d'infanterie :
« S'est signalé en toutes circonstances par sa bravoure et son mépris du danger. A été mortellement blessé le 3 septembre 1916, en se maintenant jusqu'à la dernière extrémité, sur une position dangereusement menacée par l'ennemi et dont il assumait la défense. »

DUBUC (Marie-Jacques-Daniel)

Né à Bordeaux, le 22 juin 1892.
Mort le 22 octobre 1916, tué par un éclat d'obus.
Elève au Pensionnat J.-B. de la Salle de 1900 à 1903.
Caporal-fourrier au 9ᵉ tirailleurs algériens.

C'était le fils de M. Louis Dubuc, qui fut professeur de musique et organiste au Pensionnat J.-B. de la Salle pendant plusieurs années.

DUCAU (Louis)

Né à Podensac (Gironde), le 26 avril 1874.
Capitaine au long-cours.
Elève au Pensionnat J.-B. de la Salle de 1886 à 1890.

DUFOUR (Albin)

Né à Bordeaux, le 24 février 1880.
Elève au Pensionnat J.-B. de la Salle de 1886 à 1894.
Mort le 30 décembre 1914.

Médaille militaire. — Croix de guerre avec étoile de bronze.

DUFOURCQ (Henri-Gustave)

Né en 1890, au Guatémala (A. C.).
Mort à l'attaque du plateau de Vauclère, le 7 mai 1917.
Elève à l'Ecole Saint-Genès de 1904 à 1908.
Sous-Lieutenant au 57ᵉ d'Infanterie.

Henri Dufourcq eut une existence marquée par des vertus si hautes, sa courte vie fut si féconde, sa mort si héroïque et si poignante qu'il nous faut une fois de plus déplorer à son sujet le cadre trop étroit de ces notices et notre insuffisance à tracer de ce jeune guerrier une image fidèle.

Venu très jeune du Guatemala, où résidait sa famille, en France où il devait faire ses études, nous n'avons que peu de détails sur ses premières années. La séparation d'avec les siens lui était continuellement douloureuse, mais il a peu découvert cette intime plaie.

« Votre lettre m'a profondément touché, écrivait-il un jour à sa mère. Vous y évoquez de bien doux souvenirs du bon temps que nous avons vécu ensemble, en compagnie de papa, alors que nous étions heureux. Tout cela me revient comme un rêve, maintenant que nous sommes dispersés et que notre cher papa a disparu. Quel changement ! J'ai dû me séparer de vous, entreprendre un long voyage, partir pour un pays lointain en vous laissant seule, Mamaïta, séparée de votre fils par un immense océan. Voilà quatre ans que cette affreuse séparation dure; je vous aime toujours autant. J'ai trouvé ici une famille, un foyer; il y a une grande place dans mon cœur pour cette famille de France, mais j'éprouve une profonde tristesse en voyant mes camarades partir chez eux, embrasser leurs parents, leurs sœurs... »

Henri Dufourcq passa quelque temps à Pau, auprès d'une tante à laquelle il avait été confié. Il fut alors élève du collège de l'Immaculée-Conception. Il approchait de sa quinzième année quand il devint, à Saint-Genès, élève de troisième.

Un peu grave, avec des éclairs de brusque gaieté ; doué d'une logique très ferme qui lui assurait une grande supériorité dans les sciences exactes, d'une brillante et chaude imagination qui donnait une originalité étonnante à ses travaux littéraires, il se plaça dès son arrivée à la tête de sa classe et s'y maintint.

Un de ses camarades d'alors a pu écrire :

« Ses compositions françaises avaient chaque semaine les honneurs de la lecture, en ces conférences du mardi où M. Blattes commentait les devoirs de la semaine, prenait prétexte des moindres sujets pour conduire sa causerie, ou se laisser conduire par elle, dans les régions familières où sa sagesse, son érudition et sa piété s'ouvraient sur des clairières inattendues et rayonnantes.

» Dans la bouche de ce maître vénéré, la prose de Dufourcq surprenait un peu : elle était rythmée et comme chantante; partout où le développement le permettait, il procédait par notations d'impressions plutôt que par enchaînements logiques, et le logicien qu'était M. Blattes marquait des notes excellentes, tellement ces audaces sentimentales couvraient visiblement de sincérité passionnée, tellement il y avait de lumière dans ces exposés d'intuition pure, malgré les apparences fuyantes de la forme. »

Avec l'âge, venaient les rêves d'avenir, rêves ardents, car on n'est pas pour rien le fils de ceux qui pendant plusieurs générations avaient porté aux Amériques leur dévorante activité.

« Je porte en moi, écrivait Dufourcq, leurs inquiétudes, leurs espoirs, qui se rencontrent et se réveillent... »

« C'est de ces oubliés, écrivait-il encore,

> » Que je rêvais la nuit, tandis qu'au firmament
> » Dont je voyais le bleu par la fenêtre ouverte,
> » Les étoiles filaient. — Dans la campagne verte,
>
> . . . .
>
> » Pleine de cris d'oiseaux, de murmures de joie,
> » Les épis se frôlaient avec un bruit de soie... »

La piété honnêtement plate d'un chrétien convenable et bien rangé ne lui suffit pas. Son âme est faite pour les sommets. Les ardeurs de la mystique le brûlent. Et ne croyons pas que chez lui le rêve suppléât à l'action. Il fut toute sa vie une personnification de la volonté. Alité depuis quelques jours, lorsque vint la date de son baccalauréat, il exigea qu'on le laissât se lever, se fit conduire en voiture à la Faculté; souriant et un peu pâle, il vint rejoindre ses camarades et triompha brillamment.

Il quitta alors la France, pour rejoindre les siens. Pendant sa longue absence, la mort de son chef a placé sa famille dans une situation plus difficile. Dufourcq ne s'abandonne donc point à la douceur du foyer enfin retrouvé.

Il lui faut prendre la place du disparu. Il part à Mexico, pour se créer une situation. Rien ne le rebute, et cependant que de difficultés s'opposent à ce jeune homme de dix-huit ans, qui cherche à se frayer une voie au milieu des convoitises et des appétits de l'énorme ville américaine.

Il s'agissait pour lui de préparer les examens de l'Ecole nationale des Ingénieurs, où il venait d'être admis, et de s'assurer la vie matérielle par les moyens les plus divers.

« J'ai vendu du drap derrière un comptoir, dit-il, puis essayé un peu de tous les métiers en rageant de ne pouvoir employer tout mon temps à étudier... »

Il devient enfin, — à la suite d'un concours où il s'est classé premier, — professeur de français dans une Ecole de l'Etat.

Entre temps, il se fait inscrire à la légation de France, en vue de son service militaire. Gros sacrifice, que d'abandonner pendant deux ans sa famille, mais, comme il dit lui-même, « ...il ne peut renoncer à la Patrie de son cœur, à la terre de ses pères ».

Ses études se poursuivaient brillantes; lauréat des concours, titulaire de diverses bourses, il fut envoyé pour son année de pratique, à Calco, dans un poste d'ingénieurs, pour y travailler à la triangulation du Mexique. Au moment où l'Ecole lui décerne la médaille d'argent, qu'elle réserve au meilleur de ses élèves, la guerre éclate.

Dufourcq pouvait attendre pour se rendre en France que sa santé ébranlée se fût raffermie; mais son père lui avait inspiré un ardent amour de la France; sa mère lui conseilla de faire ce que son père eût fait à sa place et lui envoya sa bénédiction : il partit sans la revoir. Ils ne devaient plus se revoir ici-bas.

Après une traversée recueillie comme une retraite, il revoit la France, en novembre 1914. Affecté au 123ᵉ R. I., il va recevoir une brève instruction militaire; le jour même de Noël, il part au front.

« Partout où il passa, écrit un de ses camarades, il devait rester un exemple, décider des hésitations, rallumer les courages. Il avait l'étoffe d'un chef, et dans ce milieu où l'action clairvoyante était la trame de la vie, son caractère s'imposa...

» Appelé à commander, il ne lui suffisait pas d'accomplir son devoir; c'étaient, pour la sécurité de ses camarades, pour l'intimidation de l'ennemi des combinaisons incessantes : plans de terrassements protecteurs, confection d'engins explosifs fabriqués dans un coin de tranchée, avec les outils d'un polisseur de bagues, en utilisant les projectiles ennemis non éclatés... »

En février 1915, il est appelé auprès de son commandant de bataillon pour faire les cartes des tranchées et en compléter le réseau; le 3 juin, il passe au 57ᵉ et le 11 du même mois, il devient caporal; le 11 septembre 1915, il est promu sergent et le 31 mars 1916, sous-lieutenant.

Il faut citer quelques extraits de ses lettres pour connaître sa vie en ces heures tragiques, pénétrer jusqu'à son âme et mesurer toute la grandeur de son sacrifice :

« Ce 12 septembre 1915... Tous les instants additionnés de cette vie écoulée loin de vous, finissent par faire des semaines, des mois... Sevré du réconfort de m'épancher avec vous, privé de vos nouvelles récentes, le travail continuel seul me fait un peu oublier toutes mes tristesses inexprimées, combattues, mais non évanouies...

» Dans vos lettres, vous me donnez des pensées de courage, mais j'ai l'intuition que vous sentez comme moi que mes rêves sont morts, que mon avenir pour lequel je touchais presque au succès s'éloigne encore ainsi qu'un mirage, que pour arracher la réalité à ce mirage, je n'aurai plus assez de jeunesse, si je sors vivant de la guerre, parce que la route est trop longue... »

« Noël 1915. — C'est la nuit de Noël... Je suis seul; quelque part, mes camarades réveillonnent, mais je ne me mêlerai pas à leur joie bruyante. — C'est Noël, Noël dans la tranchée ! Par moment, le canon tonne et la mitrailleuse crépite. Les sentinelles montent la garde dans la nuit.

» O nuit sacrée, nuit joyeuse qui entendis les hosannah des anges, nuit divine qui vis naître Jésus, nuit de paix, nuit d'amour, nuit de pardon, nous nous assassinons pendant tes heures saintes !...

» Maman, petite maman, chères petites sœurs, je pense à vous bien fort, pour vous sentir moins loin. Combien ai-je passé de Noëls loin de vous ! J'ai pourtant de l'espoir, j'ai pourtant du courage, mais c'est si douloureux de se sentir si loin !... »

A Verdun, Dufourcq participa avec son courage et son sang-froid habituels à ce drame terrible d'où il eut le bonheur de sortir indemne.

« Je viens de passer, écrit-il, cinq jours très rudes... Après une marche pénible, en file le long des routes encombrées, nous avons gagné les tranchées en avant.

» Pour y arriver, il fallut franchir les derniers kilomètres, où il n'existait pas de boyaux, par bonds à la course, coupée de pauses courtes, à plat ventre, le sac sur la tête, sous un feu de barrage assez intense. Mes hommes chargés et épuisés suivaient mal cette galopade haletante, s'égrenaient, perdaient la liaison. Il me fallait les attendre, revenir les chercher comme un chien de berger dans l'obscurité à peu près complète.

» A la lueur des éclatements, nous apercevions, en travers du boyau ou aux abords, les formes rigides des morts déjà tombés à chaque passage...

» Les tranchées que nous devions occuper n'existaient pas : une pluie prodigieuse de marmites avait tout comblé, et les pentes bouleversées, où les trous d'obus se chevauchent, ressemblaient à une mer en furie un jour de tempête, qu'un cataclysme aurait figée... »

Ayant obtenu enfin une permission, Dufourcq allait s'embarquer, le 14 mars 1917, à Saint-Nazaire. Il se faisait une fête de ce départ, à la pensée de la joie que son arrivée allait apporter aux siens. Il apprend qu'une grande offensive se prépare et renonce à sa permission, estimant que son devoir est de rester à son poste, lorsque toutes les énergies vont avoir à se produire.

Les circonstances de sa mort nous sont précisées par l'ordre du jour du 18ᵉ Corps d'armée du 28 mai 1917 qu'on trouvera ci-dessous (2ᵉ citation).

Il nous est impossible de citer les admirables lettres où ses chefs et son aumônier ont fait un dernier éloge de cet officier mort, comme ils l'ont dit, « en exagérant son devoir. » Toutes les recherches pour retrouver son corps sont demeurées vaines.

Citations :

I. — Ordre de l'Armée (octobre 1916) :

« Jeune officier d'une hardiesse et d'un entrain remarquables, d'une activité jamais lassée, s'est constamment fait remarquer, d'abord comme officier et chef de section, puis comme officier de pionniers bombardiers par son allant, son esprit méthodique et sa bravoure réfléchie. Est un permanent exemple d'énergie pour ses subordonnés. Blessé le 16 janvier 1915, par éclats de torpille, à la tête, dans la tranchée de Verneuil, n'a pas accepté de se faire évacuer. S'est bravement comporté devant Verdun, du 5 au 20 mai 1916. »

II. — Ordre de l'Armée (28 mai 1917) :

« Jeune officier plein d'allant. Au front depuis plus de deux ans, ayant donné en toutes circonstances les plus belles preuves de son entrain, de son courage réfléchi, de son esprit d'initiative intelligente et hardie. Le 5 mai 1917, au cours de l'attaque du plateau de Vauclère, à la tête d'une équipe de pionniers s'est porté résolument sur un fortin ennemi qui n'avait pu être réduit et qui arrêtait la marche de notre infanterie. Est tombé glorieusement au pied du fortin, frappé d'une balle au front, alors qu'il venait d'entamer contre ses occupants une lutte à la grenade. Déjà cité en octobre 1916. »

Croix de guerre avec palmes.

III. — L'*Officiel* du 4 juin 1919 reproduit cette dernière citation et lui décerne la croix de la Légion d'honneur à titre posthume.

DULON (Jean-Alcide)

Né à Soulignac (Gironde), le 20 décembre 1884.
Mort à Viviers (Lorraine), le 20 août 1914.
Elève au Pensionnat J.-B. de la Salle de 1896 à 1901.
Soldat au 257ᵉ Régiment d'Infanterie.

Nous n'avons pas reçu d'autres notes sur ce regretté camarade.

DUPIN (Jules-André)

Né à Bordeaux, le 13 août 1887.
Mort au combat sur la Piave (Italie), le 27 octobre 1918.
Elève au Pensionnat J.-B. de la Salle de 1895 à 1903.
Adjudant de bataillon au 107ᵉ R. I.

Incorporé au 107ᵉ Régiment d'infanterie en août 1914; fait les campagnes de Lorraine, d'Artois; est envoyé à Verdun, revient sur la Somme, passe en Champagne, d'où il est détaché en Italie, où il prend part aux combats d'Altipiano et de la Piave. Tombe bravement, face à l'ennemi.

Citations :

I. — Le colonel commandant le 107ᵉ régiment d'infanterie, cite à l'Ordre du régiment : Dupin (Jules-André), adjudant de bataillon :

« Excellent sous-officier, extrêmement dévoué à ses devoirs et à ses chefs. A assuré la liaison dans le bataillon aux affaires des 21 avril et 12 mai 1916, à Haudromont, dans des conditions difficiles et dangereuses, avec l'habileté et le sang-froid dont il fait preuve en toutes circonstances.

» Terrassé par la maladie, dans la Somme, a été évacué deux fois, sur l'insistance de ses chefs, et est revenu chaque fois immédiatement reprendre sa place au bataillon. »

II. — Le général Graziani, commandant le 12ᵉ corps d'armée et les forces françaises en Italie, cite à l'Ordre du C. A. : Dupin (Jules-André), adjudant de bataillon :

« Adjudant de bataillon d'une haute conscience et d'une belle valeur morale; a été tué, après le passage du Piave, au moment où il se portait, en tête de la liaison du bataillon, à l'assaut des positions ennemies.

» A été pour tous ceux qui l'entouraient un bel exemple de calme et de sang-froid. »
Déjà cité. — En campagne, le 22 novembre 1918.

Croix de guerre avec palme. — Médaille d'Italie.

D'une note fournie par la famille, nous détachons ces deux lignes : « André fut un modèle de fils, un modèle d'époux, un modèle de père, en même temps qu'un excellent Français et un parfait chrétien. » Ajoutons qu'à Saint-Genès, pendant huit ans, il avait été un modèle d'élève.

DUPONT (Marcel-Georges)

Né à Bordeaux, le 10 mars 1894.
Mort à l'attaque du Bois de la Folie, le 26 septembre 1915.
Elève au Pensionnat J.-B. de la Salle de 1902 à 1904.
Ingénieur des Arts et Métiers.
Sergent au 23ᵉ Régiment d'Infanterie.

Médaille militaire posthume. — Croix de guerre.

DUPOUY (Marc)

Né à Brocas-les-Forges (Landes), le 6 août 1896.
Mort à Cerny (Aisne), le 16 avril 1917.
Elève à l'Ecole Saint-Genès de 1908 à 1914.
Aspirant au 418ᵉ R. I.

Incorporé en 1915, au 57ᵉ régiment d'infanterie, après un court séjour au dépôt régimentaire, il va continuer son instruction à l'arrière-front. Là, il est heureux de trouver d'anciens camarades de Saint-Genès : le caporal Fernand Devoy, René Donnadou; la compagnie est commandée par notre ami le capitaine Brédon.

A la fin du mois de mai 1916, il est élève aspirant à Saint-Cyr. Là encore, il se félicite de trouver des camarades de collège : J.-L. de Béchade, J. Vaille. Les cours d'application finis, il est promu aspirant avec la mention très bien pour son travail préparatoire, félicitations du général de division et cité à l'ordre de l'Ecole par la voie du rapport.

Versé au 418ᵉ régiment de marche, il fait la campagne de printemps 1917. Le 13 avril, il écrit à son père : « Deux mots, à la hâte avant de monter. Mes plus affectueux baisers ! Dans deux heures, nous partons de... et je ne sais maintenant quand je pourrai t'écrire. Mais tranquillise-toi : c'est avec le sourire que je monte faire mon devoir simplement, à la française ! »

Le 16 avril 1917, on devait attaquer la sucrerie de Cerny. Bien avant l'heure, Marc Dupouy était sorti de sa tranchée et attendait impatiemment le signal du départ. « Il était calme et confiant. L'artillerie allonge son tir; il part en tête de sa section, arrive à peu de distance d'un fortin, qu'il attaque de face. Arrivé à une dizaine de mètres de cette tranchée, il est tué à bout portant d'une balle en plein front. Il n'a pas souffert, la mort a été instantanée. » (Lettre d'un camarade).

« ...Il a été pleuré par tous ses hommes, écrit un de ses subordonnés; ce n'était pas un gradé pour nous, mais un ami. »

Quelques jours après, le lieutenant-colonel commandant le 418ᵉ R. I. écrivait au père de notre camarade : « Votre fils, que nous pleurons avec vous et que tout le monde regrette au régiment, est mort en brave au service de son pays. A votre douleur doit se joindre beaucoup de fierté... »

Le 24 juillet 1919, par application des décisions ministérielles du 8 août 1914 et du 1ᵉʳ octobre 1918 relatives aux décorations posthumes, le maréchal de France commandant en chef les armées françaises de l'Est, a conféré la Médaille militaire à notre regretté camarade, avec le motif suivant :

Dupouy (Marc-Antoine-Jean), aspirant à la 9e compagnie du 418e régiment d'infanterie :

« Très bon chef de section, homme de devoir, plein d'entrain et d'initiative. Tombé glorieusement pour la France, le 16 avril 1917, en entraînant courageusement sa section à l'assaut. »

Médaille militaire. — Croix de guerre.

DUPUY (Jean-Régis)

Né à Pugnac (Gironde), le 1er décembre 1897.
Mort des suites d'une pleurésie contractée aux Armées, à l'hôpital d'Amiens,
le 2 mars 1918.
Elève à l'Ecole Saint-Genès de 1910 à 1913.
Soldat au 42e R. I.

D'une constitution plutôt délicate, il fut incorporé au mois d'août 1917 au 7e régiment d'infanterie coloniale, alors qu'il n'avait pas vingt ans. Versé au 42e, il partit pour le front, affligé d'une bronchite que le major ne lui reconnut point, tout en lui reprochant de se dérober. Découragé, il l'eût été sans la foi et le patriotisme qui l'animaient et le soutenaient. Mais, fils de parents chrétiens, ayant passé trois ans à l'Ecole Saint-Genès, dont il gardait le souvenir reconnaissant, il aimait profondément Dieu, sa famille et la France.

Malgré tout, blessé dans ses sentiments de patriotisme, il ne se plaint plus, et rassemblant tout son courage et son énergie, il prit le sac et le fusil et ne s'en sépara plus que lorsque ses forces l'abandonnèrent et qu'il fut relevé exténué et atteint mortellement par un tel effort.

Pendant neuf mois, à l'hôpital n° 10 d'Amiens, se prolongea son martyre et sa lente agonie. Se heurtant à de prétendus règlements, ses chers parents ne purent obtenir de le faire revenir au foyer familial, pour l'entourer des soins que nécessitait son état.

Cependant, jamais une plainte ne sortit de ses lèvres, et comprenant très bien qu'il était condamné, il ne pensa plus qu'à bien mourir. Il demanda les derniers sacrements, et, le 2 mars 1918, il rendit sa belle âme à ce Dieu qu'il avait tant aimé et reçu plusieurs fois dans son cœur au cours de ses longues souffrances, en recommandant à ses parents éplorés de se résigner aux décrets du Très-Haut, de faire le bien sur la terre, d'aimer et de soulager les pauvres.

DURAND-DAUBIN (Jules)

Né le 21 septembre 1879.
Mort le 15 novembre 1915.
Elève au Pensionnat J.-B. de la Salle de 1886 à 1889.
Sous-Lieutenant au 2e Régiment de Marche d'Afrique.

Aucune note ne nous est parvenue.

DURET (André)

Né à Bégadan (Gironde), le 3 septembre 1888.
Mort sur le front de Champagne, en août 1914.
Elève au Pensionnat J.-B. de la Salle de 1900 à 1905.

Pas de renseignements.

ESPILÈRE (Jean-Hyacinthe)

Né à Béguey (Gironde), le 2 juillet 1885.
Mort au camp D. P. T. A., à Saint-Loup-de-Buffigny (Aisne),
le 21 décembre 1918.
Elève au Pensionnat J.-B. de la Salle de 1895 à 1902.

Intéressé d'agent de change, il partit comme simple soldat au 2ᵉ groupe d'aviation. Blessé trois fois. Fut ensuite détaché comme moniteur au D. P. T. A., à Saint-Loup-de-Buffigny (Aisne). Etait très aimé des hommes de son groupe. Il contracta la grippe en service commandé et son mal, dès le début très grave, l'emporta au mois de novembre 1918
Trois blessures.

ESPILÈRE (Jean)

Né à Caudéran (Gironde), le 19 février 1900.
Mort à l'Hôpital militaire de Bordeaux, le 27 octobre 1919.
Elève à l'Ecole Saint-Genès de 1911 à 1914.
Soldat au 58ᵉ R. A.

Engagé volontaire pour la durée de la guerre au 58ᵉ régiment d'artillerie. Campagne d'Allemagne. Versé au 41ᵉ d'artillerie à Lille. Décédé des suites d'une maladie contractée au service.

ETCHEVERRY (Léon)

Né le 25 août 1895, à Hasparren (Basses-Pyrénées).
Mort dans une ambulance du front, le 20 septembre 1918.
Serviteur de l'Ecole.

Très attaché à l'Ecole qu'il servait avec dévouement, aimé de tous, maîtres et élèves, à cause de son heureux caractère et de sa serviabilité, Léon Etcheverry était un bon chrétien, comme le prouvent ses lettres et un excellent soldat, comme en témoignent les quatre citations qu'il a méritées. Nous possédons le texte de trois d'entre elles seulement :

I. — A l'Ordre du Régiment :

« Grenadier intrépide. Le 17 avril 1917, s'est porté courageusement à l'attaque des positions ennemies fortement organisées. A contribué au nettoyage des nids de résistance. Le soldat Etcheverry est nommé soldat de 1ʳᵉ classe. »

II. — A l'ordre du régiment :

« Soldat très brave et grenadier d'élite, a, dans la nuit du 2 au 3 août 1917, fait partie d'une reconnaissance offensive poussée jusqu'à la première tranchée allemande et a contribué, à coups de pistolet et de grenades à causer des pertes sérieuses à un groupe important d'ennemis. »

III. — « Soldat d'un allant et d'un courage remarquables, s'offrant comme volontaire pour les missions les plus périlleuses. A participé à des patrouilles de reconnaissance et y a fait preuve d'entrain et de hardiesse malgré les violents tirs de barrage et les rafales des mitrailleuses. Grièvement blessé en se portant à l'assaut des positions ennemies. »

Médaille militaire. — Croix de guerre.

FABRE (Antonin)

(Ancien Frère Antonin).
Mort près de Souain, à la bataille de Champagne, le 25 septembre 1915.
Ancien professeur au Pensionnat J.-B. de la Salle.
Lieutenant au 33ᵉ colonial.

C'était un vaillant, qui avait conquis ses galons d'or sur le champ de bataille. Un de ses anciens soldats nous a donné quelques détails sur sa mort glorieuse :

« Il est tombé en héros, face à l'ennemi, pendant l'attaque du 25 septembre. Il avait déjà passé, à la tête de la compagnie qu'il commandait, trois lignes de fortifications allemandes et voyait l'ennemi s'enfuir à toutes jambes; il goûtait déjà l'ivresse de la victoire, et, une canne à la main pour toute arme, il dirigeait avec calme et bravoure les mouvements de sa compagnie. Il a dû être touché d'une balle en plein cœur et tomber mort du même coup, car, lorsque je l'ai rencontré sur le champ de bataille, son corps était complètement intact, sans trace d'aucune autre blessure et sans être aucunement défiguré. Même dans la mort, il avait une extraordinaire expression de bravoure et de calme. Les soldats ont fait la remarque que, de tous ceux qui étaient tombés, c'était lui qui avait la meilleure expression. Il était très aimé de ses hommes et avait une excellente réputation dans le régiment...

» ...Il est mort en avant de Souain et a été rapporté presque tout de suite aux abords du village, et c'est dans un des cimetières autour de ce village que repose sa dépouille mortelle.

» ...Il laisse un excellent souvenir de bonté et de bravoure, et sa famille peut être fière de lui et honorer sa mémoire. »

Il avait déjà mérité la Croix de guerre avec cette citation :

« Chargé dans des conditions particulièrement difficiles de prendre le commandement d'une compagnie dont tous les officiers avaient été mis hors de combat, a mené cette unité à l'attaque d'un bois, puis à l'assaut d'une tranchée allemande avec une vigueur et une bravoure exceptionnelles. »

FÉRAUDET (Marcel)

Né à Preignac (Gironde), le 15 août 1895.
Mort à Kérévès-Déré (Dardanelles), le 4 juin 1915.
Elève à l'Ecole Saint-Genès de 1907 à 1911.

Extrait d'une de ses lettres :
« ...Comme Dieu voudra, demandez-lui dans vos prières de nous donner la force de faire tout notre devoir coûte que coûte !... »

FÉRAUDET (Roger)

Né à Preignac (Gironde), le 15 août 1895.
Mort à Leskovec (Serbie), le 18 mars 1917.
Elève à l'Ecole Saint-Genès de 1907 à 1911.
Caporal.

Décoré de la Croix de guerre. Frère jumeau du précédent.

FÉRET (Félix)

Né au Bouscat (Gironde), le 22 novembre 1875.
Mort à Bordeaux, le 21 juillet 1915.
Elève au Pensionnat J.-B. de la Salle de 1888 à 1891.
Lieutenant au 18e Escadron du Train des équipages.

Atteint d'une maladie grave au début de la guerre, a voulu servir jusqu'à l'extrême limite de ses forces.

Ses frères Noël, Charles et Georges, tous trois anciens élèves de Saint-Genès, étant partis au front, il ajoutait au service très chargé qu'il assurait au dépôt du 8e Escadron du Train, la direction de leur importante maison de librairie.

Ce surmenage aggrava rapidement son état de santé et l'obligea au repos complet.

Mais il était déjà trop tard.

FÉRET (Georges)

Né au Bouscat (Gironde), le 19 mars 1890.
Mort à Pontavert (Aisne), le 21 septembre 1914.
Elève au Pensionnat J.-B. de la Salle et à l'Ecole Saint-Genès, de 1897 à 1906.
Caporal au 57e R. I.

Frère du précédent.
Citation :
« Bon soldat, brave et dévoué. Le 21 septembre 1914, à Pontavert, a trouvé une mort glorieuse au cours d'une corvée de ravitaillement de nos unités de 1re ligne. »
Médaille militaire. — Croix de guerre.

FLEURANSEAU (Pierre)

Né à Bordeaux, le 3 novembre 1893.
Mort à Gozée (Belgique), (bataille de Charleroi), le 23 août 1914.
Soldat au 49ᵉ régiment d'infanterie.
Elève à l'Ecole Saint-Genès de 1902 à 1910.

Doué d'une grande force physique et du plus heureux caractère, il plaisantait avec tout, même avec le danger.

La Médaille militaire lui fut attribuée à titre posthume, avec la citation suivante :

« Soldat courageux et dévoué. Mort glorieusement pour la France à Gozée, le 23 août 1914, dans l'accomplissement de son devoir. »

FONRÉMIS (Eugène-Camille-André MÉTHÉ de)

Né à Bordeaux, le 7 novembre 1889.
Mort à Reillon, en Lorraine, le 21 juin 1915.
Elève au Pensionnat J.-B. de la Salle et à l'Ecole Saint-Genès de 1900 à 1906.
Maréchal des logis au 15ᵉ dragons.

Il avait été proposé pour le grade de sous-lieutenant d'infanterie, mais avait refusé, ne voulant pas quitter l'arme de la cavalerie à laquelle il appartenait; il avait cependant été affecté comme agent de liaison au 234ᵉ d'infanterie.

Fils du capitaine de Fonrémis, chevalier de la Légion d'honneur, médaillé de 1870; arrière petit-fils du général comte Urvoy de Closmadeuc et petit-neveu du général comte de Brémond d'Ars, il n'avait pour être brave qu'à suivre les traditions des siens, il l'a fait et a ajouté à l'histoire glorieuse de sa maison une page qui n'est pas la moins belle.

Un moment même, il se trouva sous les drapeaux en même temps que son père, car le vétéran de l'année terrible a voulu, malgré son âge, servir la Revanche et s'est fait mobiliser dans le Nord, à Hondschoote, sur la frontière belge, où il a tenu le front pendant huit mois consécutifs.

D'un caractère aimable et doux, André de Fonrémis avait su, au Collège déjà, se concilier l'affection de ses camarades.

Dans les lettres qu'il écrivait à sa mère, pour ménager sa sensibilité et calmer ses inquiétudes constantes, il s'efforçait, en paraissant toujours content de son sort, de lui remonter le moral, évitant, s'il était exposé, de le lui dire.

Il fut tué d'un éclat d'obus de gros calibre, à 700 mètres environ de Reillon, en Lorraine, à la côte 303, au moment où les Français venaient de prendre possession d'un centre de résistance allemand et d'y établir un poste.

Le colonel Bertrand, du 234ᵉ d'infanterie, écrivait à M. de Fonrémis :

« Mon cher Camarade, votre fils, le maréchal des logis de Fonrémis a été tué le 21 juin, dans la nuit, à une heure du matin, au cours du bombardement d'une position que le régiment venait d'enlever aux Allemands... Depuis peu de temps au régiment, le maréchal des logis de Fonrémis avait su se faire aimer et apprécier de tous. Votre fils est tombé en brave. »

I. René DEMONS.
II. Hector DOMECQ.
III. Georges DONNADIEU.
IV. André DONNADOU.

V. René DONNADOU.
VI. Henry DUFOURQ.
VII. Georges DUPONT.
VIII. Marc DUPOUY.

IX. Régis DUPUY.
X. Hyacinthe ESPILÈRE.
XI. Pierre FLEURANSEAU.
XII. André DE FONRÉNIS.

De son côté, le capitaine de Calmel-Puntis, sous les ordres duquel servait le vaillant sous-officier, précise très justement les belles qualités de cette attachante nature :

« Je voudrais vous apporter un adoucissement en vous disant combien j'avais pu apprécier les qualités de votre fils pendant les longs mois de la campagne que nous avons faite ensemble. Homme de devoir, très consciencieux, d'esprit pondéré, adoré de ses hommes, c'était toujours son peloton que je donnais en exemple aux autres comme le mieux tenu; et j'ai bien regretté qu'une fatigue très grande l'ait décidé à nous quitter; après un repos de quelques jours, il était nommé agent de liaison. Je sais qu'élevé dans des sentiments religieux solides, c'était un soldat à l'âme pure; c'est une consolation pour vous de penser qu'il a dû recevoir du Dieu de justice la palme des héros morts pour la Patrie. »

Par arrêté ministériel du 15 juin 1920, publié au J. O. du 30 janvier 1921, la Médaille militaire a été attribuée à la mémoire du maréchal des logis Méthé de Fonrémis :

« Sous-officier brave et dévoué, est mort glorieusement pour la France, le 22 juin 1915, à Reillon, en faisant son devoir. »

Médaille militaire. — Croix de guerre.

FONTÉMOING (Raymond-Jean-Baptiste-Marie)

Né à Libourne, le 14 juin 1891.
Mort au Bois de Hem (Somme), le 1er novembre 1916.
Elève à l'Ecole Saint-Genès en 1905-1906.
Maréchal des logis au 118e régiment d'artillerie lourde.

Citation à l'Ordre de la Division :

Raymond Fontémoing :

« Sous-officier chef de section, admirable de sang-froid et de bravoure. Très belle tenue au feu. Est tombé glorieusement au moment où sa section venait d'exécuter un tir d'efficacité. »

Croix de guerre.

FOURNIER (Jean-Louis)

Né à Bègles (Gironde), le 9 mai 1897.
Mort à Saint-Etienne-Arnes, le 6 octobre 1918.
Elève à l'Ecole Saint-Genès de 1910 à 1912.
Caporal-fourrier au 62e R. I.

Citations :

I. Ordre du Régiment :

« A reçu le baptême du feu le 5 mai 1917, dans un combat des plus violents, sous des rafales de mitrailleuses et de tirs de barrage ennemis. A entraîné merveilleusement son escouade jusqu'au point qui lui était assigné. »

II. La Médaille militaire et la Croix de guerre avec palme lui ont été conférées avec cette magnifique citation :

« A fait preuve d'une bravoure exceptionnelle pendant les combats du 26 au 29 sep-

tembre. Le 29 septembre, a capturé, avec l'aide de quatre de ses hommes, vingt-cinq prisonniers, dont un officier. — Une blessure, une citation antérieure. »
Médaille militaire. — Croix de guerre.

FRÈCHES (Gaston)

Né à Bordeaux, le 13 août 1883.
Mort à Carency, le 15 mai 1915.
Elève au Pensionnat J.-B. de la Salle de 1890 à 1896.
Brancardier au 83ᵉ d'Infanterie.

FRICHOU (André)

Né à Saint-Aigulin (Charente-Inférieure), le 18 août 1893.
Mort à l'hôpital de Laval, le 25 novembre 1918.
Elève à l'Ecole Saint-Genès de 1905 à 1911.
Lieutenant-aviateur à l'escadrille. Vuillemin.

Au début de la guerre, notre camarade était élève officier de réserve. Il faisait partie du 18ᵉ Escadron du Train des équipages. Attaché au groupe des brancardiers de la 36ᵉ division, il allait, de nuit, ramasser les blessés pour les transporter à l'ambulance.

Il écrivait en décembre 1914 : « ...Nous avons quelquefois devant nos yeux des tableaux tellement lamentables, qu'il nous faut toute notre foi dans le Christ et dans la Patrie, pour avoir le courage de revoir certaines de ces scènes déchirantes...

« ...A mon groupe, est attaché M. l'abbé Bergey, que vous connaissez sûrement, et dont l'exemple nous est d'un grand réconfort. J'ai eu le plaisir de l'accompagner dans une de ses pérégrinations, et je puis vous assurer qu'avec un pareil homme, on ne peut craindre le découragement et la peur. »

Passé, sur sa demande, dans l'aviation de combat, il se classa immédiatement parmi les « as », comme en font foi les magnifiques citations qui lui furent décernées :

Citations :

I. — A l'Ordre de la Division, 6 mars 1918, Frichou (André), sous-lieutenant observateur, escadrille B. R. 111 :

« Officier observateur très brave et très énergique, a accompli de nombreux bombardements avec un allant remarquable; dans la nuit du 26 au 27 décembre, a exécuté comme volontaire deux bombardements sur des objectifs éloignés. »

II. — A l'Ordre de la Division :

« Frichou (André), lieutenant détaché du 18ᵉ Escadron du Train à l'escadrille B. R. 111 :

« Pendant la bataille de mars-avril, en dépit du mauvais temps, s'est dépensé sans compter pour rapporter au commandant des renseignements importants.

» Le 28 mars 1918, volant à une très faible altitude, a attaqué les troupes ennemies à la bombe et à la mitrailleuse jusqu'à ce que son avion étant gravement atteint, il fut contraint d'atterrir dans les premières lignes françaises. »

III. — A l'Ordre de l'Armée : Frichou (André), lieutenant au 18ᵉ Escadron du Train des équipages, détaché à l'escadrille B. R. 111

« Officier de premier ordre, volontaire pour toutes les missions dangereuses, a constamment fait preuve d'un courage et d'un sang-froid merveilleux dans les circonstances les plus difficiles. Le 8 mai 1918, au cours d'un bombardement éloigné, attaqué à 30 kilomètres de nos lignes par cinq avions ennemis, en abat un en flammes, en atteint gravement un second et met les trois autres en fuite. »

Signé : PÉTAIN, FAYOLLE.

Citation collective de l'escadre de bombardement de jour :

« Entraînée par l'exemple magnifique de son chef, le chef d'escadron Vuillemin, et de ses chefs de groupe, constitue par son entrain et son audace une unité d'aviation redoutable. A maintes fois fait sentir à l'ennemi la valeur de son esprit offensif, en le mitraillant et le bombardant près du sol. Du 27 mars au 27 mai, est intervenue dans la bataille de Picardie, lançant 132 tonnes de projectiles. S'est distinguée particulièrement le 4 juin, en arrêtant dans son germe une attaque allemande, par le bombardement en masses des troupes ennemies rassemblées en vue de l'action, dans le ravin de la Vanière. Depuis le 15 juillet, a contribué puissamment à rendre très difficile à l'ennemi le passage de la Marne, lui coupant les passerelles par ses bombes, a vigoureusement poursuivi les troupes allemandes dans leur repli, lançant 147 tonnes de projectiles au cours de ces diverses opérations; a abattu quarante-trois avions ennemis qui cherchaient à lui barrer la route de ses objectifs. »

Signé : PÉTAIN.

Par ordre nº 9.989 « D » ci-joint, j'ai cité à l'ordre de l'armée, l'escadre de bombardement de jour, sous les ordre du chef d'escadron Vuillemin. Le droit au port de la Fourragère aux couleurs de la croix de guerre est attribué aux escadrilles ci-après : B.R., 117, 120, 127, 103, 111, 29.

Signé : PÉTAIN.

Félicitations à l'escadre :

«... Le chef d'escadron commandant l'escadre adresse ses félicitations à tout le personnel des groupes pour le travail considérable qui a été fourni par eux depuis le début de l'offensive allemande et notamment depuis le 31 mai.

» Pendant les journées du 31 mai, 1, 2 et 3 juin, l'escadre a lancé 105 tonnes d'explosifs sur l'ennemi et a abattu 13 avions allemands (homologués). »

Signé : VUILLEMIN.

Proposé pour la Légion d'honneur, André Frichou mourut à l'hôpital de Laval, avant que cette suprême consécration de son courage pût lui être remise.

Son chef immédiat, le capitaine Brumelot, écrivait à M. Frichou, père :

« ...Il m'est impossible de vous exprimer la douleur que chez tous ici a causé la mort de notre vaillant et si bon camarade. De tous les deuils que l'escadrille a supportés, aucun ne fut plus cruel pour elle que celui de perdre, dans un morne hôpital, le meilleur des siens. Toujours gai et courageux, il nous avait donné constamment, devant les balles ennemies, le plus bel exemple de sacrifice et de mépris du danger... »

FRITSCH (Marc)

Né à Mirambeau (Charente-Inférieure), le 27 juillet 1893.
Mort devant Verdun, le 8 janvier 1917.
Elève à l'Ecole Saint-Genès de 1901 à 1906.
Sergent-fourrier au 6ᵉ régiment d'infanterie.

Engagé volontaire dès le 19 mai 1913.
Médaille militaire. — Croix de guerre.

FURSAC (Henri-Marie-Pierre ROGUES de)

Né à Angoulême, le 26 mars 1893.
Mort au combat d'Origny-Sainte-Benoîte (Aisne), le 29 août 1914.
Elève à l'Ecole Saint-Genès de 1907 à 1909.
Caporal au 6ᵉ régiment d'infanterie.

GALIACY (Amédée)

Né le 6 novembre 1893.
Mort à Maisons-de-Champagne, le 1ᵉʳ février 1917.
Elève à l'Ecole Saint-Genès de 1907 à 1910.
Adjudant-chef au 88ᵉ d'infanterie.

Parti simple soldat, il avait gagné tous ses galons sur le champ de bataille et allait être proposé pour un nouvel avancement.

Dès le temps de ses études, il avait montré les qualités d'activité et d'énergie qui lui ont valu plus tard l'estime de ses chefs et de ses subordonnés. Il garda toujours pour son Ecole, où son frère a depuis brillamment terminé ses études, une grande sympathie, et avec ses anciens maîtres de cordiales relations.

Un infirmier-prêtre du 88ᵉ a pu écrire à la famille quelques détails sur sa mort :

« Le 31 janvier, vers quatre heures du soir, nous avons été attaqués à Maisons-de-Champagne, par les gaz asphyxiants. Quelques heures après, dans le courant de la nuit, l'adjudant Galiacy passait au poste de secours, très incommodé par les gaz. Cependant, rien ne faisait prévoir pour lui un dénouement fatal et à bref délai... J'ai même causé quelques instants avec lui.

» Deux jours après, je suis allé visiter nos malades des diverses ambulances. Quel n'a pas été mon douloureux étonnement en le voyant figurer sur la liste des morts du 1ᵉʳ février !

» ...J'étais en très bonnes relations avec l'adjudant Galiacy, et je puis affirmer qu'il n'est pas oublié par les soldats qui l'ont connu ni par moi. Déjà — la lettre est du 19 février — nous avons, en une messe solennelle, prié ensemble pour lui et nous continuerons longtemps encore... »

De son côté, le médecin-chef de service au 88ᵉ constate le ton d'inquiétude affectueuse avec lequel les soldats de sa section demandaient de ses nouvelles après son évacuation. Il affirme de plus tenir du médecin qui a soigné le malade, que celui-ci a demandé et reçu avant de mourir les secours de la religion.

Ajoutons ce témoignage vraiment élogieux du commandant dans une lettre au père de notre regretté camarade :

« Excellent sujet, proposé pour l'avancement; toujours présent au front, actif, dévoué, brave, il emporte l'estime, le regret unanimes. C'est une grosse perte pour nous; mais combien plus grande pour vous, Monsieur, dont je partage la douleur. »

Citations :

I. — Le colonel commandant la 68ᵉ brigade cite à l'ordre de la brigade : Amédée Galiacy, adjudant :

« S'est toujours bien comporté et notamment le 6 mars 1915, où il a été blessé en se portant à l'assaut. »

II. — Le général commandant le ..ᵉ Corps d'Armée, cite à l'Ordre du Corps d'Armée : l'adjudant Galiacy (Amédée), du 88ᵉ d'infanterie :

« Sous-officier dévoué, 27 mois de front. Déjà blessé une fois. Tombé mortellement atteint, pendant l'attaque du 31 janvier 1917, après s'être crânement conduit. — Déjà cité. »

Médaille militaire. — Croix de guerre avec palme.

GARROS (Jean-Gualbert-François)

Né à Barsac (Gironde), le 12 décembre 1886.
Mort à l'ambulance de Vertekop (Macédoine), le 30 septembre 1918.
Elève au Pensionnat J.-B. de la Salle de 1901 à 1903.
Lieutenant au 1ᵉʳ régiment d'infanterie coloniale (Armée d'Orient).

Incorporé en 1915, nommé sous-lieutenant après un stage à l'école de Valréas, en 1916; il était le fils de M. Lucien Garros, de Barsac, l'un des aînés de Saint-Genès (1874-1877) et l'un des fondateurs de l'Association Amicale.

Grièvement blessé à Vodena, le 17 septembre 1918, il expira à l'ambulance de Vertekop, le 30 du même mois.

Citations :

I. — A l'Ordre de la Division :

« Sous-lieutenant François Garros, du 1ᵉʳ régiment d'infanterie coloniale; au front (armée d'Orient) depuis seize mois; n'a cessé de faire preuve d'une bravoure allant jusqu'à la témérité et des plus belles qualités militaires, en particulier lors de deux reconnaissances en Serbie, en juillet 1916, et lors des opérations devant Doiran, en août, septembre, octobre 1916, où il a été blessé en organisant une position qu'il venait d'enlever, après un assaut donné par les deux sections qu'il commandait. »

II. — A l'Ordre de l'Armée :

« Garros (François-Jean), lieutenant au 1ᵉʳ R. I. C., a donné une nouvelle preuve de son sang-froid, en maintenant sa compagnie sur ses positions, malgré les lourdes pertes causées par un bombardement violent, et en rejetant de vive force l'ennemi qui avait pris pied dans notre première ligne. »

Croix de guerre avec palme. — Légion d'honneur.

GARROUSTE (Jean)

Né à Madrid, le 17 mars 1894.
Mort à Gozée (Belgique), le 23 août 1914.
Elève à l'Ecole Saint-Genès de 1903 à 1912.

Parti avec le 49ᵉ régiment d'infanterie de Bayonne, il prit part à la bataille de Charleroi. Porté disparu après le combat de Gozée (Belgique); ni la famille ni l'Ecole n'ont pu obtenir aucun renseignement sur sa mort.

GENEUIL (Paul)

Né à Chéray (île d'Oléron), le 24 décembre 1866.
Mort dans la grande offensive de Champagne, le 25 septembre 1915.
Elève au Pensionnat J.-B. de la Salle de 1878 à 1882.
Sous-lieutenant au 44ᵉ R. I.

La citation du général Maunoury et la lettre du capitaine Juge, qui suit, forment le plus magnifique éloge que nous puissions faire de ce vétéran de Saint-Genès :

Sixième Armée, extrait de l'Ordre général :
« L'adjudant Paul Geneuil, du 44ᵉ régiment d'infanterie. Quarante-huit ans, père d'une nombreuse famille, s'est engagé pour la durée de la guerre à la place de son fils aîné, dix-huit ans, refusé par le conseil de révision, voulant que sa famille soit représentée sur la ligne de feu. Modèle de devoir, de dévouement et de bravoure. Vénéré par ses hommes qui le suivaient partout, il donne avec simplicité et modestie l'exemple de toutes les vertus militaires. »

Extraits d'une lettre du capitaine Juge aux fils de M. Geneuil, André et Etienne, alors élèves à Saint-Genès : « J'ai pour votre père une profonde admiration; égaux et inférieurs le vénèrent... Soyez fiers de lui, car ce héros est aussi un modeste qui se dérobe à tout éloge et fait silencieusement son devoir !... Toujours allant, toujours jeune, toujours souriant, quelle que soit la fatigue, quelque misère qu'on souffre, réclamant les premiers postes en avant, prêchant d'exemple, adoré de ses hommes, sans peur, sans reproche, simplement courageux, audacieux avec simplicité, le voilà ! Une tenue irréprochable partout... Ah ! le beau, le jeune soldat avec ses cheveux blancs, je le salue bien bas. Aimez-le comme il aime son pays. A son retour vous pourrez vous agenouiller devant lui. C'est un saint du devoir, du drapeau !... Vous pouvez faire lire ma lettre, j'ai été au-dessous de la vérité. »

Propriétaire à Chéray, île d'Oléron (Charente-Inférieure), chef d'une famille nombreuse, dès qu'il voit la France envahie, Paris menacé, intérêts, affections, plus rien ne compte; le 8 septembre 1914, ayant réussi enfin à s'engager, il communie avec tous les siens et, le 14, cet ancien officier de chasseurs est incorporé au 44ᵉ de ligne, puisque, pour servir, il doit sacrifier jusqu'à sa préférence pour la cavalerie. Les faits suffisent à sa louange. Il arrive au front le 27 septembre, dans la région de Soissons à Reims, où il doit rester jusqu'à sa mort. Le 5 novembre, il est nommé adjudant. Quelque temps après, accompagné de deux soldats, il sauve, au péril de sa vie, quatre hommes enfouis dans un abri rendu inaccessible par une canonnade effroyable et les projectiles des avions ennemis. Il est nommé sous-lieutenant, et le 18 mai son colonel tient à honneur de détacher un de ses galons pour en parer son compagnon d'armes. Au mois d'août, il est à Suippes, préparant en d'obscurs mais rudes travaux l'attaque de Champagne. Nul héroïsme ne fut à la fois plus silencieux et plus conscient de lui-même : « Quelle que soit l'issue de la guerre, écrit-il, il n'en sortira que du bien pour moi... » Il n'avait pas marchandé devant les rigueurs extrêmes du sacrifice. Le Maître divin accepta l'offre entière de cette vie. « Le 25 septembre, l'ordre d'attaque est donné. C'est la grande bataille de Champagne qui commence. Les sections sortent de la tranchée. Geneuil marche en tête de la sienne. Il s'empare brillamment de la première tranchée allemande, et déjà se rend maître de la deuxième ligne, lorsqu'il est frappé mortellement à la tête par un gros éclat d'obus; il tombe en pleine victoire, victime volontaire de son amour pour la France. » (Extrait de l'Eloge funèbre, par M. le Curé de Chéray d'Oléron.)

Croix de guerre avec palme. — Légion d'honneur.

GENEUIL (André)

Né à Chéray (île d'Oléron), le 17 avril 1896.
Mort le 20 février 1917.
Elève à l'Ecole Saint-Genès de 1911 à 1914.
Fils du précédent.

« Enfants Geneuil, disait M. le Curé de Chéray en prononçant l'éloge funèbre de leur père, conservez précieusement la lettre du capitaine Juge, (dont nous avons donné un extrait dans la notice précédente). Vous n'aurez rien de plus beau dans votre patrimoine. Méditez-en tous les passages, efforcez-vous d'y trouver un programme de vie, et regardant avec amour la Croix de guerre de votre père, rappelez-vous que noblesse oblige. »

Ce programme, André Geneuil l'a réalisé par sa vie et par sa mort.

Qui dira les angoisses morales de ce jeune homme si désireux de se dévouer, quand il vit son père et toute la jeunesse de son voisinage s'armer pour la défense du pays, alors qu'il devait rester au foyer, considéré comme une non-valeur, victime de son état de santé !

Il aurait souhaité remplacer et venger celui qu'il pleurait avec de fières larmes; tout au plus fut-il utilisé comme cycliste et automobiliste à la formation sanitaire de Vichy. Il travaille obscurément jusqu'à l'épuisement complet de ses forces. Moribond, il assista au service anniversaire de son père et s'alita. Il gardait cependant quelque illusion sur son état; bientôt, il comprit que Dieu exigeait que, sans gloire, il lui abandonnât sa vie. André Geneuil avait assez d'énergie pour aimer cette obscure immolation. Le 20 février, au moment où son frère Etienne revenait de communier à son intention, André fut saisi d'une violente hémorragie; il pressa sur ses lèvres le crucifix et l'image de sainte Thérèse de l'Enfant Jésus et trouva la force de dire en expirant : « Je m'en vais ! Maman, je vous dis adieu ! Papa !... » Lui aussi mourait pour la France.

Grâce à nos innombrables monuments, à nos « Livres d'Or », l'avenir pourra se faire une idée, peut-être décolorée, mais exacte de ce qu'ont été des Français comme ce père et comme ce fils. Mais qui dira l'héroïsme des mères et des veuves ? Au risque d'offenser, en la forçant à se connaître, une grandeur d'âme qui s'ignore et qui veut demeurer ignorée, citons sans commentaire ces réflexions inspirées à la veuve par la mort de son mari, à la mère par la mort de son enfant :

« ...A qui donc iraient mes premiers remerciements, sinon à ceux qui ont été si paternels pour mon pauvre petit orphelin à l'heure de sa première souffrance... Merci d'avoir prié et pleuré avec nous. La grâce du bon Dieu nous est nécessaire, et pour ma part, je serais effrayée du fardeau qui m'incombe si je n'avais une confiance aveugle en la Providence et la certitude que mon cher aimé, qui s'était bien préparé à la mort depuis une année, prie pour nous et veille sur nous du haut du ciel... Je suis avide de tristes détails que je ne pourrai peut-être jamais me procurer. Si, par hasard, vous pouviez avoir quelques précisions, *quelque cruelles qu'elles puissent être*, donnez-les moi sans crainte, je vous en prie; je suis forte et voudrais tout savoir... »

(Lettre sur la mort de Paul Geneuil.)

« ...Je me fais un devoir de reconnaissance de vous envoyer l'extrait que M. le Curé a bien voulu faire pour vous de l'allocution si touchante qu'il a faite à l'enterrement de mon cher petit André ! Je dis un devoir de reconnaissance, car s'il a été tel, c'est bien à Saint-Genès qu'il le doit, et je suis sûre qu'il vous sera doux de voir que mon cher enfant s'est montré jusqu'au bout digne de vous et de tous ceux qui ont bien voulu lui prodiguer leur dévouement de chaque instant... Vous pourrez voir que mon André a su être chrétien jusque dans la mort et, comme son cher Père et tant d'autres anciens de Saint-Genès, il a donné obscurément sa force et sa vie même à la chère Patrie.

» ...Dieu soit béni ! Je le remercie d'avoir retiré de la terre cet enfant si pur ! »

(Lettre sur la mort d'André Geneuil.)

GÉNISSET (Henri)

Né à Bordeaux, le 5 juillet 1884.
Mort le 27 octobre 1917.
Elève au Pensionnat J.-B. de la Salle de 1897 à 1901.

Avocat à la Cour d'Appel, sous-lieutenant au 91ᵉ régiment d'infanterie, décoré de la Croix de guerre : deux citations à l'ordre de la division.

GIARD (Marie-Joseph-Louis-Michel)

Né à Bordeaux, en juin 1875.
Mort à Missy-au-Bois (Aisne), le 3 juin 1918.
Elève au Pensionnat J.-B. de la Salle de 1882 à 1893.
Tertiaire de Saint François, chef de bataillon au 144ᵉ régiment d'infanterie,
chevalier de la Légion d'honneur

Ce regretté camarade, appartenait à une des familles les plus étroitement unies à l'Ecole et à l'A. A. Il était le frère du commandant Louis Giard, du capitaine Gabriel Giard et de Raphaël Giard, ancien vice-président de l'Association Amicale, mobilisé lui aussi malgré son infirmité. Michel Giard était le second fils de M. Raymond Giard, capitaine au long-cours.

Quelque temps avant sa mort, il écrivait ces lignes en quelque sorte prophétiques :

« On a beau être préparé aux choses les plus angoissantes, que ce n'est pas sans un déchirement que l'on voit le cours habituel de l'existence apporter des changements aussi brusques, des séparations aussi douloureuses. Mais là, comme en toutes choses, bénissons la volonté de Dieu, qui ne veut que notre plus grand bien, quelles que soient les épreuves qu'il nous envoie. On dirait que le bon Dieu permet certains événements à ceux qu'Il chérit le plus... »

Il devait être parmi ces élus de l'expiation nationale, mais quelle victime glorieuse !

Citations :

I. — A l'Ordre du Régiment :

« Placé avec sa compagnie dans un secteur exposé, très rapproché de l'ennemi et où tout était à faire, a montré de réelles aptitudes dans l'exécution des organisations défensives qu'il a conduites avec une activité remarquable, surveillant pendant toutes les nuits ses travailleurs et les encourageant par son entrain et sa bonne humeur. »

II. — A l'Ordre de la Brigade :

« A montré de très belles qualités de bravoure, d'habileté et de décision. Le 18 juin, étant en première ligne et entendant une fusillade d'une certaine importance devant ses tranchées, s'est résolument porté en avant avec cinq hommes pour se rendre compte des événements. Trouvant l'ennemi en train de déborder la patrouille de l'aspirant Dubrocas, l'a énergiquement attaqué en flanc avec les cinq hommes et l'a contraint de se replier en abandonnant sur le terrain, avec tous ses papiers et tous ses insignes, le corps d'un sous-officier qui a fourni des renseignements précieux. »

III. — A l'Ordre de l'Armée, du 28 avril 1917 :

« A la tête d'un bataillon dont il exerce le commandement depuis quelques jours seulement, a témoigné à tout instant, du 17 au 19 avril 1917, les plus brillantes qualités militaires, d'allant, de ténacité et de courage, ayant la plus exacte compréhension d'une situation en certains moments très délicate. A fait donner à sa troupe avec enthousiasme le maximum d'effort et a obtenu les plus beaux résultats. »

Général Duchesne, commandant la 10ᵉ Armée.

IV. — A l'Ordre du 18ᵉ C. A., du 7 juin 1917 :

« Officier supérieur alliant aux plus belles qualités d'énergie et de courage, l'allant enthousiaste qui enlève la troupe. Doué d'un sens militaire avisé et d'un remarquable coup d'œil, a coopéré avec une habileté et un élan dignes d'éloges au succès d'une opération délicate, qui, dans la nuit du 7 au 8 mai 1917, a assuré la réduction d'un centre de résistance ennemi, la conquête de tranchées allemandes et la capture de nombreux prisonniers. »

« Des éléments du 144ᵉ et en particulier du Bataillon Giard, ont, de leur propre mouvement nettoyé des mitrailleuses allemandes qui prenaient nos troupes sous leur feu, et fait des prisonniers à l'ennemi. » Général Marchand.

« Je viens de voir le 144ᵉ revenant de la Côte des Dames, où il a fait son devoir. Officiers et soldats sont trempés, couverts de boue, mais ils marchent fièrement, ils en ont le droit. Je suis content de 144ᵉ, dites-le lui. » Général Hirschauer.

V. — Motif de la promotion du Chef de bataillon Giard à la Légion d'honneur :

« Officier vigoureux, intelligent, actif et plein d'entrain, commande parfaitement la compagnie. Est sur le front depuis le début de la campagne et a pris part à tous les combats livrés par le régiment. »

Légion d'honneur. — Croix de guerre avec palmes.

GIARD (Louis-André)

Né à Bordeaux, le 22 novembre 1899.
Mort le 2 juin 1918, à Cutry (Aisne).
Elève à l'Ecole Saint-Genès de 1901 à 1910.
Sous-lieutenant d'artillerie
Cousin du précédent.

Ingénieur diplômé de l'Institut Catholique des Arts et Métiers de Lille, habitait New-York depuis 1908, où il était ingénieur de la « *Autos Taximeter C°* ». S'engagea dès le début des hostilités, devint sous-lieutenant dans l'artillerie de campagne, se battit vaillamment pendant toute la durée de la guerre. Très gravement blessé le 2 juin 1918, il mourut en héros, après avoir reçu en pleine connaissance les secours de la religion.

Citation :

« Jeune officier, plein d'entrain et d'une bravoure exceptionnelle. A trouvé une mort glorieuse le 2 juin 1918, sur le plateau de la R. des C... en dirigeant, debout, d'un poste d'observation en plein champ, le tir de sa section, au moment où elle était violemment prise à partie par l'artillerie allemande. »

Croix de guerre avec palme. — Légion d'honneur posthume.

GIRAUDEAU (Jean-Cyrille)

Né à Saucats (Gironde), le 9 juillet 1878.
Mort à l'hôpital de Sézannes (Marne), le 11 octobre 1918.
Elève au Pensionnat J.-B. de la Salle de 1891 à 1894.
Observateur d'artillerie à la 89ᵉ S. R. O. T.

C'est en accomplissant son devoir sur le champ de bataille qu'il contracta le mal impitoyable qui l'emporta. En pleine connaissance, il demanda et reçut les derniers sacrements.

Citation :

« A assuré le fonctionnement de son poste sous les plus violents bombardements, du 16 au 21 juillet, jusqu'à ce que son observatoire soit complètement détruit; ayant reçu l'ordre de l'évacuer, n'est parti qu'après avoir passé la nuit du 21 au 22 juillet 1916 à retirer des instruments des décombres, sous les feux d'artillerie et d'infanterie. »

Croix de guerre.

GRANCHÈRE (Raymond)

Né à Neuillac (Charente-Inférieure), le 27 avril 1892.
Mort à Lobbes (Belgique), le 24 août 1914.
Elève à l'Ecole Saint-Genès de 1901 à 1909.
Sergent au 57ᵉ régiment d'infanterie.

Il fut blessé d'un éclat d'obus au bas-ventre, au combat de Lobbes (Belgique) et transporté dans une ambulance bénévole, où il mourut six heures après.

Le 7 février 1919, l'infirmière qui le soigna écrivait à la famille :

« ...Nous nous sommes efforcés, mes parents et moi de lui adoucir ses derniers moments, et son agonie fut assèz douce ! Il fut enterré au cimetière de Lobbes, et sa tombe est fleurie chaque année à son anniversaire... »

Ce n'est qu'après la guerre que sa famille, déjà très éprouvée, put savoir ce que Raymond Granchère était devenu.

GRIMOMPREZ (Henri)

Né à Bordeaux, le 12 décembre 1886.
Mort au champ d'honneur en 1917.
Elève à l'Ecole Saint-Genès de 1895 à 1899.
Lieutenant d'infanterie.

Citations :

I. — A l'Ordre du Corps d'Armée :

« En campagne depuis les premiers jours de septembre 1914, s'est toujours fait particulièrement remarquer par son coup d'œil et sa grande bravoure dans les nombreuses attaques auxquelles il a pris part. Blessé à trois reprises, n'a jamais voulu quitter son poste, ni la ligne de feu. »

II. — A l'Ordre de la Division :

« Tombé glorieusement en défendant sa position contre un ennemi acharné et très supérieur en nombre. Promu lieutenant par décision ministérielle du 18 mai 1918. »

Chevalier de la Légion d'honneur. — Croix de guerre.

HUBERT (Maurice)

Né à Bordeaux, le 17 mars 1892.
Mort au N.-E. d'Amiens, le 17 septembre 1914.
Elève à l'Ecole Saint-Genès de 1903 à 1907.

Aucun renseignement ne nous a été fourni.

HUGOU (Pierre)

Né à Libourne, le 19 décembre 1886.
Mort à l'hôpital n° 49 de Vichy, le 9 février 1917.
Elève au Pensionnat J.-B. de la Salle de 1898 à 1902.
Lieutenant au 11ᵉ escadron du Train des Equipages.

Extrait du discours prononcé sur sa tombe par le capitaine Duvernois :

« ...Sa vie fut simple et droite, comme l'était son caractère. Ayant fait de bonnes études à Bordeaux, il n'eut plus qu'une pensée : être militaire. Engagé à 19 ans dans un régiment d'artillerie, à Tarbes, il passa ensuite à Bordeaux, où il fit l'admiration de tous. Sa valeur et son zèle lui valurent de ses chefs la faveur d'entrer à l'Ecole militaire de Fontainebleau, où il obtint les galons de sous-lieutenant.

» Parti au front au début de la mobilisation, il fit remarquer son courage en Belgique et pendant la retraite qui précéda la victoire de la Marne. Il eut également sa part de gloire en Artois, où il fut blessé une première fois. Revenu au front, il fut un des héros de la bataille de Verdun. Là, il eut une citation et fut proposé pour la Croix de la Légion d'honneur. »

Citation :

« Excellent officier, d'un dévouement extrême. Détaché au service du génie, y a fait des convois dangereux, près des lignes ennemies, et s'y est fait remarquer à différentes reprises. Y a contracté une maladie nerveuse qui a causé son évacuation, et sa mort. »

Croix de guerre.
Proposé pour la Légion d'honneur.

Il laissait deux petits enfants.

JUNCA (René)

Né à Bordeaux, le 23 septembre 1891,
Mort au combat de la Ville-au-Bois, le 15 septembre 1914.
Elève au Pensionnat et à l'Ecole Saint-Genès, de 1899 à 1907.
Sergent au 57ᵉ Régiment d'Infanterie.

Citation à l'Ordre de la Division :
« Tué le 15 septembre 1914, à la Ville-au-Bois, lors de la défense d'un carrefour, alors que debout, il exhortait sa section et faisait le coup de feu contre un parti important d'infanterie ennemie. »
Médaille militaire. — Croix de guerre.

LABARRAQUE (Victor)

Né le 14 octobre 1886.
Elève au Pensionnat J.-B. de la Salle de 1897 à 1905.
Caporal-Chirurgien-Dentiste au 3ᵉ Colonial, naufragé du « Provence-II »,
le 26 février 1916.

Citation :
« Excellent gradé sous tous les rapports. Entré en campagne dès le 7 août 1914 et nommé caporal pour sa belle conduite au feu. Mort glorieusement pour la France à son poste, le 26 février 1916. »
Croix de guerre. — Médaille militaire.

LABARRAQUE (Jean)

Né le 11 août 1891.
Elève au Pensionnat J.-B. de la Salle, de 1899 à 1905.
Sergent-Fourrier, glorieusement tombé à Crouy, le 24 juillet 1917.
Frère du précédent.

I. André FRICHOU.
II. Amédée GALIACY.
III. François GARROS.
IV. André GENEUIL.
V. Paul GENEUIL.
VI. Michel GIARD.
VII. Raymond GRANCHÈRE.
VIII. Henri GRIMONPREZ.
IX. René JUNCA.
X. Louis LABAT.
XI. Jean LABAYLETTE.
XII. Yves LAFON.

LABARTHE (Charles)

Né à Naussac (Aveyron), le 30 août 1895.
Mort à Somme-Suippe, côte 179, le 12 septembre 1915.
Professeur à l'Ecole Saint-Genès.

Dieu lui a fait la grâce de naître dans un village et dans une famille où se sont conservées intégralement les saines traditions et les salutaires disciplines des vieux âges. Elève de son oncle, directeur d'école libre à Périgueux, Charles travailla pendant sept ans, en vue de se préparer à être lui aussi un éducateur chrétien.

Ses brevets obtenus, il se dévoua pendant un an, avec succès, sous les yeux de son oncle, à l'instruction des jeunes élèves.

L'Ecole Saint-Genès devait l'avoir l'année suivante; et c'est là que devait se terminer sa trop courte carrière. Affable, mais très réservé avec les enfants, d'une gaîté douce et comme tempérée dans ses rapports avec ses collègues, il restait volontiers dans les demi-teintes aimées des âmes délicates, qui ne livrent pas à la profanation des foules leur sanctuaire intérieur.

Le présent, déjà si riche en promesses, autorisait pour l'avenir les plus belles espérances. L'année scolaire s'achevait au milieu des rumeurs de guerre. Le coup de foudre éclata au début des vacances. Comme la plupart des jeunes gens, Charles Labarthe brûle d'offrir ses services à la Patrie.

Dans l'espoir d'aller plus tôt au front, il demande à faire partie du peloton des élèves-caporaux et il apporte à son instruction militaire l'application et le sérieux dont il est coutumier.

Sa décision avait sa source, non point en un fragile enthousiasme, mais en une conception raisonnée de son devoir. Aussi pas d'abattement, mais un courage égal et serein, sorte d'humble et patient héroïsme : « Le secteur est assez calme, écrit-il, probablement, ça ne va pas durer longtemps. Un de ces quatre matins, nous aurons un réveil en fanfare; l'artillerie fera les frais de la musique et en avant à la baïonnette; ce sera beau pour ceux qui arriveront. Espérons que je serai du nombre et alors, gare les Boches !... »

Sa piété profonde le soutient. « Hier, dit-il encore, c'était la clôture du mois de Marie; plus que jamais, vous avez dû prier la bonne Vierge de sauver notre Patrie en ménageant le sang des petits soldats de France. Les prières s'élèvent de partout avec une ferveur qui ne peut manquer de toucher la Reine des Cieux... Que nous réserve le bon Dieu ? Que sa sainte volonté soit faite ! Le courage ne manque pas, il faut l'utiliser... »

Le 12 septembre, un obus éclate dans la tranchée. Pas de blessure, mais une suffocation, et c'est la fin. C'est ce qu'écrivait un de ses compatriotes : « Que la maman de Labarthe se console : elle est, dans son malheur, plus heureuse que celles de beaucoup d'autres, dont on ne retrouve des dépouilles mortelles qu'une affreuse bouillie. L'obus est tombé aux pieds de Charles. La mort a eu lieu instantanément par suffocation; mais pas une blessure, pas une égratignure. Sur le nombre, cinq ont été tués, frappés comme lui, les autres ont été affreusement blessés. »

LABAT (Louis)

Né à Casteljaloux (Lot-et-Garonne).
Mort à Raucourt (Ardennes), le 28 août 1914.
Elève au Pensionnat J.-B. de la Salle de 1894 à 1903.
Lieutenant au 209° Régiment d'Infanterie.

Issu d'une famille très chrétienne de Casteljaloux (Lot-et-Garonne), où se perpétuaient très vivantes les traditions d'honneur, de loyauté, de dévouement, Louis Labat devait justifier l'adage chrétien : « Bon sang ne peut mentir ».

Son père, ancien élève d'élite du Pensionnat Saint-Joseph, à Toulouse, esprit cultivé, après avoir été le modèle de la jeunesse, n'était-il pas l'âme de toutes les œuvres catholiques et sociales de Casteljaloux ?

Après ses études primaires à l'Ecole chrétienne de sa ville natale et sa Première Communion, à onze ans, avec une piété grave et réfléchie, les parents de Louis confièrent son éducation au Pensionnat Saint-Genès, à Bordeaux. Durant toute sa scolarité, il fut la joie de ses parents et de ses maîtres, le modèle de ses condisciples. Il se vit, comme enfant de chœur, parmi la fleur des écoliers. Sa conduite exemplaire, sa piété profonde lui valurent la dignité de Préfet de la Congrégation de la Très Sainte Vierge. Louis fit son apprentissage des œuvres sociales dans la Conférence de Saint-Vincent-de-Paul de l'Ecole, et ses débuts promettaient déjà un émule d'Ozanam.

A quinze ans et demi, avec dispense d'âge, il affrontait les examens de la première partie du baccalauréat. En 1904, il obtenait, avec mention, la deuxième partie.

Les deux années suivantes, Louis se signala par la régularité de son travail et de sa conduite; il poursuivit ses études avec succès et obtint la Licence en Droit en même temps qu'il sortait avec mention de l'Ecole de Notariat.

Pendant son séjour à Bordeaux, il avait suivi avec intérêt le mouvement social catholique, avec son programme : « Etude, action, vie chrétienne intense, intégrale. »

En 1907, Louis fut appelé sous les drapeaux, à Cahors, au 7° d'Infanterie; dans la chambrée il sut se faire aimer et respecter de ses camarades et se créa d'excellentes relations dans le clergé cadurcien. En fin d'année, au concours d'élèves officiers, Louis se classa dans les premiers, et alla à Montauban faire un stage de six mois comme élève officier; là encore, il devint vite le collaborateur de M. l'abbé Mercadier, directeur d'un groupe catholique à Saint-Théodard.

Il prit part à la rédaction du petit journal militaire *Casques et Képis*, qui apportait dans les casernes, alors empoisonnées par le matérialisme grossier, les saines distractions d'une gaîté de bon aloi et les bons conseils d'une morale inspirée par la religion.

Louis passa à Agen les six derniers mois de service militaire, comme sous-lieutenant au 9° d'Infanterie. Il eut rapidement conquis l'estime de ses chefs, la confiance et la sympathie de ses camarades.

Son service militaire terminé, après quelques jours passés dans sa famille, Louis revint à Bordeaux pour poursuivre les études du Droit et se perfectionner durant trois ans, à l'Etude de M° Blondeau, dans la pratique notariale.

Sous la haute direction de M. l'abbé Bonnet, il contribua pour une large part à la fondation du Cercle d'études de la Madeleine; avec l'héroïque abbé Bacheré, à la création du Cercle de Saint-Nicolas, aux *Coqs Rouges* de Sainte-Eulalie, donnant tous les jeudis soirs une conférence sur les grandes questions sociales.

Malgré les nombreuses attractions que Bordeaux lui offrait, Louis allait passer la journée de dimanche dans sa famille, à Casteljaloux. Profitant du *pont* qui, le 14 juillet 1914, lui accordait un congé de trois jours, il demanda à ses parents l'autorisation d'aller avec M. l'abbé Bonnet et les dirigeants du Cercle de la Madeleine, faire une retraite fermée à N.-D. de Buglose. Ce fut la retraite préparatoire de son Eternité !...

Quinze jours après, la guerre était déclarée. Louis venait de subir avec succès les examens professionnels du Notariat et les dernières épreuves du Doctorat en Droit.

La guerre ne le surprit pas : il la sentait venir inévitable. Un de ses excellents amis, M. Vizios, retour d'Allemagne, où il avait séjourné quelques mois pour la préparation d'une thèse d'Agrégation, lui avait longuement parlé de l'état d'esprit de nos voisins d'Outre-Rhin, de leurs projets belliqueux, de leur préparation intense. Aussi, lorsque la nouvelle arriva à Bordeaux, il n'eut aucun étonnement. Il rentra à Casteljaloux, le jour même, pour faire ses préparatifs, embrasser ses parents, et, le 3 août, il partait avec son père, capitaine au 130ᵉ territorial, pour rejoindre à Agen, le 209ᵉ d'Infanterie, comme sous-lieutenant. Sa nomination au grade de lieutenant ne tarda pas à venir. Il prit une part active à l'organisation et à l'équipement de sa compagnie : son esprit méthodique, son activité, son souci de l'ordre s'exercèrent d'une façon heureuse durant cette période. Le 9 août, il partait avec son régiment pour « destination inconnue ».

Le 17ᵉ Corps d'Armée, dirigé sur la Champagne, débarqua à Suippes, et par marches forcées, s'avança vers la frontière belge. Louis assista pour la dernière fois à la Sainte Messe, au Chêne, petit village des Ardennes.

Puis vint le désastre de Charleroi, la retraite !... Le 17ᵉ Corps eut pour mission de protéger celle de l'Armée, et le 209ᵉ se trouva à plusieurs reprises en contact avec l'ennemi.

Toujours calme devant le danger, impassible sous les balles et la mitraille, sous une pluie de fer, Louis faisait l'admiration de ses hommes.

D'ailleurs, s'oubliant lui-même, il ne songeait qu'à procurer à sa section, avec la sécurité, les vivres indispensables à sa subsistance; il passait les nuits auprès de ses soldats pour s'assurer que les repas seraient prêts à l'heure fixée. C'était le bon officier, dans toute l'acception du mot. C'était, disaient les hommes, « notre bon lieutenant ».

Le 27 août, après le passage de la Meuse par les Allemands, leur artillerie fit subir quelques pertes à la compagnie de Louis : le sous-lieutenant, les adjudants furent blessés, et le capitaine ébranlé par l'explosion d'un obus de gros calibre, fut évacué à l'arrière, laissant à son jeune lieutenant le commandement de la 23ᵉ compagnie.

Très fatigué par les marches effectuées sous un soleil brûlant, affaibli par des hémorragies nasales fréquentes, Louis fut sollicité par ses amis d'aller se reposer quelques jours à l'arrière, mais il se refusa à laisser sa compagnie sans chef, voulant, disait-il, aller jusqu'au bout !

Le 28 août, dès le matin, en exécution des ordres donnés, notre cher lieutenant fit prendre position à la compagnie sur les crêtes qui dominent Raucourt. Il devait défendre cette position jusqu'à la dernière extrémité, afin de protéger la retraite du 17ᵉ Corps d'Armée. La journée fut terrible, l'artillerie fit rage.

Les détails qui suivent sur la bataille de Raucourt sont extraits du carnet de route du sergent Trenque, d'Agen : « Nous étions environ 50.000 hommes; les Allemands nous attaquaient avec six corps d'armée, comprenant la Garde impériale et les Hussards de la Mort, c'est-à-dire l'élite de l'armée ennemie. Nous avons devant nous la plus formidable armée, et nous sommes sur le chemin le plus facile pour marcher sur Paris. Les Allemands avançaient par petits groupes sous la protection d'une formidable artillerie. Vers midi, se sentant débordé et jugeant la situation désespérée, Louis alla dans le village de Raucourt prendre les instructions de l'Etat-Major; le village venait d'être évacué.

Il revint rapidement à sa compagnie, alors totalement isolée, et l'accola à celles du 20ᵉ d'Infanterie qui se trouvaient à sa droite, et dont l'une était commandée par un de ses amis, le capitaine Pauly, ancien élève de Saint-Genès, lui aussi, quelques mois plus tard tué glorieusement pour la France.

Vers deux heures, les balles sifflent plus denses, l'ennemi se rapproche; les sections se déplacent. Par deux fois le lieutenant Labat entraîne ses hommes à l'assaut, mais le succès ne peut répondre à l'héroïque effort de nos soldats. Conservant tout son sang-froid, Louis abrita sa compagnie dans un repli de terrain pour mettre ses hommes à couvert de la mitraille, et, comme une petite patrouille qu'il avait envoyée en reconnaissance tardait à revenir, il s'avança seul, en rampant, pour reconnaître la position exacte de l'ennemi et prendre ses dispositions en conséquence.

Arrivé au sommet de la crête, il se relevait pour observer, quand le coup mortel l'atteignit. Ce fut donc vers trois heures, en première ligne, au poste d'honneur que, presque à bout portant, notre cher lieutenant fut foudroyé d'une balle en plein cœur ! Il ne fit qu'un bond, se trouva debout, chancela et tomba la face en avant, en disant : « Oh ! Maman ! » Ce fut tout, il était mort en brave ! Quelques instants auparavant, pressentant sa fin prochaine, Louis avait réuni ses sous-officiers pour leur faire ses suprêmes recommandations : « Si je tombe, leur dit-il, ne laissez pas mon corps aux mains de l'ennemi; enlevez mes armes, mon portefeuille, tous les objets que j'ai sur moi, et faites-les envoyer à ma famille. »

Ce vœu fut rigoureusement exécuté : des hommes dévoués allèrent, sous une pluie de balles, chercher leur officier, et la famille reçut, quelques jours après, les précieuses reliques de celui qui se montra toujours un modèle de piété filiale, un vaillant chrétien, un officier de la noble lignée des Bayard : Sans reproche et sans peur.

Le lendemain, les habitants de Raucourt donnèrent la sépulture au corps du lieutenant Labat, à l'endroit même où ses hommes l'avaient laissé, et, deux ans après, il fut porté au cimetière de Raucourt, où, après l'Armistice, ses parents l'ont reconnu et identifié.

Le 26 octobre 1921, la population de Casteljaloux, des amis accourus de Marmande, de Tonneins, de Bordeaux et d'Agen, pour la réinhumation, en foule nombreuse et recueillie, faisaient cortège à la dépouille de notre héroïque ami, qui fut déposé au milieu des siens, dans le caveau de sa famille.

Plusieurs discours furent prononcés sur cette tombe entr'ouverte.

Ordre du jour du Corps d'Armée n° 77 :

« Le Général commandant le 17ᵉ Corps d'armée adresse ses félicitations au lieutenant Jean-Louis Labat, du 209ᵉ régiment d'infanterie pour les motifs suivants :

« A Raucourt, le 28 août, monte à l'assaut à deux reprises à la tête de sa compagnie. Tué debout d'une balle reçue en pleine poitrine. »

Signé : Général J.-B. DUMAS.

Légion d'honneur. — Croix de guerre avec palme.

LABAYLETTE (Jean-Pierre-Martin)

Né à Ayduis (Basses-Pyrénées), le 19 décembre 1898.
Mort à Soissons, le 20 juillet 1918.
Elève à l'Ecole Saint-Genès de 1910 à 1915.
Engagé volontaire en 1915.
Téléphoniste au 8ᵉ Régiment d'Artillerie de campagne.

Ce fut un enfant et un jeune homme d'une conscience simple et droite, d'une piété franche; aimant d'un amour égal sa famille, l'Eglise et la France. Il se destinait à l'enseignement libre. Deux fois blessé. Quatre fois cité. Nous ne possédons, malheureusement le texte que de deux de ces citations :

I. — A l'Ordre du Régiment (11 avril 1918) :

« Téléphoniste très courageux, a assuré avec le plus grand sang-froid la réparation des lignes qu'il avait en consigne dans les zones soumises à de violents bombardements. »

II. — A l'Ordre du Régiment (27 juillet 1918) :

« Chargé d'assurer le service des liaisons téléphoniques entre les deux armes, s'est acquitté avec le plus grand zèle de ses fonctions et a été tué à son poste, le 20 juillet 1918. »

Croix de guerre. — Médaille militaire à titre posthume.

LABUZAN (Joseph)

Né à Saint-Selve (Gironde), le 28 avril 1881.
Elève au Pensionnat J.-B. de la Salle, de 1889 à 1899.
Mort des suites de maladie contractée au front.
Lieutenant d'Infanterie.

Citation à l'Ordre de la Division :

« Officier plein d'entrain et de courage, a entraîné ses hommes à l'assaut des tranchées ennemies dans un ordre parfait. A donné à ses hommes le plus bel exemple de dévouement pour l'installation de la position conquise. »

Croix de guerre.

LAFAURIÈRE (Roger)

Né à Tabanac (Gironde), le 10 janvier 1873.
Mort à la bataille d'Arras (affaire d'Ablain-St-Nazaire), le 28 mai 1915.
Elève au Pensionnat J.-B. de la Salle de 1885 à 1888.

LAFON (Yves)

Né à Bordeaux, le 23 octobre 1896.
Mort le 8 juillet 1916, à l'assaut d'Hardecourt-aux-Bois (Somme),
à l'âge de 19 ans.
Elève à l'Ecole Saint-Genès de 1907 à 1913.
Aspirant au 160ᵉ d'Infanterie.

C'était une âme délicate et pure, qui souffrait en silence de tout ce qui autour d'elle choquait sa noblesse. Il trouvait pour manifester sa reconnaissance à ses anciens maîtres des mots tels qu'un fils en pourrait rencontrer pour exprimer son amour pour les siens. C'est à ces éducateurs qu'il attribuait le patriotisme profond qui l'animait et qu'il ne séparait pas des principes religieux reçus au Collège.

Comme le disait la lettre de l'aumônier militaire qui annonçait sa mort : « Le régiment, la 5ᵉ compagnie en particulier, conserveront son souvenir avec orgueil et respect. »

Citation à l'Ordre de la Division :

« Sous-officier plein de calme et de courage; ayant été blessé au cours de l'attaque, a voulu, après un léger pansement, rejoindre son commandant de compagnie; a été tué en arrivant près de lui. »

Croix de guerre. — Médaille militaire posthume.

LAFORCADE (Henri de)

Né le 2 juillet 1880.
Blessé le 22 octobre 1914, à la Bassée (Pas-de-Calais),
d'une balle dans la gorge; mort le 23 octobre 1914
à l'hôpital de Sailly-la-Bourse (Pas-de-Calais).
Elève au Pensionnat J.-B. de la Salle de 1893 à 1897.
Lieutenant au 142ᵉ Régiment d'Infanterie territoriale.

LAGARRIGUE (Alfred)

Né à Sanvensa (Aveyron), le 14 septembre 1883.
Mort des suites de la guerre, le 1ᵉʳ mai 1921.
Professeur à l'Ecole Saint-Genès.

Alfred Lagarrigue était né d'une de ces familles riches de traditions de foi, de probité et d'honneur, si nombreuses encore dans notre pays. Il fit de bonnes études primaires à l'école libre de Sanveusa, dirigée par les clercs de Saint-Viateur, et toujours il garda de ses premiers maîtres un pieux souvenir.

Attiré par la vie religieuse dont il avait eu l'exemple et dans ses maîtres et dans plusieurs membres de sa famille, il vint au petit noviciat de Talence en 1896.

Ses études pédagogiques et sa formation religieuse terminées, il fut placé au Pensionnat Saint-Genès, qu'il ne devait plus quitter que pour sa période de service militaire, de 1904 à 1907, et pour la grande guerre, de 1914 à 1919.

Maître instruit et méthodique, il obtenait de ses élèves des résultats remarquables, par des procédés toujours aimables. Dévoué pour le bien, soucieux de la conduite morale des enfants et des jeunes gens, il ne se contentait pas de les instruire, il cherchait à les « élever » au sens radical de ce mot, il voulait en faire des hommes et des chrétiens.

Il était en vacances quand sonna la mobilisation générale. Il rejoignit le dépôt du 67e bataillon de chasseurs, à Menton. D'abord secrétaire au dépôt de Villefranche-sur-Mer, il ne tarda pas à monter au front.

En août 1915, il participe aux affaires de l'Hartmanvillerkopf, où il se distingue en sauvant un de ses camarades blessé, au péril de sa propre vie; nommé caporal et sergent quelques jours après, il fait un stage d'instruction comme élève-officier; trop modeste, il refuse les galons. Blessé grièvement à Sailly-Saillissel (Somme), le 18 octobre 1916, il est évacué. Revenu au front le 19 août 1917, il est à la Malmaison le 23 octobre, il y gagne sa première citation; à Mareuil, au Bois du Gros-Hêtre, en juillet 1918, deuxième citation; au Bois des Brouettes; de nouveau au Bois du Gros-Hêtre; à Vauxaillon, en septembre 1918, troisième citation; à la percée de la ligne Hindenburg; à Saint-Quentin, enfin à la traversée du canal de la Sambre, octobre-novembre 1918, où il est cité pour la quatrième fois.

Démobilisé le 14 mai 1919, il a hâte de rejoindre son cher Saint-Genès, qu'il n'avait jamais oublié pendant ces cinq années d'absence. Sa correspondance avec M. le Directeur, avec le regretté M. Blattes, avec ses collègues, ses élèves et ses anciens élèves prouve combien il avait la nostalgie de l'Ecole.

Hélas ! l'effort avait été trop grand, les privations trop dures : la santé de M. Lagarrigue était irrémédiablement compromise.

Durant l'année scolaire 1919-1920, il voulut encore se rendre utile en donnant quelques leçons, mais ses forces trahirent bientôt sa bonne volonté. La maladie d'estomac contractée pendant la guerre, faisait des progrès rapides; la nutrition était nulle. Sur sa demande expresse, une opération des plus délicates fut tentée par un maître de la science, qui était en même temps un ami, le professeur Joseph Guyot; elle donna les résultats qu'elle pouvait donner : une prolongation de vie de quelques mois, mois de préparation au grand passage et si émouvants par la piété, le calme et la résignation du cher malade.

Quelques jours avant sa mort, il demanda et obtint la faveur de se consacrer à Dieu par la profession religieuse perpétuelle qui, au dire des Pères de l'Eglise, est comme un second baptême.

Il s'éteignit pieusement, presque sans agonie, dans les bras de son frère, de son beau-frère et de M. le Directeur.

Citations :

I. — Ordre de la 66ᵉ Division de Chasseurs, 23 novembre 1917 :

« A eu une très belle attitude le 23 octobre 1917 à l'attaque du plateau de la Malmaison. »

II. — Ordre du commandant des Chasseurs n° 59, le 2 août 1918 (Bois du Gros-Hêtre):

« A montré beaucoup d'activité et d'énergie à l'attaque du 12 juillet 1918, assurant toujours la bonne marche des liaisons, malgré un violent bombardement et des feux de mitrailleuses très nourris. »

III. — Ordre de la 66ᵉ Division d'infanterie n° 912, le 15 octobre 1918 (Vauxaillon) :

« Durant les affaires de septembre 1918, a assuré des liaisons particulièrement difficiles et a installé des lignes téléphoniques dans un terrain violemment battu par les mitrailleuses et l'artillerie. »

IV. — Ordre du B. A. C. n° 189 (1ᵉʳ décembre 1918), Canal de la Sambre :

« A montré beaucoup d'énergie à l'attaque du 4 mars 1918, assurant toujours la bonne marche des liaisons malgré de violents tirs de barrage. »

Médaille militaire. — Croix de guerre.

LAIGNEAU (Xavier de)

Né à Ancenis, le 18 mars 1891.
Mort à l'ambulance de Sapicourt, le 8 mars 1915.
Elève à l'Ecole Saint-Genès de 1905 à 1909.
Maréchal des Logis au 6ᵉ Chasseurs d'Afrique.

Fils du commandant de Laigneau; belle âme de soldat, qui joignait à un patriotisme ardent des convictions religieuses solides. Il a fait courageusement le sacrifice de sa vie et il est mort dans les sentiments d'une admirable résignation chrétienne. Avant la Grande Guerre, avait déjà fait la campagne du Maroc et mérité la Médaille coloniale.

Citation à l'Ordre de l'Armée :

« Très belle conduite au cours d'une attaque. Blessures multiples, dont l'une particulièrement grave, ayant nécessité l'amputation de la jambe droite. »

Médaille militaire. — Croix de guerre avec palme.

LALANDE (François)

Né à Mios (Gironde), le 13 novembre 1880.
Mort à Roulers (Belgique), le 28 octobre 1918.
Elève au Pensionnat J.-B. de la Salle de 1894 à 1898.
Sous-Officier au 133ᵉ Régiment d'Infanterie.

Citation :

« Sous-officier modèle, tombé glorieusement le 29 octobre 1918, à Roulers, en entraînant sa section à l'assaut. »

Médaille militaire. — Croix de guerre.

LAMOLE (Marius)

Né à Quinsac (Gironde), le 1er août 1887.
Mort à l'assaut du Moulin de Laffaux, le 5 mai 1917.
Elève au Pensionnat J.-B. de la Salle de 1897 à 1903.
Brigadier au 4e Cuirassiers à pied.

Quatre jours avant sa mort, il écrivait à sa famille : « ...Surtout, si je ne reviens pas, ne pleurez pas, car j'aurai la plus belle part, je serai mort pour la France. »

Mourir ! Il devait le faire en holocauste offert, non seulement à la Patrie, mais à un de ses frères d'armes avec qui l'on peut dire qu'il échangea sa vie contre une mort atroce, ainsi que l'indique la citation ci-après :

Citation à l'Ordre du Corps de Cavalerie :

« Le 5 mai 1917, au cours d'un assaut, voyant un homme de son escouade brûlé par une grenade incendiaire, s'est précipité pour le déshabiller; lui a sauvé la vie et est mort victime de son magnifique dévoûment.»   » Signé : Petain. »

Croix de guerre. — Médaille militaire.

LAMOTHE (Louis)

Né à Bordeaux, le 5 mars 1877.
Mort à Vitry-la-Ville (Marne), le 10 octobre 1915.
Elève au Pensionnat J.-B. de la Salle, de 1887 à 1894.

Appelé sous les drapeaux le 22 mars 1915, au 142e régiment d'infanterie, à Bayonne, il partit au front sur sa demande, le 5 juin de la même année, et y devint conducteur au service du ravitaillement des munitions. Il fut tué, en service commandé, par une explosion de bombes, en chargeant des aéroplanes destinés à bombarder les lignes ennemies. Laissait deux enfants en bas âge.

LANGALERIE (Marie-Henri-Jacques de GÉRAULT de)

Né à Bourg-en-Bresse (Ain), le 7 juin 1893.
Porté disparu le 17 septembre 1914, aux environs de la Ville-aux-Bois (Aisne)
Elève à l'Ecole Saint-Genès de 1905 à 1911.
Caporal au 123e Régiment d'Infanterie.

D'une droiture, d'une franchise à toute épreuve. Un cœur d'or et un courage que sa foi soutenait, comme le prouvent ses lettres à sa mère, dont voici quelques passages :

« Vous pleurez, je le comprends, le départ de vos trois fils sous les drapeaux; mais sachez que tous les trois feront leur devoir. Si l'un d'eux meurt, soyez orgueilleuse de sa mort, car il sera mort au champ d'honneur. Je pars tranquille, j'ai fait mon devoir avant de rejoindre le régiment. J'ai sur moi le meilleur des boucliers, médailles, scapulaire... »

« Me voici parti à la guerre. Je vous écris de Sens. Je crois que nous allons vers Belfort...

» Je pars avec beaucoup de courage, mais avec le cœur combien gros ! Je ne sais si je vous reverrai, chère maman, ainsi que mes parents et amis, mais j'aurai fait mon devoir... »

« Je vous ai écrit hier deux mots à la hâte et qui ne dénotaient pas de ma part beaucoup de courage. Et cependant, j'en ai beaucoup. Je ne puis vous dire où je suis, car cela nous est expressément défendu, mais ce que je puis vous dire, c'est que je suis en route pour venger les cruelles injures de l'Allemagne. Nous devons être vainqueurs, même au prix de notre vie. J'ai fait jusqu'ici un voyage épatant, vu un pays merveilleux. Acclamés tout le long de la route... »

» Ne pleurez pas, chère maman, vos fils feront leur devoir. Ayez confiance, vous les reverrez sûrement, si ce n'est maintenant, ce sera plus tard... »

Au moment de son départ pour le front, il faisait écrire à sa mère par une amie qu'elle avait à La Rochelle : « Ma mère a toujours été mon adoration, jamais fils n'aura eu pour sa mère une affection semblable à la mienne... Je ferai tout mon devoir, en vrai Langalerie, soutenu par son image. » « Je veux, ajoutait l'amie, vous envoyer le dernier baiser quil m'a donné à la minute de son départ pour que je vous le transmette. Je voudrais y faire passer tout l'amour qu'il y a mis et vous communiquer son dernier et beau regard. »

Le colonel Hubert, maintenant général, annonçait ainsi à Mme de Langalerie, le 11 octobre 1914, la disparition de son fils :

« J'ai le profond regret de ne pouvoir donner des nouvelles précises de votre fils. Depuis les combats autour de la Ville-au-Bois, il n'est point reparu.

» Toutefois, comme il était aux côtés de son capitaine, que celui-ci n'a pas reparu, mais que nous avons tout lieu de croire qu'il est simplement prisonnier, j'espère qu'il convient d'attendre le retour de votre vaillant fils; peut-être les hasards du combat l'ont simplement conduit parmi les compagnons d'armes d'un autre régiment. Quoi qu'il en soit, Madame, toute sa compagnie s'est couverte de gloire aux environs de la Ville-au-Bois et Jacques de Langalerie y prit certainement sa bonne part. »

Et dans sa lettre du 28 octobre 1914, le colonel Hubert disait : « Quoi qu'il en soit et quoi qu'il arrive, c'est en effet une grande consolation pour ceux qui connaissent votre fils et qui l'aiment de savoir sa conduite au feu. Il eut, évidemment, avec ses qualités de soldat, et les sentiments réflétés par sa correspondance, conquis sur le champ de bataille, avec la confiance de ses hommes, les galons auxquels il pouvait aspirer...

» Qui sait ? Peut-être vous reviendra-t-il avant la fin de la campagne. Je serai heureux alors de panser les plaies de ses blessures morales, et en le rendant à la tête de ses hommes, de le récompenser comme il le mérite. Vous pouvez être fière de lui, Madame, comme l'eût été son noble père. »

Mais hélas ! Jacques de Langalerie n'est pas revenu, et alors son colonel, devenu général, tenant à le récompenser de sa belle conduite au feu et voulant donner à sa mère un suprême adoucissement à sa douleur, lui fit décerner la Croix de guerre avec la citation suivante :

« Excellent gradé, consciencieux et dévoué, qui s'est fait remarquer par son courage et sa belle conduite au feu; a trouvé une mort glorieuse le 17 septembre 1914, au combat de la Ferme du Choléra, en résistant à de fortes attaques ennemies. »

LANGLADE (Jacques de)

Né à Bordeaux, le 25 juin 1885.
Mort à l'hôpital de Revigny (Marne), le 13 octobre 1915.
Elève au Pensionnat J.-B. de la Salle de 1900 à 1903.
Caporal au 7ᵉ Régiment d'Infanterie coloniale.

Fils et frère d'officiers, ce regretté camarade fit brillamment son devoir, comme le prouve cette belle Citation :

« Barbary de Langlade (Jacques), caporal au 7ᵉ régiment d'infanterie coloniale : gradé d'une bravoure exemplaire, a eu, alors qu'il commandait un petit poste, à vingt mètres des lignes ennemies, la jambe gauche enlevée et le pied droit broyé par des éclats d'obus, est mort des suites de ses blessures. »

Croix de guerre.

Mourut pieusement, après quinze jours d'atroces souffrances, plein de courage et de résignation.

LAPEYRONIE (Jean-Raoul)

Né à Bordeaux, le 29 août 1877.
Mort chrétiennement à l'âge de 38 ans, le 17 février 1916,
des suites de maladie contractée au front.
Elève au Pensionnat J.-B. de la Salle de 1887 à 1893.
Caporal au 144ᵉ Régimént territorial.

LARRET (Roger)

Né le 29 janvier 1889.
Mort à Paris, des suites de maladie contractée à l'armée, le 28 janvier 1915.
Elève au Pensionnat J.-B. de la Salle de 1900 à 1902.

LASVIGNES (François)

Né à Touille (Haute-Garonne), en 1895.
Mort le 4 juin 1918.
Elève à l'Ecole Saint-Genès de 1913 à 1914.
Aspirant.

Fils unique d'un maître de forges de Touilles (Haute-Garonne), François Lasvignes ne passa qu'une année à l'Ecole Saint-Genès — son année de philosophie. — Ce peu de temps lui suffit pour révéler des qualités de cœur, d'intelligence et de volonté de premier ordre. Il y avait en lui l'étoffe d'un chef.

Engagé volontaire dès le début de la guerre, dans l'artillerie, il entra à l'Ecole d'aspirants et fut versé, sur sa demande, dans l'aviation.

« Je vis des heures magnifiques », écrivait-il plein d'enthousiasme.

Le 4 juin 1918, son avion fut mis en flammes par une patrouille ennemie. Le jeune observateur se jeta en bas de son appareil et tomba expirant dans les lignes françaises.

Croix de guerre. — Légion d'honneur posthume.

LATASTE (Jean)

Né à Liposthey (Landes), le 25 février 1891.
Mort au combat de Douaumont, le 24 mai 1916.
Elève à l'Ecole Saint-Genès de 1903 à 1910.
Sergent-fourrier au 49ᵉ d'Infanterie.

Jean Lataste ne semblait pas destiné, comme cela est arrivé, à gagner ses galons sur le champ de bataille. Exempté du service militaire par le conseil de révision, il s'était créé une situation sérieuse dans le commerce. Parti au Mexique, il y séjourna quinze mois, très estimé de ses patrons.

La guerre éclata. Il était de la race de ces hommes généreux qui croient n'avoir point accompli tout leur devoir s'ils n'ont pas fait davantage. Il vient, à ses frais, s'engager à Bayonne.

Les plus durs sacrifices lui semblent faciles à réaliser. Il se sépare de tout. Sa mère même ne peut le voir que trois heures. Vingt jours après, en novembre 1914, il écrit :

« Je pars pour le front, destination inconnue. Je pars avec courage et fier de participer à la défense du sol national; je me battrai en brave et accomplirai mon devoir jusqu'au bout... »

De ces lettres, qui toutes rayonnent de calme confiance et de patriotisme profond, nous aurions quelque regret à ne pas citer deux extraits, le premier racontant une décoration d'aumônier militaire, populaire dans la Gironde; le deuxième qui nous permet de comprendre l'état d'âme du soldat, à la minute suprême de l'assaut.

« Aujourd'hui, troisième jour de repos, dimanche... J'ai assisté à la messe et entendu prêcher l'abbé Bergey, aumônier de la division, qui a été décoré de la Légion d'honneur pour sa belle conduite dans la tranchée, le jour de l'attaque; il avait même reçu trois blessures. Je figurais à la remise de la croix, par le général Bertin. C'était imposant, cette revue devant toute la troupe, le canon tonnant pas loin, le général embrassa le prêtre : la belle image ! Il fallait que la guerre éclatât pour rapprocher ainsi tous les partis. Ce prêtre est très populaire parmi nous. Il n'a pas peur de venir nous encourager dans la tranchée : tout le monde l'aime, officiers et soldats...

« L'église est comble le dimanche. On chante à pleine voix... »

«... Alerte à 11 heures du soir. La fusillade éclate. Ça y est, pensons-nous, les boches attaquent; on nous rassemble pour aller renforcer les copains. Le canon tonne, c'est pour de bon maintenant. La pluie tombe à verse. Rassemblement en tirailleurs, baïonnette au canon; les mitrailleuses crépitent, les balles sifflent, les fusées scintillent, les obus sillonnent l'air en traçant leur trajectoire lumineuse, c'est féerique... On nous annonce de nous tenir prêts. Minute angoissante; les cœurs battent, est-ce la peur ? On ne raisonne pas, l'émotion passe vite. On astique un peu son arme, on consolide la baïonnette, on attend le signal, on regarde une dernière fois les vingt-cinq mètres à franchir : le tout est d'arriver aux tranchées, d'échapper aux mitrailleuses, on se débrouillera en bas !... »

Après dix-huit mois de front, il fut envoyé, le jour de Pâques 1916, à Verdun.

« Nous avons, écrivait-il, ce matin roulé sur la voie sacrée... Ayez confiance en votre fils, il en restera digne jusqu'au bout. »

Le 21 mai, il était nommé sergent-fourrier, d'autant plus fier de ce grade que, comme il le disait, « ses galons avaient été cousus sur le grand champ de bataille ».

C'est, en effet, à Douaumont qu'il tomba, mortellement atteint d'une balle à la tête, en défendant avec tant de milliers de héros, cette terre des collines tragiques, que la guerre avait en son horreur transformée en une sorte de paysage lunaire, chaos de désolation infinie.

Par arrêté ministériel publié au « Journal officiel » le 21 décembre 1920, la médaille militaire a été attribuée à la mémoire du sergent-fourrier Lataste, avec cette citation :

« Sous-officier énergique, dévoué et courageux. Tué glorieusement le 24 mai 1916, au ravin de la Caillette, en se portant à l'attaque. »
Croix de guerre avec étoile d'argent. — Médaille militaire posthume.

LATRILLE (André)

Né le 16 janvier 1894.
Mort le 29 juin 1923, à Fez (Maroc).
Elève au Pensionnat et à l'Ecole Saint-Genès de 1899 à 1910.
Lieutenant aux Tirailleurs d'Afrique.

Celui-ci, après avoir été un héros de la grande guerre, comme ses aînés, continua au Maroc, où il trouva une mort glorieuse.

Fils d'un professeur à la Faculté de médecine de Poitiers, il eut le malheur de perdre prématurément son père. Tout jeune — il n'avait pas six ans — il fut placé au Pensionnat de Saint-Genès, où il fit de bonnes études secondaires; il concourut à Reims pour les Arts et Métiers, fut honorablement admis; mais douloureusement frappé par la mort de sa mère, il chercha dans une vie plus active un apaisement à son chagrin.

Il s'engagea et servit avec distinction. Bientôt il est sergent, il conquiert la Croix de guerre, et l'annonce à son oncle, le chanoine Lamarque, curé de Saint-Augustin, par ce billet charmant :

« Trois mines, moëllons, terre, grenades, bombes, morts et blessés ! Travail à la pelle, à la pioche, quarante-huit heures debout, Croix de guerre donnée par le colonel, au milieu de la séance; je pourrais y mettre l'agrafe « combat » ! Je n'ai rien eu, une chance ! »

Et puis, il va en Orient, où il se distingue encore, et puis, en 1922, au Maroc. C'est là qu'il fut tué, le 29 juin 1923.

Un de ses chefs, le commandant Laroze, a raconté magnifiquement sa mort :

« Nous opérions dans l'Atlas, contre des tribus importantes et extrêmement farouches. Nous nous sommes avancés le 9, contre plus de trois mille fusils, pour prendre une hauteur qui est un point stratégique essentiel.

» J'ai dû charger à la baïonnette avec trois compagnies, laissant la quatrième en réserve, sous le commandement de Latrille. Arrivé au point que je voulais atteindre et soupçonnant un retour de l'adversaire sur ce point, j'ai été chercher Latrille. Il accourt, renforce ce point. La ruée se renouvelle, ses tirailleurs fléchissent. Latrille réussit à regrouper ses hommes sur place.

» Pour mieux les tenir, il leur a fait présenter les armes, face à l'ennemi qui fusille de très près, puis, à la baïonnette ! Tout le monde se rue, lui en avant. Il a été touché à bout portant... Il n'a pas perdu connaissance...

» Tout ce que les Humanités nous offrent en exemple de traits d'héroïsme sont peu de chose en regard de ce que vient de faire Latrille...

» D'autres soldats de mon bataillon ont eu des traits splendides; nous nous accordons tous à reconnaître qu'il les a tous surpassés. »

Il est mort en chrétien, ayant pieusement reçu les sacrements de pénitence et d'eucharistie. Quelques heures avant sa mort, il disait au Père franciscain qui l'assistait : « Le ciel, le ciel, pas la terre; c'est au ciel que je veux aller. »

Légion d'honneur. — Croix de guerre.

Citations :

I. — A l'Ordre de la Division : 4 avril 1918.

Le lieutenant Latrille (Marie-André), du 82ᵉ R. I. :

« Commandant de compagnie d'une valeur éprouvée. Le 24 mars 1918, son bataillon isolé, étant attaqué par un ennemi très supérieur en nombre, a reçu la mission de couvrir le flanc du bataillon. S'en est acquitté d'une façon au-dessus de tout éloge, en résistant longuement avec sa compagnie, tenant l'ennemi en respect par l'attitude résolue, le feu nourri et bien ajusté de ses hommes. »

Général GAMELIN, commandant la 9ᵉ division.

II. — Armée du Levant; Citation collective : 23 mars 1920.

« La 9ᵉ compagnie du 3ᵉ bataillon du 412ᵉ régiment d'infanterie, commandé par le lieutenant Latrille, a été intimement liée aux opérations qui ont eu lieu, dans le poste important qu'elle occupe : le général Dufieux, commandant la 1ʳᵉ Division fait transmettre ses félicitations aux officiers et aux hommes de troupe de cette compagnie. »

Le chef de bataillon : ROZE DES ORDONS.

III. — Légion d'honneur : 17 juillet 1923.

Latrille (André-Henri-Marie), lieutenant au 13ᵉ R. T. A. :

« Officier plein d'allant et de bravoure. Le 9 juin 1923, au combat de Bou-Khamoudj, a brillamment entraîné sa compagnie à l'assaut, sous un feu meurtrier et a, grâce à son coup d'œil et à son sang-froid, résisté sur la position à une contre-attaque des plus violentes. — A été grièvement blessé à la mâchoire au cours de l'action. »

Cette nomination comporte l'attribution de la Croix de guerre des T.O.E., avec palme.

I. Alfred LAGARRIGUE.
II. François LALANDE.
III. M.-G. LAMOLE.
IV. Louis LAMOTHE.

V. Jacques DE LANGALERIE.
VI. Jean LATASTE.
VII. André LATRILLE.
VIII. Raoul LAURA.

IX. Georges LAVIGNE.
X. Laurent LISSARAGUE.
XI. Paul MARQUETTE.
XII. Edouard MARTINEAU.

LAURA (Raoul-Jean)

Né à Cadillac (Gironde), le 1ᵉʳ juillet 1890.
Mort à l'hôpital de Charleroi (Belgique), le 3 septembre 1914.
Elève à l'Ecole Saint-Genès de 1902 à 1905.
Maître-Ouvrier au 2ᵉ Génie.

La médaille militaire a été attribuée au maître-ouvrier Laura (Jean-Raoul), mort pour la France.

« Maître-ouvrier et soldat remarquable par son courage et son dévouement. Blessé grièvement à son poste de combat. Mort des suites de ses blessures, le 4 septembre 1914. Croix de guerre avec étoile de bronze. »

LAVIGNE (Georges)

Né à Bordeaux, le 21 décembre 1884.
Mort au combat de Faxe-Fonteny, le 20 août 1914.
Elève au Pensionnat J.-B. de la Salle de 1897 à 1902.
Soldat au 344ᵉ Régiment d'Infanterie.

Il succomba une semaine à peine après son départ de Bordeaux. «... Il aurait pu retarder son départ en acceptant d'être versé provisoirement au dépôt, et peut-être cela eût suffi pour le sauver, mais le devoir l'appelait, et il n'admit pas de s'y dérober un seul jour...

» Ce fait dit assez quel était son caractère : loyal et brave.

» Son amour filial souffrit beaucoup de cette décision, l'obligeant à quitter, sans délai, sa mère gravement malade...

» Mais était-il possible qu'en quelques mois les troupes françaises ne rentrent pas victorieuses dans leurs familles ? C'est donc plein de confiance, d'espoir et d'entrain qu'il est parti, et je suis certain, comme tous ceux qui l'ont connu, qu'il s'est conduit en brave devant l'ennemi, remplissant jusqu'au bout son devoir de Français, comme il avait rempli avant son départ, son devoir de chrétien. » (Lettre de son ami Gérard Minardo, du 9 mars 1921.)

LÈCHE-BOUVAIS (Lucien)

Né à Pessac (Gironde), le 19 octobre 1892.
Mort à l'ambulance de Rarécourt (Meuse), le 3 avril 1915.
Elève à l'Ecole Saint-Genès de 1905 à 1907.

«... Je sais qu'il a reçu une première absolution au poste de secours et ensuite à l'ambulance où il a reçu les sacrements. Je tiens ces détails de M. le Curé de Rarécourt, qui me dit qu'il est mort en héros. Je sais qu'à la prise de Vauquois, il a sauvé la vie à deux de ses camarades, en les pansant sous le feu de l'ennemi; il a été félicité de ses officiers, et ces détails qu'il m'a racontés dans une de ses lettres, il me les donnait pour me faire plaisir, me priant de n'en pas parler. Ce sont mes plus précieux souvenirs dans mon grand malheur... » (Lettre de sa mère, 9 juin 1915.)

Médaille militaire posthume.

LISSARAGUE (Saint-Martin-Laurent)

Né à Irissary (Basses-Pyrénées), le 10 décembre 1893.
Mort au combat du Bois Beaurain (Argonne), le 14 juillet 1915.
Elève à l'Ecole Saint-Genès de 1907 à 1909.
Caporal au 2ᵉ Régiment d'Infanterie coloniale.

MALROUX (Marc)

Né à Guimontet (Tarn-et-Garonne), le 12 mars 1896.
Mort à la Côte 344 (rive droite de la Meuse), le 20 août 1917.
Elève du Cours Normal à l'Ecole Saint-Genès de 1913 à 1915.
Professeur auxiliaire à l'Ecole.
Volontaire dans une Compagnie franche du 311ᵉ Régiment d'Infanterie.

Très simple et très dévoué, il s'acquitta de son devoir de soldat comme il l'avait fait de ses travaux d'élève ou de sa tâche délicate de jeune professeur. Il ne se résignait pas à la pensée de ne jouer aucun rôle actif dans le grand drame. Volontaire dans une compagnie franche du 411ᵉ de marche, il aspirait de tous ses vœux à la minute où il verrait le front, le vrai front.

Ayant essuyé, à une assez grande distance en arrière des premières lignes, un violent bombardement, il écrivait le 29 mai 1916 : «... Ce n'est pas encore le plus terrible et certainement on verra plus fort que ça. Il me tarde de faire le dernier pas... »

Plus tard, le 9 octobre : «... Me voici à mon tour devant Verdun... J'ai hâte de vous dire que je suis maintenant à mon affaire ; il me tardait que cela vienne et j'y arrive cependant tard, en comparaison de mes camarades de classe...»

De la guerre, il accepte joyeusement, non seulement les aspects d'apothéose, mais la platitude des misères quotidiennes : «... Une chose peu agréable, nous disent les anciens, c'est les boyaux et tranchées pleins d'eau et de boue, où l'on ne marche qu'avec mille difficultés. Peu importe cela pour nous qui sommes jeunes, on supportera tout, car on sait qu'on les tient et que la victoire viendra... »

Et ce dernier fragment plus émouvant encore : «... Le martelage commence demain (28 décembre). Ce seront les étrennes des poilus à la Patrie, un petit pas de plus vers la délivrance définitive.

» Que donc nos supplications montent de partout vers le ciel, afin que Dieu nous accorde ce que nos vœux appellent ardemment... »

Malroux tomba le premier jour de l'attaque de la côte 344. « Il est tombé vers cinq heures trente du matin, le 20 août, à l'ouvrage de la Caïne, avant d'arriver à l'extrémité de la côte 344.

» Quand le champ de bataille fut totalement débarrassé des blessés et des agonisants, les morts furent pieusement ensevelis. Il repose à l'endroit même où il est tombé. » (Lettre de l'Aumônier).

Citation à l'Ordre du Régiment :

Ordre du 411ᵉ régiment d'infanterie n° 120, 1ᵉʳ février 1917 :

« Malroux (Marc), soldat très brave et dévoué, d'un sang-froid remarquable; s'est fait remarquer comme patrouilleur et poseur de fils de fer volontaire, dans un secteur très dangereux. »

Croix de guerre. — Médaille militaire posthume.

MANO (Jean-Lucien)

Né à Saint-Médard-d'Eyrans (Gironde), le 26 février 1885.
Mort à Souilly (Meuse), le 6 septembre 1914.
Elève au Pensionnat J.-B. de la Salle de 1897 à 1904.
Caporal au 220ᵉ Régiment d'Infanterie.

Médaille militaire posthume :
« Caporal brave et dévoué, ayant toujours fait preuve des plus belles qualités. Tombé glorieusement pour la France, le 6 septembre 1914, à Souilly (Meuse). Croix de guerre avec étoile de bronze. »

MARIGNAN (Olivier-Pierre-Marie-Michel de SEISSAN de)

Né au château de Marignan, commune de Bars (Gers), le 8 mai 1889.
Mort au combat de Maurepas, le 18 août 1916.
Elève à l'Ecole Saint-Genès de 1902 à 1905.
Sous-Lieutenant au 4ᵉ Bataillon, 2ᵉ Régiment de Chasseurs à pied.

Honoré de trois Citations, nous n'avons le texte que de la dernière :
« Excellent officier venu de la cavalerie, d'une bravoure et d'un courage à toute épreuve. S'était déjà signalé à Verdun par sa belle tenue au feu et son absolu mépris du danger, et, dans la journée du 20 juillet 1916, en circulant debout le long de la chaîne de tirailleurs arrêtés par les mitrailleuses allemandes. A été tué glorieusement le 18 août 1916, en sautant dans la tranchée ennemie à la tête de ses soldats. »
Déjà titulaire de deux Citations.
Croix de guerre avec palme.

MARQUETTE (Paul)

Né à Cavignac (Gironde), le 10 janvier 1898.
Mort au combat de Vouziers, le 26 août 1918.
Elève à l'Ecole Saint-Genès de 1909 à 1911.
Signaleur au 100ᵉ Régiment d'Infanterie, 3ᵉ Compagnie.

Citations :

I. — A l'Ordre du Régiment :
« Soldat très brave, audacieux et plein d'entrain; s'est élancé résolument à l'attaque des positions ennemies, dans une lutte à coups de grenades; a contribué pour une large part à mettre en fuite l'ennemi et à lui capturer des prisonniers et quatre mitrailleuses.»

II. — A l'Ordre de la Brigade :
« Tombé glorieusement à l'attaque d'une position ennemie, en montrant à ses camarades le plus bel exemple d'entrain, d'énergie et de mépris du danger. »
Croix de guerre. — Médaille militaire posthume.

MARRIÉ (Jean-Maurice)

Né à Lormont (Gironde), le 26 février 1876.
Mort de maladie contractée au front, le 7 mai 1921.
Elève au Pensionnat J.-B. de la Salle de 1884 à 1890.
Caporal-Fourrier au 140ᵉ Régiment d'Infanterie.

A fait toute la guerre. Laisse une veuve et trois enfants.

MARTIN (Eugène)

Né à Bordeaux, le 25 mai 1885.
Mort le 2 mai 1917.
Elève au Pensionnat J.-B. de la Salle de 1891 à 1902.
Sergent-Major au 14ᵉ Régiment d'Infanterie.

Croix de guerre.

MARTINEAU (Edouard)

Né à Saint-Maurice-de-Sorgues (Aveyron), le 16 juillet 1894.
Porté disparu après le combat de Sedal-Bloar. (Dardanelles), le 6 mai 1915.
Elève à l'Ecole Saint-Genès de 1905 à 1912.

Il fut, après être sorti de Saint-Genès, élève de mathématiques spéciales au Lycée de Bordeaux, puis élève à l'Ecole électrotechnique de Grenoble; un bel avenir s'ouvrait devant lui.

« ... Il est tombé en brave et courageux soldat. Dès l'arrivée, on l'avait mis agent de liaison, poste très périlleux dans ces régions nues et découvertes, et, dit un camarade, « durant les deux jours de combat, Edouard a accompli son devoir avec un courage héroïque, un dévouement sublime. » Le 6 mai, vers cinq ou six heures du soir, pendant un assaut, il est tombé atteint par une balle en pleine tête !... » (Lettre de sa mère, 11 novembre 1915.)

MAUROUX (Marc-Alfred-François-Henri)

Né à Cazaubon (Gers), le 19 octobre 1889,
Mort au combat de la Maison-Forestière (Champagne), le 28 mars 1915.
Elève à l'Ecole Saint-Genès de 1901 à 1906.

Très simple et très aimant, il garda toujours la piété et la candeur de son enfance, les principes chrétiens reçus d'une sainte mère et fortifiés par son séjour à Saint-Genès. Toujours il conserva de sa chère Ecole un souvenir reconnaissant.

Après un engagement volontaire dans la cavalerie, il devenait vérificateur de la Société Hydro-Electrique des Basses-Pyrénées.

Quand la guerre éclata, il était sur le point de se marier... Malgré cela, il partit avec courage. Il avait généreusement et « de tout son cœur ». fait le sacrifice de sa jeune vie pour la France. Ses lettres manifestent le plus complet abandon à la volonté de Dieu.

Au début de la campagne, il était réserviste au 9° chasseurs; il alla en Belgique, dans les éclaireurs de la division marocaine, puis, rentré à Auch et trouvant le temps long, il passa avec enthousiasme dans l'infanterie, pensant remplir ainsi « son simple devoir de petit pioupiou ! » Il voulait, écrivait-il encore : « que les Mauroux passés, présents et futurs puissent passer la tête haute. »

Il a été frappé d'une bombe à la tête, au combat de la Maison-Forestière. Il est mort sur le coup. « Tous les soins ont été inutiles », dit le camarade chargé par Marc lui-même de prévenir sa mère en cas de malheur.

MAYNARD (Pierre-Marie-Bonaventure, baron de)

Né à Lormont (Gironde), le 26 novembre 1877.
Mort à Poperinghe, près d'Ypres, le 27 avril 1915.
Elève au Pensionnat J.-B. de la Salle de 1890 à 1895.
Lieutenant au 1ᵉʳ régiment de marche, infanterie coloniale.

Officier de carrière, le baron de Maynard avait servi honorablement pendant nos campagnes d'Afrique, au Dahomey, au Congo, à Madagascar. Durant les intervalles des opérations militaires, il avait écrit d'intéressantes notes ethnographiques sur les populations du Congo et de l'Oubanghi.

Une première citation lui avait été attribuée en 1909, au Congo :

« A fait preuve de réelles qualités militaires au cours des opérations contre Baram-Bahié; a dirigé avec zèle et intelligence l'une des reconnaissances de nuit qui précédèrent la prise de contact avec ce chef rebelle; chargé, au combat du 10 mai 1909, du commandement de l'aile droite de la ligne d'attaque, s'est signalé tout particulièrement par son initiative, sa ténacité, son énergie et a ainsi pris une part brillante à l'assaut de la position. »

Au cours de la grande guerre, il mérita une citation à l'Ordre de l'Armée, dont nous n'avons pas le texte. Enfin, a été inscrit, à titre posthume, dans l'Ordre de la Légion d'honneur :

« Le lieutenant de l'armée active de Maynard (Pierre-Marie), mortellement blessé le 27 avril 1915, à la tête de sa compagnie qu'il entraînait avec le plus grand courage à l'attaque des positions allemandes, sous un feu intense d'artillerie et de mitrailleuses. »
Légion d'honneur. — Croix de guerre. — Médaille coloniale.

MENDIBOURE (Charles)

Né à Sare (Basses-Pyrénées), le 28 mai 1882.
Mort dans la Somme, le 16 juillet 1916.
Elève au Pensionnat J.-B. de la Salle de 1894 à 1898.
Agent de liaison à la 1ʳᵉ Division de marche du Maroc.

C'était un vrai Basque serviable et droit, fidèle à sa foi, aux saines traditions de son pays, jusques et y compris la pelote; fidèle à la France, pour laquelle il tomba glorieusement, « en allant, à cheval, porter des ordres sous un bombardement violent. »

Un de ses camarades et compatriotes de Sare lui avait consacré, avant cette mort glorieuse, des vers en langue eskuarienne, qui chantent sa bravoure. En voici la traduction :

I

« Après les campagnes de Belgique et de France, qui vois-je, à ma grande surprise ? Notre Charles Mendiboure : avec quelle effusion nous sommes-nous donné une poignée de main ! Un soldat comme lui mériterait les chants d'un poète inspiré. »

II

« Enrôlé dans l'artillerie des Marocains, il fut, je crois, un des rares Français au milieu des troupes noires. Honoré dans son pays dès sa tendre jeunesse, son renom grandit en France dans les jours de combat.

III

« Retiré de la ligne de feu, quel est son gîte ? Une misérable toile sur quatre pieux, et pour couchette, la terre glacée. Il ne craint rien; il est pour tous un entraîneur : volontiers il donnerait pour la France, et son sang et son cœur.

IV

« Il mérita croix, médaille et galons : n'étant pas affamé d'honneurs, il n'en fait point objets de convoitise. Mais pour n'importe quelle action d'éclat, donnez-lui quelques soldats de même endurance, dût-il y perdre la vie, il veut entrer à Berlin. »

Médaille militaire. — Croix de guerre.

MERLET (Jean-Gustave)

Né à Bordeaux, le 7 mars 1885.
Mort à Fleury, près Verdun, le 25 août 1916.
Elève au Pensionnat J.-B. de la Salle de 1893 à 1897.
Fusilier-mitrailleur au 344ᵉ régiment d'infanterie.

Mobilisé dès les premiers jours de la guerre, il partit avec courage et confiance. Cet état d'esprit ne le quitta jamais, ainsi que le prouvent ses lettres à sa femme et aux siens. Il conserva la foi la plus entière en la victoire : «... J'ai toujours du courage et foi en Dieu : donc, nous les aurons !... »

«... Toujours riant, il me racontait ses nouvelles fonctions. On lui avait donné un fusil-mitrailleuse. Il en était fier, car ce n'est qu'à un bon soldat que l'on confie cette nouvelle arme. Le jour du départ pour les avant-postes, je le voyais pour la dernière fois, hélas ! Placé avec tous les hommes de la 18ᵉ, dans les trous, car il n'existe plus de tranchées, ils recevaient depuis leur arrivée un marmitage terrible.

» Hier matin, vers huit heures et demie, un 210 allemand tombait dans ce trou, où se protégeaient sept ou huit hommes de la section de Gustave. Pas un n'a, paraît-il, été épargné par les éclats. La mort a été pour tous foudroyante. Son lieutenant, qui était proche, a entendu quelques râles, et c'était fini. » (Lettre d'un de ses amis.)

Citation :

« Très bon soldat, courageux et dévoué. Tué à son poste de combat, dans un secteur très violemment bombardé, le 25 août 1916. »

Croix de guerre.

MERLIS (Carl GOURSAUD de)

Né à Rochechouart (Haute-Vienne), le 13 décembre 1894.
Mort à Belfort, le 23 septembre 1916.
Elève à l'Ecole Saint-Genès de 1910 à 1912.
Sous-lieutenant Aviateur

Il fut frappé au cours d'un combat aérien, alors qu'il réglait le tir de batteries de 90.

Citations :

I. — A l'Ordre de l'Armée, 8 septembre 1916 :

« Observateur courageux et plein de sang-froid. En août, ayant engagé le combat avec un avion ennemi, et ayant eu sa mitrailleuse enrayée, a continué le combat afin de dégager un avion qu'il était chargé de protéger et qui était attaqué à son tour. A réussi à impressionner l'adversaire et à lui faire abandonner la lutte. »

II. — A l'Ordre de l'Armée, 13 octobre 1916 :

« Jeune officier observateur qui, en quelques mois de présence dans l'aviation, avait déjà donné des preuves nombreuses de courage, de dévouement et d'habileté professionnelle. Tombé glorieusement, le 23 septembre 1916, au cours d'un combat aérien. »

Croix de guerre avec palmes.

MÉTIVIER (Pierre)

Né à Bordeaux, le 22 juin 1897.
Mort au front, le 27 avril 1918.
Elève à l'Ecole Saint-Genès de 1904 à 1913.
Caporal grenadier au 105ᵉ régiment d'infanterie.

Dès le collège, très dévoué aux œuvres, il avait été un des fondateurs du patronage Saint-Victor d'Arlac. Il était le fils de M. P. Métivier, ancien conseiller d'arrondissement, l'un des principaux bienfaiteurs de la paroisse Saint-Victor, et le petit-fils du regretté M. Forget, le dévoué secrétaire d'économat de l'Ecole Saint-Genès.

Ces quelques fragments de ses lettres, communiquées par sa famille et écrites la veille de sa mort ou presque, témoignent de sa piété et de la délicatesse de son âme :

« Ce matin, je suis allé à la messe et j'ai fait la sainte communion; hier, aussi. Ainsi, je peux prononcer le *fiat*, car la mort, si elle venait me chercher, me trouverait prêt à paraître devant Dieu...

» Quand on a devant les yeux ces exemples de la fragilité de la vie, on ne peut plus lui donner de prix, car ce n'est rien. Je me demande comment ceux qui ne croient pas peuvent rester dans cet enfer !... » (A ses parents, 20 avril 1918.)

« Nous allons monter en ligne un de ces jours, car le bataillon est en réserve. Je me recommande à vos bonnes prières et je vous promets de ne pas vous oublier dans les miennes. Je ne demande pas à Dieu grand'chose, mais que je sois. toujours prêt à mourir, c'est le principal, et alors on peut dire un *fiat* où on se donne tout entier. » (A son curé, 20 avril 1918.)

« Je suis avec de bons amis; il a fallu que je vienne au 3ᵉ bataillon pour trouver un groupe d'élite comme celui-ci. Le soir, nous allons nous promener au bord du canal ou de la rivière et nous faisons notre prière en commun; comme cela, je suis moins seul et j'en suis plus heureux...

» Ici, nous sommes à l'école de l'héroïsme; nous y apprenons le prix de la vie et, malgré les dires du boche, nous leur sommes bien supérieurs et nous vaincrons, car Dieu ne veut pas que la France soit vaincue; mais pour cela il faut résister à ce courant d'impiété qui semble, depuis la guerre, entraîner notre peuple...

» Je vous embrasse bien, bien fort et je vous aime doublement, pour la bonne éducation que vous m'avez donnée. » (A ses parents, 21 avril 1918.)

Il devait mourir le 27 du même mois.

MEYNIEL (René)

Né à Bègles, le 29 novembre 1893.
Mort à Saint-Etienne, le 17 mars 1917, des suites de ses blessures.
Elève à l'Ecole Saint-Genès de 1904 à 1908.
Soldat au 108ᵉ régiment d'artillerie lourde.

MICHEL (Edouard)

Né à Orignolles (Charente-Inférieure), le 3 août 1884, .
Mort au combat de Faxe-Fonteny (Lorraine), le 20 août 1914.
Elève au Pensionnat J.-B. de la Salle de 1895 à 1897.

« Nous n'avons été certains de sa mort qu'en novembre 1920, en recevant son portefeuille trouvé sur lui à son exhumation et qui a servi à le faire identifier. Depuis le 17 août 1914, jour de son arrivée à Jarréville, d'où ils se dirigeaient tous vers Faxe-Fonteny, nous étions sans nouvelles. Rien d'étonnant, puisque, le 20, ils livraient tous leur premier combat. Il tombait alors, mortellement frappé, avec bon nombre de ses camarades.

» Pendant ces cinq années de guerre, je n'avais pu obtenir aucun renseignement. Il était porté comme disparu, simplement.

» L'année dernière, en avril, on a commencé les exhumations, et c'est à ce moment que son corps a été retrouvé dans une fosse commune, avec deux cents camarades. Les corps étaient encore bien conservés et beaucoup ont pu être identifiés, grâce à certains fragments conservés sur eux. Le portefeuille de mon mari était presque intact, et la lettre qu'il avait reçue de moi au départ de Bordeaux, très lisible. » (Lettre de sa veuve, 28 mai 1921.)

MOLÈRES (Jean)

Né à Irun (Espagne), le 10 novembre 1890.
Mort à Douaumont, le 24 mai 1916.
Elève à l'Ecole Saint-Genès de 1905 à 1908.
Sergent au 49ᵉ régiment d'infanterie.

MONRIBOT (Gaston)

Né à Bordeaux, le 25 juin 1891.
Elève au Pensionnat J.-B. de la Salle de 1899 à 1903.
Mort en juin 1916, à la Harazée (Aisne).
Sous-Lieutenant au 144ᵉ régiment d'infanterie.

Citation :
« Officier très méritant, d'un courage remarquable. Au cours des attaques de juin 1916, à la Harazée (Aisne), malgré le bombardement et les tirs incessants de mitrailleuses, a su maintenir très haut le moral de ses hommes. A été frappé mortellement par un obus, alors qu'il organisait les positions nouvellement conquises. »
Croix de guerre. — Légion d'honneur.

MOREAU (William)

Né à Bordeaux, le 5 février 1889.
Mort à Saint-Eloy (Belgique), le 10 novembre 1914.
Elève au Pensionnat et à l'Ecole Saint-Genès de 1896 à 1906.
Capitaine au 53ᵉ régiment d'Infanterie.

Les armes l'avaient séduit dès son enfance : sous-lieutenant à sa sortie de Saint-Cyr (promotion du 12 septembre 1912); lieutenant le 1ᵉʳ octobre 1913, « c'était, écrit son colonel, un officier élégant, sympathique et distingué... »

Aux derniers jours de la paix, le 27 mai 1914, William Moreau, lieutenant au 53ᵉ régiment d'infanterie, recevait des félicitations spéciales du Ministre de la Guerre pour des notes excellentes obtenues à l'Ecole Normale de Gymnastique et d'Escrime.

Dès le début de la guerre, les sacrifices imposés par les circonstances terribles que le pays traversait alors, le trouvèrent généreux et prêt.

Le 23 août, notre camarade était l'objet d'une première Citation, comme appartenant au cadre d'officiers du 53ᵉ d'infanterie,

Nommé capitaine à titre temporaire le 18 septembre, il est cité à l'Ordre du Corps d'Armée le 2 octobre dans les termes suivants :

« A montré le plus bel entrain les 23 et 24 septembre en enlevant à plusieurs reprises (cinq fois) sa compagnie à l'assaut d'une position fortifiée. »

Une autre citation, à l'Ordre de l'Armée, lui fut décernée :

« Officier énergique, ayant montré dans toutes les circonstances du début de la campagne, un courage et un sang-froid admirables, avait conduit sa compagnie aux combats des 23 et 24 septembre avec une belle intrépidité; a été tué, le 10 novembre 1914, sur le parapet de la tranchée qu'il avait conquise au moment où, à la tête de ses hommes, il allait de nouveau se lancer à l'assaut. »

Il est le seul de nos anciens élèves dont les funérailles aient été célébrées dans la Chapelle de l'Ecole, dans le cadre même où enfants et jeunes gens ils avaient prié et avaient communié au grand Sacrifié, à Celui qui Dieu fort et Homme des douleurs peut donner seul à la faiblesse humaine la volupté du sacrifice poussé jusqu'au don complet de soi-même.

La vertu expiatrice de cet holocauste, M. le Chanoine Lafaye l'exalta sur le cercueil du capitaine Moreau. Nous donnons ce long extrait, parce que de telles paroles peuvent s'appliquer à tous nos morts et consoler tant de douleurs que ces morts glorieuses ont causées :

« Dans le grand drame de la Rédemption, lorsque le Fils de Dieu mourait sur la Croix, que de cœurs brisés au pied de cette Croix ! Et cette Mère, qui était là, s'abîmant dans sa douleur ! C'est que l'homme et la femme ayant concouru à notre perte dès l'origine du monde, l'homme et la femme devaient concourir à notre rédemption. Est-ce que cette loi qui se rattache à la loi du Calvaire ne continue pas à s'appliquer ? Est-ce que, dans les secondes rédemptions, rédemption d'un pays, rédemption des familles, Dieu n'exige pas le double sacrifice, d'ailleurs inséparable, du sang des fils et des larmes des mères ? Non pas que notre Dieu se plaise dans le sang et dans les larmes; ce serait mal le connaître et mal le juger. Mais puisque le péché, la mort et les souffrances ont envahi la terre, pourquoi voulez-vous empêcher Dieu d'exploiter ces souffrances à notre profit, ou en faveur d'autres âmes qui nous sont chères ? Car, qui pourra concevoir quelles mystérieuses solidarités rattachent les âmes entre elles, et jusqu'où se transmettent, jusqu'où retentissent les vibrations d'âmes, surtout à l'heure des grands sacrifices et des grandes douleurs ?

» Mais, que Dieu soit insensible à ces douleurs, oh ! ne le croyez pas. Sur quels maux le Christ ne s'est-il pas apitoyé ? Et quelle douleur l'a plus profondément touché que la douleur des mères ? Quand il rencontre cette mère à qui la mort cruelle venait de ravir son fils, son cœur est ému : *Misericordia motus.* Ce n'est pas sur cet enfant, enlevé à la fleur de l'âge, qu'il s'attendrit. Il sait trop ce qu'est la vie, ce qu'elle promet, et souvent ce qu'elle réserve et ce qu'elle donne. Mais, cette mère ! C'est pour elle qu'il ordonne d'arrêter le convoi; et, faisant appel à sa toute-puissance, s'il ressuscite l'enfant, c'est afin de le rendre à sa mère. *Dedit illum matri suæ.*

» O mères, il vous les rendra, vos fils ! non sur cette terre où, tôt ou tard, les séparations sont inévitables, mais dans cette terre des vivants où la mort ne peut plus nous atteindre. En attendant, faites votre sacrifice. C'est le plus grand qu'on puisse vous demander.

» Mais aussi, dans ce sacrifice, quel mérite ! Quelle valeur rédemptrice dont ce bien-aimé fils sera peut-être le premier à bénéficier. Ainsi, vous aurez été deux fois sa mère. Vous l'avez enfanté et à la vie terrestre et à la vie éternelle, et, les deux fois, la grande loi aura été appliquée; vous aurez enfanté dans la douleur. »

Légion d'honneur. — Croix de guerre. — Médaille de sauvetage.

MOREL (Arthur)

Né le 30 août 1873.
Mort à Virton (Belgique), le 23 août 1914.
Elève au Pensionnat J.-B. de la Salle, de 1879 à 1891.
Capitaine au 117ᵉ régiment d'infanterie.

Citation :

« A fait preuve des plus belles qualités militaires, courage, décision, énergie en portant sa compagnie en avant le 22 août 1914, à Virton, sous un feu extrêmement violent d'infanterie, d'artillerie et de mitrailleuses. A été mortellement frappé à la tête de son unité. »
Légion d'honneur. — Croix de guerre.

MOUSTIER (Michel)

Né à Marmande, le 4 avril 1893.
Mort des suites de ses blessures à l'hôpital de Sens, le 22 avril 1916.
Elève à l'Ecole Saint-Genès de 1909 à 1911.
Sous-lieutenant au 9ᵉ régiment d'infanterie.

Nous ne saurions mieux retracer la brillante carrière militaire de ce camarade que ne l'a fait, au jour de ses obsèques, le 27 avril 1916, le chef de bataillon de Parseval, commandant d'armes de Marmande :

« ...Michel Moustier faisait partie de la classe 1910, mais il avait obtenu un sursis pour terminer ses études de droit et se préparer ainsi, avant son temps de service, à cette carrière judiciaire où son nom était si honorablement connu.

» Il avait donc tout à apprendre du métier militaire au moment où la Patrie attaquée fit appel à tous ses enfants. Mais ce rude apprentissage, il le fit bien vite. Incorporé au 9ᵉ régiment d'infanterie, à Agen, il partit bientôt pour Montfaucon, où il fut promu sergent, et de là, pour le centre d'instruction des aspirants de Toulouse. Il sortit de cette école dans les premiers et fut affecté au 7ᵉ régiment d'infanterie.

» Dès lors, le jeune aspirant ne cessa de manifester sa hâte d'aller au front.

» Il avait trouvé à satisfaire les qualités véritablement militaires qui préexistaient en lui à son insu : le dévouement, l'abnégation, l'entrain.

» J'ai été témoin, à Cahors, en mai 1915, de l'ardeur et de la joie avec lesquelles il rejoignait son régiment pour la seconde fois.

» Au contact journalier du danger, ses vertus se développèrent rapidement : il savait comment on se bat en brave et comment on meurt en héros : son oncle, le commandant Moustier, tué le 11 mai 1915, à la tête de son bataillon qu'il entraînait à l'assaut, lui avait donné l'exemple.

» Ce qu'il fut pendant quinze mois aux fronts de Champagne, d'Artois et d'Argonne, sa citation, ses propositions et ses nominations d'officier nous le disent.

» Quinze jours après son arrivée, le 2 mars 1915, l'aspirant Moustier était proposé pour une citation à l'ordre du Corps d'armée dans les termes suivants :

« A brillamment enlevé sa section pour l'assaut et a organisé avec compétence et succès un secteur de tranchée conquise. »

» En avril 1915, il est également l'objet d'une proposition pour le grade de sous-lieutenant avec les notes les plus élogieuses.

» Le 16 août, il est proposé pour une Citation à l'Ordre de l'Armée, et le 15 septembre il est promu sous-lieutenant.

» En janvier 1916, malade, il refuse de se laisser évacuer, et, après quelques jours de soins dans une ambulance, il reprend son poste.

» Le 16 avril, il est blessé au bras et au flanc droit, par un éclat d'obus, en accompagnant son capitaine dans une visite de tranchée.

» Evacué sur Sainte-Menehould, puis à Sens, il tient à rassurer les siens sur la gravité de sa blessure; mais, tout à coup éclate une complication inattendue et foudroyante. Il succombe le 22 avril. »

Citations :

I. — A l'Ordre de l'Armée.

« L'aspirant Moustier (Michel) a brillamment enlevé sa section pour l'assaut et a organisé avec compétence et succès un secteur de la tranchée conquise. »

II. — A l'Ordre de la Division :

« Officier plein d'entrain et de hardiesse; avait su inculquer aux grenadiers de son bataillon, qu'il était chargé d'instruire, son allant et son audace. S'est particulièrement distingué le 12 août 1915, en contribuant à repousser, avec une bravoure et une décision rares, une attaque allemande. Blessé à son poste, le 16 avril 1916.

» Déjà cité à l'Ordre du Corps d'Armée. »

» Signé : Général Duport. »

Légion d'honneur. — Croix de guerre avec palme.

NARDON (Pierre-Georges)

Né à Bordeaux, le 2 novembre 1894.
Mort au combat de Bouchavesnes, le 20 septembre 1916.
Elève à l'Ecole Saint-Genès, de 1903 à 1910.
Sergent éclaireur au 31ᵉ régiment d'infanterie.

Faisant partie de la classe 1914, il quitta sa famille le 4 septembre de cette première année de la guerre. Après un stage dans le génie, il fut affecté au 31ᵉ de ligne. Caporal le 2 mars, après Vauquois, où il se distingua; sergent le 27 mai, il devint, le 4 juin, chef du groupe des éclaireurs de son bataillon.

Blessé en 1915, il refusa de se laisser évacuer et demeura au front jusqu'au moment où la mort vint le frapper, quelques jours à peine après qu'était tombé au champ d'honneur son beau-frère.

Citations :

I. — « Nardon (Georges) s'est particulièrement distingué au moment de l'attaque de Vauquois. Est resté cinq heures en sentinelle la nuit et n'a été relevé que par la formation d'un petit poste. »

II. — « Le sergent éclaireur Georges Nardon a, comme chef des éclaireurs, donné de nombreux témoignages d'énergie et de courage. S'est distingué tout spécialement dans la mise en état de défense et l'organisation d'une position gravement menacée, sous le feu violent de l'ennemi. »

III. — Georges Nardon, sergent au 31ᵉ d'infanterie : « Sous-officier éclaireur très brave et très dévoué. A montré le plus grand courage et la plus grande énergie pendant les combats du 14 et du 20 septembre 1916. A été tué. »

Médaille militaire. — Croix de guerre.

NAUZE (Jean-Maurice)

Né à Bègles, le 23 juin 1884.
Mort à Faxe-Fonteny (Lorraine), le 20 août 1914.
Elève au Pensionnat J.-B. de la Salle de 1896 à 1900.
Soldat au 344ᵉ régiment d'infanterie.

« ...Il ne nous a jamais donné que de la satisfaction, et nous sommes inconsolables de l'avoir perdu !... Je n'ai point de doute qu'il ne soit mort en chrétien : chaque année, il accomplissait régulièrement son devoir pascal, et il ne manquait jamais d'assister à la messe tous les dimanches; il gardait le meilleur souvenir de ses amis de Pensionnat et de ses maîtres de Saint-Genès !

» Il repose au lieu-même où il est tombé, à Faxe-Fonteny, Lorraine annexée, dans les fosses communes de Fonteny, et à côté de Guy de Cassagnac, Sécrestat, Escande, Carnot, son sergent, Georges Monier... et tant d'autres faisant partie de l'élite de cette jeune réserve de Bordeaux et du département, partis le 14 août de Bordeaux, et tous tués le 20 août 1914, la plupart sans avoir même pu, depuis le jour de leur départ, donner des nouvelles à leurs familles !... » (Lettre de M. Nauze père, 8 avril 1920.)

NOAILLES (Michel)

Né à Bordeaux, le 8 mars 1890.
Mort le 24 août 1914.
Elève au Pensionnat J.-B. de la Salle de 1902 à 1903.
Soldat au 6ᵉ régiment d'infanterie.

Croix de guerre. — Médaille militaire.

NOYRE (Jean-Léon)

Né à Bordeaux, le 29 janvier 1889.
Mort à Douaumont, le 9 mars 1916.
Elève au Pensionnat J.-B. de la Salle de 1896 à 1898.
Caporal au 21ᵉ bataillon de chasseurs à pied.

Ajourné, puis réformé par le conseil de révision de Paris, Léon Noyre demanda à partir dans les chasseurs à pied en 1915.

Sa belle conduite au front lui a valu la Citation suivante à l'Ordre du bataillon :

« Agent de liaison. Au combat de..., grâce à son courage et à son sang-froid, a réussi à assurer les transmissions de plusieurs ordres sous un feu très violent. »
Croix de guerre.

OGIER (Eugène)

Né à Bordeaux, en 1894.
Mort à Fleury-sur-Aire (Meuse), le 1ᵉʳ octobre 1917.
Elève au Pensionnat et à l'Ecole Saint-Genès de 1898 à 1905.
Infirmier régimentaire au 412ᵉ régiment d'infanterie.

Citation à l'Ordre de la Division :

« Infirmier qui a maintes fois donné des preuves de dévoûment et de courage. Très grièvement blessé au poste de secours, le 30 septembre 1917; ne s'est pas départi d'une attitude énergique et calme malgré de très vives souffrances. »
Médaille militaire posthume. — Croix de guerre.

OLPHE-GALLIARD (Pierre-Marie-Gabriel)

Né à Angoulême, le 8 février 1897.
Mort devant Maurepas, le 12 août 1916.
Elève à l'Ecole Saint-Genès de 1907 à 1910.
Sergent au 418ᵉ régiment d'infanterie.

Ce fut un beau jeune homme, une nature d'élite, légèrement rêveuse et romanesque. Son âme, qu'illuminait une foi profonde, aimait d'instinct ce qui est beau et grand : elle restait un peu énigmatique; dédaigneuse des petitesses et des platitudes, elle se refusait à livrer le secret que des voix intérieures semblaient chanter en elle.

On le sentait distant de soi bien que sans morgue, d'une profonde et intelligente bonté. Privé tout jeune d'une mère trop tôt rappelée à Dieu, il gardait aux minutes les plus heureuses de sa vie une sorte de mélancolie, qui ajoutait un charme nouveau à sa distinction naturelle.

Après avoir séjourné durant trois ans à l'Ecole Saint-Genès, il devint élève du séminaire de Bel-loc où ses camarades et ses maîtres l'aimèrent.

Son esprit de foi, le sens qu'il avait des réalités surnaturelles, donnèrent plus d'une fois à penser qu'un jour, ce cœur, trop fier et trop aimant pour s'attacher à la fugitive douceur de ce monde, choisirait Dieu pour son héritage et son partage éternel.

Il n'eût pas été le seul des siens à piller dans les trésors divins la part la meilleure. Son aîné, Jean, s'est enrôlé dans l'Ordre quatorze fois séculaire de Sᵗ Benoît; un frère plus jeune, Michel, dans la phalange toujours discutée et toujours victorieuse des fils de Sᵗ Ignace.

Pierre Olphe-Galliard cherchait humblement sa voie, lorsque la guerre le prit.

Aux sollicitations de plus en plus pressantes de la grâce, ce n'était pas sans lutte qu'il avait répondu par les renoncements de plus en plus méritoires de sa volonté propre. A chaque étape de sa courte existence, il avait abandonné un peu des viatiques humains, mais il recevait les divins toniques de son Christ fidèlement servi et combien uniquement aimé. Cinq jours avant sa mort, il écrivait à son directeur de conscience :

« ...Nous allons remonter en ligne ce soir. Ce sera dur. Attendez-vous à toute espèce de nouvelles. Pour mon compte, je suis parfaitement tranquille et rési-

I. Marc MAUROUX.
II. Gustave MERLET.
III. Carl DE MERLIS.
IV. Pierre MÉTIVIER.

V. René MEYNIEL.
VI. Edouard MICHEL.
VII. Jean MOLÈRES.
VIII. William MOREAU.

IX. Michel MOUSTIER.
X. Jean NAUZE.
XI. Eugène OGIER.
XII. Henri ORRY,

gné... Je me souviens du jour où vous m'avez dit : « La mort est pleine de réali-
» tés !... » Aussi, elle ne me fait pas peur. J'ai bien peu à perdre et tant à gagner !
Ayez confiance en votre Pierre. »

Il fut tué le 12 août 1916, à six heures du soir « alors (raconte son capitaine)
qu'il se déplaçait auprès de ses hommes, pour les encourager pendant une dure
attaque. »

Le pays basque l'a justement revendiqué comme un de ses enfants. Il en avait
le caractère de mâle grandeur, de loyauté un peu âpre; il en aimait la langue si
étrangement berceuse, les vieilles gens, les vieilles coutumes. Aux heures de ses
veillées solitaires, sur le parapet tragique de nos tranchées, ce qu'il regardait
sous ses paupières abaissées, c'était bien moins le paysage désolé et sanglant
du nord, que les sommets et les vallées, les sains horizons, les maisons blan-
ches aux toits à pentes inégales, les frontons étincelants où, sur les dalles irré-
gulières, se fond en caprices éperdument changeants la moire d'ombre des
grands chênes.

Sur le marbre du monument élevé à Hendaye, sur les bords de la Bidassoa,
face à l'antique Fontarabie, au Jaisquibel, à cette mystérieuse Espagne, qu'il
avait si souvent parcourue, son nom prolonge sa mémoire, comme dans le vestibule de notre chère Ecole.

On avait cru que sa mission serait de nous apprendre à vivre. Dieu l'avait
choisi pour une œuvre plus haute : pour nous apprendre à mourir.

Croix de guerre.

ORRY (Henri)

Né à Saint-Vivien-de-Médoc, le 23 décembre 1890.
Mort à Craonne (Aisne), le 15 octobre 1914.
Elève à l'Ecole Saint-Genès. de 1903 à 1906.
Soldat au 57ᵉ régiment d'infanterie.

« Elève à l'Ecole Saint-Genès, il s'y fit remarquer par son intelligence et son
application. Quelque temps après sa sortie, il devint professeur dans le Collège
libre de Saint-Elme, à Arcachon. Très épris de choses scientifiques, il voulut s'ouvrir une carrière dans la T. S. F. Ayant suivi les cours de maîtres distingués, il
fit de très rapides progrès et obtint ses brevets. Il allait entrer comme télégraphiste dans une compagnie de navigation, quand la mobilisation le surprit et fit
avorter tous ses projets d'un brillant avenir...

» Suivons-le maintenant sur le champ de bataille. Connu de tous, il était au
sein de son bataillon, de sa compagnie et de son escouade, l'enfant gâté de tout
le régiment. Mais aussi d'un dévouement que rien ne rebutait jamais. Si un
camarade était fatigué par une marche pénible, il se chargeait volontiers de son
sac ou il le remplaçait dans une corvée. Si on demandait un homme de bonne
volonté pour porter un ordre, c'était Orry qui levait la main et allait joyeusement, sans souci des périls qui le menaçaient.

» C'est au cours d'un de ces exploits qu'il fut tué. Sur sa demande, le colonel le
chargea d'aller porter un ordre dans une tranchée éloignée : l'ennemi, à ce moment arrosait ce coin du vaste champ de bataille d'innombrables obus. A cin-

quante mètres de sa tranchée, et à la vue de tous ses compagnons, un éclat d'obus le faucha...

» Ardent chrétien, plein de foi et d'espérance, sa belle âme s'était envolée dans un rayon d'amour vers la plus grande gloire, où les tempêtes humaines ne le troubleront pas. » (Extrait du *Réveil Médocain* du 29 novembre 1914.)

Citation :

« Héroïque soldat, tué glorieusement pour son pays, en faisant bravement son devoir à son poste de combat en première ligne, le 14 octobre 1914, devant Craonne. »

Médaille militaire. — Croix de guerre.

PACALON (Marcel)

Né à Castres (Tarn), le 8 mai 1892.
Mort à Langemarck (Belgique), le 3 novembre 1914.
Elève à l'Ecole Saint-Genès de 1904 à 1906.
Brigadier télégraphiste au 8ᵉ cuirassiers.

Au moment où vaillamment il remplissait son devoir, en réparant une ligne téléphonique sous le feu de l'artillerie ennemie, a été atteint par un éclat d'obus à la tête. Ses camarades ont pu croire d'abord à une très grave blessure; il leur fallut bientôt perdre ce faible espoir : Marcel Pacalon avait été en quelque sorte foudroyé sur le coup.

Citation :

Le général commandant la 9ᵉ division de cavalerie cite à l'Ordre de la Division :
« Le brigadier télégraphiste Pacalon (Marcel), du 8ᵉ cuirassiers : a été tué en réparant, sous un feu violent d'artillerie, une ligne téléphonique rompue. »

Croix de guerre.

PASQUIER (Marie-Joseph-Pierre)

Né à Moustier (Lot-et-Garonne), le 7 décembre 1891.
Mort à Achicourt, près d'Arras, le 17 septembre 1915.
Elève à l'Ecole Saint-Genès. de 1908 à 1910.
Soldat au 9e régiment d'infanterie.

Sa caractéristique fut une foi profonde. Guidé par elle, il avait, malgré sa jeunesse, exercé autour de lui la plus heureuse influence. Son dévouement suppléait aux qualités naturelles de chef qui lui manquaient peut-être. Il s'est peint lui-même dans les lettres qu'il écrivait à ses anciens maîtres et dont malheureusement le cadre étroit de notre livre ne nous permet de citer qu'un court extrait :

« Nous nous trouvons en présence d'ennemis réellement puissants, supérieurs en nombre et en munitions, d'une barbarie extrême et commettant toutes sortes de crimes. Ces maudits sujets du kaiser, qui ne respectent rien, ont une haine acharnée contre la religion catholique. Que de sacrilèges ils ont commis dans les pays envahis, en incendiant les églises et en martyrisant les prêtres ! J'ai vu de mes propres yeux beaucoup de nos monuments sacrés détruits par les obus teutons. J'ai été frappé d'un spectacle aussi horrible. Tout ceci démontre un peuple non civilisé et qui, à juste titre, mérite le mépris du monde entier... J'ai toujours eu la ferme confiance qu'avec l'aide de Dieu, nous serons un jour vainqueurs de cette horde de sauvages et qu'ensuite notre chère France revivra dans une atmosphère de triomphe et de paix.

» Peut-être n'aurai-je pas le bonheur de voir ce beau jour, où notre territoire sera complètement délivré de cette vermine. En tous cas, si je tombe au champ d'honneur, ce sera en accomplissant mon devoir de catholique et de Français !...»

Il fut, en effet, sur le front ce qu'il avait été à l'Ecole, dans sa famille, dans les œuvres paroissiales : l'homme du devoir.

« ...Après treize mois de campagne, la Belgique, la Marne, l'Aisne, la Champagne (attaque du 20 décembre 1914, jusqu'en avril 1915), l'Artois à partir de ce dernier mois, où il avait vu tomber la plupart de ses camarades, sans avoir la moindre égratignure ni le moindre dérangement, il nous arriva en permission, le 14 juillet 1915, dans un état florissant de santé, comme nous ne l'avions jamais vu.

» Il repartit le 22 pour Arras, plus courageux et plus que jamais confiant dans la victoire dont il n'avait aucun doute; car pour lui, il se battait non seulement contre des Allemands, mais surtout contre des Luthériens qui fusillaient nos prêtres et démolissaient nos églises, aussi est-il mort en martyr et en patriote...

» Après avoir maintes et maintes fois risqué la mort dans des attaques terribles, il a fallu que dans la nuit du 5 septembre, au moment où il sortait d'une tranchée pour aller en creuser d'autres, un misérable éclat d'obus l'atteignit dans le bas-ventre, lui perforant l'abdomen et la rate; sa blessure qu'il ne croyait pas grave était cependant de celles qui ne pardonnent jamais, et le 17 septembre, il s'éteignait doucement à l'ambulance de Fosseux (Pas-de-Calais) après avoir reçu les derniers sacrements des mains d'un saint prêtre qui était son infirmier... » (Lettre du père, 6 août 1916).

PAUL (Joseph)

Né le 18 septembre 1880.
Mort en mars 1915, des suites d'une pleurésie contractée aux tranchées.
Elève au Pensionnat J.-B. de la Salle. de 1887 à 1892.

Cité plusieurs fois.
Croix de guerre.

PAULY (Augustin-Joseph)

Né à Marmande, le 6 mars 1870.
Mort au combat de Perthe-les-Hurlus, le 26 septembre 1914.
Elève au Pensionnat J.-B. de la Salle de 1886 à 1888.
Capitaine au 209ᵉ régiment d'infanterie.

Chevalier de la Légion d'honneur, médaillé du Sahara, de Chine, d'Algérie et du Maroc (Agrafe Oudjda), Croix de guerre.

Citation :

Le général commandant le 17ᵉ Corps d'armée, cite à l'Ordre du Corps d'armée, le capitaine Pauly, du 209ᵉ régiment d'infanterie, pour les motifs suivants :

« A Raucourt, le 28 août, a été admirable de sang-froid et de ténacité, reprenant sa compagnie à quatre reprises pour la porter en avant.

» Au combat du 26 septembre, devant Perthes, tint tête à l'ennemi pendant trois quarts d'heure; son chef de bataillon ayant été tué, prend le commandement du bataillon, le replie en bon ordre, repart à sa tête et tombe mortellement frappé au moment où le succès s'affirmait. »

Signé : Général Dumas. »

PAUVIF (Henri-Elie)

Né à Saint-Seurin-de-Cursac (Gironde), le 3 juillet 1896.
Mort à Moncel (Lorraine), le 20 février 1918.
Ancien élève du Cours Normal de l'Ecole Saint-Genès.
Professeur adjoint à l'Ecole libre de Blaye.
Aspirant au 6e régiment d'infanterie.

« ...Il était aspirant à la 1re compagnie. Il est tombé mortellement frappé durant la brillante opération de Moncel... Je n'avais pas connu Pauvif à Saint-Genès : il était plus jeune que moi; mais, sachant que j'étais ancien élève de l'Ecole, dès son arrivée au front, il était venu me trouver, et depuis, chaque fois que je pouvais le rencontrer, j'aimais à passer quelques instants avec lui. Il était arrivé aspirant au régiment en juin 1917. Il avait pris part à l'attaque du 20 août et mérité une citation superbe. C'était un brave et un bon chrétien, aimé de ses chefs et de ses poilus. » (Lettre du sous-lieutenant de Béchade, 24 février 1918).

Citation :

« Jeune sous-officier, qui a reçu le baptême du feu à l'assaut du 20 août 1917, et y a fait preuve des plus belles qualités de calme et de bravoure. Esprit lucide et prompt, il a pris avec énergie et décision le commandement de la section dont l'officier venait d'être blessé et a su, dès les premiers instants, par son attitude, inspirer à ses hommes une entière confiance et les maintenir sous un feu violent, en leur conservant un magnifique entrain. »

Croix de guerre. — Médaille militaire posthume.

PERRAUDIN (Jean-Robert)

Né à Bordeaux, le 21 juin 1898.
Mort au camp d'Avor, le 3 novembre 1917.
Elève à l'Ecole Saint-Genès. de 1909 à 1913.
Elève-pilote; engagé volontaire.

POURRUT (René)

Né à Castelsarrasin (Landes), le 9 septembre 1896.
Mort à la Côte 304, le 10 août 1916.
Ancien élève du Cours Normal de l'Ecole Saint-Genès, de 1911 à 1913.
Professeur adjoint à l'Ecole libre Sainte-Eulalie, de Bordeaux.

Soldat ajourné de la classe 1913, parti en octobre 1915, incorporé au 12e régiment d'infanterie.

Très fidèle à Saint-Genès, demeuré en correspondance étroite avec ses anciens maîtres, il eut souvent à pratiquer sur le front les principes d'énergie et de foi qu'il avait reçus avec tant de docilité, étant élève.

Des nombreuses lettres que nous possédons de ce jeune homme d'élite, pas une qui ne renferme quelque pensée surnaturelle, quelque réflexion grave, et si bien à sa place qu'on sentait que ce n'était rien d'autre que l'épanchement habituel d'une âme très haute et maîtresse d'elle-même.

Choisissons cette page de sa correspondance : « Je viens de passer six jours inoubliables à la Côte J... (304), au nord-ouest de V... (Verdun). Je vous assure qu'il n'y fait pas bon, là-haut. Quel marmitage insensé ! On se dirait dans un véritable enfer. Combien cela donne à réfléchir aux plus endurcis. Les cœurs se tournent d'eux-mêmes vers Dieu...

» Ma compagnie a été sérieusement entamée. Un tiers manque à l'appel. J'ai eu une veine insensée, et je reconnais que le bon Dieu m'a visiblement protégé à plusieurs reprises...

» Nous avons été attaqués aux liquides enflammés, mais cinq poilus résolus (j'en étais) ont nettoyé la tranchée où avaient osé pénétrer les Boches, qui ont laissé sur le terrain des cadavres et deux flammenwerfer.

» Ç'a été vivement mené. Ah ! nous les avons eus au toupet. Cinq régiments allemands n'ont pu entamer les trois compagnies de notre bataillon. Il y a des félicitations. Il y aura des Croix de guerre... »

On avait atteint le mois d'août 1916. Déjà il se réjouissait dans une lettre datée du 9 d'un repos prochain qui lui permettrait, au 15 août, de remplir ses devoirs religieux. Le lendemain, tout au début de la journée, la mort le frappait. Il travaillait avec une équipe à un boyau, une soixantaine de mètres en arrière des premières lignes, dans un endroit où tombaient souvent des torpilles. Tombe une torpille, l'équipe des travailleurs s'en va en première ligne. Pourrut est blessé très légèrement, il s'éloigne de quelques mètres et un infirmier des mitrailleurs vient le panser. Une bombe tombe sur eux et les tue net.

Ainsi périt, sans agonie, ce jeune homme que ses camarades aimaient à citer comme modèle de courage.

Citation :

« Excellent soldat, d'un magnifique courage. S'est particulièrement distingué, le 9 août 1916, en défendant énergiquement une position attaquée par l'ennemi. Mort pour la France, au cours de l'action. »

Médaille militaire. — Croix de guerre.

PRÊLLE (Bernard)

Né à Ouidah (Dahomey), le 18 août 1897.
Mort à Verdun, au bois de la Caillette, le 12 mai 1916.
Elève à l'Ecole Saint-Genès de 1912 à 1915.
Caporal au 123ᵉ d'infanterie.

Originaire du Dahomey, encore élève de commerciale, il partit volontairement en avril 1915.

Incorporé à La Rochelle, il y mérita, dès les premiers jours, l'attention bienveillante de ses chefs par sa docilité et aussi par ses aptitudes physiques développées, s'empresse-t-il de reconnaître, par les leçons de gymnastique à l'Ecole.

Il aspirait au départ pour le front; son enthousiasme patriotique n'était tempéré que par la pensée de sa mère bien-aimée, sainte femme qui ne se doutait point, lorsqu'elle envoyait son fils s'instruire si loin de sa petite patrie, que jamais en ce monde il ne leur serait plus donné de s'embrasser ni de se revoir.

Le 7 mars, il y eut dans son secteur un fort bombardement. On craignait une attaque. Elle se précisa le 10, et il écrivit alors à une famille amie qui l'avait presque adopté, cette lettre si naïve et tout à la fois si émouvante :

« Mes bien chers Parents, — car vous êtes bien mes parents en l'absence de ma pauvre maman, — je vous envoie une lettre dont vous donnerez connaissance à ma chère maman du Dahomey, au cas où vous recevriez une mauvaise nouvelle à mon sujet, car la situation change en ce moment. Malgré tout, je ne crains rien : vos prières m'accompagnent.

> « Avant le grand combat, mon âme tout entière
> » Vole vers vous, aimés, ainsi que ma prière.
>
> . . . .
>
> » Les miens ont ma pensée, à la France ma vie,
> » Mourir pour sa grandeur, quel sort digne d'envie !

» ...Allons confiance ! Je vous demande une prière pour votre petit soldat ! »

Le même jour, quelques minutes de paix lui permettent d'écrire encore :

« ...Le Boche sera repoussé, car nous nous y préparons activement, et le sentiment général est qu'*ils ne passeront pas !*

» Or le 1er bataillon a l'honneur de recevoir le premier choc, et c'est la 2e compagnie, dont je fais partie, qui est en tête. J'en suis fier : le général nous a jugés dignes de l'effort.

» La mort peut me laisser ou me prendre; dans l'un ou l'autre cas vous pourrez être sûr que j'aurai su faire mon devoir ! N'est-ce pas la plus belle des morts que de mourir pour son pays et surtout quand ce pays s'appelle la France ! Aussi vous ne me pleurerez pas. Ce que je vous demande, ce sont vos prières, car vous pourrez être sûrs que votre Bernard sera mort en bon catholique et en bon Français.... »

Il devait y survivre. Depuis quelques mois, les ennemis avaient entrepris leur légendaire attaque contre Verdun. Le 12 avril, le 18e Corps d'armée, dans lequel était Prêlle, fut appelé pour remplacer le 1er dans ce coin de terre que toutes les lettres appellent communément « l'enfer ».

Le 29, après une marche de dix-sept jours, que l'on avait à tout prix dissimulée, il arrivait et l'on confiait au bataillon de Bernard Prêlle la défense des tranchées de Douaumont. Il subit de violents bombardements et des attaques sans cesse répétées.

En un seul jour, vingt-quatre officiers tombèrent, dont quatre mortellement frappés.

« ...Quant aux hommes, écrivait Bernard, je suis forcé de me taire : le nombre des pertes est trop fort, ma compagnie est commandée par un adjudant;

sur seize hommes dont se compose mon escouade, neuf seulement ont répondu à l'appel. Je ne sais si j'en réchapperai, mais j'aurai du courage ! »

C'était sa dernière lettre. Après vingt jours d'un silence angoissant, une lettre de son sergent-major annonça la mort. La voici tout entière :

« Après avoir tenu tête avec une crânerie et un courage vraiment remarquables à un effroyable bombardement de huit jours et à trois attaques ennemies, Bernard Prêlle est tombé glorieusement le 12 mai, l'avant-veille du jour de relève de son régiment.

» Il a combattu, il est mort en héros. Que cela puisse être une petite atténuation à la grande douleur de ceux qui le pleurent, douleur d'autant plus terrible que le corps de ce bon et brave petit soldat n'a pu être dégagé.

» Un obus de très gros calibre étant tombé à quelques mètres de l'endroit où se trouvaient Bernard et quelques-uns de ses camarades, un fort éboulement se produisit, entraînant tous ceux qui étaient là. La violence inouïe et prolongée de ce bombardement, jointe au travail colossal à fournir ne nous permirent pas de dégager les corps de ces malheureux avant la relève du régiment.

» J'ai la certitude que les événements ultérieurs permettront à sa famille de poursuivre ses recherches. »

Médaille militaire. — Croix de guerre.

PRÉVOT (Roger)

Né à Bordeaux, le 22 août 1897.
Mort aux Eparges, le 16 août 1916.
Elève à l'Ecole Saint-Genès de 1905 à 1910.
Sergent au 13ᵉ d'infanterie.

REAU (Gérard)

Né à Bazas, le 25 octobre 1894.
Mort à Recouvrances (Ardennes), le 25 octobre 1918.
Elève à l'Ecole Saint-Genès de 1906 à 1909.
Caporal au 95ᵉ régiment d'infanterie.

Un de ces magnifiques petits soldats qui firent la guerre obscurément, mais glorieusement et qui par leur admirable ténacité forcèrent la Victoire. Blessé et évacué trois fois : en 1914, 1916 et 1918, il retournait au front où finalement il fut tué avant d'avoir eu la joie du triomphe.

Citation :

« Energique et courageux. Lors de l'attaque du 17 juillet 1918, a contribué activement à la capture de huit prisonniers. »

Croix de guerre. — Médaille militaire posthume.

RESSÉGUIER (Louis-Marie-Joseph-Alexandre-Antoine de)

Né à Bayonne, le 23 août 1895.
Mort à Douaumont, le 23 mai 1916.
Elève à l'Ecole Saint-Genès en 1912-1913.
Sous-lieutenant au 34e régiment d'infanterie.

Fils du colonel A. de Rességuier, frère d'un officier, il voulut suivre leur exemple.

Engagé volontaire au 49ᵉ R. I., le 6 octobre 1914, il est nommé aspirant au 34ᵉ R. I. le 22 avril 1915 et promu sous-lieutenant le 7 avril 1916. Nous avons peu de documents sur ce beau jeune soldat au cœur généreux. Mais voici quelques précieux témoignages qui nous aideront à le mieux connaître :

« ...C'est un de ces jeunes officiers comme un chef aime à en avoir près de lui dans les circonstances critiques... » (Lettre d'un de ses chefs).

« ...C'était la bravoure même. Sa mort fut celle d'un vrai chrétien et d'un vrai soldat. » (Un de ses camarades).

« ...Il était brave et bon. Nous l'aimions tous. » (Un de ses soldats.)

« ...Où que nous allions, quel que soit le secteur, ayons toujours confiance. » (Extrait d'une de ses dernières lettres).

Il fut tué le 12 mai 1916, devant Douaumont, en se portant en avant pour reconnaître une position.

Légion d'honneur à titre posthume.

RÉVOLAT (Pierre)

Né à Bordeaux, le 31 décembre 1891.
Mort à Saint-Vincent (Belgique), le 22 août 1914.
Elève à l'Ecole Saint-Genès de 1903 à 1907.
Soldat au 7ᵉ Colonial.

Médaille militaire. — Croix de guerre.

RICHARD (Jean-Georges)

Né à Tarbes, le 27 février 1893.
Mort à l'hôpital de Laon, le 25 janvier 1915.
Elève à l'Ecole Saint-Genès de 1901 à 1908.
Caporal-fourrier au 18ᵉ régiment d'infanterie.

Engagé volontaire au 18ᵉ R. I., fait la campagne de Belgique; est atteint de quatre blessures, le 29 août 1914, à la bataille de Guise. Revenu au front, est de nouveau grièvement blessé le 23 janvier 1915, à Heurtebise. Meurt deux jours après à l'hôpital de Laon.

A mérité la Citation suivante :

Jean-Georges Richard, caporal-fourrier. « Brave caporal mort pour la France, le 25 janvier 1915, des suites de glorieuses blessures reçues face à l'ennemi. »

Médaille militaire. — Croix de guerre.

ROCH (Vincent-Prosper-Louis)

Né à Bordeaux, le 18 mai 1892.
Mort au combat de la côte du Poivre (Verdun), le 20 août 1917.
Elève à l'Ecole Saint-Genès de 1906 à 1911.
Sous-Lieutenant au 6e régiment d'infanterie.

Le sous-lieutenant Louis Roch a été l'une des victimes d'élite de la grande guerre. Radieuse figure, où brillaient la franchise et la bonté, âme noble et pure ! Il nous semble le voir débordant de vie hier encore, et lui aussi, en pleine espérance, il est tombé !

Un de ses chefs, le commandant Perrin, a dit de lui : « C'était un cœur d'or, une belle intelligence toujours en éveil, une belle âme ayant une haute conscience de son devoir, un travailleur acharné, sachant beaucoup, servi par une mémoire heureuse..., un officier d'avenir, d'un brillant courage, aimé de ses hommes : il serait devenu un chef digne de ce nom... La Providence en a décidé autrement, il faut s'incliner, mais les regrets sont permis... »

Et nous qui, pendant des années, avons vécu dans le rayonnement d'amitié que répandait son cœur, nous ne trouvons pas d'autres paroles pour faire revivre son souvenir béni.

Belle intelligence ! A l'école des Frères de Saint-Nicolas, où il fit ses premières études, il fut un de ces élèves, qui dès le jeune âge, ne sauraient passer inaperçus. Sa raison ne pouvait se contenter de notions superficielles hâtivement acquises. De très bonne heure, il savait coordonner les connaissances, les approfondir, en dégager les idées générales et les harmonieuses synthèses. A l'Ecole Saint-Genès, ses heureuses dispositions reçurent leur direction définitive, et son esprit avide de comprendre, aperçut alors nettement sa voie, le but de son activité, et aussi ses limites.

Il garda pour sa chère Ecole les sentiments d'une affection filiale. Sa vie d'écolier ne s'y était pourtant point écoulée sans incidents. Il aimait à les rappeler, et, après des années, il en souriait encore. En septembre 1916, revivant, au fond de sa tranchée, une semonce de M. Blattes, il écrivait : « Quel sermon, mon cher !... Et j'étais aussi innocent qu'on peut l'être. C'est la seule journée où j'eus peur de ce brave et saint homme... Quel mauvais élève j'étais ! Mais si la tête était mauvaise, le cœur n'a pas *flanché*, et tu connais mon affection pour Saint-Genès. Je jubile, lorsque tu me dis que tes élèves feront honneur à la maison. » Et dans toutes ses lettres son attachement transparaît. Comme il disait vrai ! son cœur n'avait jamais *flanché*, et, dès le collège, tous, maîtres et élèves, aimaient ce grand garçon, à la parole franche, aux yeux clairs et rieurs, dont l'âme était si droite et l'intelligence si vive. Tous se sentaient attirés vers cette belle nature pleine de jeunesse et de vie, et qui, dédaigneuse de tout respect humain, affranchie de la glu des sophismes, n'aimait, ne recherchait que ce qui donne du prix à la vie, l'élève et l'ennoblit.

L'amour de la grande Ecole, de son esprit et de sa tradition n'étouffait point en son cœur le souvenir de l'humble école paroissiale, où les premiers germes du bien avaient commencé d'éclore en lui. Il aimait à se retrouver à l'école Saint-Nicolas, à visiter ses anciens maîtres, à causer, dans un aimable abandon, avec ses anciens camarades. Ces jeunes gens, il se sentait leur chef, et se croyait obligé, par le fait de son indéniable supériorité sur eux, à les préserver des idées fausses et des sentiments qui avilissent. Ce qu'il a fait pour eux est peut-être la plus belle œuvre de sa vie si courte, mais si pleine.

Lorsqu'en 1911, il fut question de grouper les anciens élèves de Saint-Nicolas en un Cercle d'Etudes, Louis Roch fut, dès le début, un des ouvriers de cette œuvre et son président. Il en régla toute l'organisation. On se réunissait chaque semaine. Un des membres exposait, en une causerie familière, quelque intéressante question étudiée par lui, le président rectifiait, approuvait, complétait, concluait.

Très souvent Roch faisait aussi des conférences; il savait rendre claires et attrayantes bien des questions de philosophie et de science.

Il excellait surtout à conclure les causeries de ses camarades. Il reprenait une à une les idées exposées. Il se plaisait à les analyser, les confronter, les soupeser, à en dégager un ensemble resplendissant de vérité éclatante et de lumineuse simplicité, et à les implanter, d'un élan joyeux, au plus profond des intelligences. C'était merveille de l'entendre. De sa voix caressante et comme en se jouant, il démolissait les pompeux fantômes des idées fausses, et quand son raisonnement serré et sa fine ironie en avaient amoncelé les débris, d'un beau geste à la française, il balayait ces détritus qui osaient arrêter le bon sens et la vérité dans leur marche !

Il agissait sur la volonté des autres. Il avait l'art de l'orienter vers le bien, et de l'y fixer. Quand les jeunes gens essayaient de justifier, par de piteux arguments, l'impérieuse voix des passions, Roch redressait sa haute taille, riait de son large rire, et franchement, gaîment, il montrait la voie droite.

Son exemple prêchait : avec sa retenue de jeune homme chrétien, était-il moins joyeux, moins intelligent, moins vivant ?

Bien qu'il n'ait jamais marchandé son dévouement aux œuvres diverses qui le sollicitaient, ce Cercle d'Etudes fut son œuvre capitale, jusqu'à la dernière minute de sa vie. En octobre 1916, il écrit : « Donne à nos jeunes gens les bases nécessaires, qu'ils ne bâtissent que sur du solide et soient de cette génération virile qui doit relever la patrie. La saignée sera terrible, il faudra lutter, il faudra vaincre. Qu'ils apprennent à diriger leur activité. Qu'ils croient à la patrie, à la jeunesse éternelle de notre terre. Qu'ils croient à l'autorité, qu'ils respectent la hiérarchie. Qu'ils croient aux libertés. Qu'ils ne prennent pas pour critérium leur bon plaisir. La vérité est parfois amère, mais c'est la vérité, et seuls ses fruits sont excellents. »

Cœur aimant et fidèle, Roch n'avait de haine que pour le mal. Oublieux de ses trois ans de souffrances, il se passionne pour toutes les joies, pour toutes les larmes de ses amis. En septembre 1916, apprenant la mort de Pierre Olphe-Galliard, il pousse un véritable cri de douleur : « Pauvre cher Olphe, vieil ami, vieux souvenirs presque disparus d'une époque où la vie nous semblait presque facile ! Tout le passé m'est remonté au cœur avec ce nouveau chagrin. Oh ! mon pauvre cher, nous laissons un peu de notre cœur à toutes les ronces du chemin. Je n'ai rien du martyr, mais j'ai bien souffert. Depuis la guerre, je me croyais presque blasé; mais pourtant cette nouvelle m'a remué tout entier. Je me suis retrouvé le même, conservant une puissance de souffrir du chagrin de mes amis, presque maladive. J'ai eu beaucoup de camarades avec qui je me suis si bien entendu que nous nous sommes donné le titre d'amis; mais vous, mes vieux amis de toujours, vous occupez dans mon cœur une place si haute, si pure que vos douleurs sont mes douleurs... »

Incorporé avec la classe 12, il partit au front dès le début de la guerre avec le 6ᵉ d'infanterie, son régiment. Il envoya au départ à l'un de ceux qui lui étaient étroitement unis sa photographie avec ces mots :

« Maintenant nous roulons vers la Loire, vers la victoire ou vers la mort. Qui sait ? Ça ne fait rien, nous avons confiance. Pense quelquefois à moi, qui ferai, je l'espère, tout mon devoir. »

Il avait pour ses soldats une affection solide, virile, mais paternelle. Il était populaire et respecté. Il le disait lui-même aimablement.

Son amour de la Patrie était profond et sincère. Rien qui rappelât le style déclamatoire d'un journaliste intéressé ou d'un socialiste repentant. Il ne nie pas les sacrifices que la guerre impose : « Si tu voyais, dit-il, ce que deviennent les soldats dans les tranchées, véritables sandwichs à la boue, tu te dirais que la bête humaine doit posséder des qualités de résistance extraordinaires, pour pouvoir supporter pareilles souffrances. Oui, nous souffrons nuit et jour; dans la boue jusqu'au cou, cinglés par les balles, écrasés par les bombes et les obus, nous voyons des jours terribles... Mais nous apporterons toutes nos forces à la libération de la Patrie. Dieu impose une épreuve terrible à notre pays. Espérons que toutes les douleurs accumulées sur la terre française entraîneront le pardon et la victoire. »

Il souffrait cruellement surtout de voir la France servir d'enjeu à des intrigues éhontées et devenir l'objet d'infâmes marchandages. Il n'avait jamais pensé que la neutralité politique fût un devoir. Royaliste de raison et de volonté, il voyait dans la monarchie la panacée de nos maux, et mettait du zèle à frayer, comme il aimait à le dire, la route royale.

Tant de qualités de l'esprit et du cœur, cette volonté toujours tendue vers le bien, et si forte qu'elle ressuscitait les volontés mourantes et ranimait les volontés défaillantes, notre cher Roch puisait tout cela dans sa foi profonde.

Catholique pratiquant, vivant son catholicisme, il savait aller demander la vie surnaturelle à Celui qui a dit : « Je suis la voie, la vérité, la vie », et lorsqu'il préparait son deuxième baccalauréat, Saint-Genès ayant reçu la visite d'un apôtre de la communion fréquente, le P. Lintelo S. J., il fut un des premiers à se rendre aux exhortations pressantes de ce messager du saint pape Pie X.

Il était un chrétien convaincu, sans respect humain comme sans forfanterie. Une religieuse, supérieure d'une petite formation sanitaire à Saumur, où il avait été hospitalisé lors d'une première blessure, lui rend ce témoignage :

« On aimait à le faire chanter dans notre petite chapelle, ce dont il s'acquittait si bien d'ailleurs qu'elle était devenue bien vite trop petite.. C'est un héros que vous pleurez, c'est un martyr du devoir... Que la pensée du bonheur dont il jouit dès maintenant... et la certitude de le retrouver un jour là-haut vous consolent. »

Oui, il était prêt à paraître devant Dieu. Lorsqu'un obus égaré vint le frapper à l'improviste, il avait fait plus que son devoir : déjà gravement atteint par les gaz, il avait refusé de quitter son poste. Il voulait diriger lui-même l'organisation de ce lambeau de sol français repris à l'ennemi. Il est mort pour avoir voulu savourer à l'excès la victoire française.

Au nord de la ferme de Mormont, commune de Louvemont (Meuse), une humble croix marque sur la terre reconquise la place où il est tombé. L'âme attend dans l'éternelle lumière l'heure où elle viendra, pour la gloire suprême, régénérer un corps où la vie divine a circulé.

Citation :

« Jeune et brillant officier, d'une très haute valeur morale et intellectuelle, d'un courage et d'une bravoure rares. A été tué le 20 août 1917 en se portant en avant de sa section pour l'entraîner dans un changement de position, sous un bombardement très violent. — Déjà cité. »

Légion d'honneur. — Croix de guerre.

ROCHE (Pierre-Joseph-André)

Né à Saint-Jean-de-Blaignac (Gironde), le 6 janvier 1886.
Mort à l'hôpital militaire Saint-Maurice, à Epinal, le 10 novembre 1914.
Elève au Pensionnat J.-B. de la Salle de 1897 à 1902.
Soldat au 37ᵉ régiment d'infanterie coloniale.

Il fut mobilisé à Toulon, dès le début de la guerre, et de là envoyé au front. Pris de rhumatismes dans les tranchées, le mal s'aggrava bientôt et devint une paralysie ou ictus apoplectique.

Evacué à Epinal, il entra le 6 novembre à l'hôpital Saint-Maurice, et y mourut le 10, très pieusement, assisté d'un aumônier et d'une religieuse.

Il laissait une veuve et un jeune enfant.

ROLLOT (Bernard-André-Marie)

Né à Bordeaux, le 11 août 1898.
Mort à Soissons, le 24 juillet 1918.
Elève à l'Ecole Saint-Genès de 1904 à 1909.
Soldat de 1ʳᵉ classe au 48ᵉ régiment d'infanterie.

On peut dire de lui qu'il était né apôtre. Membre dévoué, — est-ce assez dire ? — de l'Association Catholique de la Jeunesse Française, il avait, n'étant encore que collégien, parcouru tout le diocèse, fondant des groupes, coordonnant les jeunes énergies, tranchant avec une surprenante aisance de graves et complexes questions.

Avant d'être revêtu de l'uniforme, et parce que bon sang ne peut mentir, le fils du colonel Rollot était soldat, déjà. A un universitaire au nom exotique, à ses blêmes disciples bêlant le pacifisme, il opposait, ayant sans doute épuisé la liste des autres, un victorieux argument *ad hominem* : « Je voudrais savoir, Messieurs, s'il y en a parmi vous qui aient des parents à l'armée, en 1915 ? — Personne ne bouge. — « Mais levez-vous donc, ceux qui sont *là-haut* par quelqu'un de leur sang ! » — Personne ne se lève. — « Comment tous, fils d'embusqués ! Frères d'embusqués ! — Une timide riposte : « Et toi ? » — « Et moi ? Oh ! moi, j'y ai deux frères qui se battent, j'y aurais eu mon père, s'il avait été là; il était officier, lui. Et vous, vos pères, où sont-ils ?... Alors, vous n'avez pas de pères ! »

Et il partit, quelque temps après, vers où déjà l'entraînaient toutes les forces intimes de son âme, vers le front. Il laissait sa mère dans une solitude affreuse.

Il fut frappé d'une de ces blessures qui ne pardonnent pas : un éclat d'obus dans l'abdomen. A son passage dans une première ambulance, on lui administra les derniers sacrements.

M. Degrelle, aumônier de l'ambulance 8/6, écrivait à Mme Rollot : « Je l'ai recueilli à mon poste de secours improvisé en plein champ, le lundi 22 dernier... J'ai eu le temps de causer avec lui en ami et en prêtre, de l'embrasser tendrement. Avant de partir, il m'a dit : « Ecrivez à ma mère que je souffre pour elle et pour mes frères. »

Ce n'était pas encore le moment suprême. Il était proche, et nous en trouvons l'émouvant récit dans cette belle lettre du R. P. Galtier S. J. : « Frappé d'un éclat d'obus au ventre, votre fils, Madame, nous est arrivé à l'ambulance dans un état désespéré. Lui-même ne s'en doutait pas; il m'a parlé de vous pour qui il avait tant d'affection. Il me disait que vous vous trouviez à Lourdes et qu'il serait si heureux de faire ce pèlerinage. Puis ayant perdu son chapelet pendant le combat, il me demanda le mien, et quand il l'eut récité, il me le remit. C'est ce chapelet, le dernier sur lequel votre enfant a prié, que je vous envoie.. Votre enfant a fait la mort d'un saint. J'ai vu, hélas ! mourir bien des soldats pendant cette guerre, rarement j'ai eu, comme auprès de votre fils, cette impression de candeur, de pureté, de sainteté. Il est au ciel, Madame... Il ne saura pas les tristesses de cette terre et le voici magnifiquement récompensé par Dieu qu'il aimait... »

Quelques jours avant sa mort, il avait écrit pour une amie de sa famille ce beau testament spirituel :

« Nous devons faire un coup de main ce soir; peut-être même continuer l'attaque bien menée jusqu'ici. Je veux donc te demander quelque chose avant de monter, au cas où je tomberais. Si je venais à mourir, je te demande comme un frère de consoler maman et de lui dire que je suis mort en parfait chrétien.

» Tu lui diras qu'avant de voir l'ennemi, j'avais offert ma vie à Dieu pour notre belle France, qui a besoin des sacrifices de ses enfants.

» Si quelqu'un de nous doit mourir, je demande que ce soit moi, qui suis inutile et ne peux faire grand bien. Mais de là-haut, je prierai pour mes frères et pour notre chère maman, qui aura besoin de beaucoup de courage. Sa foi en Dieu sera assez forte pour la consoler..

» Catholique et patriote, je suis heureux de défendre mon pays et ma foi. Je pars plein d'espoir dans la victoire, mon chapelet au poignet comme plaque d'identité et ne voulant penser qu'à la France... Quoi qu'il arrive, je suis prêt à tout, corps et âme; mais dis bien aux miens, si je tombe, que je meurs en bon chrétien, et que je les embrasse tous. »

Citation :

« Exemple vivant du devoir pour ses camarades, soldat remarquable de bravoure, mortellement blessé à son poste de combat. »

Médaille militaire. — Croix de guerre.

ROUVIER (Georges)

Né à Bordeaux, le 26 septembre 1887.
Mort à la bataille de l'Aisne, le 17 septembre 1914.
Elève au Pensionnat J.-B. de la Salle de 1899 à 1904.
Sous-Lieutenant de réserve au 144ᶜ régiment d'infanterie.

Son père, M. Joseph Rouvier, était au front, comme gestionnaire dans une ambulance, lorsqu'il apprit d'une manière tragique, la mort de son enfant. Nous ne saurions faire mieux que de transcrire ici quelques fragments de la lettre qu'il écrivit à sa femme, afin que les générations à venir puissent apprécier l'héroïsme trop méconnu de leurs pères et de leurs aînés.

« 26 septembre 1914.

» Ma chère Marguerite,

» Je t'écris aujourd'hui, jour anniversaire de la naissance de Georges, pour te confirmer la nouvelle douloureuse que j'ai prié M. le Curé de Sainte-Eulalie de te porter, il y a huit jours. Dieu nous a demandé un grand sacrifice; il faut le supporter en vrais chrétiens et en bons Français.

» Quand je t'ai écrit, la semaine dernière, que Georges avait été blessé, je savais qu'il avait été frappé à mort et qu'il avait expiré un quart d'heure après avoir été blessé.

» Depuis quatre jours déjà, mon ambulance était installée dans un village, à quelques kilomètres à peine d'un des points du champ de bataille où la lutte était la plus chaude. Et tous les jours arrivaient à l'ambulance des soldats ou des officiers blessés à qui je demandais de ses nouvelles. Le lundi, j'eus deux capitaines de son régiment, blessés légèrement... Tous deux, qui le connaissaient très bien, me firent le plus grand éloge de lui. Il faisait l'admiration de tous ses chefs, et l'opinion unanime était qu'il serait décoré avant peu. Dieu lui réservait une récompense plus haute !

» Le jeudi 17, je visitai l'ambulance, pour mon service, et me trouvai en présence d'un sous-lieutenant blessé, auquel je posai mes questions habituelles, sans dire qui j'étais. La fatale nouvelle me fut apprise. Georges avait été tué le matin !

» Je ne te dis pas quel moment je passai : ce fut terrible ! Mais j'avais mon service à assurer, et sans rien laisser paraître, j'assurai mon service. Le soir, au dîner, je ne pus cacher mes larmes; les deux capitaines, d'ailleurs, avaient appris la nouvelle avant moi, mais me l'avaient tenue cachée pour ne pas me faire de peine. Quelle nuit j'ai passée, tu peux le supposer !...

» A quatre heures du matin, je partais avec la voiture de l'ambulance, pour aller aux avant-postes, avoir des renseignements. Là j'appris par le major du régiment et par les fils B..., brancardiers, que Georges avait été blessé mortellement en entraînant sa compagnie; qu'on l'avait porté à l'abri d'une meule de paille où il avait expiré un quart d'heure après, et qu'on l'avait enterré dans le jardin d'une ferme voisine, à un endroit où il sera possible de le retrouver. Je voulais y aller tout de suite, mais j'en fus empêché, car les obus tombaient comme la grêle dans les environs immédiats.

I. Marcel PACALON.
II. Joseph PAULY.
III. Bernard PRÉLLE.
IV. Gérard RÉAU.

V. Antoine DE RESSÉGUIER.
VI. Pierre REVOLAT.
VII. Louis ROCH.
VIII. Georges ROUVIER.

IX. Jean SAUBESTRE.
X. Georges SCHMIDT.
XI. Henri SEGUIN.
XII. Henri SERVAT.

» On me remit quelques objets trouvés sur lui, notamment son chapelet, et on me promit de rechercher tout ce qui lui avait appartenu...

» Depuis, j'ai vécu des journées atroces. Heureusement, il me reste la nuit pour pleurer ! Dans la journée, il y a le devoir, et c'est un devoir qui, Dieu merci ! m'absorbe beaucoup. Mais précisément, la plus grande partie de mon temps est consacrée à faire inhumer des soldats ou des officiers morts à l'ambulance. Et ma pensée ne peut se dégager de mon pauvre enfant, enterré à quelques pas de moi, sans que j'aie pu l'assister à ses derniers moments, alors que j'assiste à l'enterrement de tant d'autres, inconnus de moi !...

» Et maintenant, il faut nous en remettre à la volonté de Dieu. Georges n'est plus : prions pour lui. J'ai déjà fait dire plusieurs messes à son intention.

» Ce matin, on m'a appris que Georges avait été cité à l'Ordre du jour de l'Armée pour sa belle conduite.

» Voici comment s'exprime cet ordre du jour :

« Le sous-lieutenant de réserve Rouvier a commandé depuis le 23 août 1914 sa compagnie, après la mort de son capitaine (tué à Charleroi) avec une intelligence, un sang-froid et une énergie incomparables; a toujours donné l'exemple du plus haut courage et a été frappé à mort en ramenant une section de sa compagnie dans une tranchée qu'elle avait abandonnée. »

Cet éloge du général en chef doit nous être une consolation dans la grande épreuve à laquelle Dieu a voulu nous soumettre.

J. ROUVIER, *capitaine de réserve.* »

En faisant parvenir cette Citation à M. Rouvier père, le chef de bataillon Bessan ajoutait :

« Je vous ai déjà exprimé toute la douleur que j'ai ressentie en le voyant tomber à la tête de sa compagnie, et toute l'admiration que m'avait fait éprouver sa manière de commander au cours des dures épreuves que nous avons traversées.

» Votre fils est tombé au Champ d'Honneur, comme un héros, face à l'ennemi. Il nous a donné à tous un bel exemple de courage, que nous serons jaloux d'imiter.

» Mes officiers et moi, mon cher camarade, nous inclinons respectueusement devant votre douleur et vous adressons nos plus sincères et nos plus vives condoléances. »

Le sous-lieutenant Rouvier fut fait chevalier de la Légion d'honneur, à titre posthume, avec la mention suivante :

« Excellent officier, d'une belle bravoure et de beaucoup d'allant. A été tué glorieusement au cours d'une attaque ennemie, au combat de la Pêcherie (Aisne), le 17 septembre 1914. »

Légion d'honneur. — Croix de guerre.

ROZIER (Robert)

Né à Bordeaux, le 1ᵉʳ avril 1896.
Mort à l'hôpital de Voirincourt (près Nancy), le 10 mai 1917.
Elève à l'Ecole Saint-Genès de 1903 à 1907.
Sous-lieutenant au 234ᵉ régiment d'infanterie.

A mérité quatre citations. Nous ne possédons le texte que des deux premières :

I. — A l'ordre de la Division (14 septembre 1916) :

« A fait preuve, le 3 septembre 1916, d'une énergie et d'un courage exemplaires; s'est élancé à l'assaut à la tête de sa section et a largement contribué, par son attitude et son initiative, au maintien de la position conquise. »

II. — « Excellent chef de section, d'une rare énergie et d'un dévouement à toute épreuve. S'est constamment fait remarquer, au cours de la campagne, par son entrain et son courage. Blessé grièvement à son poste, en première ligne, le 9 mai 1917. »

Croix de guerre avec deux palmes. — Médaille militaire. — Légion d'honneur posthume.

SABATIER (Albert)

Né à Bordeaux, le 26 mars 1888.
Mort à l'hôpital de Nogent-sur-Marne, le 11 septembre 1914.
Elève au Pensionnat J.-B. de la Salle de 1898 à 1904.
Sergent au 57ᵉ régiment d'infanterie.

Il fut blessé grièvement à la bataille de Guise (Aisne), le 28 août 1914 et mourut quinze jours après.

Citation à l'Ordre de l'Armée :

« Sabatier (Albert), sergent au 57ᵉ d'infanterie. En traitement dans un hôpital, sort, malgré l'avis des médecins, pour venir se battre sur le front. Blessé, il refuse de quitter le champ de bataille, et continue à commander son unité jusqu'à ce qu'une nouvelle blessure grave le mette définitivement hors de combat. »

Signé : FRANCHET-D'ESPÉREY.

Croix de guerre avec palme.

SAINT-BONNET (Jean)

Né à Bordeaux, le 27 mai 1896.
Mort près de Hardecourt (Somme), le 12 septembre 1916.
Elève à l'Ecole Saint-Genès, de 1909 à 1911.
Canonnier-servant au 27ᵉ régiment d'artillerie.

Fils d'un ancien élève, le jeune Jean Saint-Bonnet s'engagea dès qu'il eut atteint sa dix-huitième année. Il fut tué d'un éclat d'obus à la tête.

SARIC (Jean)

Né à Targon (Gironde), le 4 octobre 1893.
Mort à l'hôpital de Talence (Gironde), le 3 mai 1915.
Elève à l'Ecole Saint-Genès de 1904 à 1907.
Soldat à la 18ᵉ section d'infirmiers militaires.

Par suite de rhumatismes chroniques, il fut versé dans l'auxiliaire et affecté à la 18ᵉ section d'infirmiers. C'est en soignant ses camarades malades qu'il contracta la grippe infectieuse à laquelle il succomba. C'était le fils du docteur Th. Saric, conseiller général du canton de Targon.

SAUBESTRE (Jean)

Né à Tardets (Basses-Pyrénées), le 23 juillet 1893.
Mort dans la presqu'île de Gallipoli (Turquie), le 7 août 1915.
Elève au Cours normal de Saint-Genès en 1912.
Caporal au 175ᵉ régiment d'infanterie.

Issu d'une famille foncièrement chrétienne de Tardets, Jean Saubestre fréquenta l'école chrétienne de la localité et il vint à l'Ecole Saint-Genès parfaire, au Cours normal, sa préparation au brevet d'instituteur. Muni de son diplôme, en octobre 1912, il se consacrait à l'enseignement libre, avec un généreux dévoûment, à l'école même de sa formation, quand la guerre éclata.

Dès les débuts, il fut incorporé au 12ᵉ régiment d'infanterie, à Tarbes, en septembre 1914. Parti pour Saintes dans les premiers jours de mars 1915, Jean Saubestre se vit versé au 175ᵉ de ligne et dirigé sur Marseille pour l'Orient, où il fut tué dans les premiers jours du mois d'août.

Sous le titre : *Un de nos instituteurs libres mort en brave*, la « Semaine religieuse de Bayonne » relatait ainsi sa fin héroïque.

« La paroisse de Tardets vient de perdre l'adjoint de son école libre de garçons, Jean Saubestre, caporal au 175ᵉ régiment d'infanterie, mort glorieusement le 7 août, dans la presqu'île de Gallipoli, au moment où, à la tête des soldats de son escouade, il atteignait une tranchée turque.

» Voici en quels termes son capitaine annonça la douloureuse nouvelle à un ami de la famille : « Saubestre est mort en brave, d'une balle à la tête, sur le para-» pet de la tranchée ennemie, pendant qu'il enlevait ses hommes sous un feu ter-» rible. Il fut tué aux côtés de son lieutenant : ils tombèrent tous les deux côte à » côte et leurs corps sont restés aux mains des Turcs.

» Beau soldat, énergique et brave, Saubestre était apprécié et aimé de ses chefs » et de ses hommes. »

» Cet éloge était bien mérité : dans toutes les rencontres, Saubestre fut admirable de courage et d'entrain, toujours au premier rang en face de l'ennemi. Son courage était d'ailleurs puisé à la meilleure source, celle des sentiments chrétiens.

» Après une charge à la baïonnette, il écrivait à sa famille « Mon sang bouillon-» nait et je puis vous dire que je n'ai pas eu peur; j'ai pour principe : « Fais ton »-devoir, advienne que pourra; Dieu veille sur toi, il ne t'arrivera rien sans son » ordre ou sa permission. »

» Une autre fois, une balle explosive cassa son fusil en deux et fit sauter les huit cartouches du magasin; les éclats traversèrent sa capote et son képi sans le blesser lui-même. « Je le vois, écrivait-il, Dieu et la Sainte Vierge me protègent et je les remercie de tout mon cœur. »

» Mais il ne s'attendait guère à retourner en France : il avait le pressentiment qu'il n'échapperait pas toujours à la mort. Il le disait dès les premiers combats, dans une lettre, et son pressentiment ne l'a pas trompé : il l'a aidé, au contraire, nous n'en doutons pas, à se tenir à tout moment prêt à paraître devant Dieu. Des soldats de son escouade et ceux originaires comme lui du pays de Soule ont été unanimes à regretter celui qu'ils appelaient, dans leurs lettres, leur « bon caporal », leur « excellent camarade ». Avec eux, il récitait le chapelet tous les soirs, suivant une habitude chère à la plupart des familles basques. Il aimait à entretenir en eux la bonne humeur, l'entrain, la confiance, le courage, l'esprit de fraternité par son exemple aussi bien que par ses paroles, et il se plaisait à leur rendre tous les services possibles, partageant avec eux le contenu des colis qu'il recevait de sa famille.

» Malgré l'éloignement et deux années de séparation imposés par le service militaire, il était resté toujours attaché à l'école libre de Tardets. Lorsque, à la suite du départ de M. le Directeur, mobilisé lui aussi, le service de cette Ecole fut assuré par le concours inappréciable de personnes dévouées de la localité, il manifestait son contentement dans une lettre adressée, le 18 mai 1915, à M. le Doyen de Tardets :

« Quoique éloigné de France, je pense souvent à ma petite école, à ses chers » élèves. Je suis heureux d'apprendre que, malgré le départ de M. Egurbide, le ser- » vice continue d'être régulier, notre école ne se perdra pas. J'ai pu voir de mes » propres yeux combien les écoles chrétiennes sont populeuses en Orient.

» A Alexandrie, surtout, les écoles des Frères et des Sœurs regorgent d'enfants. » Ces braves petits nous ont fait une réception triomphale : alors que le sac bien » chargé, l'arme sur l'épaule, nous cadencions le pas dans la rue, leur vue m'a » causé tant de plaisir que je n'ai pu m'empêcher de crier : « *Vive l'Ecole chré-* » *tienne !* » Le lieutenant commandant la section m'a bien regardé, mais il ne m'a » rien dit. D'ailleurs les cris : « *Vive la France et les Français* », poussés par des » milliers de petites poitrines l'ont touché autant que moi. »

» Plaise à Dieu que la mort glorieuse de notre ami Saubestre contribue, avec celle de tant de milliers de victimes de la guerre, au salut de la Patrie et à la restauration de l'éducation chrétienne dans toutes les écoles de France ! »

SCHMIDT (Georges)

Né à Bergerac (Dordogne), le 10 octobre 1878.
Mort aux Alleux (Ardennes), le 31 août 1914.
Elève au Pensionnat J.-B. de la Salle de 1889 à 1896.
Lieutenant au 107ᵉ régiment d'infanterie.

Officier de carrière, ancien élève de Saint-Maixent.
Citation à l'Ordre du jour de l'armée :
« Brillante conduite au combat du 31 août 1914, où il a fait preuve d'un sang-froid remarquable en maintenant sa section de mitrailleuses en position, malgré un ennemi supérieur en nombre. A été tué au cours de ce combat. »
Légion d'honneur posthume. — Croix de guerre avec palme.

SEGUIN (Henri)

Né le 28 octobre 1889.
Mort des suites de blessures reçues au combat de Scoura (Maroc),
le 22 août 1917.
Elève à l'Ecole Saint-Genès de 1904 à 1907.
Lieutenant au 7ᵉ régiment d'infanterie coloniale.

Après deux ans de service dans un régiment de ligne, notre camarade fut mobilisé le 2 août 1914, comme sergent de réserve : il avait alors vingt-quatre ans. Affecté aux troupes coloniales, il y conquit, par sa bravoure, tous ses grades et venait d'être nommé lieutenant titulaire le 6 juillet 1917, lorsqu'il tomba, mortellement frappé, deux jours après. Sa mort ne fut pas immédiate. Durant un mois et demi, il traîna une lente agonie, pendant laquelle son courage et son énergie ne se démentirent jamais. Le lieutenant Lhoste, son ami, pouvait écrire à ses parents : « Catholique pratiquant, votre cher fils a reçu à temps tous les secours de la religion. Il est mort en vaillant soldat et en bon chrétien. »

Ses obsèques, célébrées à Fez, furent l'occasion d'une magnifique manifestation de sympathie de la part de toute la garnison. Nous laissons la parole au capitaine Mesureur, adjoint au colonel commandant le 5ᵉ régiment colonial, qui rend compte, à la famille, de cette touchante cérémonie :

« Monsieur,

» Je suis chargé par le lieutenant-colonel Celler, commandant le 5ᵉ régiment colonial au Maroc, de vous exprimer toute la part qu'il prend, que nous prenons tous, à votre immense douleur.

« La garnison de Fez a fait ce matin, au lieutenant Seguin, des obsèques solennelles. Tous les officiers du régiment, la plupart des officiers de la garnison étaient présents et, en particulier, le colonel Berriau, commandant la subdivision de Fez, le colonel Tisseyre, commandant le groupe mobile de Fez, le lieutenant-colonel Celler, commandant le 5ᵉ régiment colonial, le médecin principal Poullain, médecin-chef de la subdivision, ainsi que Mᵐᵉ Celler, Mᵐᵉ Poullain, toutes les infirmières de la Croix-Rouge de l'hôpital...

« Le lieutenant Lhoste qui, vous le savez déjà, a été pour votre fils un ami de toutes les minutes, et qui ne l'a pas quitté, a prononcé un discours vibrant d'émotion, retraçant toute sa carrière; ce qu'il a fait sur le front, ce qu'il a fait au Maroc. Puis, ce fut le chef de bataillon Laurent, son chef de bataillon...

» Le lieutenant-colonel Celler, commandant le régiment, a ensuite lu toutes les citations que vous connaissez, et le colonel Berriau, en quelques mots, s'est associé à l'hommage rendu à ce soldat tombé si jeune... Je vais m'entendre avec Lhoste pour rassembler le texte de tous ces discours; il vous les enverra... »

ALLOCUTION DU LIEUTENANT LHOSTE (1)

« A titre tout personnel d'ami de notre cher défunt, je viens lui adresser un dernier adieu.

» C'est après l'admirable et inespéré choc en retour de la Marne que je passais au 7ᵉ colonial. Je ne tardais pas à y faire la connaissance d'un jeune homme distingué, cultivé, plein d'allant, amène, toujours gai : c'était le sergent Seguin.

(1) Le Lieutenant Lhoste est actuellement Directeur du Pensionnat Saint-Gilles, à Moulins.

» Les sanglants combats de Belgique, les rudes épreuves de la retraite, avaient montré de quelle trempe était son caractère. Il n'avait alors que 24 ans, était connu de ses hommes depuis un mois à peine, et tous, cependant, j'en ai été témoin, revendiquaient l'honneur d'être conduits au feu par ce jeune homme qui avait su les enthousiasmer. L'appréciation de ses subalternes en de pareilles circonstances, n'est-ce pas un critérium ?

» Au 2 octobre 1914, sa sereine bravoure était récompensée par l'épaulette. A ses côtés, j'avais le même honneur. Notre amitié naissante en était raffermie.

» Cependant, au sein des difficultés, des épreuves les plus variées des champs de bataille, se faisait jour sa vraie vocation. Il aspirait à faire partie des cadres actifs. Il se sentait de taille à remplacer quelqu'un de ces merveilleux officiers de carrière, tombés si nombreux, surtout au début des hostilités, en Belgique. Il se sentait l'âme assez noble, assez grande pour les venger.

» Ses chefs qui, en maintes circonstances, avaient pu apprécier son heureux caractère, sa constante jovialité, son calme et son sang-froid imperturbables, la sûreté de son coup d'œil, sa promptitude de décision aux instants critiques; eux, qui, comme moi, avaient été témoins de ses nombreuses prouesses personnelles en Champagne, dans l'Argonne, sur la Somme, toutes qualités si bien résumées en trois éloquentes Citations, s'empressaient de lui tendre les bras. Son rêve était réalisé. Il était officier de l'active.

» Au Maroc, j'avais le bonheur de retrouver cet ami. Il allait y montrer les mêmes qualités de cœur, les mêmes qualités militaires qui le faisaient unanimement apprécier.

» Durant la dernière colonne, pendant les pénibles journées de Scoura, il fut constamment lui-même, c'est-à-dire un charmant camarade, un guerrier intrépide, un brave qui donne toujours à l'héroïsme sa pleine mesure.

» Des voix plus autorisées que la mienne vous diront quelle fut en cette occasion sa belle conduite, comment il fut blessé grièvement...

» Va, mon cher Seguin, emporte en l'au-delà toute l'affection d'un père et d'une mère, qui t'aimaient tendrement, toi, leur fils unique, emporte tous nos regrets, emporte toute mon amitié.

» Va vers Dieu, pour qui tu avais une foi si ardente, pour qui tu as souffert si vaillamment. Va vers Dieu si miséricordieux pour ceux qui, comme toi, ont sacrifié leur vie sur l'autel de la Patrie. »

Citations :

I. — A l'ordre de la 6° Brigade. — 9 janvier 1915 :

Seguin (Henri), sous-lieutenant de réserve :

« Depuis le début de la campagne a montré le plus bel exemple d'énergie et de courage dans toutes les opérations effectuées par son régiment, notamment dans celles du 30 décembre au 4 janvier. Le 31 décembre au soir, malgré une attaque allemande très violente, a réussi à assurer, dans des conditions particulièrement difficiles, la liaison entre les unités voisines et à faire respecter l'inviolabilité du front. »

II. — A l'ordre du 3° Corps d'Armée. — 6 mars 1916 :

« Officier-grenadier du bataillon, a conduit avec énergie une attaque à la grenade et a su maintenir ses hommes sous un feu extrêmement violent de l'ennemi. S'est déjà signalé en maintes circonstances, particulièrement en Argonne, où il fut cité. A été blessé au cours de l'offensive de septembre et est revenu au front à peine guéri. »

Signé : NIVELLE.

III. — A l'ordre de l'Armée. — 11 août 1916 :

Henri Seguin, lieutenant au 7ᵉ d'infanterie coloniale.

« Jeune officier superbe au feu. Ne cesse d'être un exemple d'énergie et de mépris du danger. Brillante conduite au combat du 1ᵉʳ juillet 1916, au cours duquel il a été blessé. »

IV. — Nommé chevalier de la Légion d'honneur le 9 juillet 1917, avec le motif suivant :

« Commandant une section de mitrailleuses au combat de Scoura, le 8 juillet 1917, et assailli par un ennemi nombreux et mordant, a montré la plus grande bravoure et a dirigé avec sang-froid un tir très ajusté de sa section, permettant ainsi un repli des fractions en contact immédiat. A été grièvement blessé en voulant occuper une nouvelle position. »   Signé : LYAUTEY, *résident général.*

Le jour de ses obsèques, après avoir lu devant toutes les troupes ces quatre magnifiques citations, le colonel Celler a conclu son allocution par cet hommage :

« Lieutenant Seguin, vous avez été un homme de devoir, vous avez bien mérité de la Patrie : Dieu ne peut que vous être miséricordieux ! »

SERVAT (Henri-Raymond)

Né à Bordeaux, le 12 février 1889.
Mort à Saint-Vincent (Luxembourg belge), le 23 août 1914.
Élève au Pensionnat et à l'École Saint-Genès de 1899 à 1905.
Sergent au 7ᵉ régiment d'infanterie coloniale.

« Après une enfance et une jeunesse studieuse, Henri Servat était devenu le seul soutien d'une mère veuve et peu fortunée; l'union entre eux était des plus touchantes. Appelé sous les drapeaux, dès les premiers jours de 1914, ils se séparèrent courageusement : « Prie, et quoi qu'il arrive, fais toujours ton devoir ! » Ce sont les dernières paroles de cette mère qui ne devait plus revoir son fils. Henri partait avec le 7ᵉ colonial, qui fut fauché à Saint-Vincent (Luxembourg belge).

» A la date du 22 août 1914, Henri était porté disparu; durant trois ans, sa malheureuse mère fit des recherches, se refusant, n'ayant pas de certitude, à croire à la réalité de son malheur... En novembre 1917, elle s'éteignait, ne pouvant plus supporter le poids de sa douleur.

» Aussitôt la guerre terminée, j'écrivis au curé de Saint-Vincent, qui nous confirma ce que des compagnons d'Henri, échappés au carnage, nous avaient fait déjà pressentir : Henri, tombé mortellement blessé le 22 août 1914 (blessure au ventre), fut ramassé sur le champ de bataille et soigné par des religieuses dans une chapelle où des blessés avaient été recueillis; le lendemain, 23 août, il expirait en murmurant : « Je meurs devant l'autel ! »

» Son souvenir restera vivant dans le cœur de tous ceux qui l'ont connu, Henri Servat était une âme d'élite. — Le 19 août 1919, une religieuse de Saint-Vincent nous a envoyé le carnet de route d'Henri, maculé de son sang, et qui venait d'être retrouvé sur le champ de bataille de Bellefontaine; comme en-tête, il avait inscrit : « Carnet d'excursion à Berlin »... Il a été inhumé, avec un millier de ses camarades, dans un bois, au pied d'une petite chapelle; cela eût été un adoucissement à la douleur de sa mère, si elle avait su que son fils adoré avait eu les yeux fermés par de pieuses mains. » — (Lettre de Mᵐᵉ L.-D., amie de la famille, 29 mai 1922).

SICAUD (Fernand-Pierre)

Né à Bourg-sur-Gironde, le 23 mai 1892.
Mort à Gallipoli (Dardanelles), le 2 mai 1915.
Elève à l'Ecole Saint-Genès de 1908 à 1911.
Caporal au 18ᵉ régiment d'infanterie.

M. Sicaud père, pharmacien à Bourg-sur-Gironde, annonçant à M. Blattes la mort de son fils, s'exprimait ainsi : « J'ai la très grande douleur de vous apprendre que mon pauvre Fernand a été tué aux Dardanelles; j'ai reçu cette triste nouvelle par un de ses amis du front; il me dit :

« ...Fernand est mort sans souffrir d'une balle qui, entrant par les reins, est venue sortir par le front, au moment où, comme caporal (il remplaçait alors son sergent absent) il rentrait le dernier dans une tranchée-abri... »

» Son camarade me fait, par une lettre de six pages, l'éloge de mon pauvre fils, mort en accomplissant son devoir de bon Français et de gradé; l'expression de son visage était la paix éternelle et un calme complet. Et il ajoute : « Quand je le revois devant mes yeux, quand son image se présente à ma mémoire, je me sens plus fort et il ne me vient que des pensées nobles à l'esprit. »

» Je remercie ses maîtres, et vous en particulier, cher Monsieur, d'en avoir fait un héros, mort au champ d'honneur pour la Patrie. Ses bonnes qualités nous faisaient tant espérer de l'avenir que la séparation en est plus cruelle... »

Fernand Sicaud fit la campagne de Belgique, avec le 18ᵉ régiment d'infanterie, la retraite de Charleroi; prit part à la première bataille de la Marne, aux combats du Chemin-des-Dames et de la Ville-au-Bois. Blessé aux deux bras : une balle lui traversa l'avant-bras droit, une autre le coude gauche; dut être évacué.

Au début de 1915, bien qu'ayant le bras gauche ankylosé, il fut incorporé au 175ᵉ régiment d'infanterie et partit pour Gallipoli, où il fut tué le 2 mai, en entraînant sa section à l'assaut.

En exprimant ses condoléances aux parents de Sicaud, son capitaine écrivait qu'il s'était fait remarquer comme un soldat plein de cœur et d'allant, et désirant qu'on fit des démarches pour une Citation, donnait les notes qu'il aurait mises à son ancien caporal :

« Soldat très brave et très courageux, ayant à un très haut point l'esprit du devoir et ayant, dans maintes circonstances, aidé le commandement par son action personnelle. Blessé de trois balles de mitrailleuse à un bras, le 12 octobre, jour de l'attaque du plateau de Vauclerc. »

Médaille militaire posthume. — Croix de guerre.

SIMON (René)

Né à Bordeaux, le 4 janvier 1893.
Mort à Amillis (Seine-et-Marne), le 5 septembre 1914.
Elève à l'Ecole Saint-Genès de 1899 à 1906.
Maréchal des logis au 20ᵉ dragons.

Il fut une des premières victimes de la guerre, alors que se prenaient les dernières dispositions pour la victoire de la Marne. Sa mort met en relief la place — place déjà grande — qu'il avait su se créer.

La lettre suivante indique dans quelle haute estime le tenaient ses supérieurs.

« Le 21 décembre 1914.

» Monsieur,

» J'ai eu sous mes ordres, dans mon peloton, le maréchal des logis Simon. Je peux donc — et je crois que c'est un devoir pour moi de le faire — vous en parler aujourd'hui.

» Au quartier, à Limoges, j'avais pu apprécier son intelligence vive, son entrain jeune et sa bonne volonté. Je n'eus jamais aucun reproche à lui faire au sujet de l'exécution de son service, ou de sa tenue, qui fut toujours très bonne.

» Pendant la guerre, il se montra doué de beaucoup d'audace et d'un grand sang-froid. Il commanda plusieurs reconnaissances périlleuses, je l'emmenai moi-même dans une reconnaissance qui dura trois jours, à l'époque où nous étions en Lorraine. Je fus très heureux, pendant ce temps, d'avoir un second qui était pour moi un camarade.

» Au cours de la retraite sur la Marne, le 5 septembre, alors que le 20ᵉ dragons était aux avant-postes à Choisy, Simon fut envoyé en patrouille avec quelques hommes vers des villages voisins.

» Le soir, il voulut regagner les lignes françaises. Les Allemands avaient progressé. Le régiment s'était retiré vers le sud. Votre fils se trouvait donc au milieu des lignes ennemies. En arrivant auprès du village d'Amillis, il aperçut une sentinelle couchée le long de la route.

» Il observa un instant à la jumelle et continua de s'avancer en tête de ses cavaliers. Il pensait sans doute, m'a dit le seul survivant dont je tiens ces détails, qu'il était en présence de soldats anglais.

» Il n'était plus qu'à cent mètres du village, quand une troupe plus nombreuse, cachée derrière un mur, sortit de son abri. Simon commanda immédiatement : « demi-tour ! » mais le feu violent ouvert sur ces quelques cavaliers n'épargna qu'un seul homme.

» Comme chef, je regrette la perte d'un subordonné qui m'était cher. Il est tombé en faisant son devoir. J'en suis fier, je l'admire !

» C'est un devoir pour moi, en même temps qu'une fière consolation, de pouvoir faire, à sa famille même, ce dernier éloge d'un enfant trop tôt disparu.

» Permettez-moi, Monsieur, de m'associer à votre douleur, comme je m'associe à votre fierté.

» Lieutenant R... »

Une autre lettre, signée de ses camarades sous-officiers, témoigne la sympathie que René Simon avait su se concilier parmi ses égaux.

Citation à l'Ordre du Régiment :

« S'est distingué plusieurs fois en reconnaissance. A été tué d'une balle en pleine tête le 5 septembre 1914, à Amillis, au cours d'une reconnaissance périlleuse, dans un pays sillonné de patrouilles ennemies. »

Croix de guerre.

SISSOKO (Pierre-Joseph-Marie)

Né à Saint-Louis (Sénégal), le 23 mars 1898.
Mort à l'hôpital militaire de l'Esplanade, à Perpignan, le 11 février 1919.
Elève à l'Ecole Saint-Genès de 1908 à 1915.
Soldat au 76ᵉ régiment d'infanterie.

Parti pour le front le 20 juin 1918, il était en ligne dans le bois de Condé lors de l'attaque allemande du 15 juillet. Sa compagnie fut très éprouvée, lui-même dut être évacué le 16.

Le 28 août, il rejoignait le 76ᵉ d'infanterie à Frouard (fort). (Là s'arrêtent les notes de son carnet de route).

Evacué de nouveau, pour la grippe, à l'hôpital de Perpignan, son état ne tarda pas à s'aggraver, d'autant qu'il avait été intoxiqué par les gaz.

La lettre suivante de M. le Chanoine Bergès, aumônier militaire, donne de touchants détails sur sa maladie et sa mort :

« Perpignan, le 26 février 1919.

» Cher Monsieur,

» Je me fais un plaisir de vous donner les renseignements que vous me demandez sur ce cher Joseph Sissoko, dont le souvenir m'est si édifiant et qui, si fréquemment, m'avait parlé de ses anciens maîtres, en un accent plein de sa fidèle gratitude.

» Entré à l'hôpital pour une grippe, on n'avait pas tardé à s'apercevoir qu'il était atteint plus profondément et d'une façon plus irrémédiable... Dès son arrivée il me demanda de lui apporter la Sainte Communion et, malgré la souffrance qu'il ressentait, c'est toujours dans une attitude pleine de respect qu'il recevait la visite de Notre Seigneur, ne se souciant pas des critiques ou des plaisanteries déplacées qui auraient pu lui venir des nombreux camarades qui occupaient la même salle que lui.

» Dès que son état m'a obligé de lui proposer de recevoir le sacrement de l'Extrême-Onction, il l'a accepté volontiers et c'était vraiment touchant de voir sa bonne mère, dont la présence procura à ses derniers jours de si douces consolations, s'unir au sacrifice de son enfant, en me secondant pour l'administration du Sacrement... »

SOYRES (Jean de)

Né le 25 mars 1889.
Mort à Flirey, le 30 décembre 1914.
Elève au Pensionnat et à l'Ecole Saint-Genès de 1902 à 1905.
Sergent au 344ᵉ régiment d'infanterie.

Engagé volontaire, avait dû partir la veille de l'enterrement de son frère aîné, noyé accidentellement à Royan.

Etait le frère de notre vaillant camarade, le lieutenant Bertrand de Soyres.

Citation :

« Sous-officier plein d'énergie, a toujours donné à ses hommes le plus bel exemple. Tué glorieusement aux tranchées de Flirey, en accomplissant son devoir. »

Médaille militaire. — Croix de guerre.

SUBERVIE (Joseph-Léopold)

Né à Bordeaux, le 9 mai 1894.
Mort à Vauclerc (Aisne), le 5 mai 1917.
Elève à l'Ecole Saint-Genès de 1904 à 1908.
Sergent grenadier au 57ᵉ régiment d'infanterie.

Incorporé le 5 septembre 1914, il partit pour le front le 11 novembre; successivement caporal, puis sergent, se distingua toujours par son courage et sa belle humeur. La veille de sa mort, le 4 mai 1917, il écrivait à ses parents : « Il y aura du nouveau demain, sous le beau ciel de France et surtout dans notre secteur. Mais, hélas ! quelle omelette !... avec un temps si beau, trop beau pour une guerre; combien vont tomber !... Et cependant nous avons confiance dans le succès de notre attaque : Dieu sera avec nous. Nous montons ce soir, et demain, cela y sera... Courage, chers parents :... c'est pour la France et pour Dieu !... »

Ce fut sa dernière lettre : elle donne la mesure de la foi, du courage et de l'enthousiasme de ce brave enfant de vingt ans !...

Citation à l'Ordre de la Brigade :

« Sous-officier courageux et énergique. Tombé glorieusement le 5 mai 1917, à onze heures du matin, à l'attaque du plateau de Vauclerc (Aisne), alors que, sous un feu meurtrier d'obus de gros calibre, il maintenait une liaison difficile avec la compagnie voisine. »

Médaille militaire. — Croix de guerre.

SUBILEAU (René)

Né à Bordeaux, le 3 avril 1890.
Mort à Taveinne, le 23 août 1914.
Elève au Pensionnat et à l'Ecole Saint-Genès de 1901 à 1908.
Sous-Lieutenant au 4ᵉ régiment de zouaves.

Aucun renseignement ne nous a été fourni.

TARIS (Yves)

Né à Bordeaux, le 29 août 1898.
Mort à Thiaumont, le 5 juillet 1916.
Elève à l'Ecole Saint-Genès de 1904 à 1912.
Sergent au 293ᵉ régiment d'infanterie.

A la déclaration de guerre, Yves Taris n'avait que seize ans. Ame ardente et généreuse, il regrettait amèrement que son âge le condamnât à l'inaction. A dix-sept ans révolus, il signe enfin son engagement, et, un mois après, sur sa demande, il est au front. Six mois plus tard, il était sergent.

» Le sergent Taris, écrit le sous-lieutenant Massé, était un des sous-officiers que j'estimais le plus, brave jusqu'à la témérité parfois, ayant de l'autorité sur ses hommes, malgré sa jeunesse et son peu d'expérience militaire, je le considérais comme un précieux camarade de combat. »

Il jouissait auprès de ses chefs et de ses camarades d'une extraordinaire popularité. « Ici, écrit-il lui-même, à la compagnie, je n'ai pour les officiers et pour les hommes qu'un seul nom « le petit sergent »; mais je vous assure que lorsqu'il faut faire une patrouille ou poser des fils de fer, les hommes ne veulent aller qu'avec « le petit sergent ».

Il avait refusé de préparer son examen d'aspirant, pour rester à son cher 293ᵉ. « J'aime mieux, disait-il, ces galons que j'ai gagnés sur le champ de bataille. »

Il fut bientôt titulaire d'une première Citation à l'Ordre du Régiment :

« Grenadier volontaire. Blessé légèrement, au cours d'un combat, d'un éclat de grenade, se fait panser sommairement et retourne immédiatement prendre part à la lutte. Après la relève de sa section, demande à conserver avec la section suivante son poste de grenadier. »

Le 20 février 1916, il recevait, des mains du Président de la République, la Médaille militaire, avec la Citation suivante :

« Grenadier très audacieux. Blessé au début d'un combat, s'est fait panser et est retourné prendre part à la lutte avec plus d'énergie et d'entrain.

» Le 13 février 1916, est resté à son poste malgré un bombardement extrêmement violent, et la plupart de ses hommes ayant été mis hors de combat, en a rassemblé d'autres avec lesquels il est revenu prendre sa place au feu. »

Le commandant Le Dantec, un fier soldat, nous a laissé de cette prise d'armes une description pittoresque :

« Le souvenir le plus frappant que j'ai de Taris, nous dit-il, remonte au 20 février, le jour où loqueteux, dépenaillé, sans armes ni équipement, coiffé d'un képi trop petit, vêtu d'une capote trop courte et déchirée (effets qu'il avait trouvés je ne sais où, les siens étant restés dans l'abri où il avait été enseveli), il était décoré devant moi par le Président de la République, à la revue de Cuperly. »

Et le commandant Le Dantec ajoutait : « C'était un des plus braves soldats que j'aie connus. »

Taris lui-même nous a laissé un récit de l'exploit qui lui avait valu sa Médaille militaire :

» Le 13 février, ma section se trouvait en seconde ligne, lorsque survient un bombardement terrifiant; en deux heures, il ne me reste plus un homme : tous étaient tués ou engloutis. Quand le bombardement prit fin, les boches sautaient leur tranchée, et après avoir pris notre première ligne, arrivaient en trombe sur la deuxième. A ce moment, abandonné de tous, malgré les nombreux fusants qui ne cessaient d'éclater au-dessus de moi, j'eus encore la force d'établir un barrage dans le boyau et de brûler onze paquets de cartouches sur les Allemands distants parfois de dix mètres.

» Manquant de munitions, touché à la tête, je fus obligé de me retirer une centaine de mètres, et là, ralliant les épars, nous revînmes à la contre-attaque à la grenade, et sur ce point nous arrêtâmes complètement l'ennemi. »

Ce soldat, brave entre tous, collectionnait les Citations :

A l'Ordre du Régiment :

« Gradé des plus courageux, ayant fait ses preuves. Ayant été fait prisonnier, a pu s'échapper avec les plus grandes difficultés et a rejoint nos lignes. »

A l'Ordre de la Division :

« Volontaire pour une reconnaissance périlleuse, s'est acquitté de sa mission avec le plus grand courage et a disparu dans les lignes ennemies malgré la plus héroïque défense. »

Le 5 juillet 1916, en effet, le régiment où servait le sergent Taris avait reçu l'ordre d'attaquer l'ouvrage de Thiaumont. On avait fait appel aux volontaires pour la reconnaissance du terrain. Comme toujours, Taris avait revendiqué l'honneur de remplir cette périlleuse mission. A cinq heures du soir, il dépassa la ligne française, et depuis, nul n'a jamais entendu parler de lui. Vraisemblablement, il a été victime du bombardement, intense sur ce point.

Le Ministre de la Guerre a cru devoir lui accorder la Croix de la Légion d'honneur à titre posthume, — cas extrêmement rare pour un sous-officier, — ce qui, avec sa Médaille militaire et ses quatre citations, lui assure un rang unique dans l'armée française, si l'on considère qu'il n'avait pas encore dix-huit ans. Le motif de promotion dans l'Ordre de la Légion d'honneur répétait sa quatrième Citation déjà donnée.

Légion d'honneur. — Médaille militaire. — Croix de guerre. — Quatre Citations.

TASTET (Roger)

Né à Bordeaux, le 30 juillet 1894.
Mort à Lizerne (Belgique), le 3 mai 1915.
Elève au Pensionnat et à l'Ecole Saint-Genès de 1901 à 1908.
Caporal, engagé volontaire au 418ᵉ régiment de marche.

Une lettre d'un ami fait connaître les détails de sa mort :

« Le 3 mai, vers deux heures de l'après-midi, en toute hâte on me prévient au petit poste avancé de secours : « R..., viens vite, Tastet est blessé ! » Un obus avait éclaté à ses côtés : la tranchée démolie, Roger avait été recouvert par la terre ainsi que deux de ses camarades qui furent tués net. Tandis que les obus pleuvaient dru, comme du reste toute la matinée, après un pansement sommaire, on commençait à le transporter. Combien touchant, le geste de l'ami L..., brancardier du 3ᵉ bataillon, avec un stoïque mépris du danger, franchissant les passages périlleux et demandant : « Me reconnais-tu, Roger ? — » Oui, dit-il, c'est toi mon ami L..., suis-je bien blessé ? Je sens que j'ai la cuisse » brisée. — Ce n'est rien, je vais bien te soigner et te faire emporter. »

» Avec le caporal M..., nous l'avons porté au poste de secours de Pipegale, en arrière de Lizerne, où il avait été blessé.

» Enfin, Roger vivait encore : durant ce court trajet, notre ami riait, plaisantait; il nous a même dit : « Je suis content, je vais pouvoir revenir en France. »

» Tout d'un coup, il devint très pâle; le major était là. Pendant plus d'une demi-heure nous lui fîmes la respiration artificielle. Mais le sang coulait : il avait la jambe droite cassée et quatre gros éclats d'obus à l'autre. Malgré les gourrats et les ligatures, on n'a pu arrêter l'hémorragie.

» J'allai chercher l'aumônier qui récita les prières de circonstance, et tous les camarades nous procédâmes de notre mieux à l'inhumation... »

Médaille militaire. — Croix de guerre.

TASTET (Paul)

Né à Bordeaux, le 26 décembre 1898.
Mort à la ferme de Beaurepaire, commune de Longpont (Aisne),
le 1er juin 1918.
Elève à l'Ecole Saint-Genès de 1906 à 1916.
Canonnier au 29e régiment d'artillerie de campagne.
Frère du précédent

Encore élève à Saint-Genès, dans des souhaits de bonne année à sa grand'-mère, en 1915, Paul disait entre autres choses : « La guerre fait hélas ! bien des ruines, elle laissera bien des mères et des veuves éplorées et de pauvres petits orphelins; mais cependant elle aura occasionné un grand bienfait : elle aura ravivé la Foi dans le cœur de bien des Français. Et nous vaincrons, parce que nous sommes la force et que notre cause est juste et soutenue de Dieu.

» Je regrette de n'être pas encore mobilisable, mais si je vais à la guerre, je servirai la France, mon pays. Si j'y meurs, je serai plus vite au Ciel; et si j'en reviens, je serai fier qu'on dise de moi : « Il a été à la guerre, c'est un brave. » Pour le moment, je lutte d'émulation et de bons efforts sur le champ de bataille scolaire... »

Au mois d'août suivant, le cher Paul annonce à sa grand'mère son brillant succès au baccalauréat de philosophie et la remercie de ses prières, qui ont été largement exaucées. Et il ajoute : « Je quitte Saint-Genès, où j'ai passé dix heureuses années de ma vie. Je puis dire « heureuses », car j'ai été bien élevé et bien instruit, par de bons maîtres. Papa et maman reconnaîtront, et je pense, reconnaissent déjà les bienfaits de cette bonne éducation qu'ils m'ont fait donner et ne regretteront point leurs sacrifices d'argent. Quant à moi, je leur dois un amour encore plus grand et à mes maîtres une grande reconnaissance. Je n'oublierai jamais cela. »

Charmante fleur de Saint-Genès, elle devait s'épanouir dans toute sa beauté, dans les jardins du Ciel.

Citation :

A l'Ordre du Régiment, 12 juin 1918 :

« Le lieutenant-colonel Gèze, commandant le 29e Régiment d'artillerie, cite à l'Ordre du Régiment : Tastet (Paul-Etienne), classe 1918, de la 3e batterie : Excellent canonnier. Tombé glorieusement à son poste le 1er juin. »

Médaille militaire. — Croix de guerre.

TAVERNIER (Olivier-Joseph)

Né à Bordeaux, le 10 février 1885.
Mort à Viviers (Lorraine), le 20 août 1914.
Elève au Pensionnat J.-B. de la Salle de 1891 à 1903.
Soldat au 344e régiment d'infanterie.

Avant la guerre, était attaché au Comptoir d'Escompte de Paris (agence de Bordeaux). Laisse une veuve et un enfant de trois ans.

Citation :

« Soldat brave et dévoué. Mort pour la France en se portant à l'assaut des positions ennemies, à Viviers (Lorraine), le 20 août 1914. »

Croix de guerre avec étoile d'argent. — Médaille militaire.

I. Fernand SICAUD.
II. René SIMON.
III. Joseph SISSOKO
IV. Joseph SUBERVIE.

V. Yves TARIS.
VI. Roger et Paul TASTET.
VII. Alfred TÉTARD.
VIII. Raymond VAISSIER.

IX. Marcel VALENTIN.
X. Albert VEISSEIRE.
XI. Robert VERRIÈRE.
XII. Olivier VIGUIÉ.

TÉTARD (Alfred)

Né à Tours (Indre-et-Loire), le 23 décembre 1878.
Mort au combat de Monacu (Somme), le 30 juillet 1916.
Elève au Pensionnat J.-B. de la Salle de 1890 à 1895.
Capitaine au 2ᵉ régiment mixte de zouaves-tirailleurs.

Officier de carrière, le capitaine Tétard avait servi avec honneur dans la Légion étrangère et au 2ᵉ régiment mixte de zouaves-tirailleurs. C'était un homme d'une fière énergie et d'une profonde bonté. Il s'était déjà distingué au Tonkin et au Maroc, lorsque survint la grande guerre. Il y fut tué dans les circonstances suivantes :

« A l'attaque du 30 juillet, Tétard commandait la compagnie de 2ᵉ ligne du bataillon d'attaque. Arrivé à la ferme de Monacu (sur les bords de la Somme), il fut blessé à l'épaule par une balle de mitrailleuse. Ses hommes voulant l'emporter, il refusa afin de ne distraire personne du mouvement en avant, et se fit placer derrière un petit mur où, quelques instants après, un obus vint l'achever en lui ouvrant la poitrine et la gorge...

» Le capitaine Tétard était un modèle de modestie, de bonne éducation et de courage; aimé de tous, il a été regretté unanimement et bien sincèrement : sa mort glorieuse cause une très grosse perte pour mon régiment et m'a très vivement frappé... » (Extrait d'une lettre du colonel Lamiable au général Tétard, oncle du défunt.)

La croix de la Légion d'honneur fut attribuée à sa mémoire, avec la citation suivante :

« Excellent officier, plein d'entrain, d'un courage remarquable. A été tué glorieusement à la tête de sa compagnie, en donnant l'assaut aux tranchées de la ferme de Monacu, le 30 juillet 1916. »

Deux médailles coloniales (l'une gagnée à la Légion étrangère, l'autre au 2ᵉ régiment mixte de zouaves-tirailleurs.) — Légion d'honneur. — Croix de guerre.

TORD (Marcel)

Né le 20 février 1888.
Mort à Calais, le 12 août 1918.
Elève au Pensionnat et à l'Ecole Saint-Genès de 1903 à 1905.
Quartier-maître électricien (T. S F.).

Fut une des nombreuses victimes des bombardements aériens qui s'acharnèrent pendant de longs mois sur nos villes du Nord et du Pas-de-Calais. C'était le frère de nos camarades Jean Tord et du Dʳ Louis Tord.

VAISSIER (Raymond-Jean-Charles)

Né à Bordeaux, le 21 mars 1888.
Mort à Viviers (Lorraine), le 20 août 1914.
Elève au Pensionnat J.-B. de la Salle de 1899 à 1902.
Sergent au 257ᵉ régiment d'infanterie.

Une lettre du lieutenant Jean de Goïtisolo nous renseigne sur la bravoure de notre camarade et sur les circonstances de sa mort.

«... Le 20 août 1914, à la bataille de Viviers, le sergent Raymond Vaissier, de la 24ᵉ compagnie, où je servais en qualité de sous-lieutenant, a montré au cours d'un combat sanglant qui nous a coûté 40 % de notre effectif, un courage à toute épreuve. Mortellement frappé en tête de la compagnie, il est mort sur le champ de bataille, aux côtés du capitaine Olivier et du lieutenant Kressman, auxquels il est resté fidèle jusqu'au dernier souffle. »

La Médaille militaire fut attribuée à sa mémoire avec cette mention :

« Brave sous-officier. A fait vaillamment son devoir dès les premiers combats de la campagne. Tombé glorieusement pour la France, le 20 août 1914, à Viviers. »

Médaille militaire. — Croix de guerre.

VALENTIN (Marcel)

Né à Arcachon, le 5 janvier 1893.
Mort le 28 mars 1920, des suites d'une maladie contractée au front.
Elève à l'Ecole Saint-Genès de 1904 à 1908.

Engagé volontaire en 1911, sous-officier au 6ᵉ régiment d'infanterie.

VAULGRENANT (Jean PETIN de)

Né le 7 novembre 1894.
Mort au mois de septembre 1916.
Elève à l'Ecole Saint-Genès de 1911 à 1912.
Lieutenant au 1ᵉʳ bataillon de chasseurs à pied.

VEISSEIRE (Albert)

Né à Bordeaux, le 14 février 1897.
Mort en Champagne, le 11 septembre 1917,
Elève à l'Ecole Saint-Genès de 1907 à 1914.
Engagé volontaire.

A dix-sept ans, dès le début de la guerre, il contracta un engagement volontaire pour la durée des hostilités. D'un tempérament ardent, il met toute son intelligence et tous ses moyens au service de ses chefs, toujours prêt pour les missions les plus périlleuses. Il tomba à vingt ans, en pleine bataille, donnant généreusement sa vie pour le salut de son pays. Quelques extraits de sa correspondance montreront toute la générosité et toute la délicatesse d'âme de ce jeune héros :

«... J'irai, comme tous mes frères de France — (sa famille habite Saragosse) — sur les champs de bataille me conduire en héros et périr peut-être, mais périr comme les plus vaillants... Si je dois y rester, Dieu sait ce que je lui demande. Lorsque le fer cruel m'aura terrassé pour toujours, les yeux face au ciel, sentant la vie s'échapper de mon être, j'élèverai toute mon âme vers Dieu que je n'ai jamais abandonné, le priant de pardonner à tous ceux qui m'ont fait ou voulu du mal; puis, ma dernière pensée sera pour mes pauvres chers parents... »

A sa mère :

« J'ai confiance en tes bonnes prières, sachant que tu ne les marchandes pas et que tu mets toute ton âme en les récitant... »

A son père, à l'occasion de sa fête :

« Je vais prier de toute mon âme saint Pierre, afin qu'il t'accorde toutes les grâces qui te sont nécessaires, et, à ton tour, tu voudras bien prier un peu pour moi. Tu le feras, parce que tu as à cœur que celui qui porte le nom de ta famille, objet de tant de sacrifices et sur qui sont fondées tant d'espérances, se conduise vaillamment et fasse honorer ce nom qu'il est fier de porter...

» Je joins à ma lettre une petite fleur que je cueille auprès de moi, petite fleur de la terre de France, terre conservée au prix de tant de sang, petite fleur ramassée dans cet immense charnier qu'est ce morne coin de la Champagne : ainsi, tout près de moi, une tombe; c'est quelque héros obscur, inconnu, tombé là et qui repose à l'ombre de ces pins, dont les flancs portent les traces de la fusillade; ces arbres, quoique blessés, vivent toujours, tandis que ce pauvre petit Français, plus vulnérable qu'eux, a été terrassé là et attend l'heure de la résurrection et la récompense de son grand et sublime sacrifice. »

Pendant que leur fils combattait et versait son sang sur la terre de France, M. Veisseire père et tous les siens, luttaient eux aussi sur la terre d'Espagne pour contrecarrer l'influence allemande.

VERRIÈRE (Robert)

Né à Castelnau-de-Médoc, le 3 août 1890.
Mort à Haroué (Meurthe-et-Moselle), le 17 octobre 1918.
Elève au Pensionnat et à l'Ecole Saint-Genès de 1902 à 1909.
Infirmier à la 18ᵉ section.

Après avoir rempli consciencieusement son emploi d'infirmier à l'hôpital auxiliaire n° 14, à Bordeaux, fut envoyé dans un hôpital complémentaire du front, à Haroué (M.-et-M.), affecté aux soldats atteints de grippe infectieuse. Là, pendant plusieurs mois, il se dépensa sans compter pour sauver ses camarades. Atteint à son tour par le mal impitoyable, il mourut à son poste de devoir.

VIAL (Jacques de)

Né à Bordeaux, le 16 juillet 1889.
Mort le 27 mai 1916.
Elève au Pensionnat J.-B. de la Salle de 1889 à 1902.
Caporal au 49ᵉ d'infanterie.

Ce regretté camarade était le fils de M. A. de Vial, agent principal de la Compagnie Générale Transatlantique, membre du Conseil d'administration de la Société civile immobilière de Saint-Genès. Il fut tué net par un éclat d'obus.

VIGUIÉ (Olivier)

Né à Saint-Salvadou (Aveyron), le 5 février 1890.
Mort à Lunel (Hérault), le 17 février 1916.
Elève au Pensionnat et à l'Ecole Saint-Genès de 1901 à 1906.

De bonne heure orphelin de père, il fit à Saint-Genès d'excellentes études, auprès de ses oncles : MM. Louis Viguié, fondateur des Musées de l'Ecole, et Victor Viguié, économe. Tous ses camarades ont gardé le souvenir ému de sa bonté et de sa franchise. Ses maîtres n'ont pas oublié sa conduite exemplaire et son ardeur au travail.

Après avoir obtenu le certificat commercial, il fut placé aux Forges de Villenave-d'Ornon, en qualité de secrétaire dactylographe et d'aide-comptable. C'est de là qu'il partit pour son incorporation militaire au 16ᵉ escadron du train, à Lunel (Hérault).

Après trois mois de vie militaire, sa santé, très délicate, se trouva fortement ébranlée; aussi fut-il versé au service auxiliaire et affecté à l'administration de l'escadron.

Dans tous les milieux où ce jeune homme vécut, il gagna vite les sympathies de son entourage. Aussi, quand après avoir pieusement reçu les derniers sacrements, il fut mort à Lunel, emporté par un mal impitoyable, la garnison tout entière tint à assister au départ de sa dépouille mortelle, et le lieutenant Bonfils, représentant le chef d'escadron, lui adressa un dernier adieu.

A ses funérailles, dans sa paroisse natale, toutes les familles furent représentées.

Les nombreuses couronnes des officiers, des amis et celle de la Direction, des employés et ouvriers des Forges, disaient bien haut les sympathies qu'il s'était acquises et les regrets que sa mort causait.

VILLETORTE (Emmanuel)

Mort le 7 mai 1916.
Professeur d'escrime à l'Ecole Saint-Genès.
Adjudant au 10ᵉ hussards.
Détaché comme agent de liaison au 123ᵉ d'infanterie.

C'était un esprit sérieux et une âme profondément religieuse, en même temps qu'un ardent patriote. Ses lettres du front en sont le meilleur témoignage.

« ... Dieu voudra, j'espère, faire triompher nos armes et ensuite Dieu triomphera dans les armées. Nous assistons à un réveil religieux des plus édifiants : partout les églises se remplissent de soldats; le dimanche, la table sainte est assiégée; cela prouve que la foi n'est pas morte au fond des âmes... » (Lettre à M. le Directeur, 19 nov. 1914.)

« ... La leçon que les pacifistes reçoivent en ce moment peut servir à édifier ceux qui prétendaient que la guerre ne serait plus possible; que le progrès et la civilisation seraient des armes sûres sur lesquelles nous pouvions compter. Hélas ! le Progrès, avec un grand P, et la civilisation, se sont tournés contre l'humanité; elle paie de son sang et de ses pleurs, les chimères dont elle s'est bercée... La guerre est cruelle : elle se plait à torturer ceux qu'elle ne tue pas; tout le monde souffre. Quant à moi, elle a arraché à mon affection un frère qui m'était bien cher... Il faut aller jusqu'au bout : nous le devons aux martyrs que la guerre a moissonnés trop tôt et qui ne verront pas le triomphe de la cause pour laquelle ils sont morts; agir différemment serait une trahison : ce serait trahir la justice, le droit des gens, et même la divinité... » (A M. V. Viguié, économe, 8 août 1915.)

Au milieu de ces pensées sérieuses, il n'oublie pas qu'il est maître d'armes :

«... Nous sommes ici dans des tranchées profondes. Cette façon de faire la guerre ne ressemble pas beaucoup à la méthode que je professe dans votre Ecole... Avec ces engins nouveaux, l'art de la guerre est complètement changé : si l'escrime n'avait pas l'avantage de développer le corps, d'entretenir les forces physiques, la science de l'épée ne serait qu'un amusement vain... » (Au même, avril 1916.)

Croix de guerre.

ZENDRE-LAFOREST (Paul)

Né à Bordeaux en 1884.
Mort à l'hôpital militaire de Mailly-le-Camp, le 3 mai 1915.
Elève au Pensionnat J.-B. de la Salle, de 1893 à 1898.

Entré tout jeune à l'Ecole, où il fit sa première Communion, il en sortit vers l'âge de seize ou dix-sept ans. Lorsque la guerre survint, il fut versé, étant ancien musicien, au 24ᵉ d'artillerie, comme infirmier-brancardier au même régiment. « Il a rempli ses fonctions d'infirmier-brancardier, a dit son major, avec une conscience scrupuleuse. La mort l'a surpris dans ses fonctions...

» Il était souffrant depuis quelques jours, mais il ne s'est arrêté que quand le mal l'a terrassé. Il s'est alité le mercredi, et le lundi suivant il mourait après avoir reçu les derniers Sacrements. Son amabilité et sa douceur lui avaient conquis tous les cœurs; sa mort a causé de vifs regrets... »

DEUXIÈME PARTIE

LES SURVIVANTS

ABADIE (Jean-Georges)

Elève au Pensionnat J.-B. de la Salle de 1898 à 1903.

Sous-lieutenant de réserve à la mobilisation, capitaine à la fin de la guerre.

Blessé à la ferme d'Hurtebise (Aisne) de deux balles, l'une au mollet droit, l'autre à la cuisse droite.

Citations :

I. — A l'Ordre du 12ᵉ régiment d'infanterie, 25 janvier 1916 :

« Chargé d'exécuter, le 16 septembre 1914, une reconnaissance devant la ferme d'Hurtebise, s'est parfaitement acquitté de sa mission, en rapportant des renseignements précis sur l'ennemi, et malgré une blessure grave qu'il avait reçue en cours de mission. »

II. — A l'Ordre de l'Armée, 5 août 1919.

Croix de guerre avec palme.

ADER (François-Marie)

Elève au Pensionnat J.-B. de la Salle de 1899 à 1904.

Soldat de 2ᵉ classe (infanterie) à la mobilisation, canonnier conducteur de 2ᵉ classe à la fin de la guerre.

Atteint de périostite par contusion au pied droit, le 22 août 1914, à Bertrix (Belgique); ypérité le 1ᵉʳ août 1917, au Bois-Bourrus.

Citation :

A l'Ordre du Régiment (81ᵉ d'Art. Lourde à tracteurs. — Etat-Major), 16 août 1917 :

« Conducteur de tracteur qui a toujours fait preuve de bravoure. Le 1ᵉʳ août 1917, au cours d'un ravitaillement de nuit, a été grièvement brûlé pendant un violent bombardement d'obus toxiques. »

Croix de guerre.

ALLEMANDOU (Jean-Maurice)

Elève à l'Ecole Saint-Genès de 1902 à 1909.

Soldat de 2ᵉ classe, dans l'artillerie, à la mobilisation, sous-lieutenant à la fin de la guerre.

Citation :

Ordre du Régiment, 16 mars 1919 :

« Excellent chef de pièce, s'est particulièrement distingué lors de la défense de Courcelles (juin 1918), en maintenant ses hommes, sous un violent bombardement ennemi. »

Croix de guerre.

ALMEY (Pierre-André-Félix)

Elève au Pensionnat et à l'Ecole Saint-Genès de 1902 à 1906.

Premier canonnier à la 3ᵉ batterie du 5ᵉ groupe d'artillerie de campagne.

Blessé le 11 septembre 1916, à Maurepas, d'un éclat d'obus à la tête, qui a nécessité l'énucléation de l'œil gauche.

Citations :

I. — A l'Ordre de la Division :

« Chargé d'établir, sous un feu intense d'artillerie, une ligne téléphonique entre sa batterie et un observatoire avancé, s'est acquitté de cette mission avec un mépris absolu du danger. A été blessé une première fois à la bataille de la Marne. »

II. — Inscription au tableau de la Médaille militaire :

« Excellent canonnier, brave et dévoué, toujours volontaire pour les missions dangereuses. Très grièvement blessé à son poste de combat, le 11 septembre 1916. Enucléation de l'œil gauche. »

Légion d'honneur. — Croix de guerre avec palme.

A reçu la croix de la Légion d'honneur à titre de grand blessé (invalidité de 100 pour 100).

AMESPIL (Jean)

Elève à l'Ecole Saint-Genès de 1905 à 1907.

Blessé grièvement à la main gauche; a été promu sergent sur le champ de bataille.

ANTIN (Paul)

Elève au Pensionnat J.-B. de la Salle de 1874 à 1877.

Capitaine d'artillerie, officier-adjoint au commandant du 2ᵉ groupe du 114ᵉ régiment d'artillerie lourde.

Citation à l'ordre de la brigade, 17 avril 1917 :

« Etant âgé de 55 ans et libéré de toute obligation militaire, s'est engagé au début de la guerre. A pris part aux opérations de la Somme et à la prise du Quesnoy en 1914; aux attaques de Champagne en 1915; à la défense de Verdun, de mars à décembre 1916; atteint de bronchite grave en 1914-1915, a refusé de se laisser évacuer. Le 16 avril 1917, a été blessé à son poste de combat. »

Croix de guerre. — Chevalier de la Légion d'honneur.

ARNAUD (Marc-Jean-Joseph)

Elève au Pensionnat J.-B. de la Salle de 1895 à 1898.

Caporal à la mobilisation, sergent à la fin de la guerre.

Trois Citations :

I. — A l'Ordre de la Division, du 13 juin 1917 :

« Observateur passionné, rapportant de ses excursions quotidiennes des renseignements précis. N'a cessé d'étudier patiemment les organisations de l'ennemi, demeurant en observation à découvert sous de violents bombardements. »

II. — A l'Ordre de la VI° Armée, 6 septembre 1918 :

« Sous-officier de renseignements qui a fait preuve, au cours de plusieurs jours d'opérations offensives, d'une audace et d'un coup d'œil exceptionnels. Le 27 juillet 1918, a poussé seul une pointe profonde dans les lignes ennemies, les a explorées et en a rapporté des renseignements d'importance capitale pour le commandement. »

III. — A l'Ordre des Armées, du 16 octobre 1918 :

« Sous-officier de renseignements d'une audace et d'une conscience remarquables. Constamment sur la brèche, poussant les pointes les plus hardies afin d'arracher un renseignement. Demande toujours à participer aux patrouilles les plus osées afin de voir lui-même et contrôler les faits. Le 1er octobre 1918, alors que l'ennemi en retraite interdisait à nos troupes le débouché dans une vallée, a, tout seul, poussé une reconnaissance téméraire dans un village et en a rapporté des renseignements précis qui ont facilité la progression de son bataillon. »   » Signé : Général PÉTAIN. »

Médaille militaire. — Croix de guerre avec palmes.

ARZAC (Gabriel-Michel)

Elève à l'Ecole Saint-Genès de 1907 à 1912.

Canonnier de 2° classe à la mobilisation, sous-lieutenant à la fin de la guerre. Citation à l'Ordre du Régiment, du 8 octobre 1917 :

« Sous-officier brave et consciencieux; de liaison avec l'infanterie, a montré un grand courage dans la nuit du 14 au 15 septembre 1917, traversant à plusieurs reprises dans des conditions les plus difficiles les tirs de barrage ennemis pour assurer la liaison entre les éléments d'infanterie et d'artillerie. »
Croix de guerre.

AUBARBIER (Jean)

Elève au Pensionnat et à l'Ecole Saint-Genès de 1901 à 1906.

Brancardier au front.
Citation :

« S'est toujours fait remarquer, depuis le début de la campagne, par un dévouement et un courage à toute épreuve. A assuré, le 3 février 1916, les soins et le transport des blessés sous un bombardement des plus intenses. »
Croix de guerre.

AUDUBERT (Charles-André)

Elève au Pensionnat J.-B. de la Salle de 1892 à 1900.

Sapeur au 2° génie, à la mobilisation, lieutenant au 2° génie à la fin de la guerre.

Blessé à Beauvieux (Aisne), le 19 octobre 1914 d'une fracture compliquée de la cheville droite.
Citation :

A l'Ordre du Corps d'Armée, du 15 août 1916 :
« S'est particulièrement distingué aux combats du 20 juillet et du 1er août 1916. A

ce dernier combat, amenant un renfort de travailleurs pour la construction d'un boyau, s'est trouvé pris à découvert sous un bombardement très violent; a su maintenir l'ordre et le calme dans son détachement. A ensuite fait reprendre le travail et obtenu de ses hommes un rendement très considérable dans des conditions particulièrement dangereuses. »

Croix de guerre.

BAGNÈRES (Lucien-Marie-Paul)

Elève à l'Ecole Saint-Genès de 1905 à 1912.

Blessé à Plainville (Somme), d'éclats d'obus à la main gauche et à la cuisse gauche.

Citation collective :

Ordre général de la 1re Armée, 30 avril 1918 :

Le général commandant la 1re Armée cite à *l'Ordre de l'Armée* le 13e groupe d'autos-canons et d'autos-mitrailleuses :

« Unité animée tout entière du plus bel esprit offensif et d'un courage hors de pair. A, sous le commandement du capitaine Dubois, tué en pleine action, sur une auto-mitrailleuse dont il dirigeait le tir, joué un rôle extrêmement brillant, le 30 mars 1918, contribuant à la reprise d'un village âprement défendu par l'ennemi, lui occasionnant des pertes considérables, n'hésitant pas à se lancer au milieu des tirailleurs ennemis, jetant la panique dans leurs rangs et ramenant dans nos lignes une mitrailleuse allemande et ses quatre servants prisonniers. »

» Le général de division DEBENEY, commandant la 1re Armée. »

Diplôme délivré au soldat mitrailleur Paul Bagnères, du 13e groupe A. M.

BAILLET (Gaston-Edouard-Joseph)

Elève au Pensionnat J.-B. de la Salle de 1898 à 1904.

Blessé par une balle au côté gauche, le 22 août 1914, à Saint-Vincent (Belgique). Fait prisonnier.

BARBE (Paul)

Elève au Pensionnat J.-B. de la Salle de 1889 à 1896.

Lieutenant d'infanterie, parti comme lieutenant de réserve et versé dans l'active dès le début des hostilités.

Il prit part aux batailles de Belgique, de la Marne et de l'Aisne, où il fut blessé, la cuisse traversée par une balle. A peine guéri, il partit de nouveau au front, y faisant fonction de capitaine et, au cours d'une attaque trop téméraire, fut fait prisonnier et détenu dans un camp d'officiers à Friedberg (Hesse-Darmstadt).

Croix de guerre.

BARTHE (Jean-Manuel-Henry)

Elève au Pensionnat et à l'Ecole Saint-Genès de 1900 à 1906.

Mobilisé de 1915 à 1919; canonnier servant; a fait toute la campagne d'Orient (Grèce, Macédoine, Albanie, Serbie).

BAUDÈRE (Henry)

Elève au Pensionnat J.-B. de la Salle de 1896 à 1903.

Chef de char au 504e régiment d'artillerie d'assaut.
Citation :

Le colonel Mangin, commandant l'infanterie de la 47e division, cite à l'Ordre de l'Infanterie de la 47e division le mécanicien Baudère (Henry), du 11e bataillon de chars légers (504e R. A. S.) :
« Désigné pour rester au dépôt du matériel de la compagnie, a demandé à partir comme agent de liaison. A accompli sa mission pendant les deux jours de combat sous un bombardement des plus violents avec beaucoup d'intelligence et de sang-froid. »
Croix de guerre.

BAUDÈRE (Lucien-Paul)

Elève au Pensionnat J.-B. de la Salle de 1894 à 1899.

Ingénieur des Arts et Manufactures; lieutenant de réserve au 507e régiment d'artillerie d'assaut.
Citations :

I. — A l'ordre de l'Armée, du 13 février 1915 :
« Très grièvement blessé par plusieurs éclats d'obus à son poste de combat, a demandé avec insistance s'il n'y avait pas d'autres blessés et, à la réponse négative qui lui a été faite, a répondu : « Ça va bien. »

II. — A l'Ordre de l'Armée, du 6 mai 1917 :
« Officier de très grande valeur morale. Plein de zèle et de dévouement. Ayant eu son char en panne, est monté sur un autre char de sa batterie pour continuer le combat, et s'est porté avec un admirable entrain sur les lignes allemandes, où son nouveau char a été détruit par l'artillerie. Déjà cité à l'Ordre de l'Armée et blessé grièvement. »

III. — Du *Journal officiel* du 12 juin 1919 (nominations dans la Légion d'honneur) :
« Officier de réserve. Venu sur sa demande à l'artillerie d'assaut, a toujours montré au combat une ardeur et un entrain au-dessus de tout éloge. Le 16 avril 1917, ayant eu son char en panne, s'est porté à l'attaque des tranchées ennemies dans un autre char de sa batterie. Blessé dans ce char, qui fut détruit par l'artillerie ennemie, fut blessé à nouveau hors du char et tomba aux mains de l'ennemi. »
Légion d'honneur. — Croix de guerre avec palmes.

BAZIADOLY (Georges)

Elève au Pensionnat J.-B. de la Salle de 1899 à 1903.

Caporal téléphoniste au début de la campagne, se trouvait parmi les hommes spécialement félicités de la 4ᵉ section de la 24ᵉ compagnie du 257ᵉ d'infanterie, citée tout entière à l'Ordre du régiment.

Blessé et fait prisonnier devant Verdun.

Citation :

« Déjà blessé au début de la campagne et ayant obtenu des félicitations spéciales pour sa belle attitude. A assuré la réparation des lignes téléphoniques, malgré un bombardement violent et ininterrompu. »

Croix de guerre.

BAZIADOLY (Max)

Elève à l'Ecole Saint-Genès de 1903 à 1908.

Brigadier, 10ᵉ groupe du 118ᵉ R. A. T.

Citation :

A l'Ordre de la Brigade, du 5 décembre 1917 :

« Chef de pièce pour les attaques du 23 octobre 1917, a rempli son rôle avec autorité et dévouement; a su, dans les circonstances les plus critiques et les plus difficiles, obtenir de son personnel l'effort cependant très grand, nécessaire pour l'exécution des missions qui lui étaient confiées. Venu de l'infanterie, avait déjà été grièvement blessé dans cette arme. »

Croix de guerre.

BEAUMONT (Geoffroy de)

Elève au Pensionnat et à l'Ecole Saint-Genès de 1902 à 1910.

Citation :

Nous, Jouhannaud, sous-intendant militaire de la 68ᵉ division, citons à l'Ordre des unités de la sous-intendance : De Beaumont (Geoffroy) :

« A assuré pendant la période du 8 décembre au 13 janvier 1918, la garde et l'entretien de six dépôts de vivres d'un secteur particulièrement exposé. Malgré de violents bombardements quotidiens et quoique intoxiqué par les obus à gaz, a opéré la manutention des différentes denrées récupérées de deux dépôts complètement détruits par le bombardement. »

BÉCHADE (Jean-Louis de)

Elève au Pensionnat et à l'Ecole Saint-Genès de 1902 à 1912.

Soldat de 2ᵉ classe au 6ᵉ d'infanterie au début de la guerre, sous-lieutenant à la fin.

Blessé le 11 juin 1918, à Villers (Oise), d'une plaie pénétrante au thorax.

Citations :

I. — A l'Ordre de la Division, n° 112 :

« Très bon aspirant, très courageux; s'est distingué au cours de l'occupation de la position par son sang-froid et son entrain. A remplacé son chef de section grièvement blessé. A repoussé toutes les contre-attaques et s'est maintenu sur un terrain très exposé aux vues de l'ennemi et violemment bombardé.

» Signé : Général DE SAINT-JUST. »

Motif de nomination de chevalier de la Légion d'honneur :

II. — « Officier très courageux et d'un dévouement absolu. Blessé grièvement à la tête de sa section, au cours des récents combats, a conservé un sang-froid et une fermeté admirables, ne consentant à se laisser évacuer qu'après l'échec de l'attaque ennemie. Une blessure antérieure. Une citation. »   » Signé : Général PÉTAIN. »

2 blessures. — Légion d'honneur. — Croix de guerre avec palme.

BERNARD (Dr Pierre-René)

Elève à l'Ecole Saint-Genès de 1905 à 1910.

Soldat de 2e classe à la mobilisation, médecin aide-major de 1re classe (réserve) à la fin de la guerre.

Citation :

A l'Ordre du Régiment (5e génie) :

« Le 14 janvier 1917, près de Verdun, a fait preuve d'un sentiment élevé du devoir, en se portant, sous le feu de l'artillerie ennemie, au secours de sapeurs de son unité qui venaient d'être atteints par un obus. De juin à septembre 1918, a continué à montrer le même dévouement en soignant les blessés et les malades de son unité sous le canon ennemi, dans la région de Compiègne. »

Croix de guerre.

BESINEAU (Alexis)

Elève au Pensionnat J.-B. de la Salle de 1877 à 1880.

Capitaine au 58e régiment d'artillerie, détaché à la Commission de réorganisation industrielle des pays libérés. A été nommé chevalier de la Légion d'honneur.

BIBAL (Jean)

Elève à l'Ecole Saint-Genès de 1909 à 1912.

Citation à l'Ordre du Corps d'Armée :

« Dans la matinée du 15 juillet 1918, a rempli sa mission jusqu'à l'arrivée des Allemands auxquels il a réussi à échapper, emportant son appareil de T. S. F. »

Croix de guerre.

BIÈRE (André)

Elève à l'Ecole Saint-Genès de 1905 à 1910.

Fait prisonnier à Noyon, le 11 juin 1918, a réussi à s'évader au mois d'octobre 1918.

Texte de l'avis officiel d'évasion :

Folkestone, le 16 octobre 1918.

« Le chef d'escadron Béliard, délégué au Grand Quartier Général, a la vive satisfaction de vous informer que M. André Bière, qui était prisonnier de guerre des Allemands, a réussi à s'évader et à gagner la Hollande. Il est actuellement logé et alimenté par les soins du Consulat français de Rotterdam. Son rapatriement de Hollande en France se fera aux frais de l'Etat, viâ Folkestone, le plus rapidement possible, sans qu'on puisse, en présence des difficultés de transport, vous fixer une date.

» Le chef d'escadron Béliard vous prie d'accepter ses sincères félicitations pour la courageuse et patriotique conduite de votre fils... »

Citation :

A l'Ordre de l'Armée; 2 août 1919 :

Bière (Louis-André), caporal à la 6ᵉ compagnie du 164ᵉ d'infanterie :

« Bon caporal, a pris part vaillamment aux attaques du Mont-Haut, du 18 mai au 3 juin 1917; du Casque, du 14 au 20 juillet 1917, et de Ribécourt, les 9, 10 et 11 juin 1918. Fait prisonnier dans ce dernier combat, s'est échappé dans des circonstances particulièrement difficiles et honorables. »

BIGUEY (Armand-Pierre)

Elève au Pensionnat J.-B. de la Salle de 1898 à 1901.

Citation :

A l'Ordre de la Division, du 8 septembre 1917 :

« Pendant la période du 10 au 31 juillet 1917, a assuré le ravitaillement de la compagnie sous les bombardements les plus violents. » (Chemin des Dames.)

Croix de guerre.

BONNE (Raymond-Calixte)

Elève à l'Ecole Saint-Genès de 1903 à 1906.

Sous-lieutenant à la mobilisation, lieutenant à la fin de la guerre.

Blessé par une balle, au genou gauche, le 12 octobre 1914, au plateau de Vauclerc (Aisne).

Citation :

Ordre du G. Q. G. du 1ᵉʳ avril 1916 :

« Officier courageux et énergique. A été blessé grièvement au cours du combat du 12 octobre 1914, alors qu'il entraînait brillamment sa section à l'assaut. Impotence fonctionnelle de la jambe gauche. »

Légion d'honneur. — Croix de guerre avec palme.

BONNET (Pierre)

Elève à l'Ecole Saint-Genès de 1904 à 1912.

Adjudant-pilote aviateur : 4 Citations. Voici le texte des trois premières :

I. — A l'Ordre de l'Armée : Première palme, 2 avril 1916 :

« Par un grand nombre de reconnaissances au cours desquelles il a pris, dans des conditions particulièrement périlleuses, de nombreuses photographies, a fourni pendant six mois des documents de la plus haute importance sur la situation de l'ennemi. »

II. — Deuxième palme, 12 février 1917 :

« Pilote énergique et tenace. Pendant la période du 25 janvier au 6 février 1917, a pris presque quotidiennement 50 à 60 clichés à 30 ou 40 kilomètres dans les lignes ennemies par une température particulièrement basse. Le 4 février 1917, a eu une panne à 20 kilomètres dans les lignes ennemies, a réussi à force d'adresse et de ténacité à ramener son appareil dans les lignes françaises en passant les tranchées à 400 mètres d'altitude. »

III. — Troisième palme, 16 février 1917 :

« Le 8 février 1917, au cours d'un combat aérien, a abattu un avion ennemi. »

BONTEMPS (Louis)

Elève au Pensionnat J.-B. de la Salle de 1893 à 1898.

Soldat de 2ᵉ classe à la mobilisation, sergent mitrailleur à la fin de la guerre.

Blessé d'une fracture à l'épaule et d'une commotion cérébrale, à Morlancourt (Somme), le 10 novembre 1916.

Citation :

A l'Ordre de la VIᵉ Armée, du 27 novembre 1916 :

« Excellent mitrailleur, plein d'entrain et de courage. Dans la journée du 10 novembre 1916, au retour d'une reconnaissance en avion, a été grièvement blessé dans une chute, où son avion a été complètement brisé. »

Croix de guerre.

BOREAU (Jacques-Georges-Lucien)

Elève au Pensionnat et à l'Ecole Saint-Genès de 1901 à 1905.

Caporal, blessé à Montmirail, le 4 septembre 1914, d'un éclat d'obus au cou, d'un autre à la main gauche et d'une balle de schrapnell au genou.

Citation à l'Ordre de la Division.

Croix de guerre.

BOUBÉE (Henri)

Elève au Pensionnat J.-B. de la Salle de 1890 à 1897.

Citation à l'Ordre de la Division, du 7 octobre 1915 :

« Sur le front depuis six mois. A l'attaque du 28 septembre, a conduit sa demi-section avec le plus grand mépris du danger. Malgré un bombardement très violent, a su maintenir sa troupe qui appuyait le mouvement d'attaque de la compagnie voisine. N'a pas hésité à rechercher les blessés entre les lignes françaises et allemandes et à les ramener à l'abri. »
Croix de guerre.

BOURRETÈRE (André)

Elève à l'Ecole Saint-Genès de 1907 à 1911.

A mérité quatre Citations. Nous n'avons le texte que des trois premières.

I. — A l'Ordre du 18ᵉ Corps d'Armée :
« Jeune sous-officier (sergent) conservant toujours le plus beau sang-froid dans les circonstances les plus difficiles. A organisé sous des bombardements violents, à la fois le transport des blessés et la suite du travail. Volontaire pour toutes les missions périlleuses, a été blessé à Verdun le 12 juin. »

II. — « Sous-officier de belle tenue au feu, volontaire habituel des missions difficiles et dangereuses. A dirigé la pose des défenses accessoires en avant de la première ligne après la prise du plateau de Vauclerc, 10 au 12 mai 1917. »

III. — « Gradé (adjudant) dévoué, énergique et plein d'entrain; par l'exemple de son activité inlassable a réussi à obtenir de ses hommes le maximum de travail, notamment à La Pomeraye, en août 1918, dans des conditions particulièrement difficiles. »
Croix de guerre avec palme.

Un frère mort pour la France.

BOUSQUET (Fernand)

Elève à l'Ecole Saint-Genès (Cours normal) de 1913 à 1915.

Parti soldat de 2ᵉ classe, promu sergent au front.
Citations :

I. — A l'Ordre de la 69ᵉ Division d'infanterie :
« En avril 1917, au cours de circonstances très difficiles et d'un violent bombardement, n'a pas hésité à traverser, en terrain découvert pris sous le feu des mitrailleuses ennemies, assurant la transmission des ordres entre les unités de la compagnie. — Soldat possédant un moral excellent et faisant preuve, en toutes circonstances, du plus grand mépris du danger. »

II. — A l'Ordre du Corps d'Armée :
Le général Passaga cite à l'Ordre du Corps d'Armée le caporal Bousquet (Fernand) :
« Gradé très énergique qui, au cours de la contre-attaque du 17 août, a fait preuve de la plus belle vaillance et d'initiative intelligente en reprenant la partie de tranchée, objectif de la section, en l'organisant et la gardant contre deux violents retours offensifs de l'ennemi. »   » Signé : Général PASSAGA. »

BOUSQUET (Georges)

Elève à l'Ecole Saint-Genès de 1901 à 1910.

Musicien-brancardier au 57ᵉ régiment d'infanterie.
Citation :

A l'Ordre du Régiment :
« Excellent brancardier, au front depuis le début de la campagne. Pendant les combats de Noyon et du Mont-Renaud, du 25 mars au 1ᵉʳ avril 1918, a assuré l'évacuation des blessés avec un beau courage, sous les rafales de mitrailleuses et de très violents bombardements. »   » Lieutenant-Colonel Bussy. »
Croix de guerre.

BOUSQUET (Roland)

Elève à l'Ecole Saint-Genès de 1900 à 1909.

Musicien-brancardier au 57ᵉ régiment d'infanterie. Frère du précédent.
Citations :

A l'Ordre du Régiment :
I. — « Excellent brancardier, au front depuis le début de la campagne. Pendant les combats de Noyon et du Mont-Renaud, du 25 mars au 1ᵉʳ avril 1918, a assuré l'évacuation des blessés avec un beau courage sous les rafales de mitrailleuses et de très violents bombardements. »

II. — « Brancardier, excellent soldat, brave et courageux. A procédé sous de vives fusillades et de violents bombardements à la relève et au transport des blessés, pendant les derniers combats auxquels a pris part le régiment. »
                    » Lieutenant-Colonel Bussy, Commandant le 57ᵉ R. I. »

BOUTET (Jean-Louis-Roger)

Elève au Pensionnat et à l'Ecole Saint-Genès de 1900 à 1906.

Sergent-fourrier à la mobilisation; lieutenant à titre définitif à la fin de la guerre.
Blessé une première fois d'une fracture de deux côtes, par éclat d'obus, le 28 août 1914, à Raucourt (Ardennes); une deuxième fois d'un éclat d'obus à l'épaule droite, le 20 juillet 1916, à Estrées-en-Santerre (Somme).
Citations :

I. — A l'Ordre du Régiment, 6 octobre 1917 :
« Officier calme et réfléchi ayant un profond sentiment du devoir. Blessé le 20 juillet 1916, en conduisant sa section à l'attaque. Le 20 septembre 1917, a, par son calme et son sang-froid, contribué à faire échouer un coup de main ennemi, en maintenant sa section sous un violent bombardement dans la tranchée de doublement; a fait exécuter des tirs de V. B. et a pris l'initiative de faire renforcer par une escouade de grenadiers le front attaqué. »

II. — A l'Ordre de la Brigade, 9 décembre 1917 :
« Excellent officier, remarquable de courage et de sang-froid. Commandant, le 26 novembre 1917, une fraction qui couvrait le flanc gauche d'une audacieuse reconnaissance, l'a conduite habilement et a été pour beaucoup dans le succès de l'opération. »

Citation collective du 169e régiment d'infanterie, auquel appartenait notre camarade Roger Boutet :

« Sous l'ardente impulsion de son chef, le lieutenant-colonel Jacob, a abordé le 8 septembre 1917, une position fortement organisée, l'a enlevée de haute lutte; a atteint tous ses objectifs, faisant plus de 200 prisonniers.

« Contre-attaqué violemment, a brillamment repoussé toutes les tentatives de l'ennemi. A subi ensuite, pendant cinq jours, un bombardement ininterrompu sans rien perdre de son moral. Attaqué de nouveau, le 14, par des troupes fraîches et supérieures en nombre, a donné la preuve de son incomparable énergie et de sa ferme volonté de vaincre en trouvant encore, malgré ses pertes, le mordant nécessaire pour maîtriser l'ennemi et lui reprendre intégralement le terrain momentanément perdu. »

III. — A l'Ordre de la Brigade, 26 juillet 1918 :

« Officier des plus distingués, ayant de son devoir une conception très élevée, a fait preuve des plus belles qualités d'énergie et de courage dans l'attaque du 17 juillet 1918, s'est dépensé de nuit et de jour, pour obtenir du personnel et du matériel le maximum de rendement. »

Légion d'honneur. — Croix de guerre.

BOYER (Louis)

Elève au Pensionnat J.-B. de la Salle de 1879 à 1888.

Ingénieur des Arts et Manufactures.

Lieutenant d'artillerie. Faisait partie de la garnison de Maubeuge; interné à Torgau (Saxe).

BRANDOIS (Henri FOUCHER de)

Elève à l'Ecole Saint-Genès de 1911 à 1913.

Sergent mitrailleur au 288e d'infanterie.
Citation à l'Ordre de la Division :

Le sergent mitrailleur, Henri Foucher de Brandois :
« Le 5 septembre 1916, au moment où se déclanchait une attaque ennemie, a dirigé avec un sang-froid remarquable, un feu violent de mitrailleuses sur les colonnes ennemies et a ainsi largement contribué à repousser l'attaque. »

Passé dans la marine, il fut nommé enseigne de vaisseau et attaché à la base navale de Corfou.

BRÉDON (Gabriel-Raoul)

Elève au Pensionnat J.-B. de la Salle de 1894 à 1900.

Ingénieur chimiste. Licencié ès-sciences.
Mobilisé le 2 août 1914, comme Lieutenant de réserve au 257e d'infanterie. Capitaine à titre temporaire au 257e d'infanterie, promu et maintenu à titre définitif (mars 1916)
Une blessure en service commandé.

BRETHE (Jean-Marie-Félix-Antoine)

Elève à l'Ecole Saint-Genès de 1905 à 1912.

Soldat de 2ᵉ classe à la mobilisation, sous-lieutenant d'artillerie au 5ᵉ régiment D. C. A. à la fin de la guerre.

Blessé par éclat d'obus, le 4 juin 1917, au mont Cornillet (Champagne).

BRIAU (Louis-Georges)

Elève à l'Ecole Saint-Genès de 1900 à 1908.

Citation à l'Ordre de la Division :

Le sergent Louis-Georges Briau, du 144ᵉ R. I. :

« Le 19 mai 1916, alors que des obus de gros calibre venaient d'enterrer plusieurs hommes à ses côtés, a maintenu sa demi-section dans un ordre parfait; malgré la violence du bombardement, a su organiser les secours aux blessés et communiquer à ses hommes le calme, le sang-froid et la résolution énergique dont il a donné des preuves multiples depuis le début de la campagne. »

BROQUÈRES (Théodore)

Elève à l'Ecole Saint-Genès de 1899 à 1906.

Promu sergent à la guerre. Blessé d'une balle de schrapnell dans la poitrine, le 27 février 1915, au combat de Vauquois (Meuse).

BROSSON (Raymond)

Elève à l'Ecole Saint-Genès de 1907 à 1910.

Citation à l'Ordre de la Brigade :

Pierre-Raymond Brosson, sergent à la 1ʳᵉ compagnie du 49ᵉ d'infanterie :

« Sous-officier, modèle de bravoure et de dévouement, s'est particulièrement distingué le 15 octobre 1918, capturant avec sa demi-section des prisonniers et des mitrailleuses. »

Nommé depuis sous-lieutenant.

BRUGÈRE (Gaëtan)

Elève à l'Ecole Saint-Genès (Cours Normal) de 1913 à 1915.
Professeur auxiliaire à l'Ecole Saint-Genès.

Citation à l'Ordre du Régiment :

« Gradé très courageux. S'est brillamment conduit à l'assaut du 17 avril 1917, au Mont-Blond. A contribué à faire échouer plusieurs contre-attaques ennemies, le 19 avril 1917. »

Grave intoxication par les gaz.

Croix de guerre.

BRUNOT (René)

Elève à l'Ecole Saint-Genès de 1912 à 1914.

Citation à l'Ordre de la Division, 19 septembre 1917 :

Le Général Monroë, commandant la 69e Division, cite à l'Ordre de la Division René Brunot, soldat de 1re classe, à la 15e compagnie du 67e régiment :

« Jeune soldat récupéré de la classe 1915, agent de liaison modèle. Pour ses débuts au feu, a eu une attitude superbe. Blessé en accomplissant une mission. »

Croix de guerre.

CAPSEC (Charles)

Elève au Pensionnat J.-B. de la Salle de 1887 à 1892.

Vétérinaire-major.

Citation à l'Ordre du Régiment, 9 juillet 1917 :

« Vétérinaire de complément, d'un dévouement absolu et d'une activité inlassable. Prodigue ses soins, non seulement aux chevaux de l'unité à laquelle il est affecté, mais encore à ceux des autres unités du génie et, fréquemment, d'unités quelconques du Corps d'armée. Se rend volontairement dans les cantonnements très bombardés de la zone de combat et sur les points dangereux où des chevaux ont été blessés. Donne ainsi l'exemple d'une très haute compréhension de son devoir et du mépris du danger. »

Croix de guerre.

CARBONNEL (Albert)

Elève à l'Ecole Saint-Genès de 1909 à 1911.

Citation à l'Ordre du Régiment :

Le lieutenant-colonel Jauréguiberry, commandant l'A. D. 123, cite à l'Ordre du régiment le brigadier Carbonnel (Albert), de la 1re batterie du 58e d'artillerie :

« Brigadier très énergique. Le 28 février 1917, les chevaux d'un caisson s'étant emballés, s'est précipité à leur tête pour les arrêter, et a été blessé grièvement, après avoir été traîné sur un long parcours. »

Croix de guerre.

CARLOS (Henri)

Elève à l'Ecole Saint-Genès de 1906 à 1910.

Sous-lieutenant, grièvement blessé au bras gauche.

Citation :

A l'Ordre du Régiment :

« Sous-lieutenant, 23e R. A. C. Officier plein d'allant; est allé reconnaître, sur sa demande, une brèche faite dans les fils de fer ennemis et a rapporté de précieux renseignements, après être resté deux heures au voisinage des premières lignes pour remplir sa mission. »

CARRÈRE (Roger)

Elève à l'Ecole Saint-Genès de 1906 à 1908.

Maréchal des logis d'artillerie.
Citation :

« Sous-officier plein de calme, de sang-froid et d'abnégation; aux combats des 12 au 17 avril, a continué le tir de sa pièce malgré un violent bombardement, occasionnant de nombreuses pertes à la batterie. »

CASTAIGNA (André)

Elève au Pensionnat J.-B. de la Salle de 1898 à 1902.

Brigadier d'artillerie lourde (tanks).
Blessé d'un éclat de grenade à la main gauche, au combat du Moulin de Laffaux. Fait prisonnier à Nanteuil-la-Fosse, le 6 mai 1917. Interné à Dülmen (Westphalie).
D'une lettre du 5 mai : « C'est encore sous le feu de l'action que je vous écris; santé inébranlable; pas une égratignure. Dieu m'a protégé; nous avons eu quelques pertes, c'est forcé, mais malgré tout nous avons bien marché; après une citation à l'Ordre de l'Armée du 17 avril, nous aurons probablement la deuxième aujourd'hui. Les félicitations d'un aussi grand chef que Nivelle ne peuvent que nous récompenser de nos peines et de nos efforts. »

CASTELBAJAC (Pierre de)

Elève au Pensionnat et à l'Ecole Saint-Genès de 1898 à 1905.

Motif de promotion au grade de chevalier de la Légion d'honneur :
De Castelbajac (Pierre-Marie-Joseph-Charles), capitaine à titre temporaire (active) au 11ᵉ régiment de cuirassiers à pied :
« N'a cessé de se distinguer, depuis le début de la campagne, soit dans l'infanterie, où il était passé sur sa demande, soit au 11ᵉ cuirassiers à pied. D'une magnifique insouciance au feu, pendant la période d'attaque du 26 septembre au 10 octobre 1918, a continuellement circulé en première ligne, dans les endroits les plus exposés pour assurer l'exécution des ordres de son chef de bataillon. Le 28 septembre 1918, voyant se prononcer une contre-attaque ennemie, a rassemblé tous ses hommes à proximité, et, les entraînant par sa magnifique crânerie, a réussi à arrêter l'ennemi. A été intoxiqué à son poste le 27 octobre. »
Une blessure antérieure. Trois Citations.

CAYSSIALS (Adrien)

Professeur à l'Ecole Saint-Genès.

Blessure grave à la jambe droite. Réformé n° 1.
Motif d'inscription au Tableau spécial de la Médaille militaire, du 10 mars 1917 :
« Cayssials (Adrien), caporal-fourrier (réserve) à la 1ʳᵉ compagnie du 27ᵉ bataillon

de chasseurs; agent de liaison d'un dévouement et d'un courage au-dessus de tout éloge. A été blessé grièvement au cours de l'attaque du 21 décembre 1915. Perte de l'usage de la jambe droite. » Cette nomination comporte l'attribution de la croix de guerre.

CAZABAT (Marc)

Elève à l'Ecole Saint-Genès de 1903 à 1912.

Trois Citations :

I. Ordre du Régiment, 6 juin 1917 :
« Agent de liaison auprès de l'infanterie, n'a jamais obtenu des chefs de bataillon auprès desquels il a été détaché que des éloges pour son activité et sa vigilance; plus particulièrement du 20 février au 5 mars 1917, en assurant presque chaque nuit la liaison délicate entre les patrouilles en embuscade et sa batterie, et du 13 au 16 avril, puis du 21 au 31 mai, sur le plateau de Vauclerc, au cours de vifs bombardements. »

II. « En novembre et décembre 1917, s'est employé avec le meilleur zèle et le meilleur dévouement auprès de quelques bataillons dont il a partagé le séjour en ligne sous le bombardement au C. R. Hassoule comme agent de liaison, contribuant à un appui efficace de l'artillerie.
» Blessé légèrement, le 12 décembre 1917, a tenu à reprendre sa mission de liaison du 20 au 24 au même endroit. »

III. — A l'Ordre du Régiment, 4 août 1918 :
« A, comme chef des avant-trains, fait preuve de sang-froid et de courage, notamment le 31 mai et le 28 juillet 1918, et pendant la dernière offensive au cours des reconnaissances. »
Médaille militaire. — Croix de guerre.

CELLES (Antoine-Elie-Paul)

Elève au Pensionnat J.-B. de la Salle de 1895 à 1898.

Sergent au 28ᵉ bataillon de chasseurs alpins à la mobilisation, adjudant à la fin de la guerre.
Citation :

A l'Ordre du Bataillon, 26 août 1919 :
« Chef de section très brave et très courageux. A fait l'admiration de ses hommes, lors de la défense du Hartmannsweillerkopf du 19 au 22 janvier 1915. »
Croix de guerre.

CHADEFAUX (Roger)

Elève à l'Ecole Saint-Genès de 1905 à 1911.

Soldat de 2ᵉ classe à la mobilisation, sergent-major à la fin de la guerre.
Citations :

I. — A l'Ordre de la Brigade, 25 octobre 1915 :
« Le 25 septembre 1915, a fait preuve de beaucoup d'entrain dans l'enlèvement à la baïonnette de trois lignes de tranchées. »

II. — A l'Ordre de la Brigade, 14 mai 1917 :

« Bien que détaché au poste de commandement du chef de bataillon, n'a pas hésité à se porter fréquemment vers son commandant de compagnie, en vue d'accélérer la transmission des ordres et des renseignements, sans se soucier du feu parfois des plus violents. »

III. — A l'Ordre de la Brigade, 10 juin 1918 :

« Sous-officier courageux et d'un dévouement absolu. Malgré les difficultés, a assuré spontanément et à plusieurs reprises la liaison entre le chef de bataillon et son commandant de compagnie, traversant un terrain violemment battu par les mitrailleuses et l'artillerie ennemies. »

Croix de guerre.

CHAZOT (Elie)

Elève à l'Ecole Saint-Genès de 1908 à 1910.

Citation à l'Ordre du Régiment; 8 mars 1918 :

« Téléphoniste courageux et dévoué, sur le front depuis le début de la campagne. »
Croix de guerre.

CHÈZE (Louis)

Professeur à l'Ecole Saint-Genès.

Maréchal des logis au 57° d'artillerie.
Blessé à la figure et à la main droite.
Citation :

A l'Ordre de la 132° Division :

« Sous-officier de liaison auprès de l'infanterie depuis le début et observateur d'artillerie depuis un mois, remplit ses fonctions avec beaucoup de zèle et de dévouement. Blessé à son poste, le 5 mai 1916. »

CHOS (Gérard)

Professeur d'Education Physique à l'Ecole Saint-Genès.

Officier d'Administration de 2° classe. A fait toute la campagne.
Félicitations :

Ambulance 3/18 : Rapport du 13 au 14 mai 1918 :

« Le médecin-chef félicite les infirmiers de leur allant sportif égal à leur dévoûment professionnel. Il remercie M. l'officier Chos (Gérard), qui développe chez eux ces qualités avec les fruits de sa compétence spéciale. »

CLARENS (Gérard)

Elève à l'Ecole Saint-Genès de 1909 à 1911.

Faisait partie du 1er groupe du 136° R. A. L.
Citation collective :

« Sous l'habile direction de son commandant, le chef d'escadron Tandonnet a manœuvré comme le meilleur groupe de campagne. Le 30 mars, en moins d'une heure, s'est mis en liaison avec l'infanterie, a trouvé des observatoires et, par un tir très précis, soutenu pendant plusieurs heures sous un fort bombardement, a contribué puissamment à enrayer l'avance ennemie. Forcé de se replier, le 4 avril, a quitté par échelons sa position dans un ordre parfait, sous le feu de l'ennemi, continuant à tirer jusqu'à la dernière minute; s'est remis en batterie et a repris son feu avec la dernière énergie. »

Gérard Clarens contracta pendant la guerre les germes d'une maladie dont il est mort le 17 janvier 1925.

CLUCHEY (Robert-Louis)

Elève à l'Ecole Saint-Genès de 1903 à 1906.

Soldat de 1ʳᵉ classe.
Blessé d'un éclat d'obus, dans la région lombaire gauche, le 18 septembre 1914, à la Ville-aux-Bois. Réformé n° 1.

COLLET (Robert)

Elève au Pensionnat J.-B. de la Salle de 1896 à 1902.

Sous-lieutenant de chasseurs à pied.
Citation :

A l'Ordre de la Division :
« A défendu énergiquement, pendant plusieurs jours, un de nos postes avancés. Blessé grièvement, le 19 avril 1916, alors qu'il parcourait de jour, pour assurer son service, un boyau qu'il savait battu par les mitrailleurs ennemis. »

COLSON (Georges)

Elève au Pensionnat J.-B. de la Salle de 1884 à 1889.

Sergent à la mobilisation, aide-contrôleur de la Main-d'œuvre étrangère à la fin de la guerre.
Citation :

A l'Ordre de la Brigade; 17 novembre 1916 :
« Pendant un violent bombardement, a porté sa section, avec crânerie et décision, à son poste de combat. A confirmé une fois de plus les éloges qui lui avaient été adressés précédemment à ce sujet. »
Croix de guerre.

COUDY (Albert)

Elève au Pensionnat J.-B. de la Salle de 1886 à 1890.

Citations :

I. — « Très bon brigadier; a toujours accompli avec zèle et dévouement la tâche qui lui était assignée et tout spécialement à Verdun, du 21 au 25 février 1916, et dans l'Aisne, les 16 avril et 5 mai 1917. »

II. — A l'Ordre de l'Etat-Major de l'Armée; 22 novembre 1917 :
« Lors d'un bombardement d'un important dépôt de munitions, où un commencement d'incendie s'était déclaré, a coopéré courageusement aux travaux de sauvetage, aidant, par son mépris du danger, à empêcher de graves accidents. »

COURSOL (Robert-Alexis-Pierre-Adrien)

Elève à l'Ecole Saint-Genès de 1905 à 1914.

Maréchal des logis-chef à la fin de la guerre.
Citation :

A l'Ordre du Régiment; 12 novembre 1918 :
« Excellent brigadier, auxiliaire précieux du commandement. A montré dans les combats de juin, de juillet et d'octobre 1918, beaucoup de sang-froid et de bravoure dans des circonstances critiques et sous le bombardement ennemi. »
Croix de guerre.

CRINY de VERTEUIL (Jean)

Elève au Pensionnat J.-B. de la Salle de 1892 à 1899.

Lieutenant au 6e régiment de chasseurs d'Afrique.
Citations :

I. — A l'Ordre du Corps d'Armée :
« Chargé de coopérer à une reconnaissance offensive contre un petit poste ennemi fortement organisé, s'est acquitté de sa mission avec un allant et une crânerie remarquables, donnant ainsi au groupe principal une aide des plus efficaces, qui lui permit de ramener un prisonnier et de rapporter des renseignements utiles. »

II. — A l'Ordre de l'Armée; 7 avril 1917 :
« A commandé avec une remarquable maîtrise et une grande bravoure un détachement chargé d'un coup de main; a assuré le plein succès de cette opération, exécutée dans des circonstances particulièrement délicates et périlleuses. »

III. — A l'Ordre de l'Armée :
« Officier qui s'est toujours fait remarquer par son allant et son courage. Le 8 novembre 1918, chef d'une reconnaissance arrivant devant Mézières, a fait preuve d'une rare audace, en lançant ses chasseurs d'Afriquedans la ville dont les abords et les rues étaient interdits par des mitrailleuses ennemies; a traversé sans hésiter la zone battue et a fait 17 prisonniers. »
Chevalier de la Légion d'honneur. — Croix de guerre avec palmes.

DAGRANT (Maurice)

Elève au Pensionnat J.-B. de la Salle de 1882 à 1888.

Soldat de 2e classe à la mobilisation, caporal à la fin de la guerre.
Citation :

A l'Ordre du Régiment; 21 juillet 1916, Verdun :
« Sous un bombardement violent, a fait preuve de dévouement et de sang-froid en se portant aussitôt au secours de ses camarades tués ou blessés et en organisant rapidement pour ces derniers les premiers soins. »
Croix de guerre.

DARRABA (René)

Elève à l'Ecole Saint-Genès de 1905 à 1909.

Soldat de 2ᵉ classe à la mobilisation, sergent à la fin de la guerre.
Citations :
I. — A l'Ordre du Régiment; 28 novembre 1917 :
« Au cours du coup de main du 23 octobre 1917, chargé d'ouvrir un passage à travers les réseaux jusqu'à la tranchée ennemie, s'est acquitté de sa mission périlleuse avec courage et sang-froid. »
II. — A l'Ordre du Corps d'Armée; 8 janvier 1919 :
« Sous-officier d'un courage exceptionnel, a assuré à la deuxième tentative du 31 août 1918, à Pargny, sous le feu d'une mitrailleuse rapprochée, qui fit une victime à ses côtés, le passage au-delà du canal d'une section d'infanterie. A mis le pied le premier sur la rive ennemie. Le passage de l'infanterie terminé, a dirigé, avec le plus grand sang-froid, la construction d'une culée de pont sur la rive d'arrivée. »
Croix de guerre.

DASTE (Jean-Marc)

Elève à l'Ecole Saint-Genès de 1908 à 1914.

Citation collective :
Le général commandant la 2ᵉ Armée cite à l'Ordre de l'Armée le 15ᵉ régiment d'artillerie; 17 avril 1916 :
« Appelé dans la nuit du 27 au 28 mars 1916 à prendre position à découvert sur un terrain battu par des obus de tous calibres, pour arrêter les efforts de l'ennemi, a rempli complètement sa mission grâce à l'énergie et aux habiles dispositions du lieutenant-colonel Jacquemin, son chef, et de ses commandants de groupe, les chefs d'escadron Bourette, Alger et Dupont, et le capitaine Dufresnois : a tenu sur cette position jusqu'à la relève, le 6 avril, exécutant chaque jour, point par point, avec une conscience admirable, sous le feu violent de l'artillerie ennemie et malgré les pertes les plus dures, un plan d'action très chargé et très efficace. »

» Le Général commandant la IIᵉ Armée,

» PÉTAIN. »

« Le canonnier-servant Daste (Jean-Marc), matricule 7776, a participé aux opérations qui ont valu au 15ᵉ d'artillerie la citation ci-dessus, pour sa belle conduite dans la défense de Verdun.

» Le Chef commandant le 2ᵉ groupe,

» DUPONT. »

DAUZATS (Marcel-Adrien)

Elève au Pensionnat et à l'Ecole Saint-Genès de 1897 à 1906.

Soldat de 2ᵉ classe à la mobilisation, sergent à la fin de la guerre.
Citation :
« Chargé d'une mission périlleuse et de longue durée, l'a accomplie au mépris des risques courus, avec un zèle et un dévouement de tous les instants. (Origine : Cabinet du ministre de la guerre.)
Titulaire d'une « lettre de félicitations » signée du maréchal Pétain, délivrée au G. Q. G. le 10 octobre 1919.
Croix de guerre.

DAYAN (Jean)

Elève à l'Ecole Saint-Genès de 1912 à 1913.

Incorporé avec la classe 1916, au 107ᵉ, à Angoulême, il passa comme volontaire au 166ᵉ (région de Verdun). Le 23 mai, il prenait part, toujours comme volontaire, à l'attaque d'une tranchée allemande, au Bois-des-Chevaliers.

Citation :

« A participé à un coup de main hardi, faisant preuve, pendant toute la durée de l'action, d'abnégation et d'un beau courage. »
Croix de guerre.

DEGAILLE (Pierre-Albin)

Elève au Pensionnat J.-B. de la Salle de 1878 à 1889.

Ingénieur des Arts et Manufactures. A fait toute la campagne avec le grade de capitaine commandant le 5ᵉ secteur de la D. C. A.

Citations :

I. — A l'Ordre de l'Artillerie de l'Armée; 3 avril 1918 :

Capitaine Degaille (Pierre-Albin), commandant le secteur D. C. A. de Châlons : « Officier d'une haute valeur morale et d'un dévouement absolu; a fait preuve, comme commandant de la D. C. A. de Châlons, au cours des bombardements de mars 1918, d'une activité infatigable et d'un bel esprit d'organisation, dirigeant lui-même tous les tirs de nuit, cherchant sans cesse à perfectionner les moyens de défense et obtenant de tout son personnel un remarquable rendement. — S'est déjà distingué en commandant pendant plusieurs mois un poste de première ligne soumis à des bombardements extrêmement violents. »

II. — A l'Ordre de l'Artillerie de l'Armée :

« La 26ᵉ section demi-fixe de la D. C. A., du G. A. M., composée en majeure partie d'hommes âgés ou blessés; sous le commandement énergique du capitaine Degaille, a fait preuve, au cours des violents bombardements de Châlons, en mars, avril et juillet 1918, des plus belles qualités d'énergie et d'endurance. Souvent encadrée de très près par les projectiles ennemis, n'en a pas moins continué son tir avec calme et rapidité, obligeant plusieurs fois les avions ennemis à faire demi-tour avant d'avoir pu survoler la ville. »
Légion d'honneur. — Croix de guerre avec palme.

DELAGE (André-Jean)

Elève à l'Ecole Saint-Genès de 1900 à 1910.

Ingénieur des Arts et Métiers; entrepreneur de serrurerie. Sergent à la fin de la guerre. Blessé d'une balle à l'épaule, le 15 septembre 1914, à la Ville-aux-Bois.
Deux Citations.

Croix de guerre.

DELOUBIS (Pierre)

Elève à l'Ecole Saint-Genès de 1902 à 1908.

Licencié en droit. Sergent au 6ᵉ R. I. Blessé à Charleroi, le 23 août 1914, a eu les deux os de l'avant-bras droit brisés par une balle.
Citation :

Ordre du Régiment :
« Brave sous-officier. Blessé le 23 août 1914 devant Charleroi au cours d'une attaque.»
Croix de guerre.

DELPÉRIER (Marcel)

Elève au Pensionnat J.-B. de la Salle de 1899 à 1903.

Maréchal des logis.
Citation :

« Maréchal des logis Delpérier (Marcel), adjoint au commandant du 1ᵉʳ bataillon du
• régiment depuis le début de la campagne, a toujours assuré, avec le plus grand dévouement et un courage digne d'éloges, les nombreuses missions de liaison et de transmission d'ordres qui lui ont été confiées et qu'il a remplies dans des circonstances très périlleuses, notamment pendant la période du 24 au 30 septembre 1914, devant Saint-Léonard. »
Croix de guerre. — Déjà médaillé du Maroc.

DELPÉRIER (Fernand)

Elève au Pensionnat J.-B. de la Salle de 1899 à 1903.

Frère jumeau du précédent.
Citation :

« Maréchal des logis Delpérier (Fernand), adjoint au commandant du 2ᵉ bataillon du
• régiment, depuis le début de la campagne, a toujours apporté le plus entier dévouement et fait preuve du plus grand courage dans l'exécution de nombreuses missions de liaison et de transmission d'ordres qui lui ont été confiées et qu'il a souvent remplies dans des conditions très dangereuses, notamment pendant la période du 24 au 30 septembre 1914, devant Saint-Léonard. »
Croix de guerre. — Egalement médaillé du Maroc.

DELUGIN (Roger)

Elève de l'Ecole Saint-Genès de 1905 à 1912.

Aspirant au 407ᵉ régiment d'infanterie.
Citation :

Delugin (Roger) : « Sous-officier d'élite; en toutes circonstances fut toujours pour ses hommes un bel exemple du devoir, notamment au cours des combats d'avril 1918, à Coucy-le-Château (Aisne). »
Croix de guerre.

DENEY (Jean-Marie-Nicolas)

Elève à l'Ecole Saint-Genès de 1907 à 1912.

Brigadier à la fin de la guerre. Blessé à Asiago (Italie), le 7 juin 1918, cassure des bi-maléolaires droites et gauches et du péroné gauche.

Titulaire de l'insigne du Commandement suprême italien. Décret du 26 mars 1916.

DERIS (André)

Elève à l'Ecole Saint-Genès de 1905 à 1909.

Caporal d'ordinaire au 123ᵉ régiment d'infanterie. Blessé à la ferme du Temple, près de Craonne, le 26 septembre 1914, par les éclats d'un obus de gros calibre qui tua les quatre hommes de sa patrouille. Un éclat se logea dans le cou, un second dans la jambe droite, un troisième sectionna le tendon d'Achille droit, un quatrième se logea dans la cheville, un cinquième dans le mollet gauche, et enfin un sixième dans la poitrine.

Réformé en juillet 1915, après sept mois d'hôpital.

Médaille militaire. — Croix de guerre.

DESMARTY (Pierre)

Elève au Pensionnat J.-B. de la Salle de 1901 à 1903.

Ingénieur de l'I. C. A. M. Sous-lieutenant commandant le détachement télégraphique du 8ᵉ génie.

Citations :

I. — A l'Ordre du Régiment; 18 juin 1918 :

« Au front depuis le début de la campagne comme caporal et sergent au détachement télégraphique de la 61ᵉ division D. I.; puis comme sous-lieutenant commandant le détachement télégraphique de la 128ᵉ D. I. S'est toujours donné tout entier à sa tâche, entraînant ses hommes par son exemple dans les zones les plus dangereuses pour l'établissement et l'entretien des lignes téléphoniques. A fait preuve de beaucoup de sang-froid, de dévouement et d'habileté en organisant rapidement un réseau téléphonique au moment où la division arrivait en rase campagne au contact de l'ennemi. »

II. — A l'Ordre de la Division; 4 septembre 1918 :

« Le chef du service télégraphique et l'officier radio ayant dû être évacués, a dirigé, pendant les journées du 17 au 24 août 1918, le service des liaisons, montrant une infatigable activité, se portant avec un réel mépris du danger sur tous les points où il jugeait sa présence utile pour diriger personnellement les travaux délicats. A pu, grâce aux judicieuses dispositions qu'il a prises, maintenir les liaisons constantes avec les troupes engagées et les grandes unités voisines. »

Croix de guerre.

DESTRADE (Henry)

Elève à l'Ecole Saint-Genès de 1906 à 1910.

Citation :

Ordre du Régiment; 12 février 1919 :
« Pierre-Henry Destrade, du 60e R. I., 9e compagnie : Dévoué et courageux, a été une première fois blessé à son poste d'observation en Lorraine, le 10 mars 1918. Remontant au front en juin, a participé aux attaques de Belgique, de la Somme et de Champagne. Blessé une deuxième fois à Tahure, le 9 octobre 1918, a refusé de se faire évacuer avant d'avoir assuré le service de son poste. »
Croix de guerre.

DOL (Gabriel)

Elève au Pensionnat J.-B. de la Salle de 1894 à 1901.

Lieutenant-pilote à l'escadrille C. 13.
Citation :

Ordre de l'Aéronautique, 2e Armée :
« Jeune pilote, attaqué le 16 mars par un avion ennemi puissamment armé, a fait face à son adversaire avec beaucoup d'audace et d'habileté, l'a obligé à se retirer dans ses lignes; a ramené lui-même son appareil atteint de vingt balles et gravement endommagé. »
Croix de guerre.

DONNADOU (Daniel-Pierre)

Elève au Pensionnat J.-B. de la Salle de 1893 à 1900

Maréchal des logis au 15e Régiment de dragons, à la mobilisation; lieutenant au 31e d'artillerie à la fin de la guerre.
Blessé de contusions des côtes avec déchirure musculaire, le 7 juin 1917, au massif de Moronvillers.
Citations :

I. — A l'Ordre de la 8e Division, 28 mai 1917 :
« A fait preuve des plus belles qualités de courage et de sang-froid depuis son arrivée à la batterie, particulièrement le 13 mars, en tirant sans interruption, sous un très violent bombardement, et, le 21 avril, en traversant un barrage nourri de 150, pour se rendre à une de ses positions, où il s'est maintenu jusqu'à la fin du tir, encourageant ses hommes par sa présence et son sang-froid ».

II. — A l'Ordre du 115e Régiment d'infanterie, 4 juin 1917 :
« Officier d'artillerie d'une grande activité, véritable artilleur de tranchée au sens plein du mot. Dans la période du 2 au 24 mai 1917, a partagé toutes les émotions d'un régiment d'infanterie, recherchant ses besoins, liant son action à celle des fantassins avec un entrain et une bonne volonté qui lui ont valu l'admiration de ses camarades de l'infanterie. »
Croix de guerre.

DOURNEAU (Léon)

Elève à l'Ecole Saint-Genès (Cours Normal), de 1912 à 1915.
Professeur à l'Ecole libre Saint-Bruno de Bordeaux.

Soldat au 34ᵉ R. I., grièvement blessé d'un éclat d'obus à la tête.
Une citation. — Croix de guerre.

DOYEN (André)

Elève au Pensionnat J.-B. de la Salle de 1878 à 1890

Officier de carrière.

Blessé grièvement, le 22 août 1914, perd l'usage du bras droit. Envoyé à Annecy comme capitaine instructeur obtint, sur ses instances réitérées, d'être de nouveau envoyé au front et se distingua particulièrement dans l'affaire de Metzeral.

Citation :

A l'Ordre de l'Armée :
« Officier très brillant, plein d'allant et d'entrain. Très grièvement blessé le 22 août 1914 (bras fracassé par une balle à bout portant) est resté longtemps entre la vie et la mort par suite de gangrène. A peine rétabli et convalescent, avec son bras raccourci de dix centimètres et presque inerte, est reparti volontairement pour son bataillon, en a pris le commandement en pleine bataille, le chef de corps étant blessé et évacué, et a parfaitement assuré la poussée offensive et énergique de son bataillon, grâce à son action personnelle, à son ascendant moral, aux dispositions judicieuses qu'il a prises, à l'entrain et au mordant qu'il a su insuffler à tout le bataillon. »
Officier de la Légion d'honneur. — Croix de guerre avec palme.

DUBAQUIÉ (Abbé Joseph)

Docteur ès-sciences,
Ancien Directeur au Grand Séminaire de Bordeaux,
Professeur de Sciences à l'Ecole Saint-Genès.

En qualité de docteur ès-sciences, M. Dubaquié aurait pu servir dans un laboratoire. Il a opté pour le poste plus périlleux de brancardier.
Citation :

A l'Ordre de la Division :
« A assuré, de jour et de nuit, pendant une période active, avec le plus grand sang-froid et le plus grand dévouement, le service d'un poste de secours installé dans un endroit violemment bombardé, et plusieurs fois atteint lui-même par des projectiles. »
Croix de guerre.

DUBOIS (Fernand)

Elève au Pensionnat J.-B. de la Salle de 1895 à 1902.

Citation :
Le Contre-Amiral commandant la 3ᵉ division de la R. G. A. cite à l'Ordre du Régiment :

Dubois, Fernand, soldat de 2ᵉ classe au 3ᵉ groupe de batteries mobiles de 16 (formation de marins détachés aux armées) :

« Comme conducteur d'une voiture de reconnaissance, s'est montré en maintes circonstances, notamment au cours des opérations de l'été 1917, dans des régions soumises à de fréquents et violents bombardements, aussi courageux et dévoué que modeste et plein de sang-froid. — Croix de guerre.

» Contre-Amiral JEHENNE. »

DUBOUCH (René)

Elève à l'Ecole Saint-Genès de 1909 à 1914.

Aspirant à la 7ᵉ compagnie du 12ᵉ Régiment d'infanterie.
Citation :

A l'Ordre de la Brigade :

« Jeune chef de section très beau et très crâne. Appelé à prendre le commandement d'une section, sur le champ de bataille, s'est acquitté de sa fonction avec énergie et intelligence, organisant le plus rapidement possible le terrain conquis et repoussant deux contre-attaques de l'ennemi. »
Croix de guerre.

DUBOURG (Gilbert)

Elève à l'Ecole Saint-Genès de 1909 à 1913.

Soldat de 2ᵉ classe à la mobilisation; sergent au 33ᵉ R. I. à la fin de la guerre.
Citation :

A l'Ordre du Régiment :

« Jeune soldat de la classe 1917; très courageux, s'est distingué pendant les différentes phases du combat du 12 juin, en tenant tête à un ennemi supérieur en nombre, lui infligeant des pertes qui ont retardé sa progression. »
Croix de guerre.

DUBOURG (Gabriel)

Elève à l'Ecole Saint-Genès de 1910 à 1913.

Aspirant de la classe 1916, 418ᵉ d'infanterie.
Citation :

A l'Ordre de la Brigade, 1ᵉʳ mai 1917 :

« Sous-officier de valeur. D'un calme et d'une bravoure remarquables; a entraîné sa section d'une façon parfaite à l'assaut des tranchées allemandes, le 16 avril 1917. A été blessé le 19, en maintenant sa fraction à son poste de combat, malgré un violent bombardement. »
Croix de guerre.

DUBRANA (Ernest)

Elève au Pensionnat J.-B. de la Salle de 1898 à 1899.

Sous-lieutenant de réserve, blessé grièvement de deux éclats d'obus.
Motif de promotion dans l'ordre de la Légion d'honneur, 14 février 1919 :
« Officier d'une haute valeur morale et d'une conscience admirable. S'est montré

brave et énergique au feu, en particulier en octobre 1914, où il a été grièvement blessé au cours d'une attaque au moulin de Vauclerc. A peine remis de cette blessure, a rejoint le front sur sa demande. A pris part à la bataille de la Somme en 1916, où il s'est distingué par sa belle conduite. » Deux autres Citations.

Légion d'honneur. — Croix de guerre.

DUBRUEL (D' Emile)

Elève au Pensionnat J.-B. de la Salle de 1887 à 1889.

Médecin-major de 1re classe, au 7e colonial.
Citation :

A l'Ordre de l'Armée :
« N'a cessé de faire preuve, depuis le début des opérations, des plus belles qualités de bravoure et de dévouement dans la recherche et le soin des blessés. »
Légion d'honneur. — Croix de guerre avec palme.

DUFORT (Jean-Marcel)

Elève au Pensionnat J.-B. de la Salle de 1884 à 1892.

Caporal au 144e régiment territorial d'infanterie, à la mobilisation; adjudant-chef du Service postal des convois automobiles de la Xe Armée à la fin de la guerre.
Cité à l'Ordre du Régiment, le 20 avril 1915.

Croix de guerre.

DUFOURG (Paul)

Elève au Pensionnat J.-B. de la Salle de 1899 à 1903.

Sous-lieutenant au 58e d'infanterie coloniale (compagnie de mitrailleuses). Nombreuses blessures, notamment au pied gauche. Soigné à l'ambulance 7-2, dirigée par le professeur J. Guyot.
Citation :

A l'Ordre de l'Armée :
« Excellent officier. Très grièvement blessé et fait prisonnier au cours d'une attaque allemande, a fait preuve d'une grande énergie, en s'échappant des mains de l'ennemi.

» Signé : JOFFRE. »
Légion d'honneur. — Croix de guerre avec palme.

DURAND (Georges)

Elève à l'Ecole Saint-Genès de 1911 à 1916.

Jeune soldat de la classe 1917. Grièvement blessé le 31 mai 1918; blessures multiples à la tête et à la jambe gauche. Versé dans le service auxiliaire, comme conséquence de ses blessures.

DUSSEDAT (Maurice)

Elève à l'Ecole Saint-Genès de 1905 à 1912.

Soldat au 58ᵉ régiment d'artillerie de campagne.
Réformé n° 1 pour blessure grave : Fracture du col du fémur.
Citation :

A l'Ordre du Régiment :
» Jeune soldat de la classe 1918, qui s'est toujours fait remarquer par son excellente façon de servir. Blessé grièvement à son poste de combat, le 11 août 1918; n'a proféré, jusqu'au moment de son évacuation, aucun cri, aucune plainte, donnant à tous un bel exemple de courage et de sang-froid. »
Croix de guerre.

EDELY (Etienne)

Professeur de musique à l'Ecole Saint-Genès.

Capitaine commandant de compagnie au 160ᵉ régiment d'infanterie. Nommé chevalier de la Légion d'honneur avec le motif suivant :
« Officier très énergique, commandant sa compagnie avec autorité et compétence. S'est acquis des titres au cours de la campagne par les services rendus. »
Croix de guerre.

ES-CHASSÉRIAU (Henri)

Elève à l'Ecole Saint-Genès de 1910 à 1913.

Citation :

A l'Ordre de la Brigade :
Le brigadier Es-Chassériau (Henri), classe 1917, de la 19ᵉ batterie du 5ᵉ R. A. C., employé à la S. R. S. :
« Chargé de la réparation d'appareils délicats dans les zones violemment battues, a toujours fait preuve de belles qualités de dévouement et de sang-froid, notamment pendant la période du 13 au 20 mars 1917. »
Croix de guerre.

ESTRADE (Charles-Jean-Edmond)

Elève au Pensionnat J.-B. de la Salle de 1895 à 1903.

Soldat de 2ᵉ classe à la mobilisation, sergent-fourrier à la fin de la guerre.
Blessé au visage, d'un éclat d'obus, le 31 juillet 1917, au Chemin des Dames.
Citations :

I. — A l'Ordre du Régiment :
« Le caporal-fourrier Jean-Charles Estrade, de la 20ᵉ compagnie. Gradé très méritant, d'un courage à toute épreuve et d'un dévouement absolu. Le 7 mars 1916, s'est précipité au secours d'hommes d'une section voisine ensevelis dans une cave et, quelques jours après, sous un violent bombardement, est spontanément sorti de son abri pour relever un soldat grièvement blessé dans la rue du village. »

II. — A l'Ordre de l'Infanterie divisionnaire :

« Gradé modeste et brave. A tranquillement assuré un service périlleux, en particulier pendant les nuits du 21 au 31 juillet, traversant tous les barrages pour ravitailler les lignes. Blessé en faisant son devoir, le 17 août 1917. »

III. — A l'Ordre du 344ᵉ Régiment d'Infanterie. (Nous n'avons pas le texte de cette dernière citation.)

Croix de guerre.

ESPAIGNET (Louis)

Elève au Pensionnat J.-B. de la Salle de 1887 à 1890.

Deux citations, dont nous n'avons pas le texte, l'une d'avril, l'autre de juin 1918.

Médaille militaire. — Croix de guerre.

FAGES (Georges)

Elève au Pensionnat J.-B. de la Salle de 1900 à 1905.

Citation :

A l'Ordre du 118ᵉ Régiment d'Artillerie lourde :

« Téléphoniste dévoué et courageux. A rempli ses fonctions dans des circonstances fréquemment périlleuses, dans la Somme en 1916, en Champagne, à Verdun et dans l'Aisne en 1917. S'est particulièrement distingué le 19 octobre 1917, en assurant son service sous un violent bombardement. »

FAGES (Raoul)

Elève à l'Ecole Saint-Genès de 1905 à 1910.

Frère du précédent.

Citation :

A l'Ordre du Régiment, 7 septembre 1918 :

« Soldat très brave et très courageux. A donné à ses camarades un bel exemple de sang-froid en assurant son service de guetteur sous le plus violent bombardement d'obus de tous les calibres. »

Croix de guerre.

FAU (Jean-Pierre-Louis)

Elève à l'Ecole Saint-Genès de 1899 à 1906.

Sergent à la mobilisation ; lieutenant à la fin de la guerre.

Fait prisonnier le 16 septembre 1914, à la Ville-aux-Bois.

Croix de guerre.

FÉRET (Noël-Emile)

Elève au Pensionnat J.-B. de la Salle de 1888 à 1894.

Officier démissionnaire, reprend du service en 1914. Nommé chef de bataillon au 7ᵉ régiment d'infanterie territoriale, fait toute la campagne sur le front français.

En 1919, fait partie de la mission française en Pologne, du général Weygand, avec le grade de lieutenant-colonel.

Plusieurs citations.

Légion d'honneur. — Croix de guerre.

Deux frères morts pour la France.

FLEURANSEAU (André)

Elève au Pensionnat J.-B. de la Salle de 1895 à 1904.

Lieutenant au 49ᵉ régiment d'infanterie.

Grièvement blessé au mois de septembre 1914.

Décoré de la Légion d'honneur.

Un frère tué au front.

FONRÉMIS (Jehan de)

Elève au Pensionnat J.-B. de la Salle de 1889 à 1900

Citation :

A l'Ordre de la Division :

« Radiotélégraphiste de premier ordre. Pendant les journées du 16 au 22 octobre 1917, malgré un violent bombardement, a continué à assurer le réglage de sa batterie, à laquelle il rend les plus précieux services. »

Croix de guerre. — Un frère mort au champ d'honneur.

FOURNIAL (Maurice)

Elève à l'Ecole Saint-Genès de 1902 à 1909.

Ingénieur civil des mines.

2ᵉ canonnier conducteur à la mobilisation; lieutenant à titre définitif à la fin de la guerre.

Croix de guerre.

FOURNOL (Pierre)

Elève à l'Ecole Saint-Genès de 1900 à 1910.

Engagé volontaire; porté disparu le 23 août 1914, après la bataille de Charleroi. S'est réfugié à Maubeuge. Fait prisonnier à la reddition de la ville, le 7 septembre 1914; interné à Münster, en Wesphalie, sa connaissance de la langue allemande lui a permis de rendre de nombreux services à ses camarades.

FOUSSARD (Emile)

Elève à l'Ecole Saint-Genès de 1903 à 1904.

Citation :

A l'Ordre du Régiment; 1er février 1917 :
« Soldat d'un grand courage et d'un calme imperturbable. Toujours volontaire pour les missions les plus périlleuses. »
Croix de guerre.

FRICHOU (Jean)

Elève au Pensionnat et à l'Ecole Saint-Genès de 1901 à 1906.

Lieutenant au 12ᵉ escadron du Train des Equipages.
Citations :

I. — Frichou (Jean-Marie), sous-lieutenant de réserve à la 4ᵉ compagnie du 12ᵉ escadron du Train des Equipages militaires :
« Officier remarquable à tous égards. Toujours prêt à remplir les missions difficiles ou dangereuses. Le 18 septembre 1914, ayant été informé que des Allemands étaient cachés dans une maison, est parti avec un petit détachement qui, après avoir essuyé leur feu, en a tué deux et capturé les deux autres. »
Aux armées, le 22 septembre 1925.

Signé : WILLOTTE.

II. — Frichou (Jean-Marie), lieutenant :
« A déployé le 25 mars 1918 la plus grande activité pour conserver la liaison avec les batteries de tir dans des circonstances particulièrement difficiles; a réussi, grâce à son initiative, à assurer le ravitaillement en munitions au groupe même, pendant la journée du 30 mars 1918.
Croix de guerre.

FRICHOU (Marc-Philippe-Auguste)

Elève au Pensionnat et à l'Ecole Saint-Genès de 1901 à 1907.

Frère du précédent. — Un troisième frère mort au front.
Citations :

I. — Le Colonel commandant la 42ᵉ D. I. cite à l'Ordre de la Division :
Frichou (Marc-Philippe-Auguste), maréchal des logis au VIᵉ groupe du 115ᵉ R. A. L. :
« Sous-officier toujours plein d'énergie et d'allant, a rendu les plus grands services au commandant de batterie pendant les dures journées de l'offensive du 8 au 11 août 1918; s'est dépensé sans compter pour assurer constamment le bon fonctionnement du personnel de tir. »

II. — Citation collective du 6ᵉ groupe du 115ᵉ Régiment d'Artillerie :
« Le chef d'escadron Auclair, certifie que le maréchal des logis Marc-Philippe-Auguste Frichou, classe 1911, a pris part à la bataille de Compiègne et à l'offensive du nord de Montdidier au canal de la Sambre à l'Oise. »
Croix de guerre.

FURT (Henri)

Elève au Pensionnat et à l'Ecole Saint-Genès de 1901 à 1906.

Citation :

A l'Ordre du Régiment :
« Agent de liaison très dévoué. Malgré un violent bombardement de l'ennemi, a communiqué des ordres et retiré d'une tranchée éboulée deux blessés qu'il a conduits au poste de secours. » — Croix de guerre.

GARDIÉ (Emmanuel)

Elève à l'Ecole Saint-Genès de 1911 à 1914.

Sous-lieutenant d'Artillerie.
Citation :

A l'Ordre du Régiment, 9 mai 1918 :
Le lieutenant-colonel commandant le 3ᵉ groupement du 121ᵉ Régiment d'Artillerie lourde, cite à l'Ordre du Régiment, l'aspirant Gardié (Jules-Joseph-Michel-Emmanuel) :
« Aspirant de tout premier ordre, dévoué et courageux. Le 26 avril 1917, a fait preuve de calme et de sang-froid en continuant le feu avec sa section, malgré un violent bombardement ennemi. »
Croix de guerre.

GARICOIX (Hilarion)

Professeur à l'Ecole Saint-Genès.

Lieutenant au 318ᵉ Régiment d'artillerie lourde.
Citations :

I. — A l'Ordre du Régiment :
« Sous-officier plein d'énergie et de dévouement, chef de pièce accompli. Au cours des attaques d'avril 1915, a exécuté des tirs particulièrement délicats avec une extrême précision sous le feu de l'ennemi. »
II. — A l'Ordre de la Division du Maroc, O. G. 57 :
« A, dès le 22 août, fait des reconnaissances de la position conquise pour y installer un observatoire à vues rapprochées et assuré, en terrain découvert et bombardé, la pose d'une ligne téléphonique qui a rendu les plus grands services. »
III. — A l'Ordre de la Division :
« Officier énergique et très courageux. Le 27 mai 1918, commandant par intérim sa batterie dans des circonstances critiques, a maintenu son personnel sous un feu intense et a assuré le tir de ses pièces jusqu'à l'extrême limite du possible, en payant de sa personne et en donnant un bel exemple de courage et de mépris du danger. »
Croix de guerre.

GÉRARD-LAFÛTE (Marie-Denis-Alexandre de)

Elève au Pensionnat J.-B. de la Salle de 1894 à 1895.

Citation :

A l'Ordre du Régiment; 15 septembre 1918 :
« Excellent soldat, discipliné, dévoué et courageux; plusieurs fois volontaire pour des

patrouilles et des missions périlleuses. Blessé accidentellement, le 23 avril 1915, d'une chute en franchissant une tranchée, sous un feu violent de l'ennemi. »
Croix de guerre.

GIARD (Louis)

Elève au Pensionnat J.-B. de la Salle de 1879 à 1889.

Capitaine du Train des Equipages à la 12-17 du Train des Equipages du Maroc; mis hors cadre par décision ministérielle du 18 juillet 1916, pour la formation des troupes auxiliaires marocaines.
Chevalier de la Légion d'honneur.

GIARD (Marie-Joseph-Antoine-Gabriel)

Elève au Pensionnat J.-B. de la Salle de 1886 à 1896.

Frère du précédent. Un troisième frère, chef de bataillon, mort au front.
Citations :

I. — A l'Ordre de l'Armée :
« Officier très brave et très allant. Le 16 avril 1917, s'est élancé à l'assaut des positions ennemies avec un très remarquable entrain. A fait l'admiration de tous ses hommes par sa crânerie et son audace. » Une blessure. Déjà cité.

Motif de promotion dans la Légion d'honneur :

« Giard (Marie-Joseph-Antoine-Gabriel), capitaine (active) au 1er régiment mixte de zouaves-tirailleurs. Officier plein d'ardeur et de courage, ayant de beaux états de service au Maroc et en Algérie.
» Venu sur le front français en avril 1916, a pris part aux combats sous Verdun, à l'offensive sur la Somme, ainsi qu'aux opérations d'avril dernier.
S'est toujours distingué par sa bravoure et son mépris du danger. Quatre citations. »
Croix de guerre avec palmes.

Fut encore blessé et cité à nouveau avant la fin de la guerre. A été promu officier de la Légion d'honneur (J. O. du 13 avril 1921).

GORRY (Jean-Fernand)

Elève au Pensionnat et à l'Ecole Saint-Genès de 1902 à 1906.

Maréchal des logis au 52e Régiment d'Artillerie lourde.
Citation :

A l'Ordre du 52e Régiment d'artillerie :
« Pendant les attaques du 25 septembre 1915, sous un bombardement violent, s'est porté au secours de canonniers blessés, et, à diverses reprises, a été réparer des lignes téléphoniques coupées. »
Croix de guerre.

GRAVIER (Joseph)

Elève au Pensionnat J.-B. de la Salle de 1896 à 1898.

Citation :

A l'Ordre de la Brigade :
« Très bon chasseur; a fait preuve d'un courage et d'un sang-froid remarquables à l'attaque du 9 septembre 1915, au Linge- Kopf (Alsace); deux fois blessé. »
Croix de guerre.

GRENIÉ (Jean-Marie-Elie)

Elève à l'Ecole Saint-Genès de 1901 à 1910.

Caporal au 9ᵉ régiment d'infanterie à la mobilisation, capitaine au 119ᵉ régiment d'infanterie à la fin de la guerre. Après la guerre : capitaine au 24ᵉ bataillon de chasseurs alpins, parti en Haute-Silésie. Blessé par de multiples éclats de grenade, le 17 avril 1917, à Moronvillers (Champagne).

Citations :

I. — A l'Ordre du Groupement D. E. (Verdun), Corps d'Armée du général Mangin, 8 septembre 1916 :
« Jeune officier intelligent et d'une bravoure calme et réfléchie. Appelé, le 4 août 1916, à prendre le commandement d'une unité qui venait de perdre son chef et était fortement éprouvée par le feu, a su l'enlever dans un sursaut d'énergie, lui faisant atteindre l'objectif qui lui était assigné, après un parcours de 800 mètres en terrain découvert et sous un feu intense d'artillerie et de mitrailleuses. »

II. — A l'Ordre du XVIIᵉ Corps d'Armée, 14 juin 1917 :
« A brillamment entraîné sa compagnie à l'attaque de positions allemandes, le 17 avril 1917. A été blessé en cherchant à réduire un fort îlot de résistance. »

III. — A l'Ordre de la 6ᵉ D. I.; 13 septembre 1918 :
« Officier plein de courage et d'allant. Pendant les journées des 10, 11, 12, 18, 19 et 20 août 1918, a été un auxiliaire précieux du commandement, en disposant ses sections de mitrailleuses d'une façon judicieuse, et en faisant des reconnaissances qui ont facilité à son chef de bataillon l'accomplissement de sa mission. »
Croix de guerre avec palme.
Après la guerre, chevalier de la Légion d'honneur.

GUYOT (Dʳ Joseph)

Elève au Pensionnat J.-B. de la Salle de 1889 à 1892.

Professeur à la Faculté de médecine de Bordeaux, le docteur Guyot fut nommé, sur sa demande, chirurgien dans une ambulance du front, et bientôt promu médecin-major de 1ʳᵉ classe et chef de l'ambulance chirurgicale n° 6 (5ᵉ Armée).

Citations :

I. — A l'Ordre de l'Armée :
« Médecin-chef d'un dévouement au-dessus de tout éloge, n'a pas hésité à réclamer l'honneur de servir au front, bien que dégagé de cette obligation; s'est prodigué auprès de ses blessés avec le plus grand dévouement au cours des attaques subies par la 1ʳᵉ Ar-

mée; a donné à tous l'exemple du calme sous le bombardement de son ambulance, notamment pendant les nuits des 28 et 29 juin 1918, maintenant son personnel auprès des blessés et lui faisant continuer les soins avec sang-froid. »

II. — Lettre de félicitations adressée par M. le Médecin-Inspecteur Ferraton, chef supérieur du service de santé de l'Armée, à M. le Professeur Guyot, médecin-chef du centre chirurgical de Crèvecœur :

« En quittant la 1ʳᵉ Armée, le Médecin-Inspecteur, chef supérieur du service de santé, tient à remercier tout le personnel de l'ambulance de l'esprit d'initiative, de l'activité, du zèle et du dévouement qu'il a montrés, dès le début, et dans lesquels, depuis, il a persévéré sans défaillance.

» Arrivée dans des circonstances critiques, pour une installation tout entière à créer, la formation fonctionnant au bout de quelques heures, a donné un exceptionnel effort, récompensé par des résultats tout à fait satisfaisants. »

III. — Motif de promotion dans l'Ordre de la Légion d'honneur :

« Chirurgien remarquable; s'est signalé par son activité, par les nombreuses améliorations qu'il a apportées au traitement des blessés. »

Légion d'honneur. — Croix de guerre avec palme. — Officier de Sainte-Anne.

HARISTOY (Lucien)

Elève à l'Ecole Saint-Genès de 1911 à 1913.

Blessé grièvement dans la Somme (bois de Saint-Pierre-Wast); les deux cuisses traversées par éclats. Réformé n° 1.

Médaille militaire.

HIRIART (Jean)

Professeur à l'Ecole Saint-Genès.

Caporal-brancardier G. B. D. 36; évacué le 20 mars 1918, pour brûlures graves par les gaz.

HUBERT (Stanislas-Louis)

Elève au Pensionnat J.-B. de la Salle de 1894 à 1899.

Sous-lieutenant de Chasseurs à pied.

Citation :

A l'Ordre du Bataillon; 30 juillet 1917 :

« A brillamment conduit sa section pendant le combat du 23 juin, à Thiaumont; pris par l'ennemi, a regagné les lignes françaises, malgré le bombardement et un feu violent de mitrailleuses. »

Croix de guerre.

HUCHET (Jean-Baptiste)

Elève à l'Ecole Saint-Genès de 1911 à 1913.

Citation :

A l'Ordre de l'Armée :

Huchet (J.-B.), soldat à la 9ᵉ compagnie du 93ᵉ R. I., actuellement au 65ᵉ R. I. « Brave

soldat qui a fait preuve d'intelligence, de ténacité et d'un courage remarquable en s'évadant d'un pays ennemi où il était interné comme prisonnier de guerre, et en réussissant à gagner un pays neutre, après plusieurs journées de marche. »
Une Citation antérieure.
Croix de guerre avec palme.

IZAMBERT (Marcel-André-Paul)

Elève au Pensionnat J.-B. de la Salle de 1895 à 1903.

Sergent à la mobilisation, sergent-major à la fin de la guerre.
Blessé à la tête, le 25 septembre 1915, à Maison de Champagne.
Citation :

A l'Ordre du Régiment; 21 novembre 1915 :
« Le 25 septembre 1915, sous un feu violent, ce sous-officier a, par son courage et son énergie, contribué à ramener et à maintenir sur la ligne de feu des éléments de troupe privés de leurs chefs; a été blessé, à son poste, sur la ligne de tirailleurs qu'il avait ainsi aidé à reformer. »
Croix de guerre.

JOFFRE (Roger)

Elève au Pensionnat et à l'Ecole Saint-Genès de 1900 à 1905.

Citation :

A l'Ordre du Régiment :
Joffre (Roger), caporal au 228ᵉ régiment d'infanterie, 21ᵉ compagnie :
« Déjà fatigué à la suite de l'attaque du 6 novembre 1917, a tenu à rester à son poste et a fait preuve pendant toute la journée du 9 novembre de beaucoup de bravoure et d'énergie. »
Croix de guerre.

LABARBE (Henry)

Elève au Pensionnat J.-B. de la Salle de 1875 à 1879.

Capitaine au long cours.
Lettre de félicitations du vice-amiral Boué de Lapeyrère, commandant en chef la 1ʳᵉ Armée navale :

« Commandant,
» Au moment où prennent fin les opérations de déchargement du vapeur « Anglet », que vous commandez, je tiens à vous adresser l'expression de ma plus vive satisfaction pour la manière brillante dont vous avez effectué de jour et de nuit et souvent par brise fraîche, les nombreux accostages et appareillages que comportait le ravitaillement des six cuirassés de la 1ʳᵉ escadre.
» Le zèle et la bonne volonté que votre équipage n'a cessé de montrer au cours de cette opération, qui fut à certains points de vue une épreuve un peu rude, sont un témoignage de l'énergique direction que vous savez imprimer à votre bâtiment.
» En vous adressant mes remerciements pour l'entrain dont vous avez fait preuve, pendant les quelques jours que vous venez de passer au milieu de la 1ʳᵉ escadre, je vous prie de croire à l'expression de ma considération distinguée et affectueuse.
» Boué de Lapeyrère. »

En octobre 1915, le capitaine Labarbe rencontra, à une vingtaine de milles de Cerigo, le vapeur des Messageries Maritimes « Yunnan », torpillé et abandonné. Ce vapeur avait une précieuse cargaison de provisions et de munitions pour l'armée des Dardanelles et la caisse des fonds contenait une somme considérable. Il le remorqua et le sauva. A cette occasion, le vice-amiral Dartige du Fournet lui adressa la lettre de félicitations suivante :

« Commandant,

» Il m'a été rendu compte que vous avez montré l'initiative la plus louable en vous portant spontanément au secours du « Yunnan », qui était désemparé à la suite du torpillage et que vous avez fait preuve de belles qualités professionnelles de courage et de dévouement en exécutant avec un équipage restreint, dans une zone parcourue par les sous-marins ennemis, les manœuvres longues et délicates de remorquage de ce navire.

» Je suis très heureux de pouvoir vous adresser toutes mes félicitations pour votre conduite en ces circonstances.

» Dartige du Fournet. »

Plusieurs propositions pour la Légion d'honneur.

LABARTHE-PON (Henri)

Elève à l'Ecole Saint-Genès de 1907 à 1916.

Mobilisé comme soldat, en avril 1917. Caporal, blessé d'un éclat d'obus, à la Fosse-aux-Ours (Champagne), le 15 juillet 1918. Réformé n° 1.
Citation :

A l'Ordre du iv⁰ Corps d'Armée; 28 juillet 1918 :
« Brigadier téléphoniste superbe de courage et de dévouement, n'a pas cessé pendant la nuit du 14 au 15 juillet et la matinée du 15, sous un bombardement particulièrement violent d'obus toxiques et explosifs de tous calibres, de parcourir les lignes téléphoniques avec son personnel pour essayer de maintenir la liaison entre le P. C. du groupe et la batterie. Grièvement blessé au cours de ces réparations. »
Croix de guerre française et Croix de guerre belge.

LABEUR (Louis)

Elève au Pensionnat J.-B. de la Salle de 1891 à 1895.

Sergent-fourrier.
Croix de guerre. — Deux citations.

LABEUR (Jean)

Elève au Pensionnat J.-B. de la Salle de 1900 à 1903.

Lieutenant au 169⁰ d'infanterie.
Citations :

I. — A l'Ordre de l'Armée :
« A réussi à s'emparer d'une tranchée allemande avancée et à s'y maintenir sous un feu violent d'artillerie et d'infanterie. »

II. — A l'Ordre de la Brigade :

« A enlevé très bravement sa compagnie à l'assaut, a groupé des éléments épars d'unités voisines décimées et les a maintenues en position. »

Proposé pour le grade de capitaine et pour la Légion d'honneur.

Croix de guerre avec palme.

LABEYRIE (Jean-Gaston)

Elève au Pensionnat et à l'Ecole Saint-Genès de 1902 à 1908.

Blessé par éclats d'obus (fracture du coude droit), au Bois de la Caillette (Verdun), le 1er juin 1916.

Citations :

1. — A l'Ordre du Régiment; juin 1916 :

« Excellent brancardier, très courageux, blessé en juin 1916, en assurant le service de relève des blessés dans un secteur soumis à un violent bombardement. »

II. — A l'Ordre du Corps d'Armée; 31 mars 1919 :

« Soldat brancardier d'un courage héroïque, a donné l'exemple à tous, en allant à plusieurs reprises relever des blessés en plein jour et à proximité immédiate de l'ennemi, notamment dans les journées des 22 et 23 mai 1916, au Fort de Vaux.

» Signé : Maréchal PÉTAIN. »

Croix de guerre.

LABORDE (Roger)

Elève à l'Ecole Saint-Genès de 1905 à 1908.

Citation :

Laborde (Roger), soldat au 52e colonial :

« S'est volontairement présenté pour effectuer des liaisons au moment de bombardements violents. Très bon soldat, courageux et volontaire pour toutes les missions difficiles. »

LAFAYE (Marc)

Elève au Pensionnat et à l'Ecole Saint-Genès de 1902 à 1909.

Vétérinaire aide-major de 1re classe.
Citation à l'Ordre de l'Armée serbe.

Croix de guerre serbe.

LAFITE-DUPONT (J.-A.)

Elève au Pensionnat J.-B. de la Salle de 1886 à 1890.

Docteur-médecin. Mobilisé comme médecin aide-major; promu médecin-major de 1re classe.

LAFON (André-Bernard)

Elève au Pensionnat J.-B. de la Salle de 1888 à 1895.

Lieutenant à la mobilisation, capitaine à la fin de la guerre.
Deux Citations.

LAFOURCADE (Pierre-Aurélien)

Elève au Pensionnat J.-B. de la Salle de 1893 à 1898.

Sergent de réserve des services de l'Intendance, classe 1898; appelé le premier jour de la mobilisation. — Passé dans l'Infanterie, en mai 1916. Affecté au 234ᵉ R. I., a parcouru avec ce régiment les champs de bataille de l'Aisne, de Verdun, de Champagne, de Lorraine et des Vosges. — Passé au 279ᵉ R. I. T. quelques jours avant l'armistice. A participé à l'occupation de l'Alsace reconquise.

LAMOTHE (Auguste)

Elève au Pensionnat et à l'Ecole Saint-Genès de 1899 à 1906.

Citation :

Lamothe (Auguste), 1ᵉʳ canonnier servant à la 31ᵉ batterie du 107ᵉ R. A. L. :
« Très bon soldat, d'un zèle et d'un dévouement dignes d'éloges. Faisant fonction de brigadier de tir, au cours d'un bombardement d'une très grande violence, a fait preuve de beaucoup d'énergie et de sang-froid en allant transmettre des ordres concernant le tir. »
Croix de guerre.

LAMOTHE (Dʳ Paul)

Elève au Pensionnat et à l'Ecole Saint-Genès de 1899 à 1909.

Citation :

A l'Ordre du Régiment :
« Lamothe (Paul), médecin auxiliaire. Sur le front depuis le 5 janvier 1915, a toujours fait preuve du plus grand courage et du plus grand dévouement en se portant, sous le feu de l'ennemi, au secours des blessés, notamment les 2 et 25 février et le 25 septembre 1915. »
Croix de guerre.

LANGLADE (François-Marie BARBARY de)

Elève au Pensionnat J.-B. de la Salle de 1900 à 1903.

Sous-lieutenant à titre temporaire (active) au 7ᵉ cuirassiers; pilote-aviateur.
Motif de promotion dans la Légion d'honneur :
« Quoique réformé, s'est engagé dès le début de la guerre dans la cavalerie d'abord, puis dans l'aviation, où il a toujours été un modèle de bravoure et d'entrain. Depuis le début de juin 1918, a participé à tous les bombardements du champ de bataille, soute-

nant de durs combats et ramenant plusieurs fois son appareil détérioré par le tir ennemi. A fait, le 3 novembre, deux bombardements à basse altitude. Compte plus de cent missions au-dessus des lignes ennemies. »

Trois Citations antérieures.

Croix de guerre avec palme.

LARCLAUSE (Henry SAVIN de)

Elève à l'Ecole Saint-Genès en 1915 et 1916.

Elève officier de la marine marchande à la mobilisation, lieutenant à la fin de la guerre. Blessure grave à l'œil droit.

Croix de guerre.

LARTIGOLLE (Louis)

Elève à l'Ecole Saint-Genès de 1911 à 1918.

Engagé volontaire en 1919. Interprète auprès de l'Armée britannique.

Lettre de félicitations :

« L'interprète Louis Lartigolle a encore amélioré ses connaissances en langue anglaise. Il est très appliqué et courageux au travail, et surtout excessivement consciencieux et dévoué. Il remplit ses fonctions avec beaucoup de zèle et donne beaucoup de satisfaction à tous ceux qui l'emploient. Sujet intelligent, discipliné et scrupuleusement honnête. Mérite uniquement des éloges. »

» Saint-Pol-sur-Ternoise, le 20 janvier 1920.

Le Lieutenant des agents de liaison,   Signé : DEULLIN.

(Rapport de la Mission militaire attachée à l'Armée britannique.)

LARTIGUE (Pierre-Roger)

Elève au Pensionnat et à l'Ecole Saint-Genès de 1902 à 1913.

Soldat de 2ᵉ classe à la mobilisation, sous-lieutenant à la fin de la guerre.

Blessé d'une balle à la cuisse droite, le 3 novembre 1917, à Aspach-le-Bas (Alsace).

Citation :

A l'Ordre de la Brigade :

« Jeune officier mitrailleur. Du 26 septembre au 19 octobre 1918, dans des opérations différentes a su inspirer à son peloton, par son exemple, la confiance la plus absolue. »

Croix de guerre.

LATOUR DU ROCH (Clément de)

Elève à l'Ecole Saint-Genès de 1904 à 1912.

Grièvement blessé, notamment de deux éclats d'obus, l'un au niveau du cœur, l'autre à la base du poumon droit.

Citations :

I. — « Engagé volontaire au début de la guerre; excellent gradé, plein de calme et d'un grand sang-froid au feu. Belle conduite aux actions auxquelles il a pris part. »

II. — « Excellent agent de liaison sur lequel on peut compter dans les circonstances les plus difficiles. Le 27 mai 1918, à Fismes, s'est offert comme volontaire pour porter un ordre en terrain complètement découvert pendant plus de 800 mètres et effroyablement battu par l'artillerie et les mitrailleuses ennemies. A accompli sa mission avec succès, revenant seul sur trois agents de liaison envoyés. »

III. — « Engagé volontaire de la classe 14; au front depuis le début de la campagne, trois fois blessé. Agent de liaison à la C. M./2, a assuré avec un complet mépris du danger, du 27 mai au 10 juin 1918, les missions difficiles qui lui ont été confiées. »

Croix de guerre. — Médaille militaire.

LAULAN (Jules-Bernard)

Elève au Pensionnat J.-B. de la Salle de 1898 à 1902.

Lieutenant de réserve au début de la guerre. Capitaine (active) à la fin.

Citations :

I. — A l'Ordre du Régiment :

« Le 14 juillet, pendant un bombardement d'une grande violence, a fait preuve d'un grand courage et du plus beau sang-froid en maintenant ses hommes à leur poste de première ligne, par sa présence au milieu d'eux. »

II. — Motif de promotion dans la Légion d'honneur; 15 octobre 1915:

« Très brillante conduite à l'assaut des tranchées de première ligne allemandes, le 25 septembre 1915. A été chargé, avec un détachement, de réduire les dernières défenses d'un abri ennemi fortement occupé. »

III. — A l'Ordre de la Brigade, 19 mars 1916 :

« Le 25 février 1916, après s'être défendu pied à pied dans un village pris d'assaut et cerné par l'ennemi, a réussi, par son audace et son sang-froid, à franchir les lignes ennemies et à rejoindre son régiment. »

IV. — A l'Ordre de l'Armée :

« Pendant les combats du 16 au 19 avril 1917, ayant eu successivement deux chefs de bataillon tués, a pris le commandement du bataillon dans des circonstances particulièrement difficiles. Chargé d'une mission d'arrière-garde, a, grâce à son courage et à son sang-froid, arrêté une violente contre-attaque allemande. Le 19 avril, est parti à l'assaut, en tête de toute sa compagnie, placée en première vague et l'a brillamment entraînée. — Déjà trois fois cité. »

Nommé capitaine à titre définitif, le 24 octobre 1916.

Légion d'honneur. — Croix de guerre avec palme.

LAVAUD (Maurice-Eugène)

Elève au Pensionnat J.-B. de la Salle de 1885 à 1888.

Blessé à N.-D. de Lorette, d'une commotion par explosion d'obus, le 20 janvier 1915. A terminé la guerre comme sous-officier à l'Hôpital n° 18 (St-Genès).

LECLERC (Georges)

Elève à l'Ecole Saint-Genès de 1904 à 1906.

Soldat, puis sous-officier au 1er bataillon du 57e R. I., du 2 août 1914 jusqu'à la fin des hostilités. Adjudant de bataillon au même bataillon depuis 1917.

Citations :

I. — A l'Ordre du 57e Régiment d'Infanterie, du 31 janvier 1915 :

« Sous-officier possédant à un haut degré l'esprit de sacrifice; se distingue depuis le début de la campagne par son courage, son énergie et sa belle humeur. Belle conduite au feu, particulièrement le 19 décembre 1914, lors de l'attaque d'un petit poste ennemi.»

II. — A l'Ordre du 57e Régiment d'Infanterie, 24 mai 1917 :

« Au cours de l'attaque du plateau de V., les 5 et 6 mai 1917, sous les feux violents de mitrailleuses et d'artillerie, a, avec le plus grand calme et mépris du danger, assuré la liaison à tous les échelons, en qualité d'adjudant de bataillon, et veillé au ravitaillement en munitions de chaque unité. »

III. — A l'Ordre de la 35e Division d'Infanterie, 13 avril 1918 :

« Sous-officier dont le courage égale le calme; a secondé son commandant de bataillon avec le plus grand dévouement pendant la période du 21 au 31 mars 1918, sur le mont Renaud. Le 26 mars, à un moment où la situation devenait critique, s'est mis à la tête des agents de liaison et, résolument, revolver au poing, s'est porté à la contre-attaque. »

IV. — A l'Ordre de la 35e Division, du 30 septembre 1918 :

« Sous-officier très crâne, s'imposant par son allant et son sang-froid. Pendant la période des derniers combats, s'est dépensé sans compter, assurant lui-même la liaison avec les unités, malgré les feux les plus violents d'artillerie et de mitrailleuses. Par son attitude, a communiqué aux agents de liaison du bataillon le sentiment d'esprit de sacrifice poussé au plus haut degré. »

Croix de guerre. — Médaille militaire : 15 juin 1920. Quatre propositions antérieures pendant le cours des hostilités.

L'un des signataires de la Citation du colonel commandant le 57e régiment d'infanterie par les poilus de son régiment. Nous donnons en note, le texte de cette Citation tout à l'éloge du chef et des subordonnés (1).

---

(1) *Citation du colonel Bussy, commandant le 57e Régiment d'Infanterie, par les Poilus du régiment :*

« Depuis janvier 1916, a conduit son régiment sur les glorieux champs de bataille de Verdun, du Plateau de Vauclerc, de Noyon et du Mont-Renaud, du Mont-Lavé, de l'Ingon et de la Côte 77, des rives de la Serre et du Perron, des Côtes 120 et 126.

» D'une paternelle sollicitude, aimant ses hommes et aimé de tous, a su communiquer à chacun la plus haute idée du devoir et du sacrifice dont lui-même était animé, dans les journées les plus rudes, comme aux jours les plus radieux.

» Au drapeau du 57e, à la hampe duquel brille la Croix de la Légion d'honneur, symbole de l'héroïsme de nos pères, a su faire épingler la fourragère aux couleurs de la Croix de guerre, dont les braves du Mont-Renaud et de l'Ingon s'enorgueillissent à juste titre.

» Grâce à son énergie et à son ardente foi patriotique, le colonel Bussy a conduit le « Terrible » à la victoire après avoir ajouté de nouveaux lustres à ses fastes militaires. »

Ferrette, le 10 avril 1919.

Signé :

Boitel, chef de bataillon adjoint.	Couraud, chef de bataillon.
Denoyelle (Léon), chef de bataillon.	De Verduzan, capitaine adjudant-major.
Poujol, capitaine.	Robert, capitaine.
Bodis, capitaine adjudant-major.	Marcelin, lieutenant.
Fauvet, lieutenant.	Castaings, lieutenant.
Rousseau (Michel), sous-lieutenant.	Carayon de Talpayrac, sous-lieutenant.
Hulin, sous-lieutenant.	Mangey, sergent.
Leclerc, adjudant.	Sebire (David), sergent.
Naud, sergent.	Farfal, caporal.
Blondel, sergent.	Moreau, caporal.
Pavageau, caporal.	Gardère, soldat.
Imbourg, soldat.	Rullaud, soldat.
Canche, soldat.	Raffenaud, soldat.
Caillon, soldat.	

LEGROS (Dr Gaston)

Elève au Pensionnat J.-B. de la Salle de 1881 à 1888.

Médecin-major de 2ᵉ classe de l'Armée territoriale.
Médecin-chef du G. B. D. 153.
Trois Citations :

I. — Legros (Gaston), médecin major de 2ᵉ classe de l'armée territoriale, médecin-chef du G. B. D. /153.

« Dans un secteur particulièrement difficile et exposé, s'est dépensé sans compter pour mener à bien son service, donnant à son personnel l'exemple de son entrain et de son calme. »

II. — A l'Ordre du Régiment :

« Ne cesse de donner des preuves des plus belles qualités de courage et de dévouement : s'est particulièrement dépensé en avril et mai 1917, au cours de l'offensive de l'Aisne, puis en juillet et août, en parcourant journellement les premières lignes d'un secteur soumis à de violents bombardements pour assurer, dans les meilleures conditions possibles, l'organisation de son service. »

III. — Motif de promotion dans la Légion d'honneur :

« Médecin dévoué et courageux. A montré dans l'accomplissement de son devoir un mépris absolu du danger. Déjà cité. A pris part, au début de la campagne, aux affaires de Lorraine et d'Argonne (ambulances 16/18 et 8/2). A pris part ensuite aux affaires de la Somme (G. B. D. 153), et à celles de l'Aisne (142ᵉ Régiment d'Infanterie territoriale). »

C'est au front, le 23 juillet 1917, que le Dr Legros a été fait chevalier.

LEMOING (abbé Félix)

Elève au Pensionnat J.-B. de la Salle de 1893 à 1897.

Caporal-brancardier ; longtemps captif en Allemagne.
Citation :

A l'Ordre de l'Armée :

« Nommé caporal pour sa belle conduite au cours de la campagne, a toujours fait preuve de courage et de dévouement dans l'accomplissement de son service spécial. S'inspirant des plus nobles sentiments patriotiques, n'a pas hésité, dans des circonstances difficiles, à exposer froidement sa vie pour fournir à ses chefs d'utiles renseignements sur l'ennemi.

» Signé : JOFFRE. »

Médaille militaire. — Croix de guerre avec palme.

LENA (Raphaël)

Professeur à l'Ecole Saint-Genès.
(Ancien élève du Cours normal de 1911 à 1913).

Jeune soldat de la classe 1915 ; sous-lieutenant à la fin des hostilités.
Citations :

I. — A l'Ordre de la Division Marchand :

« S'est dépensé sans compter du 25 au 30 septembre 1915. Toujours volontaire pour accomplir des missions périlleuses ; les a accomplies avec courage et intelligence. »

II. — A l'Ordre de la Division :

« Très bon sergent, d'un courage et d'un sang-froid remarquables. S'est offert spontanément pour commander une patrouille chargée d'aller chercher entre les lignes un officier disparu. Est sorti à deux reprises et a passé à sa recherche la majeure partie de la nuit. — Déjà cité. »

Le 15 décembre 1917, le sous-lieutenant Léna fut blessé sur diverses parties du corps par l'éclatement d'une torpille, tandis qu'il inspectait les avant-postes pour préparer un coup de main. Il a dû subir l'amputation du bras droit. Soigné à l'hôpital de Commercy, il y reçut la visite du général Marchand qui lui remit la Croix de la Légion d'honneur et la Croix de guerre avec palme.

III. — Motif de promotion dans la Légion d'honneur :

« Jeune officier réputé pour sa bravoure, son audace et son sang-froid, toujours volontaire pour les missions périlleuses.

» A été grièvement blessé le 15 septembre 1917, au cours d'une reconnaissance en avant des lignes. Amputé du bras droit. »

LESCOUZÈRES (André)

Elève au Pensionnat J.-B. de la Salle de 1897 à 1906.

Citation :

A l'Ordre du Corps d'armée :

« Pendant les journées des 25, 26 et 27 septembre 1915 a fait preuve constamment, sous les balles et les obus, d'un calme et d'une tranquillité d'esprit admirables, souriant au milieu du danger. Agent de liaison du Chef de Corps, a contribué très efficacement à la transmission de ses ordres. »

Croix de guerre.

LESPINASSE (Pierre)

Elève au Pensionnat et à l'Ecole Saint-Genès de 1900 à 1906.

A la mobilisation caporal, à la fin de la guerre sergent.

Blessé de brûlures par ypérite, le 13 août 1918, au bois de Thiescourt. Fait prisonnier, il s'évada romanesquement d'Allemagne, dans l'emballage d'un piano destiné à la Suisse.

A son retour, fut envoyé d'abord en Tunisie, puis renvoyé, à sa demande, sous un nom d'emprunt, sur le front français.

Deux citations :

I. — Motif d'inscription au tableau spécial de la Médaille militaire :

« Bon et brave gradé, qui a fait preuve, dans des circonstances difficiles, d'une belle initiative, d'une énergie et d'un sang-froid au-dessus de tout éloge. »

II. — A l'Ordre de la Division :

« Caporal énergique; le 10 juin 1918, sa section étant établie en poste avancé et son chef ayant été tué dès l'ouverture du feu de l'ennemi, a rassemblé ses hommes et a rejoint la compagnie en bon ordre, ramenant un blessé. »

Médaille militaire. — Croix de guerre.

LESTAGE (Joseph)

Elève à l'Ecole Saint-Genès (Cours normal), de 1914 à 1916.

Deux Citations :

I.— A l'Ordre du Régiment, 22 juin 1918 :

« Agent de liaison d'une bravoure remarquable et d'un dévouement à toute épreuve; pendant la période du 10 au 14 juin 1918, s'est fait remarquer par son mépris absolu du danger en communiquant les ordres de son commandant de compagnie, malgré les feux violents de mitrailleuses et d'artillerie. »

Promu caporal à la suite de cette Citation.

II. — A l'Ordre du Régiment; 25 septembre 1918 :

« Caporal énergique et brave, entraînant ses hommes par son exemple. S'est élancé sans hésiter à l'assaut des positions ennemies, lors des combats du 2 au 5 septembre 1918. »

LESTAGE (Pierre-Maurice)

Elève au Pensionnat J.-B. de la Salle de 1897 à 1901.

Soldat de 2ᵉ classe à la mobilisation; lieutenant à la fin de la guerre.

Blessé à Faxe-Fonteny (Lorraine), le 20 août 1914, de contusions par éclats d'obus. Evacué de Beauséjour (Champagne) pour dysenterie. Blessé à la jambe et à la main gauche par des éclats de grenade, au Mont-Renaud (Oise), le 12 avril 1918.

Citation :

A l'Ordre de la Division, 8 mai 1918 :

« Officier d'un courage à toute épreuve; plein d'entrain, a su, pendant plusieurs heures, disposer et maintenir ses hommes sans pertes, sous un bombardement extrêmement violent. A été blessé en entraînant bravement sa section à l'attaque des positions ennemies. Une blessure antérieure. »

Croix de guerre.

LESTRILLE (Pierre-Jean-Auguste)

Elève au Pensionnat J.-B. de la Salle de 1892 à 1897.

Sergent à la mobilisation, lieutenant à la fin de la guerre.

Blessé d'éclats d'obus à Vaux, le 6 mai 1916.

Citation :

« A fait preuve de la plus grande énergie en maintenant pendant deux jours sa section à découvert sous un feu violent d'artillerie lourde. A été blessé par un éclat d'obus. Excellent officier, au front depuis novembre 1914, s'est signalé maintes fois par son mépris du danger. »

Croix de guerre (étoile d'argent).

LEVRAUD (Jean-Aurélien)

Elève à l'Ecole Saint-Genès de 1909 à 1914.

Soldat à la mobilisation, maréchal des logis à la fin de la guerre
Citation :
A l'Ordre de l'A. L. C./167, 16 octobre 1918 :
« Excellent canonnier conducteur, ayant montré dans des circonstances difficiles de
réelles qualités de courage et de sang-froid. »
Croix de guerre.

LIEBEL (Pierre-Paul)

Elève au Pensionnat J.-B. de la Salle de 1891 à 1898.

Engagé volontaire pour la durée de la guerre.
Citations :

I. — Le général de division, commandant le Groupement sud de la VII⁰ Armée (x⁰
Corps), cite à l'Ordre du Groupement :
« Liebel (Pierre-Paul), engagé volontaire pour la durée de la guerre, soldat au 19⁰ escadron du Train, conducteur d'automobile à l'état-major du Groupement Sud. Le 9 août
1915, a fait preuve d'un courage et d'un sang-froid dignes d'éloges, en conduisant sa
voiture sur une route fortement bombardée par du 105 et encombrée de branches d'arbres et de gros cailloux, ce qui rendait plus délicate la traversée de la zone dangereuse. »

II. — A l'Ordre du Corps d'Armée :
« Sous-officier d'un courage digne des plus grands éloges, a puissamment secondé son
chef de bataillon en maintenant des éléments privés de leurs chefs et menacés d'être
encerclés. A rempli sa mission sur un terrain violemment battu par plusieurs mitrailleuses, donnant à tous un bel exemple de courage et d'énergie, au cours de l'attaque du
1ᵉʳ août 1918. »
Croix de guerre.

LIEBEL (Daniel)

Elève au Pensionnat J.-B. de la Salle de 1891 à 1898.

Frère du précédent. Lieutenant d'infanterie. Chevalier de la Légion d'honneur.
Quatre Citations :

I. — A l'Ordre du Régiment :
« Le sous-lieutenant Daniel Liebel a, dans la nuit du 24 au 25 août, en se tenant
debout en dehors de la tranchée, donné l'exemple du mépris du danger. »

II. — A l'Ordre de la Division :
« Liebel (Daniel), lieutenant. Son capitaine ayant été tué, a pris le commandement de
sa compagnie pendant les combats devant B..., les 12, 13 et 14 septembre 1916. Le 13 septembre, appelé à contre-attaquer une troupe qui avait forcé notre ligne avancée, a réussi
à arrêter l'élan de l'ennemi qui cherchait à déborder la position de B..., vers le sud. »

III. — A l'Ordre du Corps d'Armée :
« A rendu les services les plus éclairés en allant chercher des renseignements en toute
première ligne. Le 16 avril, parti avec la première vague d'assaut, a fourni aussi bien
aux exécutants qu'il accompagnait qu'au commandement des renseignements nombreux
et précis qui ont grandement contribué à la conduite de l'action. »

IV. — A l'Ordre de l'Armée :

« Au moment où l'ennemi venait d'enfoncer notre front, ayant reçu la mission de reconnaître un point critique de liaison entre deux régiments, voulut vérifier sur le terrain même les renseignements recueillis, et, sous bois, dans l'obscurité, pénétra dans un petit poste ennemi.

» Echappant par son sang-froid au feu de mousqueterie, il vécut tout un jour dissimulé dans un buisson, au milieu des battues organisées pour le découvrir. A la nuit, payant d'audace, il partit.

» Après un long détour, profitant de sa connaissance de la langue allemande, il se mêla à une section qui montait en secteur, se fit renseigner par les sentinelles sur le chemin à suivre et, au bout de 24 heures d'angoisses et de fatigues physiques, réussit à franchir les avant-postes français. »

Légion d'honneur. — Croix de guerre avec palme.

LIEBEL (Roger)

Elève au Pensionnat J.-B. de la Salle de 1898 à 1902.

Frère des deux précédents, sous-lieutenant au 2ᵉ génie; grièvement blessé. Décoré de la Légion d'honneur.

LILLET (Jean-Hector)

Elève au Pensionnat J.-B. de la Salle de 1898 à 1903.

Citation :

Motif d'attribution de la Médaille militaire; G. Q. G., 2 janvier 1917 :

« Très bon soldat, qui s'est signalé par son courage et son sang-froid, dont il a fait preuve dans tous les engagements du début de la campagne. Grièvement blessé au cours du combat du 6 septembre 1914. Impotence fonctionnelle de la jambe droite. »

Médaille militaire. — Croix de guerre avec palme.

LONG (André)

Elève au Pensionnat J.-B. de la Salle de 1886 à 1893.

Citation :

A l'Ordre de la Division, 25 mai 1915 :

« Chargé d'assurer le ravitaillement de la première ligne pendant les combats de…..., a montré la plus grande activité et a mené tout à fait bien, en dépit de pertes sérieuses, cette tâche particulièrement importante. »

LOUVEAU de la GUIGNERAYE (Edgard)

Elève au Pensionnat J.-B. de la Salle de 1882 à 1886.

Officier de carrière. Chef de Bataillon au début de la guerre. Colonel à la fin.

Citation :

« Chef de bataillon à l'Etat-Major de la 34ᵉ Division d'infanterie, chef d'Etat-Major de la Division, n'a cessé, depuis le début de la campagne, de seconder son chef de la manière la plus intelligente et la plus énergique dans des circonstances les plus critiques et les plus périlleuses, non seulement pour son service d'Etat-Major, mais aussi sur le terrain, pour conduire ou ramener les troupes au combat, porter des ordres importants, notamment le 27 août et les 7, 8, 9 et 26 septembre 1914. »

Officier de la Légion d'honneur.

MADERAY (Jean-Gabriel)

Elève au Pensionnat J.-B. de la Salle de 1890 à 1896.

Maréchal des logis au 112ᵉ R. A. L.

Citation :

A l'Ordre du Régiment, 7 juillet 1917 :
« Très bon sous-officier, s'est distingué le 21 avril 1917, en contribuant à maintenir l'ordre dans le groupe d'un échelon soumis à un violent bombardement. »

MAILLE (Henri-Louis)

Elève au Pensionnat J.-B. de la Salle de 1896 à 1902.

Soldat de 2ᵉ classe à la mobilisation, lieutenant à la fin de la guerre.

Blessé le 27 août 1914, à Seisse (Marne) d'une balle en séton à l'épaule gauche; le 9 juillet 1915, au Bois-le-Prêtre, plaies à la tête; le 22 juin 1917, à Ségel (Macédoine serbe), fracture de la jambe gauche.

Trois fois cité.

Motif de promotion dans l'Ordre de la Légion d'honneur :
« S'est particulièrement distingué, le 22 juin 1917, en dirigeant un tir de mitrailleuses contre une escadrille d'avions ennemis de bombardement.

» Grièvement blessé par éclats de bombe au cours de l'action (deux blessures antérieures), raccourcissement de huit centimètres du membre inférieur gauche. »

MALET-ROQUEFORT (Jean de)

Elève au Pensionnat et à l'Ecole Saint-Genès de 1901 à 1906.

Citation :

A l'Ordre de la Brigade :
« Chauffeur très brave et très dévoué. Ravitaillant en munitions des batteries lourdes avancées dans la nuit du 13 août, pris sous un violent bombardement d'obus toxiques et, quoique fortement indisposé, n'en a pas moins accompli sa mission. »

MALLEVILLE (Jules)

Serviteur à l'Ecole Saint-Genès.

Citation :

A l'Ordre du Régiment, 6 juillet 1918 :
« N'a pas cessé, sous un violent bombardement de torpilles et d'obus de gros calibre, d'assurer son service de guetteur, donnant à ses camarades le plus bel exemple du devoir. »

MAQUEVILLE du SOUCHET (Jacques de)

Elève au Pensionnat J.-B. de la Salle de 1895 à 1902.

Brigadier au 18ᵉ Train des E. M. à la mobilisation, maréchal des logis (sous-chef mécanicien dans l'artillerie de tranchées), à la fin de la guerre.
Citation :

A l'Ordre de l'Artillerie divisionnaire :
« Sous-officier d'un calme et d'un courage remarquables, s'est particulièrement distingué pendant les attaques de février et avril 1917, où, sous les bombardements d'obus de gros calibre et asphyxiants, il a assuré d'une façon parfaite le ravitaillement en munitions des positions de batterie. »
Croix de guerre.

MAQUEVILLE du SOUCHET (Pierre de)

Elève au Pensionnat J.-B. de la Salle 1895 à 1905.

Infirmier militaire à la 18ᵉ section, a été nommé, à la date du 12 novembre 1915, administrateur de l'Hôpital auxiliaire N° 23, à Talence.

MARBŒUF (Robert)

Elève à l'Ecole Saint-Genès de 1904 à 1909.

Blessé devant Verdun, le 26 février 1916, d'un éclat d'obus à l'épaule droite.
Croix de guerre.

MARGUERY (René)

Elève au Pensionnat et à l'Ecole Saint-Genès de 1901 à 1909.

Maréchal des logis au 5ᵉ régiment de cuirassiers.
Blessures multiples à deux reprises, le 10 août 1914, à Marville (Meuse), et le 10 juin 1917, à Prunay (Marne).
Citations :

I. — A l'Ordre du Régiment, 10 août 1914 :
« Etant blessé au bras droit, est resté à son poste jusqu'à ce qu'il ait pu être relevé. »
II. — A l'Ordre de l'Armée, 18 juin 1917 :
« Remarquable sous-officier, ayant les plus belles qualités du soldat : énergie morale et dévouement inlassable. A été gravement blessé pour la seconde fois, le 10 juin 1917. »
Déjà cité.
Médaille militaire et Croix de guerre avec palme.

MARQUESINE (Maurice)

Elève à l'Ecole Saint-Genès de 1904 à 1915.

Soldat de 2ᵉ classe à la mobilisation, sous-lieutenant à la fin de la guerre.

Blessé d'éclats d'obus dans les régions thoracique et abdominale, le 16 mai 1918, au Mont Kemmel (Belgique).

Citation :

A l'Ordre du Régiment, 22 décembre 1918 :
« Jeune officier plein d'entrain et d'un grand courage, s'est distingué particulièrement aux opérations de Verdun 1916, et de Champagne, mars 1918, a été blessé très grièvement, le 16 mai 1918, a fait preuve dans ces circonstances d'un sang-froid remarquable. »
Croix de guerre.

MARTINEAU (Eugène)

Elève à l'Ecole Saint-Genès de 1907 à 1911.

Blessé d'une plaie pénétrante à la main droite, le 13 juin 1918, devant Villers-sur-Coudun.

Citation :

A l'Ordre du Régiment :
« A fait preuve du plus grand courage, au cours de la relève des blessés du 20 août 1917. Déjà cité à l'Ordre du Régiment. »
Croix de guerre; trois Citations.

MASSE (Edmond)

Elève à l'Ecole Saint-Genès de 1905 à 1909.

Sergent pilote aviateur.
Citations :

I. — A l'Ordre de l'Armée. Ordre général n° 153, 6 mai 1916.
(Le texte de cette Citation n'a pas été communiqué.)

II. — A l'Ordre de l'Aéronautique, escadrille M. F. :
« Le caporal Masse (Edmond) : pilote adroit et courageux, s'est particulièrement distingué dans un réglage d'artillerie et des bombardements de nuit. Proposé pour le grade de sous-officier. »

III. — A l'Ordre de l'Aéronautique de l'Armée :
« Edmond Masse, sergent pilote : Jeune pilote adroit et consciencieux; a fait preuve d'un calme et d'un courage remarquables au cours de nombreux vols de jour et de nuit, à l'occasion de bombardements et de réglages à longue portée. »

MASSIE (André)

Elève à l'Ecole Saint-Genès de 1905 à 1908.

Le sous-lieutenant André Massie, du 103ᵉ Régiment d'Infanterie, blessé d'une balle à un bras, fut soigné à l'Hôpital Saint-Genès.
Citations :

I. — A l'Ordre du Régiment; 11ᵉ cuirassiers à pied :
« Excellent sous-officier, s'est dévoué sans compter au cours de l'attaque du 20 mai

1917 pour assurer les missions les plus dangereuses, sous un bombardement incessant d'obus de gros calibres. »

II. — A l'Ordre du 90e R. I. :

Sous-lieutenant Massie (André-Guillaume). « Officier de grande valeur; a fait preuve d'un sang-froid remarquable pendant les journées des 5 et 18 avril 1918 (bataille de Picardie). Déjà cité. »

III. — A l'Ordre du Corps d'Armée, 4 octobre 1918 :

« S'est élancé résolument, en tête de sa section, à la contre-attaque d'une position importante, a foncé sur l'ennemi sous un tir violent de mitrailleuses; quoique blessé sérieusement, a assuré l'organisation du terrain reconquis; n'a quitté sa section qu'une fois celle-ci solidement installée. »

IV. — Motif de promotion dans la Légion d'honneur (J. O. du 6 décembre 1920) :

Massie (André-Guillaume), lieutenant (réserve) à la 10e compagnie du 90e R. I. :

« Officier dont l'entrain et la bravoure ont assuré sur ses hommes un ascendant complet. Le 25 août 1918, à Montecouve, l'ennemi ayant pris pied dans une de nos positions, a enlevé ses hommes à la contre-attaque, a arrêté puis refoulé l'assaillant, engageant un farouche corps à corps au cours duquel il brûla plus de 30 cartouches de pistolet; a fait de nombreux prisonniers. A été grièvement blessé par un coup de feu à bout portant, tiré par un prisonnier non encore désarmé. »

Légion d'honneur. — Croix de guerre avec palme.

MATHIEU (Charles)

Elève au Pensionnat et à l'Ecole Saint-Genès de 1901 à 1908.

Médaille d'Italie. — Croix de guerre.

MAUMONT (Marcel)

Elève à l'Ecole Saint-Genès de 1909 à 1911.

Canonnier-conducteur à la mobilisation, maréchal des logis à la fin de la guerre. Citation à l'Ordre du Régiment du 7 août 1918.

Croix de guerre.

MERCIER (Léon)

Elève au Pensionnat J.-B. de la Salle de 1882 à 1895.

Lieutenant. Evacué le 11 août 1918, pour troubles nerveux et affaiblissement général consécutif.

Médaille de la Victoire.

MÉTIVIER (Antoine-Louis)

Elève au Pensionnat J.-B. de la Salle de 1893 à 1899.

Soldat de 2e classe à la mobilisation, maréchal des logis à la fin de la guerre. Blessé à la main droite, en Champagne, le 6 septembre 1916.

Citation :

A l'Ordre du Régiment :

« Alors qu'un obus venant d'éclater à côté de la voiture près de laquelle il se trouvait, tuant un homme, en blessant grièvement un autre, et mettant le feu à un dépôt d'explosifs, a sauvé les chevaux de sa colonne qu'atteignaient les flammes dégagées par les artificiers du dépôt. »

MÉTRAS (Léon)

Elève au Pensionnat et à l'Ecole Saint-Genès de 1901 à 1909.

Sous-officier de réserve à la mobilisation, capitaine d'active à la fin de la guerre.

Blessé au genou et à la cuisse par des éclats d'obus, le 28 mars 1918, au mont Renaud (Oise), tête traversée par une balle, le 1ᵉʳ septembre 1918, à Rouy-le-Petit (Somme).

Citations :

I. — Ordre général n° 17, 35ᵉ D. I. :

« S'est comporté d'une façon tout à fait élogieuse pendant la nuit du 14 au 15 octobre, aux combats sur le plateau de Vauclerc. ».

II. — Ordre général n° 24, 35ᵉ D. I., 8 décembre 1914 :

« A fait preuve de courage et d'énergie en allant chercher, en plein jour, aux abords d'une tranchée ennemie, un échantillon de fil de fer demandé par le commandement. »

III. — Ordre général n° 33, 18ᵉ C. A., 9 décembre 1914 :

« Le 2 novembre 1914, au cours d'une reconnaissance sur les lignes ennemies autour du Moulin-Brûlé, s'est approché à 30 mètres de l'ennemi. A rapporté les renseignements demandés et, sous le feu des mitrailleuses allemandes, a conduit brillamment ses hommes sur la ligne de feu. »

IV. — Ordre général n° 29, 35ᵉ D. I., 19 janvier 1915 :

« Officier très énergique et très courageux. A contribué à repousser à la baïonnette le 14 janvier 1915, une attaque allemande qui s'était déclanchée après l'explosion de plusieurs bombes. »

V. — Ordre général n° 46, 5ᵉ C. A. :

« Officier de grande valeur, remarquable d'entrain et de courage. S'est brillamment comporté au cours des journées de combat du 25 au 28 mars 1918. Isolé de son corps, a conduit superbement sa compagnie, causant de fortes pertes à l'ennemi, dégageant une batterie d'artillerie qui se trouvait dans une situation critique. Réussit, en combattant à retarder l'avance de l'ennemi et à rejoindre son corps dans les meilleures conditions. Blessé le 28 mars, au cours d'une relève en première ligne. Quatre Citations antérieures. »

VI. — Ordre général n° 11, 1ʳᵉ Armée : Légion d'honneur.

Le Maréchal commandant en chef nomme dans la Légion d'honneur : Métras (Léon), capitaine au 57ᵉ d'infanterie :

« Le 1ᵉʳ septembre 1918, s'est élancé à la tête de sa compagnie à l'attaque d'une position solidement tenue par l'ennemi; a progressé pendant plus d'un kilomètre malgré les tirs violents de l'artillerie adverse et les feux croisés des mitrailleuses, entraînant ses hommes par sa belle crânerie; a capturé de nombreux prisonniers et pris des mitrailleuses; a été grièvement blessé en arrivant à proximité de l'objectif final. Une blessure antérieure. Cinq Citations. »

VII. — Ordre général n° 2, Subdivision de Taza (Maroc) :

« Métras (Léon), capitaine, commandant de compagnie, qui par son cran personnel est d'un bel exemple pour sa troupe. A remarquablement conduit son unité au cours des opérations de l'été 1920. Le 14 octobre 1920, à Bab-Azar, a rapidement et habilement réalisé l'occupation d'une position difficile où tenait encore un groupe de dissidents. »

Légion d'honneur. — Croix de guerre.

MÉTRAS (Eugène)

Elève au Pensionnat et à l'Ecole Saint-Genès de 1900 à 1907.

Frère du précédent.

Citations :

I. — « Agent de liaison parfait, qui a fait preuve de courage et de sang-froid dans les circonstances les plus dures. Au cours d'une attaque allemande, malgré de violentes rafales de mitrailleuses, a rempli avec un magnifique entrain les nombreuses et importantes missions qui lui ont été confiées. » Juin 1918.

II. — « Caporal-fourrier courageux et magnifique de dévouement et de sang-froid, au cours des opérations auxquelles il a pris part, a été un auxiliaire précieux pour son commandant de compagnie, veillant à tout et particulièrement au bon fonctionnement de la liaison. S'est dépensé sans compter dans les moments les plus difficiles, le plus souvent sous des feux nourris de mitrailleuses et des bombardements d'une extrême violence. » — Octobre 1918.

Croix de guerre.

MEYNARD (Paul)

Elève au Pensionnat J.-B. de la Salle de 1891 à 1894.

Soldat à la mobilisation, caporal-fourrier à la fin de la guerre.

Prisonnier de guerre, le 20 juillet 1917.

Blessé d'un éclat de grenade à la main droite, le 2 septembre 1916, à Vaux-Chapitre.

Croix de guerre.

MICOULEAU (Louis)

Elève au Pensionnat J.-B. de la Salle de 1899 à 1906.

Brancardier au 12ᵉ Régiment d'Infanterie.

Citation :

A l'Ordre du Régiment, 31 août 1917 :

« Brancardier d'élite; le 21 août, sans souci du danger, en plein jour et sous un violent bombardement, a descendu de nombreux blessés des premières lignes au poste de secours, donnant ainsi un bel exemple de courage et de sang-froid. »

Croix de guerre.

MILLIOT (Edmond)

Elève au Pensionnat J.-B. de la Salle de 1885 à 1892.

Mobilisé comme sergent à la 18ᵉ section des C. O. A. Promu Officier d'Administration de 3ᵉ classe du service de santé et nommé Gestionnaire de l'Hôpital complémentaire N° 16, à Toul (Meurthe-et-Moselle).

MONDON (Gabriel)

Elève au Pensionnat et à l'Ecole Saint-Genès de 1901 à 1911.

Citation :

A l'Ordre de la Division, 9 juillet 1918 :
« Agent de liaison très brave et très courageux. Etant chargé de porter un pli au P. C. du bataillon, a rencontré au départ douze ennemis qui le mettaient en joue, en a blessé deux et fait les dix autres prisonniers. »
Croix de guerre avec étoile de vermeil.

MONGE (Henry)

Elève au Pensionnat J.-B. de la Salle de 1900 à 1903.

Sergent au 211ᵉ R. I. — Une blessure grave au ventre.
Citations :

I. — A l'Ordre du Corps d'Armée, 3 mai 1915 :
« Le sergent mitrailleur Monge (Henry), du 211ᵉ d'Infanterie, a organisé une équipe de volontaires destinée à relever les blessés d'un autre régiment tombés en avant de nos réseaux de fil de fer. A ainsi réussi à sauver sept blessés, a été lui-même grièvement atteint en se portant, en tête de sa section, à l'attaque d'une tranchée ennemie. »

II. — A l'Ordre de la Brigade (citation collective) :
« La 2ᵉ section de la compagnie de mitrailleuses du 211ᵉ d'Infanterie (chef de section, Henry Monge) : Après l'attaque du 7 avril, et pendant deux nuits consécutives, n'a cessé d'aller volontairement ramasser les morts et les blessés laissés sur le terrain d'attaque, et jusqu'auprès du réseau de fils de fer ennemi. Le 9 avril, s'est porté brillamment à l'attaque, a perdu le tiers de son effectif, dont son chef, grièvement blessé; obligé de se replier ensuite, a réussi à ramener son matériel tout entier, retournant chercher sur le terrain deux caisses de cartouches qui avaient d'abord dû y être abandonnées. »
Croix de guerre. — Médaille militaire.

MONGET (Arthur)

Elève au Pensionnat J.-B. de la Salle de 1893 à 1896.

Sergent au 57ᵉ d'Infanterie.
Blessé d'éclats d'obus à l'épaule droite, le 8 février 1915, à Beaulne, près Verneuil (Aisne).

MONSEAU (Jean)

Elève à l'Ecole Saint-Genès (Cours normal) de 1913 à 1915.
Professeur à l'Ecole libre Saint-Bruno.

Soldat à la mobilisation, sergent-mitrailleur à la fin de la guerre.
Citation :

A l'Ordre de la Division, 23 juin 1918 :
« Caporal-mitrailleur énergique et courageux. Encerclé par l'ennemi, s'est dégagé par ses feux. »
Croix de guerre, étoile d'argent.

MONTOUROY (André)

Elève au Pensionnat et à l'Ecole Saint-Genès de 1901 à 1910.

Lieutenant, Artillerie d'assaut.

Citations :

I. — A l'Ordre de la Brigade (chars d'assaut) :

« Le 16 avril 1917, venant d'être blessé, est resté sur place et a dirigé avec calme et sang-froid le sauvetage du matériel de son char, mis hors de combat par l'éclatement d'un obus de gros calibre. »

II. — A l'Ordre du Corps d'Armée, 24 avril 1918 :

« Montouroy (André), lieutenant au Groupement 1, Groupe A. S. L. de l'Artillerie d'assaut : Commandant d'une batterie d'artillerie d'assaut, chargé, le 5 avril, avec deux chars d'enlever un point d'appui ennemi, s'est porté à l'attaque avec ardeur. A nettoyé une tranchée ennemie, mettant les occupants en fuite et leur faisant subir des pertes sérieuses. A eu son char détruit par l'artillerie ennemie au moment où il abordait un village, refoulant par ses feux l'ennemi qui l'occupait. »

Deux citations; 1 blessure. — Légion d'honneur. — Croix de guerre avec palme.

MOURGUES (André)

Elève au Pensionnat J.-B. de la Salle de 1899 à 1902.

Citation :

Motif de promotion dans l'Ordre de la Légion d'honneur :

« Officier très brave. Le 9 avril 1916, a conduit brillamment sa compagnie à l'assaut des lignes ennemies, sous un feu d'artillerie et de mitrailleuses d'une extrême violence. A été blessé grièvement à deux reprises différentes en donnant à sa troupe un bel exemple de vaillance. (Mutilation de la face). La présente nomination comporte la Croix de guerre avec palme. »

MOURLOT (Joseph-Jean)

Elève à l'Ecole Saint-Genès de 1904 à 1909.

Sous-lieutenant de réserve à la mobilisation, capitaine adjudant-major à la fin des hostilités.

Blessé au pied, par un éclat d'obus le 15 septembre 1914, à la Ville-aux-Bois; puis atteint d'un traumatisme consécutif à l'éclatement d'un minenwerfer, le 25 juin 1915, au Labyrinthe d'Arras.

Citations :

I. — A l'Ordre de la 97e Division d'Infanterie, 4 juillet 1917 :

« Commandant une compagnie de mitrailleuses, a fait preuve au cours des 28, 29 et 30 juin 1917, d'un calme et d'une présence d'esprit dignes de tous éloges. A su maintenir chez ses mitrailleurs l'esprit de sacrifice et de dévouement avec lesquels on obtient tous les résultats. »

II. — A l'Ordre du Régiment :

« Pris sous le tir ennemi pendant sa tournée de secteur au cours de l'action du 3 décembre 1917, s'est porté sur une position de soutien dont il a organisé la défense sous un violent bombardement. A renseigné très utilement le commandant du bataillon sur la situation et s'est employé à rechercher une liaison qui avait été un moment rompue. »

III. — A l'Ordre du 9ᵉ Corps d'Armée, 7 novembre 1918 :

« Mourlot (Joseph), capitaine adjudant-major : Officier d'un moral élevé et d'un bel esprit militaire. A fait preuve de décision et d'un beau courage dans les combats du 26 septembre au 6 octobre 1918. Offensive de Champagne. »

IV. — Le texte de cette quatrième citation nous manque.

V. — Motif d'inscription au tableau spécial de la Légion d'honneur, 16 juin 1920 :

« Capitaine au 158ᵉ R. I. Officier d'un moral élevé et d'un bel esprit militaire. Très belle conduite au feu. Deux blessures; quatre Citations. »

Légion d'honneur. — Croix de guerre avec palmes.

NEAU (Jean)

Elève au Pensionnat J.-B. de la Salle de 1893 à 1902.

Citations :

I. — A l'Ordre de la Brigade :

« Sous-officier remplissant à la batterie les fonctions d'officier. Blessé le 28 août 1916. Le 9 octobre 1916, sept hommes de sa batterie ayant été ensevelis sous deux abris écrasés par des obus de 210, a coopéré sans relâche pendant une heure aux travaux de sauvetage sous le bombardement qui continuait et qui était réglé de si près qu'il couvrait de terre, de pierres et d'éclats les travailleurs volontaires occupés au déblaiement. »

II. — A l'Ordre de la Division :

« Officier des plus braves. Par son endurance, son entrain, son initiative a rendu les plus grands services comme officier orienteur. S'est distingué particulièrement pendant les grandes opérations du 28 mai au 3 juin 1918, sur l'Ourcq; du 15 juillet au 9 août 1918, sur la Marne, et du 26 septembre au 12 octobre 1918, en Champagne. »

Croix de guerre, étoile de vermeil.

OGIER (Paul)

Elève au Pensionnat et à l'Ecole de Saint-Genès de 1903 à 1908

Incorporé comme canonnier, est devenu sous-lieutenant d'artillerie.

Citations :

I. — A l'Ordre du Régiment, 15 août 1918 :

« Ogier (Paul), sous-lieutenant au 117ᵉ régiment d'Artillerie lourde : Jeune officier plein d'allant et dont l'extrême modestie en fait un modèle d'homme de devoir. Lors d'un bombardement à obus de gros calibre, le 13 août 1918, a assuré la protection de son personnel, le guidant sous les rafales de l'artillerie ennemie, maintenant le calme dans la troupe et lui évitant ainsi des pertes sérieuses. »

II. — A l'Ordre du Régiment, 9 octobre 1918 :

« A dirigé les tirs et les déplacements de sa batterie dans des circonstances très difficiles, faisant preuve de beaucoup de courage et de sang-froid. »

III. — A l'Ordre du Régiment, 28 février 1919 :

« Jeune officier brave et plein d'entrain. A exécuté des reconnaissances sous le feu ennemi, ne quittant les zones bombardées qu'après avoir entièrement rempli sa mis-

sion. Est pour la batterie un modèle de calme et de conscience. Aux combats d'Héricourt, le 13 octobre 1918, et de Lizerolles, le 6 octobre 1918, a maintenu le personnel dans un ordre parfait, malgré la rafale de l'artillerie lourde. »
Croix de guerre, trois étoiles.
Un frère mort pour la France, un autre mobilisé dans les services auxiliaires.

OLPHE-GALLIARD (R. P. Jean-Marie-Léon)

Elève à l'Ecole Saint-Genès de 1909 à 1911.

Moine Bénédictin du Prieuré de Sainte-Marie de Paris, de la Congrégation de France; licencié ès-sciences et ès-mathématiques.
Soldat de 2ᵉ classe à la mobilisation; adjudant à la fin de la guerre.
Croix de guerre. Le texte de la Citation ne nous a pas été communiqué.

OLPHE-GALLIARD (Antoine-Marie-Charles)

Elève à l'Ecole Saint-Genès de 1907 à 1913.

Frère du précédent.
Soldat de 2ᵉ classe à la mobilisation, aspirant à la fin de la guerre.
Atteint d'atrophie de la main droite à la suite de blessure reçue le 24 mars 1918, à Lagny (Oise).

Médaille militaire. — Croix de guerre. Le texte de la citation ne nous a pas été communiqué.
Un frère mort au champ d'honneur.

OSSARD (Fulbert)

Elève au Pensionnat et à l'Ecole Saint-Genès de 1903 à 1909.

Citation :

A l'Ordre du Régiment :
« Adjudant-téléphoniste au 216ᵉ d'infanterie : Depuis le début de la campagne, a toujours rempli avec beaucoup de dévouement ses fonctions et dans des conditions souvent périlleuses. Est allé à plusieurs reprises réparer des lignes dans des secteurs violemment bombardés. »
Croix de guerre.

OUVRARD (Jean-Marie)

Elève à l'Ecole Saint-Genès de 1908 à 1914.

Citation :

A l'Ordre du Régiment, 307ᵉ R. A. L. :
« Cycliste à l'état-major du 3ᵉ Groupe, d'un dévouement absolu; s'est toujours acquitté avec zèle des missions qui lui ont été confiées. Le 15 juillet 1918, les com-

munications téléphoniques étant interrompues, a assuré la liaison entre le groupe et le groupement, en traversant à plusieurs reprises, avec un sang-froid et une crânerie remarquables, une zone violemment bombardée. »
Croix de guerre.

PARABÈRE (Roger)

Elève au Pensionnat J.-B. de la Salle de 1902 à 1904.

Canonnier servant au 58ᵉ R. A., blessé par éclat d'obus à Boesinghe (Belgique), le 23 avril 1915.

PERRY (Marie-Joseph-Laurent de)

Elève au Pensionnat J.-B. de la Salle de 1874 à 1882.

Médecin-major de 2ᵉ classe.
Médecin-chef de la place de La Réole.
Nommé Chevalier de la Légion d'honneur.

PETIT (Jean)

Elève à l'Ecole Saint-Genès de 1908 à 1913.

Citation :
A l'Ordre de la Division :
« Bon sapeur, courageux et dévoué, s'est distingué pendant les violents combats du 30 mars au cours desquels il a fait vaillamment son devoir. »
Croix de guerre.

PHILIP (Gilbert)

Elève à l'Ecole Saint-Genès de 1909 à 1912.

Soldat au 123ᵉ R. T. à la mobilisation; Sous-Lieutenant à la fin des hostilités.
Le 31 juillet 1917, participe à l'attaque de l'Yser, prise de Bixchoote et du Bois triangulaire (capote et fusil déchiquetés par éclats d'obus, légères blessures à la main).
Citations :
A l'Ordre de la Brigade (Ordre général n° 78) :
Gilbert Philip, caporal, 5ᵉ compagnie, matricule 9646 : « Caporal plein d'allant, d'énergie et de bravoure. Son chef de section étant tué, a remarquablement secondé son remplaçant en maintenant l'ordre et la cohésion parmi ses hommes. »
Parti à Saint-Cyr en 1918, sortit comme aspirant avec notes suivantes, du colonel Picard, commandant l'Ecole militaire :
« Sérieux, travailleur, dévoué, instruit, tenue parfaite, bon mitrailleur, fera un chef de section énergique et aimé. »
Revenu à sa compagnie, commande successivement plusieurs groupes de combat à l'Hartmannvillerkopf.

Participe à l'occupation de la rive droite du Rhin, où il est nommé commandant d'armes de Buchslag.

Proposé pour le grade de sous-lieutenant par le capitaine Carré, comme suit :

« Arrivé à la compagnie comme caporal le 1er mai 1917, Philip se fit toujours remarquer par sa bonne tenue et sa brillante conduite au cours des différents combats. Revenu à la compagnie le 20 septembre 1918, il sut prendre immédiatement un fort ascendant sur ses hommes.

» Philip a un excellent moral et montre toujours l'exemple de la tenue. Intelligent, consciencieux et travailleur, il mérite à tous points de vue l'avancement. »

Sous-lieutenant à T. T. le 15 juin 1919 et à T. D. le 22 juillet 1921.

Croix de guerre.

PINÇON (André)

Elève au Pensionnat et à l'Ecole Saint-Genès de 1902 à 1908.

Ingénieur de l'Ecole d'A. et M. de Reims.

Citation :

I. — A l'Ordre du Régiment :

« Chargé de diriger la construction d'une casemate en béton, dans un endroit battu journellement par l'artillerie lourde allemande, l'a fait avec intelligence et courage, communiquant par sa belle tenue son calme aux travailleurs qu'il dirigeait. »

II. — A l'Ordre du Régiment; 27 juin 1917 :

« S'est dépensé sans compter en dirigeant ses équipes de téléphonistes. A obtenu des liaisons rapides et sûres, malgré l'intensité du bombardement et avec un personnel réduit et fatigué, participant lui-même à la réparation des lignes dans des conditions périlleuses. »

PIRAUBE (Joseph-Roger)

Elève à l'Ecole Saint-Genès de 1904 à 1911.

Soldat de 2e classe à la mobilisation, brigadier-fourrier à la fin de la guerre.

Blessé d'éclats de grenade au bras gauche et à la hanche, le 6 mai 1917, au Chemin des Dames.

Citation :

A l'Ordre du Régiment, 27 décembre 1920 (rappel) :

« Passé dans les chars d'assaut sur sa demande. A participé aux attaques des 5 et 6 mai 1917; s'y est remarquablement conduit, montrant au cours du combat où il a été blessé deux fois, de l'entrain et du sang-froid. »

Croix de guerre.

POMAREL (Maurice)

Elève à l'Ecole Saint-Genès de 1910 à 1915.

Agent de liaison au 344e R. I.

Citations :

I. — A l'Ordre du 344e Régiment d'infanterie :

« Soldat d'un courage à toute épreuve; s'est distingué en maintes circonstances au cours des opérations auxquelles a pris part le régiment. »

II. — A l'Ordre du 331ᵉ Régiment d'infanterie :

« Jeune agent de liaison, d'un zèle et d'un courage méritoires; a porté des ordres sans souci du danger, dans un secteur constamment découvert, exposé au feu de l'artillerie et des mitrailleuses ennemies. »

Croix de guerre.

POUGET (Jacques)

Professeur à l'Ecole Saint-Genès

Caporal infirmier, mobilisé au 12ᵉ Corps d'armée, puis détaché à l'Armée d'Orient. S'est dévoué sans limite et malgré les assauts répétés des fièvres, dans les différentes formations sanitaires où il a été placé.

Titulaire de la Médaille des Epidémies. (Décision du Médecin-Inspecteur Ruotte, Chef supérieur du Service de Santé des Armées Alliées d'Orient.)

Un frère mort pour la France.

PUCRABEY (Louis-Jean)

Elève au Pensionnat J.-B. de la Salle de 1900 à 1904.

Citation :

A l'Ordre du Régiment (9ᵉ zouaves) :

« Caporal mitrailleur très brave. Attitude très crâne au combat du 28 juin 1918. »
Croix de guerre.

POUTE de PUYBAUDET (J.-B.)

Elève à l'Ecole Saint-Genès de 1909 à 1913.

Chasseur de 2ᵉ classe à la mobilisation; lieutenant de réserve au 9ᵉ bataillon de chasseurs à pied à la fin de la guerre.

Blessé une première fois, à la joue et à la langue, par balle, le 18 janvier 1916, à l'Hartmannwillerkopf; une deuxième fois, à la nuque, le 24 août 1916, à Maurepas (Somme).

Citations :

I. — A l'Ordre de la Brigade; 5 octobre 1916 :

« Sous-officier d'un rare courage. A été grièvement blessé à la tête de sa section, en entraînant celle-ci à l'assaut d'une tranchée ennemie sous un violent tir de barrage d'artillerie. N'a quitté sa section qu'une heure après et sur l'ordre du commandant de la compagnie. »

II. — A l'Ordre de la 6ᵉ Armée; 13 juin 1918 :

« Commandant de compagnie de mitrailleuses. A fait l'admiration de tous en organisant la défense d'une lisière de village qu'il avait reçu mission de défendre jusqu'au sacrifice. Un bombardement ennemi ayant mis hors de combat tous les défenseurs, a servi une des deux mitrailleuses qui restaient et, seul avec un autre officier, a repoussé l'ennemi en lui faisant subir des pertes considérables... A contribué à repousser quatre attaques. »

III. — A l'Ordre de la Brigade :

« Dans la nuit du 6 au 7 novembre 1918, a pris part, à la tête de sa compagnie, à l'exécution d'un coup de main dans les lignes ennemies. Par les dispositions prises, a efficacement coopéré à la réussite de l'opération. Il ramena six prisonniers, dont deux sous-officiers. »

IV. — Motif de promotion dans l'Ordre de la Légion d'honneur :

« Commandant de mitrailleuses de premier ordre. Se signalant par sa bravoure et son énergie, s'est révélé comme un véritable entraîneur d'hommes, faisant preuve de réelles qualités tactiques. Deux blessures, quatre Citations. »

Légion d'honneur. — Croix de guerre avec palmes.

PUYPÉROUX (Marcel)

Elève à l'Ecole Saint-Genès de 1902 à 1905.

Engagé volontaire, passé dans l'aviation. Lieutenant-aviateur à la fin de la guerre.

Plusieurs Citations.

Croix de guerre avec palme.

QUEYSANNE (Georges)

Elève à l'Ecole Saint-Genès de 1908 à 1911.
Ancien professeur à l'Ecole Saint-Genès.
Agrégé de l'Université.

Mobilisé dans le service auxiliaire comme soldat de 2ᵉ classe; nommé agent technique de 1ʳᵉ classe du service des Poudres (grade de Lieutenant).

RAMET (Daniel)

Elève à l'Ecole Saint-Genès de 1903 à 1915.

Sous-Lieutenant d'artillerie.
Blessé le 6 décembre 1917, lors du combat du « Mont Tomba » (Italie).
Croix de guerre française et italienne.

REJALOT (Pierre-Marie-Jean)

Elève à l'Ecole Saint-Genès de 1909 à 1915.

Citation :

A l'Ordre du Régiment; 4 novembre 1918:
« Fusilier mitrailleur superbe de courage, a, dans l'accomplissement de son devoir, fait preuve de la plus belle abnégation lors des journées des 22 et 23 octobre 1918. »
Croix de guerre.

REY (l'Abbé Maurice)

Elève à l'Ecole Saint-Genès de 1910 à 1913.

Prêtre du diocèse de Périgueux, vicaire à la Madeleine (Bergerac).
A eu le bras gauche traversé d'un éclat d'obus, à Saint-Quentin, le 4 octobre
1918.

Médaille militaire.

REY (Fabien)

Elève à l'Ecole Saint-Genès de 1910 à 1913.

Ingénieur, ancien élève de l'Ecole Polytechnique; lieutenant d'artillerie.
Citation :

« Officier doué de belles qualités d'énergie et de bravoure, toujours volontaire pour
les missions périlleuses; a commandé avec distinction, pendant le dernier mois des
opérations (octobre-novembre 1918), sa batterie engagée dans le secteur de Verdun. »

RICAUD (Théodore)

Elève au Pensionnat J.-B. de la Salle de 1882 à 1890.

Soldat au 138ᵉ R. I. T. à la mobilisation, sergent-major à la 33ᵉ compagnie
d'aérostiers à la fin de la guerre.
Citations :

I. — Citation collective; 9 décembre 1917 :
« L'aérostation du front des Flandres, comprenant les 33ᵉ et 37ᵉ compagnies, a rendu,
sous la direction du capitaine Macherat, les plus grands services, au cours de l'offensive des Flandres de 1917, en assurant d'une façon particulièrement vigilante la surveillance du secteur et en effectuant les missions qui lui étaient confiées, malgré les
attaques par avion et le tir de l'artillerie ennemie. »

II. — A l'Ordre du 1ᵉʳ Corps d'Armée; 4 août 1918 :
« Engagée dans un secteur où tout était à improviser, la 33ᵉ compagnie d'aérostiers
a rendu, sous le commandement du lieutenant Delattre, -- sergent-fourrier Ricaud, -- les
meilleurs services au commandement et à l'artillerie, en assurant l'observation d'une
manière parfaite pendant les journées difficiles du début de juin 1918, en dépit des
déplacements fréquents et des attaques journalières de l'ennemi par canon. »

Lettres de félicitations (extraits) :
Pendant l'offensive de 1918 : « ...C'est le ballon 33 qui, presque seul, a assuré l'observation du tir de l'artillerie jusqu'à ces derniers jours, l'aviation ayant peu rendu
pour causes matérielles. Il y a eu un effort considérable et fécond de la 33ᵉ compagnie
d'aérostiers et je serais heureux qu'elle reçût une récompense bien méritée. »

Signé : Général Dupont.
Commandant l'artillerie du 1ᵉʳ C. A.

« ...Après avoir rendu d'excellents services à l'A. L. du 1ᵉʳ C. A. dans le secteur de
Craonne, le ballon 33 a contribué d'une façon remarquable au travail d'artillerie
lourde dans le secteur actuel de l'Aisne. Toujours en ascension dès que le
temps le permettait, a fourni des renseignements sur la physionomie du front, observé
de nombreux accrochages de batteries, des tirs de régimage des pièces et de tarage

dés poudres, préparé des tirs de destruction par avions et continué ces tirs quand l'avion ne pouvait plus observer, tout cela malgré les attaques incessantes de l'aviation ennemie et une visibilité généralement mauvaise. »

Signé : Colonel STEMMELER,
Commandant l'A. L. du 1er C. A.

« ...La 33e compagnie d'aérostiers a fourni, depuis le 1er juin, un très gros effort couronné de succès. Ses observations ont contribué à tenir l'air malgré de fréquentes attaques des avions ennemis. Tout le personnel, sous le commandement du lieutenant Delattre, s'est montré à la hauteur de sa tâche. »

Signé : DE PEYRECAVE,
Commandant l'Aéronautique du 1er C. A.

Croix de guerre.
Médaille de la Victoire et Interalliée.

RICHÉ (Armand)

Elève à l'Ecole Saint-Genès de 1908 à 1912.

Citation :

« A fait preuve d'un grand courage, le 7 octobre 1918; sous un violent bombardement de l'ennemi, au mépris de tout danger a chargé sa voiture en obus et, par sa belle tenue, a stimulé le zèle de ses camarades. »
Croix de guerre.

RIGAUD (Daniel)

Elève au Pensionnat J.-B. de la Salle de 1899 à 1902.

Citation :

« Les 11, 12 et 13 juin 1918, sous des bombardements extrêmement violents, a été remarquable de courage et de sang-froid, au cours de réparations incessantes de lignes téléphoniques. »

RIVIÈRE (Gabriel)

Elève au Pensionnat et à l'Ecole Saint-Genès de 1896 à 1906.

Lieutenant d'artillerie de campagne.
Citations :

I. — A l'Ordre de la Division d'artillerie; 29 janvier 1917 :
« Officier très brave et très distingué, a assuré dans des circonstances des plus difficiles et des plus périlleuses l'observation des tirs de sa batterie, les 11, 13 et 18 décembre 1916. »

II. — Ordre général du 27 mai 1917 (Citation collective) :
« Le 17 avril 1917, ayant reçu l'ordre de se porter en avant pour appuyer la progression de l'infanterie, la 24e batterie (sous-lieutenant Gabriel Rivière) a donné dans l'exécution de ce mouvement un bel exemple de discipline sous le feu, et de confiance dans la réussite de sa mission.

» Après une audacieuse reconnaissance dirigée par les officiers, cette 24e batterie de

tête a franchi les premières lignes conquises, en dépit des difficultés d'un terrain
bouleversé, du bombardement ennemi et des pertes subies. »

III. — A l'Ordre de la 128e Division d'artillerie; 3 juin 1917 :

« Le 17 avril 1917, ayant reçu l'ordre de porter sa batterie en avant des premières
lignes conquises, dans une zone violemment bombardée par l'ennemi, a maintenu, par
son courage et son sang-froid, le plus grand ordre dans sa troupe, malgré les pertes
subies. » — Déjà cité.

IV. — Ordre de la 69e Division d'infanterie, du 19 septembre 1917 :

« Officier des plus distingués, ayant de son devoir une conception très élevée, a
fait preuve des plus belles qualités d'énergie et de courage dans la préparation de sa
batterie pour l'attaque du 8 septembre 1917; s'est dépensé sans compter de nuit et
de jour, en particulier le 8 septembre 1917, pour obtenir du personnel et du matériel
le maximum de rendement. »

Croix de guerre. — Légion d'honneur.

ROBIN (Gérard)

Elève à l'Ecole Saint-Genès (Cours Normal) de 1913 à 1915.
Professeur auxiliaire à l'Ecole Saint-Genès.

Sergent-mitrailleur au 146e R. I. Gravement intoxiqué par les gaz, en 1918;
revenu volontairement au front.

Citation :

A l'Ordre du Régiment; 1er novembre 1918 :

« Gradé plein d'allant et de sang-froid; revenu récemment au front comme volontaire, a tenu à participer à une série de reconnaissances périlleuses où il s'est imposé
à ses hommes par son mépris du danger et sa volonté d'obtenir, coûte que coûte, des
renseignements précieux. »

Croix de guerre.

ROBINSON (Pierre)

Elève à l'Ecole Saint-Genès de 1899 à 1909.

Engagé volontaire pour trois ans, le 25 novembre 1911. Blessé le 23 août 1914,
à Lobbes, et le 24, à Fontaines-Valmont (Belgique), d'éclats d'obus au crâne et
de quatre coups de baïonnette à l'avant-bras droit. Fait prisonnier; interné à
Alten-Graben, près de Magdebourg (Allemagne). Rapatrié comme grand blessé,
le 29 juillet 1915.

Citations :

I. — A l'Ordre de la Division :

« Très bon soldat, courageux et dévoué, a été blessé grièvement au combat du 23
août 1914. »

II. — Arrêté du Ministre de la guerre, du 21 août 1920; (méd. mil.) :

« Très bon soldat, courageux et dévoué; blessé le 23 août 1914. Le 24 août, malgré
sa blessure de la veille, a fait preuve de courage et d'esprit de sacrifice, en soignant
un officier blessé et en le défendant des coups que les ennemis cherchaient à lui
porter. Blessé de quatre coups de baïonnette en cherchant à sauver l'officier. »

Médaille militaire. — Croix de guerre.

ROCH (André)

Elève à l'Ecole Saint-Genès de 1911 à 1912.

Agent de liaison au 51e régiment d'infanterie. Frère du Lieutenant Louis Roch, tué au front.

Citation :

A l'Ordre du Régiment; 1er juin 1917 :
Le lieutenant-colonel commandant le 51e régiment d'infanterie cite à l'Ordre du Régiment, André Roch, agent de liaison, 2e compagnie de mitrailleuses :
« A assuré la liaison, dans des conditions difficiles et malgré de violents bombardements, au cours des attaques du 4 au 7 mai 1917. »
Croix de guerre.

ROCHE (François)

Elève au Pensionnat J.-B. de la Salle de 1877 à 1878.

Chef d'escadron au 9e régiment de hussards, à la mobilisation, passé à l'Etat-Major de la 13e région, à la fin de la guerre.

Citations :

I. — Extrait du Bulletin officiel du Ministère de la guerre du 25 septembre 1915 :
« Le Ministre de la guerre adresse à M. le chef d'escadron Roche, major au 9e hussards, ses félicitations pour l'expérience et le zèle dont il a fait preuve dans le commandement et l'administration du dépôt du 9e hussards et pour avoir toujours su faire face, dans les meilleures conditions, aux demandes de renforts. »
II. — Nommé officier de la Légion d'honneur par arrêté du 8 novembre 1915.

ROGET (Henri-Marius)

Elève à l'Ecole Saint-Genès de 1906 à 1908.

Lieutenant-pilote à l'Escadrille 547. Affecté à l'aviation de bombardement, mérita de nombreuses Citations.

Après la guerre, accomplit des raids célèbres, entre autres :
En 1919 : Double traversée de la Méditerranée, en un seul jour : Miramas-Alger, Alger-Côtes d'Espagne.
Même année : Paris-Konitra (2.000 kilomètres) en une seule traite.
Mort pieusement en septembre 1921.
Chevalier de la Légion d'honneur.

ROLLOT (Jacques-Yves-François-Bernard)

Elève au Pensionnat J.-B. de la Salle et à l'Ecole Saint-Genès de 1900 à 1911.

Citations :

I. — A l'Ordre de la 36e Division; 29 mars 1915 :
« A fait preuve des plus belles qualités d'énergie et de sang-froid, au cours d'un bombardement très meurtrier de minenverfer, en maintenant sa section sous le feu et en faisant réparer instantanément les dégâts causés par les explosions. »

II. — A l'Ordre de la 10ᵉ Armée; 4 juin 1917 :

« Le 4 mai 1917, a atteint le premier le plateau de Craonne. A favorisé la progression du bataillon de droite en établissant un barrage de grenades V. B. sur des rassemblements ennemis. A organisé la position la nuit suivante et fait la reconnaissance du terrain que d'autres compagnies devaient attaquer le lendemain.

» A maintenu tous les gains de la journée malgré un bombardement des plus violents et des contre-attaques répétées. »

III. — A l'Ordre de la 10ᵉ Armée; 19 juin 1917 :

« Officier très brillant, se dépensant sans compter. Le 3 juin 1917, sur le plateau de Craonne, a réglé sous un barrage intense d'artillerie lourde les mouvements très délicats d'unités se portant à la contre-attaque.

» Malgré de lourdes pertes, a su maintenir par son exemple toute la valeur morale et la capacité offensive de son unité. »

Trois propositions du général du Corps d'armée pour la Légion d'honneur.

IV. — Chevalier de la Légion d'honneur le 8 décembre 1917, par ordre 6.105 du Grand Quartier Général :

« Officier d'un brillant courage, deux fois cité à l'ordre de l'armée pour sa superbe attitude au plateau de Craonne, le 4 mai et le 3 juin 1917.

» Le 21 novembre 1917, chargé de l'exécution d'un coup de main, a enlevé sa troupe avec une ardeur magnifique. A complètement rempli sa mission, faisant 13 prisonniers, détruisant des abris ennemis et rapportant au commandement d'utiles renseignements. » — Trois fois cité.

V. — A l'Ordre du Corps d'Armée; du 7 juin 1919 :

« Officier très brillant qui s'est dépensé sans compter depuis le début de la guerre. Le 30 mars 1918, à Montdidier, a été grièvement blessé en arrêtant avec son unité une très forte attaque allemande. Est tombé entre les mains de l'ennemi après avoir fait tout ce que commandait l'honneur. »

Chevalier de la Légion d'honneur pour faits de guerre.

Croix de guerre (trois palmes, deux étoiles).

ROUILLON (Albert)

Elève au Pensionnat J.-B. de la Salle de 1896 à 1899.

Lieutenant d'artillerie territoriale à la mobilisation, capitaine commandant de batterie d'artillerie lourde à la fin de la guerre.

Citation :

A l'Ordre du Régiment, artillerie lourde du 21ᵉ Corps; 18 juillet 1918 :

« A assuré, dans de bonnes conditions, les missions demandées à sa batterie pendant la journée du 15 juillet, malgré les violents bombardements et le harcèlement continu qu'elle a eu à subir. Belle conduite au feu. Calme et sang-froid. »

Croix de guerre.

ROUSSEAU (Gabriel)

Elève au Pensionnat J.-B. de la Salle de 1881 à 1889.

Lieutenant au 225ᵉ Régiment d'infanterie.

Citation :

A l'Ordre du Régiment; 20 décembre 1918 :

« A fait toute la campagne. Homme de devoir et de dévouement; n'a cessé de payer de sa personne, dans tous les secteurs occupés par le régiment, pour assurer le bon fonctionnement de son service.

» A toujours fait preuve de sang-froid dans les moments difficiles, en particulier pendant le séjour du régiment à Verdun, en 1916 et 1917, et pendant les opérations d'août à octobre 1918. »
Croix de guerre.

ROUSSEAU (Henri)

Elève au Pensionnat J.-B. de la Salle de 1891 à 1896.

Soldat de 2ᵉ classe à la mobilisation; sergent-major à la fin de la guerre,
Mobilisé et au front du 16 août 1914 au 20 janvier 1919.

ROZIER (Pierre)

Elève au Pensionnat J.-B. de la Salle de 1895 à 1905.

Adjudant au 120ᵉ d'Artillerie lourde.
Citation :

A l'Ordre de la Division; 25 novembre 1918 :
« Grâce aux heureuses dispositions prises et à la fermeté de son commandement, a permis à la batterie d'effectuer des déplacements multiples, dans l'ordre le plus parfait et avec la plus grande rapidité; s'est distingué, en particulier, du 19 au 30 octobre 1918, en surveillant personnellement l'exécution des mouvements et des passages difficiles soumis à un violent bombardement ennemi. »
Croix de guerre.

SAINT-ESTÈVE (Jacques de)

Elève à l'Ecole Saint-Genès de 1907 à 1911.

Soldat à la mobilisation, sous-lieutenant d'artillerie à la fin de la guerre.
Blessé d'une balle de fusil à la jambe droite, à Sauvillers, le 30 mars 1918.
Citations :

I. — A l'Ordre de la Division; 26 avril 1917 :
« Du 15 au 20 avril 1917, grâce à sa ténacité et à son mépris du danger, a réussi à installer de toutes pièces et à entretenir le réseau téléphonique de liaison avec l'infanterie, bien que celui-ci ait été plusieurs fois hâché par le bombardement de l'ennemi. »
II. — A l'Ordre du 36ᵉ Corps d'armée; 18 mai 1918 :
« Très bon officier, agent de liaison avec l'infanterie; le 30 mars 1918, a donné le plus bel exemple de bravoure et d'abnégation. Blessé à son poste en première ligne. »
Croix de guerre.   Signé : Général NOLLET.

SALLES (Jean-Baptiste)

Elève au Pensionnat J.-B. de la Salle de 1885 à 1891.

Officier de carrière. Capitaine au 15ᵉ régiment d'infanterie au début des hostilités. Blessé à l'assaut du village de Rozirieulles (Lorraine), le 2 septembre 1914. Promu chef de bataillon, il fit partie de l'état-major de la mission française en Roumanie.

Motif de promotion dans l'Ordre de la Légion d'honneur (*Journal Officiel* du 17 novembre 1915) :

« Capitaine d'infanterie à l'état-major d'une brigade d'infanterie : officier très méritant; a montré en toutes circonstances de l'énergie, de la bravoure, principalement dans les journées du 25 au 29 septembre 1915. S'est multiplié pour assurer un service chargé et dangereux, a conservé le plus grand calme dans les missions nombreuses qu'il a eu à remplir pendant ces quelques jours de combats actifs. Déjà blessé en août 1914. »

Croix de guerre; plusieurs Citations.

SAMIE (Maurice)

Elève au Pensionnat J.-B. de la Salle de 1891 à 1900.

Capitaine au long-cours. Deuxième capitaine à bord du *Niémen*, son vapeur fut attaqué par un sous-marin allemand. Après une lutte de cinq heures, et malgré les obus qui trouaient ses ponts, le vapeur français contraignit le pirate à s'éloigner, ou, plus probablement le coula. L'équipage fut l'objet d'une Citation collective.

Citation personnelle :

A l'Ordre de la Division :
« Belle attitude sous le feu, lors de l'attaque de son bâtiment par un sous-marin ennemi. »

Légion d'honneur à la fin de la guerre. — Croix de guerre.

SAMIE (René-Dominique)

Elève à l'Ecole Saint-Genès de 1905 à 1911.

Brigadier à la 8ᵉ batterie du 118ᵉ R. A. L.

Citations :

I. — A l'Ordre du Corps d'armée; 11 novembre 1916 (Citation collective) :

« Batterie (la 8ᵉ du 118ᵉ A. L.), n'ayant pas quitté le front depuis le début de la campagne. Echappée de Maubeuge, après la reddition de cette place. Ayant occupé pendant dix-neuf mois, à Nieuport, un secteur très exposé à 1.400 mètres des lignes ennemies. Placée déjà quatre mois et demi sur le front de la Somme, où malgré les pertes subies, elle fait preuve, sous le commandement du lieutenant Morin, d'un allant et d'un entrain exceptionnels. Le 9 octobre 1916, a ouvert le feu sous un bombardement violent d'obus de 210 qui couvrait le personnel de pierres, de terre et d'éclats. A maintenu le feu pendant trois heures dans ces conditions en terrain découvert, sans aucun abri, au milieu de ses poudres qui sautaient et des hommes tués, blessés ou ensevelis à côté d'elle. »

Signé : DEBENEY.

II. — A l'Ordre de l'Artillerie lourde du 16 C. A. :

« Brigadier ayant fait les batailles de la Somme (1916), de l'Oise et de la Champagne (1917). Preuves constantes de courage dans les circonstances critiques traversées par sa batterie. Le 12 août 1917, sous un bombardement très vif, ayant fait brûler les poudres et sauter les obus toxiques de sa batterie, s'est porté sous le feu au secours d'un blessé et a commandé le service de sa pièce avec un mépris absolu du danger. »

Croix de guerre.

SERISIER (Joseph)

Elève au Pensionnat J.-B. de la Salle de 1888 à 1893.

Mobilisé le 6 août 1914. Fait campagne en Lorraine et dans les Vosges, comme maréchal des logis, puis maréchal des logis chef, au 18ᵉ Escadron du Train des Equipages (1914-1916); passe en Tunisie en 1917 (classes anciennes), où il est nommé successivement adjudant, sous-lieutenant et lieutenant au 16ᵉ Escadron du Train des Equipages. Démobilisé en février 1919.

SILIE (Léon)

Elève au Pensionnat J.-B. de la Salle de 1880 à 1884.

Colonel du génie. Officier de carrière.

Citations :

A l'Ordre du Corps d'Armée :

« Au cours de la dernière affaire menée par le 15ᵉ C. A., du 27 septembre au 11 novembre 1918, s'est montré commandant de génie de premier ordre, sachant surtout prévoir et pourvoir, galvanisant ses inférieurs de son zèle et de son ardeur, payant largement de sa personne en toutes circonstances. A été pour le commandement un auxiliaire très précieux. »

II. — A l'Ordre du Commandement du Génie de l'Armée, 6 juillet 1918 :

« N'a cessé de donner chaque jour, depuis le 21 mars, des preuves éclatantes de son énergie, de son entrain et de son expérience technique. Loin de s'enfermer dans la direction des services, a largement payé de sa personne pour aller sur le terrain étudier les positions et mettre en train les chantiers. »

III. — A l'Ordre du Corps d'Armée, 8 octobre 1918 :

« Au cours des dernières attaques menées par le XVᵉ C. A., en août et septembre 1918, a fait preuve en toutes circonstances d'une haute valeur professionnelle et morale, assurant son service, sans aucun souci des fatigues et du danger, avec une prévoyance et une activité jamais en défaut et un talent d'exécution des plus remarquables. »

IV. — A l'Ordre de l'Armée :

« Le lieutenant-colonel Silie, commandant le Génie du Corps expéditionnaire d'Orient, a assumé la lourde tâche d'assurer le difficile service du Génie du corps expéditionnaire d'Orient. A su communiquer son zèle et son ardeur inlassables aussi bien aux sapeurs de première ligne, qu'il stimulait par sa présence aux tranchées, qu'à ceux qui, plus en arrière et souvent dans des positions aussi dangereuses, se consacraient aux travaux indispensables d'organisation. »

V. — A l'Ordre de l'Armée :

« A rendu au cours de la campagne, dans les différents emplois qu'il a occupés, les services les plus distingués. » A déjà reçu la Croix de guerre.

VI. — A l'Ordre de la IIᵉ Armée :

« Officier supérieur d'une grande valeur qui, par ses qualités d'organisateur, rend chaque jour d'excellents services au commandement. Au cours des dernières opérations, a réussi par son zèle et son ardeur inlassables à organiser successivement deux secteurs d'attaque; payant de sa personne dans une région particulièrement dangereuse pour contrôler l'exécution des travaux et pour obtenir toujours le rendement maximum. »

Signé : Général NIVELLE.

Officier de la Légion d'honneur. — Croix de guerre : deux palmes et quatre Citations. — Ordre des Services distingués anglais.

SIMONET (Henri)

Elève à l'Ecole Saint-Genès de 1903 à 1909.

Citation :

A l'Ordre du Régiment; 19 avril 1915 :
« Poisson-Simonet (Henri), maréchal de logis, chef de pièce, a fait preuve de beaucoup de courage et d'énergie, le 15 septembre 1914, devant Berry-au-Bac, où, blessé d'un éclat d'obus à la cuisse droite et le bras fracassé, a continué à faire le service de sa pièce jusqu'à ce que les avant-trains aient été amenés. »
Médaille militaire. — Croix de guerre.

SIRE (Alfred)

Elève au Pensionnat J.-B. de la Salle de 1892 à 1897.

Maréchal des logis au 109ᵉ d'A. L.
Citation :

« Très bon sous-officier ayant servi jusqu'en 1917 dans l'infanterie. Blessé une première fois à Tahure, une deuxième fois pendant la bataille de l'Aisne; a donné à maintes reprises l'exemple du courage et du sang-froid, notamment le 2 octobre 1918, en aidant à relever des blessés sous le feu violent de l'ennemi. »
Croix de guerre.

SIRET (Jean-Joseph-Albéric)

Elève à l'Ecole Saint-Genès de 1909 à 1915.

Interprète auprès de la 1ʳᵉ Armée américaine n° 24, en date du 14 octobre 1918, de la Mission militaire française (aéronautique) attachée à la 1ʳᵉ Armée américaine (French Air Mission — 1 U. S. Army) :
Citation :

« Agent de liaison pour les missions les plus délicates et souvent les plus périlleuses. Le 25 septembre 1918, s'est volontairement proposé au major Francis-K. Mac Kay (aviation section 49th Aero squadron-Air service) pour l'accompagner dans un vol de reconnaissance et de surveillance sur la région Thiaucourt-Saint-Mihiel-Bantheville. Obligés de voler à basse altitude en raison d'une mauvaise visibilité et continuellement harcelés par l'artillerie anti-aérienne, n'en ont pas moins continué leur mission. Attaqués sur le chemin de retour par deux appareils ennemis, et bien que sa mitrailleuse se fut enrayée dès le début du combat, l'interprète Siret réussit cependant à disperser un de ses adversaires par la précision de son tir et à apporter d'importants renseignements sur les organisations et mouvements de l'ennemi. »
Croix de guerre.

SOUPRE (André)

Elève au Pensionnat J.-B. de la Salle de 1894 à 1904.

Musicien-brancardier au 23ᵉ régiment d'infanterie coloniale. Rescapé du torpillage du *Provence-II.*

Citation :

A l'Ordre du Régiment :
« S'est particulièrement fait remarquer au cours des affaires de mai 1917 et pendant la période d'occupation du Chemin des Dames. »
Médaille militaire. — Croix de guerre.

SOYRES (Bertrand-Xavier-Marie de)

Elève au Pensionnat et à l'Ecole Saint-Genès de 1901 à 1911.

Caporal à la mobilisation, lieutenant à la fin de la guerre. Blessures multiples.
Citations :
I. — A l'ordre de la 123e Division :
« A pris au cours des attaques, le commandement de sa section et l'a conduite, pendant les actions des 9 et 11 janvier, avec beaucoup de bravoure et d'énergie. Blessé au début de la campagne. »

II. — A l'Ordre de l'Armée; 7 octobre 1919 :
« Officier énergique et brave, ayant la plus haute conception de son devoir. Blessé, le 25 juin 1917, dans la tranchée avancée, au cours d'un violent bombardement; a su donner à ses hommes un précieux exemple de courage et de sang-froid en se livrant à des réflexions plaisantes sur les blessures multiples qui venaient de l'atteindre. Déjà blessé. »

III. — Motif de promotion dans l'Ordre de la Légion d'honneur, 16 juin 1920 :
« Officier d'une énergie, d'un courage exemplaires, s'est fait remarquer par son sang-froid et sa belle attitude au feu. Trois blessures, plusieurs citations. »
Médaille militaire. — Croix de guerre avec palme.

TESMOINGT (Charles)

Elève au Pensionnat J.-B. de la Salle de 1898 à 1900.

Citation :

A l'Ordre du Régiment :
« Charles Tesmoingt, soldat de 1re classe au 8e R. I. C. Belle conduite comme soldat à la 1re Compagnie du 3e régiment d'infanterie coloniale. Comme brancardier au 8e colonial, a continué à servir avec le même dévouement, en particulier dans le combat du 25 septembre 1915, au cours duquel il a transporté de nombreux blessés de la ligne de feu au poste de secours, et notamment un officier supérieur du 24e colonial qu'il a transporté sur ses épaules, malgré un feu violent. »
Croix de guerre.

TÉTARD (Charles)

Elève au Pensionnat J.-B. de la Salle de 1882 à 1890.

Sergent au 9e Régiment d'Infanterie territoriale, le 3 août 1914; passé au 295e territorial le 1er juin 1916. A fait toute la campagne.
Un frère mort au champ d'honneur.

TORD (Dr Louis)

Elève au Pensionnat et à l'Ecole Saint-Genès de 1903 à 1910.

Etudiant en médecine; mobilisé comme soldat de 2e classe, section des infirmiers militaires; nommé médecin-auxiliaire au cours de la guerre.

Campagnes de Belgique, de Champagne, d'Orient, etc.

Un frère mort au front.

TRANCHARD (Léon)

Elève au Pensionnat J.-B. de la Salle de 1894 à 1903.

Blessé le 30 janvier 1915, à Heurtebise, par un éclat d'obus qui lui cassa la jambe droite.

Croix de guerre. — Médaille de Saint-Georges décernée par l'Empereur de Russie.

UTEAU (Gilbert)

Elève à l'Ecole Saint-Genès de 1909 à 1912.

Parti comme soldat de 2e classe. Adjudant-pilote à la fin de la guerre.

Citations :

I. — A l'Ordre de l'Aéronautique; 28 mai 1918 :

« Sous-officier pilote brave, plein de jeunesse et d'allant, d'un entrain devenu proverbial à l'escadrille. Toujours prêt pour n'importe quelle mission. Pilote de chasse adroit, a livré plusieurs combats très sévères au cours desquels il a toujours dominé son adversaire. Le 16 et le 17 mai 1918 a poursuivi jusqu'à 10 kilomètres dans leurs lignes et à 200 mètres d'altitude deux avions ennemis. »

II. — A l'Ordre de l'Armée; 26 juillet 1918 :

« Sous-officier pilote brave, est un exemple pour tous ses camarades. Le 11 juillet, au cours d'une protection, a poursuivi un avion allemand qui attaquait un dracken, a réussi par sa fougue à sauver ce dernier et a abattu l'avion ennemi après un combat très dur, à 200 mètres du sol, dans les lignes ennemies. »

III. — A l'Ordre de l'Armée, 12 août 1918 :

Pilote remarquable par son adresse et sa ténacité, a attaqué un dracken obligeant l'observateur à se jeter en parachute et est rentré avec son appareil criblé de balles. Quelques jours plus tard, malgré les tirs intenses de l'artillerie anti-aérienne et la surveillance des avions ennemis, réussit à descendre le même dracken en flammes. »

IV. — A l'Ordre de l'Armée, septembre 1918 :

« Sous-officier pilote d'une volonté tenace. A enflammé pour la deuxième fois dans la même semaine un dracken allemand, poussant l'attaque jusque près du sol, malgré un feu intense par mitrailleuses et par canons, abattant ainsi un troisième adversaire. »

V. — Médaille militaire, 9 octobre 1918 :

« Pilote de chasse de premier ordre, sous-officier modèle, tenace et brave, s'est distingué d'abord dans l'artillerie lourde puis dans l'aviation, où il a réussi, grâce à ses belles qualités militaires, à communiquer son ardeur à tous ses camarades, abattant en peu de temps deux drackens et un avion ennemis. Le 14 septembre 1918, a abattu un biplace de reconnaissance, remportant ainsi sa quatrième victoire. Quatre Citations. »

VI. — A l'Ordre de l'Armée, novembre 1918 :

« Pilote de chasse adroit et brave. Au cours d'une patrouille, a résolument soutenu un combat seul contre quatre appareils ennemis, permettant ainsi à un de ses camarades de dégager un avion de Corps d'armée attaqué par trois autres avions ennemis, et d'abattre l'un d'eux. Est rentré avec son réservoir d'essence arraché par les balles, deux grosses déchirures dans ses plans et une balle dans son radiateur. Déjà cinq fois cité à l'ordre. »

Médaille militaire. — Croix de guerre avec cinq palmes et une étoile de vermeil.

VAILLE (Jean)

Elève à l'Ecole Saint-Genès de 1909 à 1913.

Sous-lieutenant au 252e régiment d'artillerie de campagne. Grièvement blessé le 26 mars 1918, en Lorraine, par éclats d'obus (treize blessures à la tête et aux membres). Evacué et réformé.

Citation :

I. — A l'Ordre du 252e A. A. C.; 5 décembre 1917 :

« Officier courageux et plein d'entrain. S'est fait remarquer par son activité soutenue dans les fonctions qu'il a eu à remplir, soit à la batterie, soit aux observatoires. Le 19 novembre 1917, observant de la première ligne, a mené à bien un réglage sur une mitrailleuse, malgré le bombardement ennemi. »

II. — A l'Ordre de la 128e Division; 1er avril 1918 :

« Jeune officier très courageux et plein d'entrain. Le 26 mars 1918, pendant un violent bombardement de la position, alors qu'il assurait le commandement de sa batterie, a été blessé très grièvement par un projectile de gros calibre qui a crevé l'abri. Malgré la gravité de sa blessure, s'est rendu sans aide au Central téléphonique de batterie, et a eu comme unique souci d'avertir le commandant de groupe que sa batterie n'avait plus d'officier et qu'il fallait le remplacer d'urgence. »

III. — A l'Ordre de l'Armée :

Vaille (Jean-Marie-François-Etienne), lieutenant au 252e R. A. C. :

« Officier de haute valeur morale; a été très grièvement blessé, le 26 mars 1918, à Montigny, en assurant le commandement de sa batterie fortement prise à partie par l'ennemi. Etant à ce moment seul officier à son unité, n'a voulu la quitter qu'après avoir pris toutes les dispositions pour se faire remplacer, donnant ainsi un magnifique exemple à tout son personnel. »

Quatre Citations. — Croix de guerre avec palmes. — Légion d'honneur.

VAL (Marquis André du)

Elève à l'Ecole Saint-Genès de 1908 à 1916.

Engagé volontaire pour la durée de la guerre, le 30 janvier 1918. Promu brigadier. Réformé pour maladie contractée en service.

VALLANDÉ (Lucien de)

Elève au Pensionnat J.-B. de la Salle de 1884 à 1886.

Lieutenant de réserve. Blessé le 6 juillet 1915, aux Dardanelles.

VIDAL (Gilbert)

Elève à l'Ecole Saint-Genès de 1905 à 1914.

Ingénieur civil des Ponts et Chaussées. Lieutenant au 224ᵉ R. A. C.
Citations :

I. — A l'Ordre de la 68ᵉ Division; 31 août 1917 :
« Jeune officier d'un entrain superbe. Pendant les combats sur l'Aisne, du 14 juillet au 5 août 1917, s'est distingué à maintes reprises par son calme et son sang-froid sous les bombardements les plus violents, tant à la batterie qu'aux tranchées, comme observateur en première ligne. »

II. — A l'Ordre du 224ᵉ R. A. C., 1918 :
(Le texte de cette deuxième citation nous manque.)
Croix de guerre.

VIDEAU (Georges)

Elève au Pensionnat J.-B. de la Salle de 1874 à 1882.

Administrateur de la Compagnie des Petites Voitures de Paris.
Chevalier de la Légion d'honneur pour services exceptionnels pendant la guerre.

VIDEAU (Robert)

Elève à l'Ecole Saint-Genès de 1905 à 1908.

Mobilisé avec la classe 1914 au 1ᵉʳ Régiment de hussards, comme cavalier de 2ᵉ classe. Gagna vaillamment les galons de Brigadier et de Maréchal des logis dans les tranchées de Champagne. Finit la guerre comme fourrier de la compagnie.

VILLARS (Félix-Fernand)

Elève à l'Ecole Saint-Genès de 1904 à 1905.

Médecin-vétérinaire aide-major, au 39ᵉ R. A. C.
Citation :

A l'Ordre de la Division :
« A fait preuve d'une énergie rare et d'un moral magnifique. Dès le début de la préparation ennemie, au sud de la Marne, s'est rendu de son propre mouvement, aux échelons avancés du groupe, parce qu'ils étaient soumis au bombardement; a pris des dispositions pour les faire manœuvrer; a été grièvement blessé. »
Croix de guerre.

YVON (Robert)

Elève au Pensionnat J.-B. de la Salle et à l'Ecole Saint-Genès de 1901 à 1909.

Sous-lieutenant au 21ᵉ régiment de chasseurs à cheval.
Citation :

A l'Ordre du 12ᵉ Corps d'Armée; 21 octobre 1914 :
« Le 1ᵉʳ septembre 1914, se trouvant avec trois chasseurs en reconnaissance sur les Alleux, a poursuivi une patrouille allemande, composée d'un officier et de huit cavaliers, a abattu d'un coup de revolver un de ces cavaliers et mis en fuite la patrouille. »
Signé : DE LANGLE DE CARY.

Croix de guerre. — Croix de Saint-Georges de Russie.

HAACK (Maurice)

Elève au Pensionnat J.-B. de la Salle de 1894 à 1903.

Officier de carrière. Sous-Lieutenant au début de la guerre; promu Capitaine.
Blessé grièvement et fait prisonnier en août 1914; ne fut rapatrié qu'à la fin des hostilités.
Citation :

A l'Ordre de la Division :
« Le 28 août 1914, à l'attaque de Raucourt (Ardennes), a brillamment commandé sa section, jusqu'au moment où il est tombé grièvement blessé. »
Croix de guerre. — Légion d'honneur.

HAACK (Roger)

Elève au Pensionnat J.-B. de la Salle de 1899 à 1903.

Frère du précédent. Lieutenant d'Artillerie à la fin de la guerre.
Citations :

I. — A l'Ordre de l'Artillerie divisionnaire :
« Chargé du service téléphonique de l'A. D., a fait preuve, au cours des dernières attaques d'une division, d'une activité et d'une endurance extrêmes. A payé fréquemment de sa personne, dans des zones très exposées, pour faire établir, puis réparer, des lignes téléphoniques importantes. A, notamment les 18, 19 et 20 mai 1916, montré dans cette mission la plus grande bravoure, et, par son intelligente initiative, a permis au Commandant de l'A. D. de conserver en permanence la liaison avec les troupes sous ses ordres. »

II. — « Excellent officier, très brave. Blessé en même temps que trois autres officiers, a fait l'admiration de tous par son calme, négligeant sa blessure pour s'inquiéter du sort de ses camarades. »
Croix de guerre. — Chevalier de la Légion d'honneur.

TROISIÈME PARTIE

—

I. - Inauguration du Monument aux Morts de la Guerre

II. - L'Hôpital complémentaire N° 18

III. - La Vie de l'Ecole pendant la Guerre

I

Inauguration solennelle du Monument commémoratif aux Morts de la Guerre.

Le Dimanche 7 Mai 1922

L'inauguration du Monument à nos morts glorieux, le 7 mai 1922, marque une des dates inoubliables de notre histoire.

La cour d'honneur n'avait reçu d'autre décoration que des faisceaux de drapeaux et des cartouches rappelant les grandes époques de la guerre.

Le Monument, nécessairement isolé sous le porche et recouvert d'un voile tricolore, encadré de plantes par les soins de la maison Marguery, s'érigeait au centre d'un véritable parterre de fleurs délicates, gerbes et couronnes, déposées par des mains pieuses, par l'Ecole, la Société civile immobilière et l'Association Amicale des Anciens Elèves.

La cérémonie patriotique qui allait se dérouler dans ce cadre, tout ensemble austère et riant, qui a fait l'admiration des personnalités officielles le voyant pour la première fois, avait attiré une foule de parents, d'amis et d'anciens.

C'est dans un calme religieux que se déroula jusqu'au bout cette grandiose et véritablement inoubliable manifestation de piété nationale et de souvenir fraternel.

*
* *

LA MESSE

Bien avant l'heure, il ne restait plus dans la chapelle la moindre petite place à prendre et les derniers arrivants débordaient au dehors par toutes les issues. Les invités occupaient dans le chœur même les places d'honneur. Durant le saint sacrifice, célébré par M. l'abbé Bajun, à l'intention des Maîtres, Anciens Elèves et Serviteurs morts pendant la guerre, les chœurs de l'Ecole, sous l'artistique et savante direction de M. l'abbé Pommier, interprètent avec leur habituelle maîtrise, un *Kyrie* de Dubois, un *Sanctus* de Chérubini, un *Agnus* d'Herman et le *Pie Jesu* de Haendel, avec M. Léo Lambert comme soliste remarqué. L'orgue était tenu avec un art consommé par M. Sciborsky et l'émotion intime de l'assistance était déjà visible quand M. le chanoine Lafaye, premier aumônier, monta en chaire.

Quod si hi tacuerint, lapides clamabunt.
(Saint Luc, ch. 19, v. 40.)

Vous êtes ici pour assister à l'inauguration et à la bénédiction du monument que cette maison a érigé à la mémoire des Anciens Maîtres, Elèves et Serviteurs morts pour la France. Cette mort les a tous ennoblis et placés sur le même rang.

Cette cérémonie se déroule sous la présidence d'honneur de Son Eminence le Cardinal Andrieu, Archevêque de Bordeaux; sous la présidence effective du Général Coutanceau, ancien gouverneur de Verdun; les autorités religieuses, militaires, civiles, municipales, académiques, judiciaires, se rencontrent autour de ce monument et se tendent la main, pour marquer, dans les hommages rendus à nos Héros, l'union sacrée de tous les cœurs.

Nous avons d'abord célébré la Sainte Messe et groupé toutes nos chères victimes de la guerre autour de la grande Victime du Calvaire; nous nous rendrons, après, autour du monument. Le Comité des Anciens Elèves en remettra la propriété à la Société civile; il en confiera la garde à la Direction de l'Ecole et à l'Ecole tout entière; en le bénissant, nous le placerons sous la protection de Dieu lui-même et nous lui demanderons de donner à ces pierres une voix éloquente et toujours entendue : *lapides clamabunt.* On fera ensuite l'appel des morts, appel si émouvant ! On répondra pour ceux qui, hélas ! ne peuvent plus répondre. Des discours seront prononcés, des chants exécutés, et le tout se terminera par le défilé de tous les élèves qui passeront devant le monument, silencieux, comme on passe devant une église, comme on passe devant un drapeau. C'est le programme, tel que nous l'avons conçu, tel qu'il doit s'exécuter.

Je vous l'ai exposé; faut-il que je m'arrête là ? J'ai parlé de vous, chers Anciens Elèves, au jour du service funèbre; faut-il que je parle encore ? Oui, pour dire que de ce monument il se dégage un souvenir, une idée et une leçon.

Un souvenir : Nous sommes oublieux, mes frères. A mesure que nous avançons dans la vie, des événements surviennent qui nous font oublier les événements qui précédent. Le présent nous absorbe, l'avenir nous préoccupe et le passé tend à s'obnubiler, à s'effacer. C'est contre ces oublis involontaires, contre ces défaillances possibles de la mémoire que nous prenons nos précautions. C'est la raison d'être du monument.

L'étymologie de ce mot est très suggestive : *monere mentem :* avertissement pour l'esprit; rappel pour la mémoire. Et si, dans la construction de ces monuments, on emploie la pierre, le marbre, le bronze, ces matières dures, résistantes, c'est afin de fixer plus longtemps nos souvenirs et de les immortaliser. Aussi, avec quel empressement, après la guerre, on a dressé partout des monuments, dans les villes et les moindres villages. Nous avons le nôtre.

Vous avez longtemps discuté, Messieurs, sur la place qu'il devait occuper. Mais au fond de vos différents projets, on sentait percer toujours la préoccupation d'assigner à ce monument une place qui l'imposerait à tous les regards. — Vous l'avez placé à l'entrée de cette maison. — Impossible d'entr'ouvrir la porte sans qu'il attire les yeux. Ainsi, il parlera, chaque jour, aux générations présentes; il parlera aux générations futures. Il viendra, dans l'avenir, des multitudes d'enfants qui n'auront pas connu les horreurs de la guerre. Je les vois indiquer de leur doigt le monument; je les entends demander à leurs parents : Qu'est-ce que ce monument ? Et le père et la mère répondront : Découvre-toi, mon petit; tu vois ces plaques de marbre; apprends à épeler les noms qui sont inscrits là, en lettres d'or, c'est le nom de trois cents héros; sans eux et des milliers d'autres, peut-être tu ne serais plus Français ; sans eux, ce beau pays que tu habites, aurait été envahi, saccagé. Voilà les souvenirs et les avertissements qui se dégageront de ces pierres. *Lapides clamabunt.*

Il s'en dégage aussi une idée. L'idée, c'est là surtout ce qui fait la beauté et la valeur d'un monument. Soldat, que fais-tu là, debout ? Ton fusil, tu ne le tournes pas du côté de l'ennemi, tu le tiens renversé. Ce n'est plus une arme entre tes mains, c'est une barrière. Tu sembles dire à tous les barbares qui déferlent de tous côtés comme de monstrueuses vagues : Vous n'irez pas plus loin. Vous ne passerez pas. Et ta fière attitude, ta résolution énergique s'expliquent; car, au-dessus de ta tête, j'aperçois cette croix ébranlée, qui ne tient plus au sol déchiqueté par les obus; le Christ, le grand mutilé de guerre; et plus loin, on entrevoit, on devine une accumulation de ruines fumantes; les églises renversées, les édifices détruits, les villes anéanties, les villages incendiés, les champs saccagés; et dans ton indignation, tu te lèves pour dire : C'est assez. Et ce mot, ils l'ont répété, tous ces généreux adolescents dont tu restes le représentant et le type. Ils l'ont dit, pratiquant le courage sous sa forme la plus élevée : Attendre et tenir. Car attaquer, aller de l'avant, c'est dans notre tempérament français. Mais attendre, tenir, pendant des années, sous un ouragan de fer et de feu, quand la mort, sous toutes les formes vous guette, vous menace, vous assaille, voilà le prodige qu'ils ont réalisé ! Aussi, le verbe *tenir* dont l'acception était assez vulgaire, a pris, depuis la guerre, un sens très noble et très élevé. Toute l'inoubliable et glorieuse épopée de Verdun se résume dans ces mots : Ils ont tenu !

Telle est l'idée qui se dégage de ce monument : ils ont tenu !

*
* *

Mais cette idée apporte avec elle une leçon. Il faut savoir tenir, savoir résister, savoir dire : non. Il faut le dire à soi-même, dans les luttes intimes et quotidiennes de la vie. Lorsque les passions se déchaînent, il faut savoir dire : non.

Dans la vie sociale, que de résistances s'imposent. Il faut l'union sacrée, oui, mais pas aux dépens de tout. Pouvez-vous sacrifier votre Dieu à l'athéisme ? Votre foi à la libre-pensée ? Votre conscience à la fortu ▶: aux honneurs ? C'est trop cher ! Non.

Et dans ces luttes qui ne franchissent pas le cercle de notre personnalité, de notre vie sociale, il faut aller souvent jusqu'à l'héroïsme, car l'héroïsme n'est pas l'apanage exclusif des hommes de guerre et on peut s'élever jusqu'à l'héroïsme ailleurs que sur les champs de bataille. J'ai là, sous les yeux, des pères de famille, des mères en deuil, Croyez-vous qu'elles ne se soient pas élevées jusqu'à l'héroïsme, dans le sacrifice de leurs fils à une cause supérieure ?

D'ailleurs, est-ce que le Christ, lorsqu'il a résumé sa morale dans une formule énergique : *abneget semetipsum*, n'a-t-il pas mis l'héroïsme à l'ordre du jour ? et le renoncement continuel à soi n'élève-t-il pas les âmes à la hauteur d'un héroïsme habituel ?

Quand il se déclanche, sur les champs de bataille, quand il éclate, c'est qu'il existe déjà à l'état latent. Pour l'héroïsme, comme pour tout le reste, on s'exerce, on s'entraîne; et pour nos chers Héros, par combien de sacrifices secrets, au cours de leur éducation chrétienne, ils s'étaient préparés au sacrifice suprême. Oh ! la grande et magnifique leçon !

Si j'en avais la puissance, je m'en irais, en ce moment, comme le prophète, sur les champs ensemencés par la mort, couverts d'ossements desséchés. Et, m'adressant à tous nos Héros disparus, je leur crierais : O morts, levez-vous; on va, tout à l'heure, prononcer votre nom et vous appeler. Répondez à cet appel; venez voir le monument que nous avons dressé pour vous. Venez reconnaître vos familles, vos anciens condisciples, vos maîtres, vos camarades plus jeunes.

Hélas ! cette puissance, je ne l'ai pas. Il faut attendre le jour où le grand Maître de la vie et de la mort, vous ordonnera de secouer la poussière de vos tombeaux et vous appellera à la résurrection et à la vie. Mais, si vous ne pouvez pas venir, si vous ne pouvez plus parler, ces pierres parleront pour vous. Elles crieront : N'oubliez pas, gardez notre souvenir. Comprenez la grande idée que nous exprimons.

Et surtout retenons et pratiquons l'héroïque leçon que ces pierres nous donnent : *Quod si hi tacuerint, lapides clamabunt.*

L'INAUGURATION

1° *La Marseillaise.*

La cour d'honneur est comble. Le cortège officiel, qui s'était rassemblé au Grand Salon, précédé par M. Clauzel, directeur de l'Ecole et conduit par M. le général Coutanceau, ancien gouverneur de Verdun, président de la cérémonie, entouré des généraux Bonnin, Modelon, Grillot, Lacroisade et de nombreux officiers supérieurs en uniforme, suivi des personnalités civiles que nous citons plus loin, apparaît sous le grand arceau du porche, en pleine lumière. L'or des feuilles de chêne et des galons, les brillants des croix et des plaques s'irradient brusquement au grand soleil sur un fond bleu-horizon profondément évocateur; la musique du 7° colonial attaque les premières mesures de la *Marseillaise*, le cortège s'arrête soudain, les officiers dans un impressionnant« garde à vous », la main au képi, toutes les têtes se découvrent, l'instant est solennel, la minute poignante !

La statue de Saint Jean-Baptiste de La Salle, avec à ses pieds les deux drapeaux : celui de l'Ecole, porté par M. J.-L. de Béchade, ancien élève, grand blessé, et celui de l'Union nationale des combattants, montant la garde d'honneur, domine la scène de sa silhouette de bronze et parachève sa grandeur.

La *Marseillaise* terminée, les invités officiels prennent place sur l'estrade dans l'ordre ci-après :

M. le général Coutanceau, qui préside la cérémonie; M. le chanoine Lafaye, représentant S. E. le Cardinal Andrieu; M. Léonard, chef de cabinet de M. Arnault, Préfet de la Gironde, qu'il représente; M. Paul Glotin, Député de la Gironde; M. le commandant Tramond, chef d'Etat-major, représentant M. le général Duport, commandant en chef du 18° Corps d'armée; M. Paul Mettas, avocat-général, représentant M. le Procureur général; M. Louis Galtier, adjoint au maire de Bordeaux, représentant M. Philippart, maire; M. Ricaud, Président du Comité du Monument; les généraux Bonnin, Modelon, Lacroisade, Grillot; M. le Colonel commandant le groupe d'artillerie de la 35° division; M. le Colonel du 144° d'infanterie, celui du 7° colonial; les représentants des autres régiments et unités de troupes de la garnison; MM. les colonels en retraite Bartel, Jacob de Marre, Roy, Lewden; les commandants Faure, chef du service des transports; Patard, major de la place; Garnal, du service de l'éducation physique; Gerbert, ancien chef du recrutement; capitaines Lourde, Séverin, Costedoat et un grand nombre d'officiers de toutes armes; M. Aurégan, sous-directeur de l'Ecole de santé navale, représentant le Directeur; M. Segrestaa, Président du Tribunal de commerce.

MM. Antin, président du Conseil de la Société Immobilière de Saint-Genès; Clauzel, Directeur de l'Ecole; Segonzac, ancien Directeur du Pensionnat Saint-Joseph, de Rodez; Chevalier, Président de l'Association amicale des Anciens Elèves de Saint-Genès; MM. Peyrelongue, Pouget, Prélat et Lamothe, membres du Conseil d'Administration de la Société Immobilière

MM. Doumeng, conseiller général; Paul Métivier et Darizcurren, conseillers d'arrondissement; MM. J. Guyot, professeur à la Faculté de Médecine; Chaîne, professeur à la Faculté des Sciences; le docteur Legros, médecin de l'Ecole Saint-Genès; Anglade, chirurgien-dentiste de l'Ecole; M. le chanoine Lelièvre,

M. le chanoine Cartau, curé de Saint-Nicolas; M. l'abbé Arnoult, chevalier de la Légion d'honneur, Directeur du Grand-Lebrun; M. l'abbé Larrouy, économe de Saint-Joseph de Tivoli; M. l'abbé Philippe Roux, aumônier du lycée; M. l'abbé Deney, curé de N.-D. de Lourdes des Chartrons; M. l'abbé Pommier, aumônier de Saint-Genès, et plusieurs autres ecclésiastiques.

MM. Adoue et Mora, auteurs du Monument; Dugay, entrepreneur; M. de Lapasse, conservateur des eaux et forêts; MM. Richard et Manaud, adjoints au maire de Bordeaux; Marsacq, Coulaud, Toulet, conseillers municipaux; M. Petit, receveur de la Ville; Puel, entreposeur des Tabacs; M. le Consul de Pologne; MM. Chauliac, Daste, Guyot d'Annecy, etc., etc.; Merkling, Directeur de l'Ecole supérieure de commerce et d'industrie; Saint-Pé, Président des Anciens Elèves du Collège Saint-Bernard de Bayonne; M. Lemarchand, représentant l'Association des Anciens Elèves de Grand-Lebrun.

MM. René Guyot, Vice-Président; Colson, Secrétaire général; Milliot, Trésorier; Bac, Beydts père et fils, Brédon, Maurin, Malvesin, Labarthe-Pon et les autres membres du Comité de l'Association amicale des Anciens de Saint-Genès; MM. Sire et Hostin, Sous-Directeurs, et les professeurs de l'Ecole; les représentants des camarades de Combat, de l'Union des Combattants, etc.

Les anciens élèves de l'école étaient venus fort nombreux.

S'étaient fait excuser :

MM. les chanoines Lalanne et Giraudin, vicaires généraux; Cartau, archiprêtre de la Cathédrale, plusieurs curés de Bordeaux; M. Thamin, Recteur d'Académie, en mission en Espagne; MM. Philippart, Maire de Bordeaux; Buhan, Vaissières et Massabuau, sénateurs; André Ballande, Député de la Gironde, retenu à la même heure à la cérémonie du Congrès des Cheminots catholiques de La Bastide; Dignac, Combrouze, P. Dupuy, députés; Mallet, conseiller général du 5ᵉ canton; Chabrely, Dumas, Paul Buhan, Lavertujon, conseillers municipaux.

Les généraux d'Amade, Brissé Saint-Macary, médecin-inspecteur; les colonels Dufour, Juin et Chiché; MM. Sam Maxwell, bâtonnier de l'ordre des avocats; Sigalas, Dresch, Duguit, doyens des Facultés ; M. le Directeur du Collège de Tivoli; M. Courcoural, ancien Directeur du « Nouvelliste de Bordeaux »; Mᵐᵉ Gounouilhou, membre de l'Office national des Pupilles de la Nation; Dʳ Testut, ancien médecin-chef de l'Hôpital Saint-Genès; médecin principal Arnavieilhe, médecin-chef de l'Hôpital Militaire Saint-Nicolas.

MM. de Roquette-Buisson, Rozier, Giraudel-Mareille, Vital-Mareille ; Viziós, professeur à la Faculté de Droit; M. le lieutenant Abadie, du service d'Education physique, etc., etc. Beaucoup d'anciens élèves avaient aussi exprimé leurs regrets de ne pouvoir assister à cette manifestation.

2° *La remise du Monument.*

M. Théodore Ricaud, président de la Commission mixte d'érection du monument, monte le premier à la tribune et lit le remarquable discours suivant, dont la péroraison est unanimement applaudie :

Mon Général, Mesdames, Messieurs,

Sous cet atrium d'honneur, témoin muet du passage de nombreuses générations — où un pieux et solennel hommage est rendu en ce jour au courage et à l'héroïsme —

évoluaient à la mi-juillet 1914 des groupes particulièrement denses de parents ou d'anciens élèves venus, sans doute, suivant la coutume, apporter par leur présence un encouragement aux jeunes lauréats de fin d'année, mais, aussi, comme mus par un sentiment spécial, résultante des événements graves dont l'espace s'emplissait d'heure en heure.

Cependant, l'Année Terrible avait semé autour d'elle tant de tristesses elle avait répandu tant de désastres; la science avait depuis lors si grandement progressé; les idées pacifiques s'étaient tant généralisées; les moyens de destruction avaient tant pris d'ampleur, que malgré une foule d'indices patents, plus d'un espérait encore.

En fait, était-ce de l'optimisme exagéré de supposer presque impossible qu'un être humain — mésusant de sa puissance, se soustrayant à la civilisation rayonnante, à la droite et réelle conception du vrai, du bien, du beau — oserait, par un simple acte de sa volonté, peser sur le déclic fatal qui allait convertir une grande partie de l'Europe en un champ épouvantable de ruines, en un immense charnier.

Le clair soleil de messidor venait d'atteindre tout juste son crépuscule que le tocsin sonna. Onze cents d'entre nous : maîtres, anciens élèves, serviteurs, parcourront, plus ou moins, les rudes étapes de la retentissante épopée.

Deux cent vingt-sept nobles cœurs en seront le sanglant holocauste.

L'idée de perpétuer le souvenir de la plus belle page d'histoire qu'ait enregistrée la Nation — pensée si bien exprimée dans la loi du 17 novembre 1918 — se concrétisa ici, dès les premiers jours qui suivirent la démobilisation des classes anciennes.

L'extrême générosité de la Société civile immobilière — qui s'inscrivit, en tête de la première liste de souscription pour la somme de dix mille francs — l'affluence immédiate de versements importants provenant de l'Ecole, de l'Amicale, des parents de nos glorieux morts, des Anciens élèves — sans excepter nos camarades de la Péninsule Ibérique, qui, en l'occurrence, ont montré une fois de plus combien l'amour de la France, appris jadis sur les bancs de cette maison d'éducation, est resté profondément gravé dans leur cœur — permirent d'envisager la réalisation d'un programme vaste et bien en rapport avec l'étendue du sacrifice consenti. Un Comité, composé de délégués de la Société civile : MM. Ed. Antin, Pouget, Lamothe; de l'Ecole : MM. A. Clauzel, directeur; Viguié, économe; de l'Amicale : MM. Bac, Chevalier, G. Colson, Ch. Dagrant, Labarthe-Pon, Malvesin, R. Milliot, Tord et Th. Ricaud, se mit à l'œuvre et décida :

1° *De faire célébrer annuellement plusieurs Services pour le repos de l'âme des maîtres, anciens élèves et serviteurs morts pour la France;*

2° *De publier un Livre d'Or* où seraient reproduits leurs traits, accompagnés d'une courte notice résumant les faits les plus saillants de leur vie militaire;

3° *D'ériger un Monument commémoratif.*

Un concours largement ouvert eut pour couronnement l'adoption du motif allégorique que nous avons sous les yeux, œuvre de deux artistes bordelais, aussi connus qu'estimés : MM. Jean-Gaston Adoue, architecte, de l'Ecole Nationale des Beaux-Arts de Paris; Paul Mora, sculpteur, de la même Ecole, élève du célèbre Falguière.

Les auteurs, dans une conception d'une superbe envolée, ont voulu représenter, dans le Christ à la croix brisée, la douleur de l'humanité entière, par l'hécatombe de tant de martyrs et les actes de vandalisme commis.

Un « poilu » à l'attitude calme, fière sans forfanterie, énergique mais sans tendance belliqueuse, respirant la franchise, la confiance, la résolution de vaincre, fait un rempart de sa poitrine à l'image du Tout-Puissant, mutilée par ceux qui, enivrés de fallacieuses promesses, aiguillonnés sans répit par des harangues dithyrambiques à l'excès, abreuvés d'écrits tendancieux ou mensongers, franchirent la Seille, assiégèrent Liège, incendièrent Louvain, excités par les cris de : « Lève-toi Germanie, le jour de la vengeance est arrivé, » tandis que les échos répétaient à satiété : « Ecouter la raison serait de la folie; le parjure d'hier, fait le droit d'aujourd'hui » et mille autres outrecuidances de ce genre...; mutilée par ceux qui déferlèrent, ensuite, en masses effrayantes à travers les terres du Welche détesté, pour le frapper à mort.

Le calme résolu qui se lit sur tes traits, loyal défenseur du pays, n'apparait-il point comme le reflet de cet état d'esprit existant chez ces héros dont tu es la figuration — hommes de tous âges, de tous grades, de toutes croyances, de toutes conditions — qui, haletants, pliant sous le nombre, jalonnant de leurs corps meurtris, les routes ou sentiers poursuivis, résistèrent si magnifiquement et quand même au cyclone envahisseur.

Face à toi, le délire gagne de proche en proche. L'air de la capitale ne se hume-t-il point déjà ?

Von Kluck, cantonnant à Jouarre — dans le pavillon même où, cent ans avant, « le Corse aux cheveux plats » mettait vraisemblablement la main aux derniers détails qui allaient lui permettre d'écraser, à Champaubert et à Montmirail, les Prussiens d'alors, et procurer — soit dit en passant — au beau ci-devant 144ᵉ d'infanterie de ligne, l'occasion de cueillir d'abondants lauriers, ne croit-il point tenir sa proie ?

Convaincu que le droit doit normalement et finalement triompher de la force, peu t'importe quelques revers passagers. Rien ne te décourage.

Du reste, la joie de l'adversaire ne se montre-t-elle pas comme mêlée d'une certaine inquiétude, causée par la manœuvre incessante de cette armée — celle de la Patrie bien aimée — qui, insaisissable, rompt toujours le combat.

N'entends-tu pas, dans le lointain, les sons du carillon de l'espérance, voire même ceux de la réconfortante réalité.

Oui, l'énorme bloc oscille; il se plisse, au point de devenir vulnérable, d'être facteur indéniable de la volonté du chef suprême : Joffre qui, impassible, attend l'instant propice où il va pouvoir, de sa voix puissamment autoritaire, lancer à l'infatué Teuton, l'immortel: *Halte-là !* aurore de la Marne, prélude du salut de la civilisation, seuil de ces grandioses épisodes ayant nom : l'Yser, la Somme, l'Artois, l'Aisne, la Champagne, la Lorraine, l'Alsace, Verdun.

D'une abnégation à toute épreuve, tu sauras — en attendant l'obtention de la décision escomptée — te plier aux nécessités de l'heure présente. Nouveau troglodyte, tu t'astreindras à vivre d'interminables mois, dans des conditions positivement indéfinissables, où le tintement de chaque minute aura pour corollaire inévitable un nouvel et ultime sacrifice, où ta faible et vulnérable nature — entourée, envahie, submergée de toutes parts, par d'incessants et infernaux éléments destructeurs — n'aura guère pour seul réconfort, que la vision de Dieu souverainement bon, maître de toutes choses, de la famille chérie, laissée là-bas, au loin, dont tu as charge d'assurer la sécurité; — pour seul rempart, la voix intime, mais impérieuse de la conscience t'indiquant à la fois l'âpreté du chemin à suivre, la beauté du devoir à accomplir.

Et voici que ta soumission complète aux directives données, jointe à ton inébranlable dessein de vaincre, va te procurer la juste joie due à tes mérites.

La conscience humaine, poussée à bout, se révolte, se dresse à son tour contre la force brutale et injuste. Elle lui crie, par la voix des Alliés : *Assez de crimes. Plus de sacrilèges. Vous ne passerez pas !*

C'est pénétré de ces pensées, partagées sans nul doute par cette nombreuse assistance, que j'adresse aux auteurs les plus sincères félicitations.

L'œuvre de MM. Adoue et Mora, à laquelle l'on ne peut qu'associer leurs dévoués collaborateurs : notre condisciple Dugay, entrepreneur; M. Lagrange, sculpteur-ornemaniste, en dehors de son caractère artistique, appartient à la catégorie de celles dont la seule vue élève l'âme.

Aussi, considérant cet ensemble si bien ordonnancé, la leçon qui, pour tout esprit réfléchi s'en dégage, il me semble deviner le sentiment intime de tous ces parents en deuil devant qui je m'incline profondément, dont la grande douleur me paraît en quelque sorte atténuée à la pensée de voir l'être cher survivre dans l'ambiance du milieu qui berça son enfance, dans l'expression d'un symbole patriotique, si nettement français.

Semblable faisceau de mâle courage devait être glorifié comme il convenait.

Imprégné de ce sentiment, le Comité d'érection du Monument commémoratif, a voulu entourer cette cérémonie de toute la pompe désirable. Avec une indicible joie, les organisateurs ont vu les démarches entreprises auprès de l'autorité religieuse et des pouvoirs publics couronnées d'un succès complet.

Le vénérable prince de l'Eglise, qui dirige avec tant de zèle l'archidiocèse de Bordeaux, a bien voulu en accepter la présidence d'honneur. Son Eminence étant en tournée pastorale, a délégué notre aimable premier aumônier, M. le chanoine Lafaye, pour la représenter.

La présidence effective est occupée par un valeureux soldat, M. le Général Coutanceau, de qui je dirai simplement : qu'après avoir rendu de multiples services au Ministère de la Guerre, assuma pendant toute la période de l'invasion, la redoutable responsabilité de défendre Verdun et plus tard Dunkerque, au moment même de la grande offensive des Flandres où comme chacun sait, la patrie de Jean-Bart et la ville de Calais, furent non moins convoitées que la possesion des Hauts-de-Meuse ou des fourrés de l'Argonne.

M. le Préfet de la Gironde, a tenu à s'associer à cette cérémonie, apportant, par l'intermédiaire de M. Léonard, son chef de cabinet, le salut du Gouvernement de la République à nos glorieux morts. Nous sommes particulièrement sensibles à cette haute marque de déférence.

M. le Maire — en voyage d'études — n'a pu, à son grand regret, être des nôtres en ce jour; mais il s'est fait remplacer par l'un de ses adjoints les plus distingués, M⁰ Galtier, qu'entourent plusieurs membres de l'Assemblée communale.

M. le Général commandant le XVIIIᵉ Corps, qui nous a accordé avec tant d'empressement l'excellente musique militaire qui donne à cette réunion un caractère tout particulier, est aussi présent en la personne de l'un des membres de son état-major : M. le Commandant Tramond.

M. l'avocat général Mettas, représente M. le Procureur général empêché.

M. Paul Glotin, député de la Gironde, nous honore une fois de plus de sa présence.

M. le Recteur de l'Académie de Bordeaux, nous avait dit qu'il se ferait un devoir d'être à Saint-Genès, le 7 mai. Les imprévus d'une mission officielle qu'il accomplit présentement en Espagne, ont seuls empêché ce désir de se réaliser.

De nombreuses personnalités de tous ordres, où la représentation départementale, l'armée, le clergé, la magistrature, le barreau, le corps consulaire, l'enseignement, le haut commerce, tiennent une large place, ont également répondu à notre appel.

Nous les en remercions vivement.

Merci également, à l'Union des Combattants et aux Camarades de Combat, d'avoir envoyé des délégations. Un salut particulier à vous, chers Pupilles de la Nation, dont la jeunesse est comme une fleur à demi brisée.

Merci aussi à vous, mes collègues du Comité d'érection qui m'avez si largement secondé dans l'accomplissement d'une tâche délicate et importante.

Merci enfin, à tous ceux dont la contribution personnelle rehausse l'éclat de cette solennité...; à vous, mes camarades de l'Amicale..., à vous tous, Mesdames et Messieurs, venus en si grand nombre, donner une nouvelle preuve d'admiration à ceux qui ne sont plus, mais dont l'image sera sans cesse présente à Saint-Genès.

L'on ne saurait désormais franchir le porche de cette maison d'éducation sans avoir, suivant la belle expression de M. le recteur Thamin, prononcée dans une circonstance analogue, « la vision de ces champs de mort dont les moissons sont des aurores de cette jeune force qui, protectrice, offre à la pensée la paix dont elle a besoin — sans entrevoir les sommets où mène l'enseignement qu'on y donne. »

Pourra-t-on passer devant ce monument de filiale et fraternelle reconnaissance, dont je fais, au nom du Comité d'érection, la remise à la Société civile, propriétaire de cet immeuble et que je confie à la garde vigilante de l'Ecole Saint-Genès, continuatrice des traditions du Pensionnat J.-B. de la Salle, sans songer combien il est d'obligation que la France puisse continuer à répandre par le monde ses idées généreuses, ses principes d'honnêteté et d'urbanité, et devienne encore plus vivante, plus honorée, plus respectée.

Au cours de l'exposé administratif, le Monument a été découvert.

M. Clauzel, Directeur de l'Ecole, succède à M. Ricaud et, au nom de la Société Civile Immobilière et de l'Etablissement, prend possession du Monument et tire les conclusions morales et philosophiques de la cérémonie dans les pages élevées qu'on va lire :

MONSIEUR LE PRÉSIDENT DU COMITÉ D'ÉRECTION,

Au nom de la Société Civile Immobilière de Saint-Genès et au nom de l'Ecole, je prends possession du monument que vous venez de leur remettre.

Je vous remercie, et avec vous tout le Comité, du dévouement inlassable que vous avez montré pour mener à bonne fin, un projet qui a connu des moments difficiles, et je vous félicite d'avoir su faire aboutir, par votre ténacité et votre persévérance, l'œuvre que nous inaugurons aujourd'hui. Le succès de cette solennité doit être pour vous une joie et une récompense.

Pour la Société Immobilière, l'érection de ce monument est un nouveau et précieux gage de la fidélité et de l'attachement des Anciens Elèves à cette maison, qui est leur maison; ce sera un lien de plus entre les familles, les Anciens Elèves et l'Ecole, lien durable, parce que scellé par le sacrifice, par les larmes et par le sang.

La Société Immobilière vous promet de le garder, de l'entretenir avec le respect qui est dû aux morts glorieux que vous avez voulu honorer en leur élevant ce magnifique témoignage de reconnaissance patriotique.

Cette belle œuvre d'art, qui cadre si bien avec l'ensemble qu'on la dirait conçue dans le plan primitif, ajoute encore à la valeur et à la beauté de l'Ecole; c'est un joyau dont la Société a lieu d'être fière.

Pour l'Ecole, ce sera un moyen précieux et puissant d'éducation que les maîtres ne manqueront pas d'utiliser. Placé à la porte d'entrée, dans cet atrium d'honneur, chaque jour et plusieurs fois par jour, maîtres et élèves le verront, le salueront avec un religieux respect.

Dans notre enseignement et dans nos conversations, nous rappellerons les noms des Héros inscrits sur ces marbres, nous citerons leurs hauts faits, qui rivalisent en beauté morale avec les plus beaux rapportés dans l'histoire des peuples. Leurs exemples serviront à illustrer nos leçons.

Nous dirons aux enfants et aux jeunes gens qui nous sont confiés, à ceux qui aujourd'hui sont témoins de cette grandiose cérémonie et à ceux qui leur succéderont, comment les Anciens ont lutté, ont combattu et sont morts pour nous donner la Victoire, pour nous assurer la liberté et l'indépendance; comment ils ont fait la France si grande et si belle; comment ils lui ont redonné le prestige dont elle jouit dans l'univers entier et dont ses rivaux sont jaloux.

Nous leur rappellerons que ces Héros, leurs frères, leurs pères, leurs aînés, se sont assis sur les mêmes bancs, ont écouté les mêmes leçons, ont joué dans les mêmes cours, ont prié devant le même autel; que ce qu'ils sont devenus, il faut qu'ils le deviennent à leur tour en marchant sur leurs traces.

Enfants et jeunes gens, devant vos familles, devant les représentants de la France, de l'armée, devant toutes les notabilités qui ont bien voulu honorer cette pieuse cérémonie de leur présence, je fais aujourd'hui, en face de ce monument, en votre nom, la promesse solennelle que vous continuerez l'œuvre de ceux qui vous ont précédés, que vous garderez leurs traditions de vaillance, d'honneur, de patriotisme, d'esprit de sacrifice; que vous ne laisserez pas péricliter cette France qu'ils ont sauvée; que vous vivrez comme ils ont vécu et que, s'il le fallait, vous sauriez mourir comme ils sont morts.

Cette promesse, ce serment passera d'une génération à l'autre; chaque année, devant ce monument, nous le renouvellerons, comme les jeunes recrues renouvellent le serment de fidélité au drapeau du régiment. Ainsi se formera et se maintiendra l'âme de l'Ecole: âme héroïque, prête à tous les sacrifices. En sorte que, si jamais — ce qu'à Dieu ne plaise — la France avait encore besoin de ses enfants pour repousser une nouvelle invasion de barbares, tous les Anciens de Saint-Genès se lèveraient et feraient ce qu'ont fait ceux que nous honorons aujourd'hui, et dont, dans un instant, je vais appeler les noms glorieux.

Et vous, pères, mères, épouses, enfants, parents, qui m'écoutez et qui avez donné à la Patrie le meilleur de vous-mêmes..., nous nous inclinons respectueusement devant votre douleur et nous pleurons avec vous. Mais ne pleurez pas comme ceux qui n'ont pas d'espérance; vos chers disparus ne sont pas morts; ils vivent là-haut dans la gloire, portant la couronne et la palme des martyrs et des victorieux; ils vivront aussi à jamais dans notre souvenir et dans notre reconnaissance. Ils sont l'honneur et la gloire de votre famille et de cette maison... Ils continueront à servir et à sauver notre Patrie; du haut du Ciel, ils nous protégeront et, ici-bas, les exemples qu'ils ont laissés seront des forces génératrices d'héroïsme.

En toutes circonstances où l'on évoquera leur souvenir, levez glorieusement la tête et répondez fièrement : « Ils sont Morts pour la France, ils sont tombés au Champ d'honneur. »

⁂

4° *La bénédiction.*

M. le chanoine Lafaye s'avance sous le porche, en habits sacerdotaux, suivi de gracieux enfants de chœur en camail rouge, et bénit le monument. La musique militaire joue un *andante*, de J. Collin : « *Monstra te esse Matrem* », terminé par la phrase musicale célèbre de Varney : « *Mourir pour la patrie.* »

⁂

5° *L'appel des Morts.*

M. Clauzel remonte à la tribune et d'une voix grave, où tremble l'émotion, fait l'appel des 227 morts, dont les noms sont gravés sur les plaques de marbre du monument. A chaque nom ainsi évoqué, un élève répond par la formule sacrée des fastes militaires : « Mort au champ d'honneur ! »

Ces cinq syllabes répétées inlassablement tintent comme un glas dans tous les cœurs et cette revue d'outre-tombe est d'une angoissante solennité. (1)

⁂

6° *La cantate.*

Les chœurs se massent sous le porche; Madame Magne, la cantatrice bordelaise justement réputée, s'avance jusqu'à l'extrême limite de l'ombre. Mᵘᵉ Paule Dencosse est au piano, M. Marc Vaubourgoin à l'harmonium et l'auteur de la cantate, notre camarade Louis Beydts, tient le bâton du chef. Il va conduire son œuvre avec une fougue juvénile qui fanatisera ses interprètes, mais de la plus haute probité artistique et de la plus sincère conviction.

La cantate du jeune maître, dédiée à ses amis et anciens Camarades : Robert Degors, Hector Domecq et Jean Garrouste, tous trois morts pour la France, est composée sur le poème célèbre de Victor Hugo : « *L'Hymne aux morts* » :

> « Ceux qui pieusement sont morts pour la patrie
>
> ' Ont droit qu'à leur tombeau la foule vienne et prie !
>
> » . . . . »

(1) Nous ne reproduisons pas ici cette liste ; elle figure en tête de l'ouvrage.

La pensée musicale de Louis Beydts est digne de la pensée lyrique du grand poète qu'elle épouse souvent et commente toujours, sans jamais la trahir; je ne sais pas de meilleur éloge.

D'une formule neuve, aussi éloignée des cantates orphéoniques d'antan que des bizarreries dissonantes de l'ultra-moderne, elle est d'un grand et incontestable effet vocal et méritait les acclamations qui ont salué son magnifique *finale*.

Mᵐᵉ Magne et les chœurs de l'Ecole, ainsi que les accompagnateurs, ont pu s'en attribuer leur juste part, car leur exécution fut parfaite.

*
* *

7° *Le discours de M. Maurice Chevalier.*

Le président de l'Association Amicale des Anciens Elèves, en un style du plus pur classicisme, apporte à son tour à nos chers disparus le souvenir particulier de leurs frères d'armes survivants.

A nos camarades morts pour la France, j'apporte le pieux hommage de l'Association Amicale des Anciens Elèves. Sur plus d'un point, sans doute, je me rencontrerai avec les orateurs qui m'ont précédé, puisque pour chérir et exalter nos Héros, nous avons tous le même cœur et la même pensée.

Trois ans se sont écoulés depuis la fin du drame affreux qui a ensanglanté le monde et dont nous entendons encore les derniers échos ; la vie reprend peu à peu sur des millions de tombes à peine fermées ; sur ce bouleversement et ce renouveau plane le souvenir de nos chers disparus et vers eux montent notre admiration et notre reconnaissance.

Dès le début des hostilités, presque tous les membres de notre Association furent appelés sous les drapeaux; les plus jeunes allèrent rejoindre leurs aînés au cours des levées successives; quelques-uns, les plus âgés, restèrent, mais ils virent partir leurs fils dans les rangs des nouvelles classes : pas un d'entre nous qui n'ait contribué, soit par lui-même, soit par des êtres chers à la défense de la Patrie.

Et ce fut, à travers les alternatives de victoires et de reculs, la longue liste des deuils. Chaque semaine, nous avions à enregistrer des pertes infiniment douloureuses qui étaient en même temps des morts infiniment glorieuses. Notre « Livre d'Or » redira les noms, déjà gravés sur le marbre, de ceux qui sont tombés pour leur pays, et ces noms seront accompagnés des Citations qui relatent la fin magnifique d'un Héros, le suprême sacrifice d'un martyr du devoir.

C'est un de nos camarades, âgé de 48 ans, dégagé de toute obligation militaire. Dès qu'il voit la France envahie, il s'engage comme simple soldat. Promu sergent, puis adjudant, il est cité à l'ordre du jour en ces termes :

« Père d'une nombreuse famille, s'est engagé pour la durée de la guerre, à la place de son fils aîné, 18 ans, refusé par le conseil de révision, voulant que sa famille soit représentée sur la ligne de feu. Modèle de devoir, de dévouement et de bravoure. Vénéré par ses hommes qui le suivaient partout, il donne, avec simplicité et modestie, l'exemple de toutes les vertus militaires. »

Nommé sous-lieutenant, il prend part, le 25 septembre 1915, à la grande bataille de Champagne. Il sort de la tranchée, entraînant sa section. Il s'empare, avec elle, de la première ligne, et marche sur la seconde lorsqu'il est frappé mortellement à la tête par un éclat d'obus.

Cet autre a 24 ans; il va être ingénieur des mines, une brillante carrière s'ouvre devant lui. Il n'est pas astreint aux obligations militaires en France. Il s'engage. Simple soldat d'abord, officier ensuite :

« Jeune officier d'une bravoure et d'un entrain remarquables, d'une activité jamais lassée, s'est constamment fait remarquer, d'abord, comme sous-officier et chef de section, puis, comme officier de pionniers bombardiers, par son allant, son esprit méthodique et sa bravoure réfléchie. Est un permanent exemple d'énergie pour ses subordonnés. »

Blessé, le 16 janvier 1915, par éclats de torpille à la tête, dans les tranchées de première ligne, il continue à faire vaillamment son devoir. Le 5 mai 1917, au plateau de Vauclerc, sa section se trouve en présence d'un nid de mitrailleuses. Il fait coucher ses hommes, s'élance seul, révolver au poing. Il est tué; mais ses hommes se précipitent, et la section passe.

Un autre, mort pour la France, le 6 mai 1917, voit son dévouement illustré par la Citation suivante, signée : Pétain.

« Au cours d'un assaut, voyant un homme de son escouade brûlé par une grenade incendiaire, s'est précipité pour le déshabiller, lui a sauvé la vie et est mort victime de son magnifique dévouement. »

Un autre, enfin, est cité à l'ordre en ces termes :

« Tombé glorieusement pour la France, en exécutant froidement un ordre reçu dans une tranchée de première ligne, donnant à ses camarades un tel exemple d'abnégation, que son nom fut donné, quelques jours après, à l'ouvrage construit sur le terrain ennemi que son dévoûment avait aidé à conquérir. »

Et toutes ces Citations — j'en pourrais lire plus de deux cents — proclament l'éclatant héroïsme ou la calme bravoure de nos chers amis, les uns tombés en pleine bataille, face à l'ennemi, dans une éblouissante vision de victoire et de gloire, les autres atteints dans la tranchée par une balle aveugle, la mitraille imbécile ou les gaz assassins; leur fin obscure mais sublime, couronnant des souffrances et des privations quotidiennes, stoïquement supportées.

Ils étaient partis, les uns dans tout l'éclat de leur jeunesse (certains aussi, dont l'âge mûr n'avait pas atténué les ardeurs généreuses), volant vers le danger dans un superbe élan d'enthousiasme, comme le papillon vole vers la lumière; mais, cependant, avec la pleine conscience du sacrifice inévitable et virilement accepté; les autres, les plus nombreux, sans doute, répondant simplement à l'appel du pays. Ils laissaient derrière eux, une femme bien aimée, des enfants en bas-âge, une famille enfin qui réclamait la direction d'un chef, le dévouement d'un mari et d'un père. N'ont-ils pas jeté un regard en arrière ? N'ont-ils pas regretté la nécessité de cet abandon ? Mais, hommes de devoir, du devoir de tous les jours religieusement accompli, ils ont obéi à un devoir plus impérieux encore : la défense de la Patrie !

La Patrie ! Ah ! quelques-uns, trouvant trop étroite cette idée de patrie, cherchant un idéal plus large, mais plus voisin peut-être de la chimère, ont voulu défendre la civilisation, l'humanité ! Oui, sans doute, nos camarades ont servi l'humanité, la civilisation en défendant la France, la France humaine et généreuse, la France, foyer de lumière et de progrès ! Mais, c'est bien *leur Patrie* qu'ils ont voulu défendre, et j'entends par là, non pas seulement le pays natal, le siège d'intérêts respectables, mais si facilement transportables aussi sous d'autres lois et d'autres cieux, — j'entends surtout le patrimoine national, si magnifiquement accru de siècle en siècle, ce passé et ce présent de gloire qui ont fait, de notre France maternelle, une entité si rayonnante et si belle ! C'est pour la France qu'ils sont morts, parce que leur devoir était de combattre avec elle pour l'honneur et pour la justice, parce que *leur devoir* était de s'immoler, s'il le fallait, pour le salut de la Patrie.

Ils avaient été nourris, dans cette maison qui abrita leurs jeunes années, de cette idée du devoir, principe de toute vraie morale et plus encore de l'éducation chrétienne, qui, en élevant nos âmes vers des sphères plus hautes, les épure et les sanctifie et est, par cela même, génératrice de dévouement pour tout ce qui est juste et beau !

Loin de moi, cependant, la pensée de revendiquer pour cette éducation l'exclusivité du patriotisme; mais, j'ai le droit de dire qu'elle y prédispose plus que toute autre. En tous cas, elle n'a pas fait, elle ne fait pas deux Frances. Le drapeau de notre pays est assez large pour abriter toutes les doctrines saines et assez beau pour les unir toutes dans l'enseignement d'un même amour pour lui. Nous sommes à notre place, sous ses plis, dans cette union filiale, et ceux que nous honorons aujourd'hui sont tombés, avec bien d'autres, pour le défendre, pour le faire encore plus noble, et pour qu'il continue à flotter haut et ferme sur des êtres libres au souffle de la liberté. Si leur souvenir nous appartient, il appartient donc aussi à la France.

C'est pourquoi, les autorités du département et de la région, sont venues saluer, avec nous, la mémoire de ces Héros, dans un commun sentiment d'union généreuse, de respect et d'admiration.

Pères, mères, veuves, enfants qui m'écoutez, vous les pleurez ! et nous pleurons avec vous ces amis très chers, ravis à notre affection. Mais une consolation, une fierté nous restent de la nécessité et de la beauté de leur sacrifice. Ils sont morts ! et en mourant ils sont entrés dans l'immortalité ! L'affection, l'amitié que nous avons pour eux, s'éteindront avec nous-mêmes; mais eux, ils survivront par la grandeur et l'utilité de leur dévouement !

Cette couronne de fleurs naturelles dont le parfum disparaîtra à mesure que ces fleurs s'étioleront, cette couronne, symbole de notre affection pour nos camarades qui disparaîtra elle-même à mesure que cesseront de battre les cœurs qui les aimaient, cette couronne, nous la déposerons au pied du monument plus durable, que notre reconnaissance leur a élevé et que nous léguons à la postérité, comme *eux*, « les vaillants, les forts » ont légué leurs noms, « beaux entre les plus beaux », à l'admiration et à la vénération des générations futures.

*
* *

8° *Le Poème.*

M. Sagaspe, vieux vétéran de 1870 et barde attitré des gloires de l'Ecole, avait une double raison de faire vibrer sa lyre en la circonstance; il l'a fait avec foi dans les strophes suivantes :

> Lorsque de toute part l'appel de la Patrie
> Emplissait les échos des accents du tocsin,
> L'on se trouva soudain, face à la barbarie
> Nourrissant contre nous un perfide dessein.
> A nos côtés on vit la Belgique héroïque
> Et son Bayard royal, symbole de l'honneur,
> Impuissant à brider la horde germanique,
> Et tout semblait perdu dans ce rude labeur.
> La Marne cependant tressaille d'espérance :
> Près Joffre le vengeur de Charleroi, Raucourt,
> Des cités, des hameaux, les plus humbles de France,
> Des preux la Légion au champ d'honneur accourt.
> Jeanne d'Arc a brandi devant eux l'oriflamme :
> L'Yser, Verdun la voient conjurer maints griefs;
> Foch, Pétain, Castelnau, c'est encor sa grande âme
> Dans l'Argonne, la Somme, inspirant nos grands chefs.
> Attila tente-t-il de détruire l'Eglise,
> Nos héros défendront le Christ ami des Francs.
> Dieu, famille, Patrie ! est la noble devise
> Des vaillants dont la fleur se forma dans nos rangs.
> Le lourd esprit teuton, contempteur du génie,
> A Reims, Arras, Amiens, bijoux d'art ogival,
> Des grands siècles de foi merveilles d'harmonie,
> Rêve-t-il ruiner chez nous tout idéal,...

Debout les morts ! diront nos poilus héroïques;
Désormais la gloire est attachée à nos pas;
En barrant le passage aux hordes germaniques
Nous tombons par milliers, mais on ne passe pas.

—Fêtons à qui mieux mieux nos victimes de guerre :
Payons-leur le tribut d'une ardente prière.
Leurs ombres parmi nous errent en ce moment.
Leur héroïque mort fit la France immortelle;
Le Ciel a couronné ceux qui sont morts pour elle :
Que leur mémoire ici vive éternellement !
Quant à vous, rescapés de l'immense fournaise,
Vous en qui s'incarna la vaillance française,
Toute épée en salut s'incline devant vous.
Pour enrichir encor les fastes de l'histoire,
Allez votre chemin illuminé de gloire :
La France de tout cœur clame merci pour tous.
Et vous les Benjamins de la France guerrière,
Vous voulez la Patrie et glorieuse et fière,
Vous voulez le pays du monde le plus beau :
Vous réaliserez cet idéal sublime,
De l'héroïsme humain vous atteindrez la cime,
Si vous gardez au cœur le culte du drapeau.

—Mères, épouses, sœurs des gardiens des frontières
Tombés au champ d'honneur et couchés saintement,
Sur leurs tombes, versez des larmes, des prières;
Vos pleurs leur sont si doux, mais pleurez fièrement.
Pleurez, non comme aux deuils sans lueur d'espérance,
Mais plein le cœur d'amour et d'éternel espoir.
Et bénis soient vos fils, les sauveurs de la France,
La fleur de nos guerriers, ces martyrs du devoir !
En lettres d'or leurs noms sont gravés sur le marbre
A Saint-Genès; voici qu'ils vivront immortels.
Par eux de Liberté l'on vit reverdir l'arbre;
La Patrie à jamais les veut sur ses autels...
Ils y resplendiront auréolés de gloire
Qui rayonne immortelle au front de leurs enfants :
Leur mort fut la rançon de la grande victoire;
Aussi tous vivront-ils de l'oubli triomphants.
De leurs vertus, leurs fils garderont l'héritage;
Ce riche patrimoine, ils voudront l'agrandir.
Leurs descendants sauront l'accroître d'âge en âge,
Feront de cœur vaillant l'honneur partout fleurir.
Et vous, enfants encor sur les bancs de l'école,
Vous êtes, jeunes gens, la France de demain :
Aimez le sol natal et le divin symbole;
Pour Dieu, pour la Patrie allez votre chemin !
Et l'on verra toujours, luttant de loyalisme,
En constante alliance et l'épée et l'autel, .
La France, le jardin où fleurit l'héroïsme,
Et le plus beau pays après celui du ciel.
Et vivat les géants de la grande Epopée
Bravant un ouragan et de fer et de feu,
Pléiade de héros à l'âme au ciel trempée !
Gloire à France immortelle ! à ses Preux ! Gloire à Dieu !

9° *Discours de M. le Maire de Bordeaux.*

M. Galtier, adjoint au Maire, remplaçant M. Philippart empêché, exprime ses regrets et fait en termes délicats un éloge applaudi de la Maison et de son œuvre.

MESDAMES,
MESSIEURS,

Le premier magistrat de la Cité s'était promis d'assister lui-même à cette belle et touchante cérémonie et d'apporter à la mémoire des morts glorieux de cette maison l'éloquent hommage de son admiration et de sa piété patriotique.

Il en est empêché par un important voyage d'études; mais je sais que des Pyrénées lointaines où M. le Maire de Bordeaux recherche, avec des hommes compétents, les moyens de doter notre ville d'une force et d'une lumière électriques plus abondantes et moins coûteuses, son grand cœur bat à l'unisson des nôtres.

Je comprends et partage votre déception n'ayant, hélas ! pour suppléer la chaude et magique parole de M. Fernand Philippart, que les liens affectueux qui m'unissent, depuis 25 ans, à la grande famille de Saint-Genès, que l'excessive bienveillance que l'on m'y a toujours témoignée et les ardentes sympathies qui vibrent dans mon cœur de soldat au souvenir des jeunes camarades de combat, partis avec moi, mais qui ne sont pas revenus.

Vous m'en voudriez à juste titre, vous, les parents et les amis, les anciens maîtres et les anciens condisciples de ces chers et glorieux enfants, si je vous adressais des félicitations pour le geste pieux et patriotique que vous faites en ce moment.

Ce geste est un devoir, en effet; un devoir très doux, certes, mais un grand devoir qui s'impose à nous tous, les survivants de la grande hécatombe, envers ceux qui sont morts pour nous conserver la douceur de vivre libres, sur la terre française.

La Ville de Bordeaux, qui est si justement fière de ce bel établissement, où les générations qui montent à la vie sociale apprennent à croire, à travailler et à aimer tout ce qui est vrai, tout ce qui est beau et tout ce qui est bien; la Ville de Bordeaux, qui a salué avec une émotion dont le souvenir étreint encore nos poitrines, le départ de ses beaux régiments pour la frontière envahie, et qui, durant quatre années mortelles, a alimenté leurs bataillons avec le plus pur de son sang; la Ville de Bordeaux tient, par ma pauvre voix, à incliner profondément son cœur meurtri, mais son âme fière devant ce mausolée qui gardera, impérissable, un cher et grand souvenir.

Maîtres de ce beau Collège, ce monument sera votre plus précieux collaborateur dans l'œuvre d'éducation que vous poursuivez. Avec quelle force, il prêchera aux jeunes âmes qui vous sont confiées la grandeur des idées morales que vous cherchez à leur inculquer.

Et vous, chers camarades de combat de l'Ecole Saint-Genès, élevés dans le culte et l'amour de Dieu, de vos foyers et de la France, à ces trois saintes causes, vous avez fait noblement le sacrifice de votre jeunesse.

Aussi bien, aujourd'hui, Dieu donne à vos âmes héroïques les récompenses éternelles; vos familles vous pleurent et vous chérissent toujours.

Bordeaux vous garde une place de choix dans son cœur, et les trois couleurs de notre drapeau national que vous avez imprégnées de gloire couvrent, à leur tour, votre mausolée de leurs caresses maternelles.

Soyez bénis !

*
* *

10° *Discours de M. le Général Coutanceau.*

Dès que la haute et élégante silhouette du Général se dresse à la tribune, les bravos crépitent, mais il a entendu bien d'autres crépitements et il va, avec une éloquence d'une précision toute militaire, nourrie de souvenirs historiques, apporter à nos glorieux morts l'hommage et le salut du grand chef.

Mesdames,
Messieurs,

Lorsque M. le Directeur de l'Ecole de Saint-Genès est venu m'offrir la présidence de cette grande solennité, je n'ai pas cru pouvoir décliner un honneur dont je sens tout le prix; car j'estime que l'officier général qui a terminé sa carrière active a encore le devoir de prêter son concours à des cérémonies qui, comme celle-ci, ont pour effet de raviver le culte du souvenir, d'exalter le patriotisme et de nous confirmer dans la conviction des glorieuses destinées de notre France immortelle !

Aux familles dont nous célébrons aujourd'hui les morts héroïques, j'adresse l'expression émue de ma sympathie, d'autant plus vive que, pendant quatre ans, j'ai été le témoin de bien des douleurs, que j'ai eu. parfois la pénible mission d'annoncer et auxquelles j'ai prodigué mes consolations attristées. La meilleure est la douloureuse fierté que doivent ressentir les malheureux parents de l'auréole de gloire dont leurs chers disparus illustrent à jamais leur nom.

Ils sont tombés, les uns dans l'enthousiasme de l'offensive, dans l'enivrement de la victoire, trouvant ainsi la fin la plus belle, celle que rêve tout militaire digne de ce nom, et que Napoléon à Sainte-Hélène, se lamentait de n'avoir pas obtenue sur les nombreux champs de bataille. D'autres ont succombé alors qu'avec une indomptable crânerie toute française et le sourire aux lèvres, ils bravaient les souffrances physiques, qu'ils enduraient dans la boue glacée des tranchées et les menaces de mort qui planaient sans cesse sur leurs têtes. D'autres enfin. ont terminé leurs jours dans des tortures que peuvent seuls concevoir ceux qui les ont vues, et qu'interrompait seulement, pour quelques instants, la joie intense, illuminant leur face. déjà marquée par la mort, à la vue du chef épinglant sur leur vêtement d'hôpital, la Croix de Guerre ou la Médaille Militaire ou la Légion d'Honneur. Parfois, cette décoration trop tardive, n'ornait que l'uniforme d'un trépassé ou le drap mortuaire d'un cercueil.

Quelle qu'ait été leur fin, auréolée de la victoire, ou victime, ou martyr du devoir, ils ont eu le sort le plus enviable, celui de mourir en soldats pour la défense de la Patrie !

Et quelle Patrie, Messieurs ? La France ! c'est-à-dire la plus belle de toutes, celle qui fut justement dite « le plus beau royaume après celui du Ciel »; celle que définissait ainsi l'un de nos plus grand poètes :

> Si j'étais Dieu le Père, et si j'avais deux fils,
> Je ferais l'aîné Dieu, le second Roi de France !

La France a toujours été la nation d'élection de Dieu : « Qui fait la guerre au dit saint royaume de France », s'écriait notre héroïne nationale, sainte Jeanne d'Arc, « fait la guerre au Roi Jésus ». Elle semble avoir été choisie par Dieu pour répandre sur l'humanité les idées les plus nobles et les plus généreuses; si, dans cette incessante ascension vers un idéal toujours plus élevé, elle trébuche parfois, elle se relève toujours, plus grande, plus rayonnante, plus resplendissante de gloire !

C'est la conviction de cette mission divine qui a inspiré à nos chefs d'Etat et à nos généraux les résolutions les plus viriles dans les circonstances les plus critiques. C'est Louis XIV, remettant avec une entière confiance sa dernière armée à Villars; c'est le Comité des neuf proclamant fièrement, en frimaire an II, alors que tout semblait désespéré, que, « si la France avait subi des revers, elle n'avait pas éprouvé de défaite, et n'avait qu'ajourné la victoire ! » C'est Joffre à la 1re Marne, Pétain à Verdun, Foch à la 2e Marne; c'est, pour rappeler un fait moins connu, le général, commandant la région du Nord, exhortant la ville d'Amiens, particulièrement menacée, en mars 1918, à la « confiance en l'heure de la France ». Cette heure sonnait en Juillet 1918, avec la victorieuse résistance de Gouraud sur le plateau Rémois et l'offensive de Mangin sur le flanc des colonnes allemandes.

De cette mission, la France retire une supériorité morale qui excite d'autant plus la basse envie de nos ennemis, que l'accumulation de leurs engins barbares demeure plus impuissante contre elle.

Fière de sa mission, la France ne combat que pour la justice. Si d'autres, comme en 1870, ou au début de 1914, font la guerre pour voler des richesses ou des territoires, elle ne se bat que pour l'honneur, et son triomphe assure toujours celui du Droit : c'est ainsi qu'en 1918, il nous rend nos frères d'Alsace et de Lorraine et ressuscite la Pologne, la Tchéco-Slovaquie, la Yougo-Slavie.

Honneur donc et gloire aux Héros qui, au prix de leur sang, ont été les meilleurs ouvriers de cette grandiose épopée !...

Jeunes gens qui m'écoutez, lorsque, dans quelques instants, vous défilerez devant ce monument, saluez-le bien bas; recueillez-vous !...

En vous prosternant devant ce Christ, dont la mutilation atteste la barbarie de nos ennemis et qui symbolise la protection spéciale que Dieu accorde à la France, écriez-vous avec nos aïeux du VI° siècle : « Vive le Christ qui aime les Francs ! » En admirant ce superbe soldat qui, les deux mains crispées sur son arme, semble défier l'univers et protéger de son corps la civilisation chrétienne, rappelez-vous le « Gesta Dei per Francos » de nos ancêtres du XII° siècle. Enfin, en regardant les noms de ces trois cents héros gravés sur les stèes du monument, en lettres d'or, qui les transmettront à la postérité, souvenez-vous de la belle devise d'un des plus vieux et plus illustres régiment de France : « Prœterite fides exemplumque futuri ». Leur valeur dans le passé vous atteste la qualité de la race, soyez-en dignes dans l'avenir en imitant leur exemple !

Et pour résumer ce juste panégyrique, pour englober dans un même sentiment de profonde vénération notre Patrie bien-aimée et ceux qui ont eu la gloire de mourir pour elle; pour dicter à la jeunesse son devoir futur, je ne peux mieux faire que de répéter les vers du poète que, dans sa reconnaissance le Gouvernement de la République a fait graver sur les diplômes d'honneur remis aux familles de ces héros :

> Gloire à notre France éternelle !
> Gloire à ceux qui sont morts pour elle !
> Aux martyrs, aux vaillants, aux forts,
> A ceux qu'enflamme leur exemple,
> Qui veulent place dans le Temple
> Et qui mourront comme ils sont morts !

*
* *

11° *Le Défilé.*

Les 700 élèves de l'Ecole se sont massés dans les cours et les charmilles, en colonne par quatre, avec les deux drapeaux. La voix du professeur de gymnastique retentit brève et claire : « Pour défiler ! »; la musique attaque un alerte pas-redoublé de Chomel : « *La Victoire ou la mort !* »; la colonne s'ébranle et passe allègrement devant l'estrade officielle, les familles et le monument.

Les petits doublent le pas pour suivre l'allure de leurs aînés, dans une hâte charmante. Mais malgré tout le cœur se serre à voir l'armée de demain monter là-bas, dans la lumière, vers les gloires futures, tandis que le chant de Musset obsède douloureusement la mémoire :

« Où le père a passé, passeront les enfants ! »

La cérémonie est terminée. La foule se porte alors vers le Monument.

Elle admire longuement le grand Christ mutilé, chancelant sur les ruines, et le poilu de pierre, qui monte à ses pieds une si fière et impassible garde, du sculpteur P. Mora; l'ensemble architectural si harmonieux, dû au talent de M. Gaston Adoue et exécuté par M. Dugay, ainsi que les ornementations de bronze, de pierre sculptée et de mosaïque de M. Lagrange.

G.C.

II

L'Hôpital Complémentaire N° 18

L'Hôpital complémentaire n° 18 fut installé dans les bâtiments occupés par l'Ecole Saint-Genès; il fut le grand centre de neurologie et d'ophtalmologie des 12° et 18° Régions militaires. Il pouvait recevoir 700 malades.

« Placé dans un des plus beaux quartiers de la ville, à proximité des boulevards extérieurs, avec ses cours ombragées, il bénéficie des avantages de la ville et de la campagne sans en avoir les inconvénients. Sa haute superstructure domine un îlot de villas et de jardins et la ventilation y est assurée constamment, quelle que soit la direction des vents.

» Les relations avec les divers services civils et militaires peuvent être établies très rapidement par le téléphone et les tramways électriques; les gares des grands réseaux n'en sont éloignées que de deux kilomètres environ et la liaison avec elles, pour l'évacuation des malades, est faite par un groupe de voitures automobiles.

» La formation se trouve dans la rue de Saint-Genès. Sa façade est de cent mètres de longueur. Elle s'étend de la rue de Saint-Genès au cours de Bayonne (cours de l'Argonne) et possède une superficie de plus de trois hectares...

» La formation est constituée principalement par deux immenses bâtiments orientés est-ouest, de quatre étages chacun sur rez-de-chaussée et séparés l'un de l'autre par une vaste cour de quatre-vingts mètres de longueur...

» Au bâtiment nord et perpendiculairement à son axe, il a été ajouté au sud-est une aile de même hauteur, qui forme, avec la grande porte d'entrée, une cour d'honneur. Cette cour est entourée d'une véranda vitrée, très large, qui sert de promenoir aux malades.

» Par leur destination, les immeubles de l'Ecole Saint-Genès se sont prêtés admirablement à l'aménagement d'un grand hôpital et le Service de Santé, en y décidant l'affectation des services neurologiques et ophtalmologiques des 12° et 18° Régions (Limoges et Bordeaux) a eu une très heureuse inspiration, car nulle autre spécialité ne pouvait mieux convenir pour l'occupation de ces grandes constructions.

» L'adaptation était d'ailleurs aisée, puisque l'établissement comportait pour son fonctionnement les services indispensables aux nécessités d'une collectivité d'un millier de personnes : conciergerie, bureaux des entrées avec téléphone, lingerie, salles à manger diverses, cuisine avec toutes dépendances utiles, vastes dortoirs, locaux d'hygiène et de toilette, sous-sols judicieusement aménagés pour des magasins. Il y a eu très peu de modifications à apporter dans la transformation de l'Ecole en hôpital militaire...

» L'accès dans la formation a lieu par la rue de Saint-Genès. La porte d'entrée, monumentale, est une œuvre d'art. Les boiseries sont en acajou.

» Dès que le visiteur en a franchi le seuil, l'aspect intérieur lui plaît immédiatement : en face, la statue du saint abbé de la Salle, posée sur un socle en granit blanc de quatre mètres de hauteur; la cour d'honneur, parsemée presque toute l'année de fleurs et de verdure; l'imposante structure des bâtiments aux multiples fenêtres. Au fond, le parc et les jardins donnent l'illusion de la campagne (1). »

LA VIE DE L'HOPITAL SAINT-GENÈS

Le 1ᵉʳ août 1914, chez M. de Pelleport-Burète, rue Victoire-Américaine, une réunion avait lieu en vue de l'installation, à Saint-Genès, d'un hôpital de la Croix-Rouge.

Le 2 août, paraissent les affiches prescrivant la mobilisation générale et la proclamation du Président de la République. Le soir, à huit heures et demie, les premiers mobilisés (un groupe de prêtres) viennent demander l'hospitalité.

Le 3 et le 4, Mᵐᵉ O'Zoux visite l'Ecole pour y déterminer les salles affectées à l'hôpital, dont elle aura la gestion au nom de la Croix-Rouge, sous la haute direction médicale de son père, M. le docteur Lanelongue. Les travaux d'aménagement sont immédiatement commencés.

Le 5 août, vers les neuf heures et demie, M. le docteur Lagrange vient, au nom de l'autorité militaire, prendre possession de l'immeuble pour y installer l'hôpital temporaire n° 18. D'après les plans de mobilisation, Saint-Genès devait être une annexe de l'Hôpital militaire Saint-Nicolas. Le collège de La Sauve d'abord, puis celui de Tivoli seraient l'hôpital n° 18; mais de ces superbes monuments, il ne restait que des ruines et un souvenir attristé, depuis qu'ils avaient été ravagés par l'incendie. L'Hôpital n° 18, avec tout son personnel, se transportait donc à l'Ecole Saint-Genès.

Le 6 août, l'autorité militaire prend à sa charge les travaux commencés.

Le 8, commence la série des corvées : 20 hommes sont venus de l'hôpital du Béquet pour porter les lits des dortoirs dans les classes; des prêtres parmi eux, pour lesquels la tâche est bien pénible; mais ils la font gaiement.

Le 9, tous les corps de métiers travaillent pour hâter les travaux d'organisation de l'Hôpital.

Le 10 août, arrive une section d'infirmiers militaires. Le 12, de nombreux lits réquisitionnés dans les hôtels viennent compléter la formation de l'Hôpital. L'Ecole en a fourni 250 environ.

Les trois jours précédents, les infirmiers sont allés prendre leurs repas à Saint-Nicolas; dès le 13, ils les prennent à l'Ecole, au réfectoire des petits ou de Jeanne d'Arc.

L'Hôpital n° 18 devant être prêt à fonctionner en ce jour officiellement, tout le personnel médical et administratif est là : M. Lagrange, médecin-chef; MM. Lafitte, Vergely, médecins major et aide-major.

M. le docteur Lacouture est à la tête de la chirurgie générale; les autres médecins sont : les docteurs Volpillac, Beauvieux, Mougneau, Sansuc et Quintrie. Les

(1) Extrait des *Notes générales sur l'Hôpital complémentaire n° 18*. Rapport de M. Ahano, Officier gestionnaire.

premiers pharmaciens furent MM. Llaguet et René Guyot. Vinrent ensuite MM. Ravion, Caralph, Paufique, Dufilho, Foulonier, P. Duboscq, Doublet, Chassaing, etc. — MM. Guyot, Duboscq et Doublet sont d'anciens élèves de Saint-Genès.

M. Guestaux fut le premier des officiers gestionnaires. Après lui, MM. Ahano, Lavinal, Lavoine se succédèrent en ces délicates fonctions.

Le samedi 15 août, fête de l'Assomption de la Très Sainte Vierge, ouverture officielle de l'Hôpital : messe à 8 heures, pendant laquelle on chanta le *Credo* et des cantiques à Marie. Allocution de M. l'abbé Deney, aumônier, souhaitant la bienvenue à l'état-major de l'Hôpital.

Le lendemain, dimanche 16 août, à sept heures et demie, messe officielle pour le personnel de l'Hôpital; les soldats chantent avec entrain le *Credo* et des cantiques à N.-D. de Lourdes. MM. Antin et Lamothe, membres du Conseil d'administration de la Société de Saint-Genès; A. Clauzel, directeur, V. Viguié dînaient au salon avec les médecins et pharmaciens, dont MM. Llaguet et Guyot, pour cimenter la bonne entente des deux administrations civile et militaire.

Dans la journée, nombreux visiteurs, entre autres M. le médecin principal Salesse, directeur de l'Hôpital militaire Saint-Nicolas, M. le docteur Marix, M. le professeur Bergonié.

Le 18, à 9 heures et demie du soir, arrivée de 26 éclopés, évacués de l'Est; les vrais blessés de la guerre sont restés à l'Hôpital de Troyes. Un certain nombre de soldats venant du Maroc ou d'ailleurs, arrivent aussi à l'Ecole pour se reposer.

Dans la soirée du 19, le général Oudard, commandant la 18ᵉ Région, visitait l'Hôpital et se montrait satisfait de son organisation. Des fiévreux du Maroc arrivent assez nombreux. On demande au général de ne plus en envoyer, ce qui est promis.

Le 20, visite du Contrôleur général d'armée, Chapelle, qui, dans la dernière partie de sa promenade à travers l'Ecole, se montre tout à fait aimable et familier avec M. le Directeur, après lui avoir fait connaître qu'il est l'ancien élève et l'ami du Cher Frère Amédée, des Francs-Bourgeois.

Mort du Saint-Père le Pape Pie X. Grand malheur et deuil universel. Tous les journaux donnent des détails sur cet événement considérable.

Dimanche 23, messe officielle de l'Hôpital, à sept heures et demie. Beaucoup de malades et les infirmiers y assistent et chantent avec entrain. M. Chapelle visite à nouveau l'Hôpital avec sa dame.

Lundi 24, réception des premiers blessés de la guerre : 150 sont annoncés; 106 arrivent dans 30 voitures d'ambulance. C'est vraiment impressionnant : ils viennent de la Lorraine, de Dieuze et les environs. Ils sont admirables de courage et d'espoir. Le soir, visite de M. Gruet, maire de Bordeaux, accompagné de M. Glotin, conseiller municipal.

Le 26, arrive un nouveau convoi de 59 blessés de la Lorraine; beaucoup de couchés sur brancard.

Le 27, MM. les généraux Oudard et Chapelle reviennent ensemble. On reçoit encore une vingtaine de blessés de l'Est.

Le 28 août, nouvelle visite inopinée du général Oudard, qui paraît de mauvaise humeur. Est-ce peut-être le jour où le général s'adressant au planton reçoit de celui-ci cette réponse : « Oui, Monsieur le général ». Et le général Oudard de dire avec humeur : « Qu'est-ce que vous êtes donc dans le civil ? » Et le planton de répondre : « Mon général, je suis prêtre ! ».

A cela se borne le dialogue d'entrée. La vraie cause du mécontentement du Général, c'est que parmi les hospitalisés s'étaient glissés quelques « tire-au-flanc », des « embusqués » avant la lettre.

A 19 heures, arrivée de 20 à 25 blessés de Lunéville.

Le 29, dans la nuit, décès du sergent Avrignant, des suites d'empoisonnement gangréneux. Le vaillant sous-officier mourait après avoir reçu tous les sacrements de la façon la plus édifiante.

Le dimanche 30, à 8 heures, sépulture du sergent Avrignant. Scène bien émouvante : sa jeune veuve, ignorant le décès, arrive de Paris, en pleine cérémonie. La veuve, M. Llaguet, pharmacien, et M. Guestaux, gestionnaire, conduisent le deuil. L'escorte d'honneur est formée par un piquet de coloniaux. M. l'abbé Deney, aumônier, officie.

Le soir, nombreuses visites très sympathiques aux blessés, qui reçoivent force gâteries. A midi, le café aromatisé avait été servi à tout le monde.

Le 31 août, dès 4 heures du matin, on entend sonner la cloche appelant les infirmiers pour recevoir des blessés : 17 arrivent à ce moment; d'autres les suivent de près. On évacue les moins malades : 27 sur Verdelais et 16 sur divers dépôts.

Les commandants Roy, major de la Place, et Léon, viennent visiter la formation. Le commandant Léon a son fils blessé, il ne sait où; nos malades l'ont vu tomber : émotion du père !

Le chiffre total des entrées à ce soir est de 377.

Le 1er septembre, on continue de recevoir des malades et d'évacuer des convalescents.

Le 2 septembre, encore des blessés venant des environs de Sedan, atteints vendredi et samedi 28 et 29 août. L'un d'eux raconte qu'il est resté blessé au fond d'un fossé boueux, où il avait pu se rouler et séjourner 2 à 3 heures juste au milieu des balles et mitrailles françaises et allemandes qui s'entrechoquaient au-dessus de sa tête. Le médecin-chef réquisitionne de nouvelles salles pour 50 malades de plus.

Le Communiqué officiel annonce que les Allemands sont à Compiègne !...

Grand remue-ménage parmi les malades; on en évacue 70, que l'on remplace par de nouveaux venus : parmi eux, 4 officiers, dont 3 capitaines et un commandant. Ils sont blessés depuis quatre jours et leurs pansements n'ont point été renouvelés. Ils viennent de Virton et de Mézières. Mgr Adam, accompagné du R. P. Supérieur du Saint-Esprit, visite quelques salles de malades; il dit un mot aimable à chacun, se montre tout à fait paternel et patriote, embrassant les plus souffrants. Comme la plupart d'entre eux viennent de la Lorraine, il dit à ceux qui expriment le désir de repartir : « Vous vous vengerez et vous me vengerez ! »

Le 3 septembre, jeudi, grand branle-bas à Bordeaux pour recevoir le Gouvernement, qui fuit Paris menacé. Grande affluence aussi de réfugiés s'éloignant du théâtre des opérations.

Le 4, on demande encore une centaine de lits. M. le docteur Lacouture conseille à M. Lagrange de s'en tenir au chiffre de 320 déjà atteint, sans quoi, ni médecins ni infirmiers ne tiendront à la tâche.

Le dimanche 6, de nombreux malades assistent à la messe de 7 heures et demie. Arrivée du Commandant Flye-Sainte-Marie, grièvement blessé à la tête.

Le soir, vers 17 heures et demie, MM. Gruet, maire, et Saint-Marc, adjoint, accompagnent M. Clemenceau, qui visite un certain nombre de salles de malades et paraît très satisfait. Avant qu'il prît congé, M. Antin, qui lui avait fait les honneurs avec M. le Directeur, l'accompagne au grand salon, où M. le Président admire les tableaux. On lui fait tout particulièrement observer le portrait du Frère Léothéricien, en lui disant : « Voilà le premier directeur de l'Etablissement, dont MM. Antin, Lamothe, Hostin, que l'on désigne, sont les élèves ». Et M. Antin de dire : « Actuellement, M. le Président, il n'y a que des Français; mais j'espère que l'on se souviendra de ce que vous venez de voir. — N'insistez pas, répond M. Clemenceau, il y a des choses qu'on n'oublie pas ! » Il se retire les larmes dans les yeux, après une poignée de main à tous les présents.

Entre temps, M. Gruet, qui s'était reposé un instant durant la visite du Président à la radiographie, exprimait son contentement, surtout d'avoir trouvé des oreillers au lit de chaque malade, ce qui manquait ailleurs. Cette amélioration était due à la sollicitude charitable de M. Antin, dont le dévouement et la générosité furent au-dessus de tout éloge durant tout le temps de la guerre.

Outre la visite de M. Paul Deschanel, l'événement du 7 septembre est l'entrée en fonction des sœurs de charité. Très alerte, accompagné d'un colonel, M. Deschanel visite un certain nombre de salles, donnant une poignée de main à chaque malade et lui disant une parole aimable.

L'arrivée des sœurs de charité, c'est une amélioration dans toute l'économie de l'Hôpital n° 18 : elles savent mieux qu'aucun infirmier, prêtre ou laïque, les objets nécessaires pour la commodité du service et le bien-être des blessés et des malades. Et quel doigté, quel tact, quelle délicatesse dans leurs obligeants services !

Le 10, arrivée du lieutenant-colonel Niessel, de la 3ᵉ brigade de marche du Maroc, et du capitaine Vallory, très fatigués. Le soir, à 17 heures et demie, visite du docteur Delorme, Inspecteur général du Service de Santé.

Le 11, arrivent de nombreux blessés de mardi 8, à Vitry-le-François ou les environs. Les Allemands reculent. La grande bataille de la Marne dure et se continue depuis le 6. En ce jour, troisième visite de Mgr Adam. L'Inspecteur général Delorme revient le soir et promet de revenir encore le lendemain matin à sept heures, trouvant des cas fort intéressants.

Dans la journée du 12, on évacue 44 malades, la plupart sur des hôpitaux de convalescents. Cinquante-quatre blessés remplacent les précédents. Toute la journée, les voitures d'ambulance se succèdent : on parle de trois mille blessés en gare de Bordeaux. Vers 7 heures du soir, alors que les médecins et les infirmiers se sont retirés, arrivent six ou sept blessés grièvement atteints, qu'il faut transporter sur des brancards. MM. Léon Orcasverro, cuisinier, et le jardinier de l'Ecole, Oxarango, se présentent à la voiture d'ambulance, quand une voix plaintive articule ces mots : « Bonjour, Léon... » « Qui êtes-vous ? » dit celui-ci; et Oxarango : « Mais, c'est Inchauspé ! ». MM. Viguié et Sagaspe, prévenus, accourent et l'on installe le cher ancien dans la salle des sous-officiers. Les blessés étaient, depuis le 8, avec leur pansement sommaire du champ de bataille. Deux aides-majors commencent à défaire les bandages d'une fracture à la cuisse droite d'Inchauspé aîné; ils parlent tout bas de gangrène et n'osent continuer le pansement. Alors, M. Viguié court au téléphone prier M. Lacouture de vouloir bien revenir à Saint-Genès, soulager de malheureux blessés, arrivés depuis son départ de l'Hôpital. Le dévoué chirurgien est là bientôt. Il se met à l'œuvre avec ses aides, commençant par M. Inchauspé, lave les blessures et refait un pansement en règle. A onze heures et demie, la tâche est terminée.

Et l'on sait avec quelle science et quel dévouement, avant leur départ pour le front, MM. les chirurgiens Lacouture et Guyot soignèrent le jeune Inchauspé à la clinique du Tondu, où l'on fut autorisé à le transporter, tandis qu'alternativement sa maman et sa tante veillaient à son chevet...

Le matin du dimanche 13 septembre, on annonce la fin de la grande bataille de la Marne et la déroute complète des Allemands, laissant munitions, plans, etc., etc., sur divers points : le premier acte de la grande tragédie se terminait à notre avantage et laissait espérer à nos stratèges un heureux et prompt dénouement. — Visite du Directeur général du Service de Santé, le général Toussaint.

Le général Gouraud vient aussi voir le colonel Niessel et d'autres officiers malades de son ancien régiment, le 4ᵉ zouaves. En même temps, on signalait la présence de M. Maurice Salles, brillant officier de marine, ancien élève de l'Ecole Saint-Genès, comme le sous-lieutenant André Montouroy, de l'escorte du général Gouraud.

Le 14 septembre, ordre du jour du général Joffre félicitant les troupes après la bataille de la Marne. Félicitations du Roi des Belges au Président de la République, et réponse de M. Poincaré. Grande victoire des Russes sur les Autrichiens en Galicie (60.000 prisonniers). Arrivée vers les cinq heures du matin, des deux premiers Allemands, grièvement blessés tous deux.

Le mardi 15, à sept heures, cérémonie funèbre du soldat Dainaud, décédé l'avant-veille au soir. Les honneurs lui sont rendus par un piquet d'une douzaine d'infirmiers, qui l'accompagnent à sa dernière demeure.

On compte jusqu'à ce jour 561 entrées à l'Hôpital n° 18.

Le 17, un certain nombre de malades sont évacués pour faire place à d'autres. Malheureusement, plusieurs de ceux qui partent sont encore bien malades. Un décès ce matin, du tétanos. Quelques blessés allemands arrivent à neuf heures du soir.

Le 23, visite de M. Pouchet, directeur du Service de Santé.

Le 26, décès d'un soldat allemand, soldat catholique, qui a reçu tous les sacrements avec beaucoup de piété, l'Extrême-Onction, administrée ostensiblement par M. l'abbé Deney, devant tous ses camarades de chambre.

Le 27, sépulture du soldat allemand décédé la veille. A quatre heures du soir, vêpres des morts chantées, absoute et accompagnement seulement jusqu'au portail. Honneurs rendus par un piquet de 4 hommes et un caporal. Corps mis dans un fourgon et non sur corbillard.

Départ du capitaine Vallory, du 4ᵉ zouaves.

Le 29 septembre, visite des malades par Mᵐᵉ Thompson, épouse du ministre de la marine, et de Mᵐᵉ Waldeck-Rousseau; cette dernière, très modeste, ne paraît être que la suivante de la première. Elles distribuent des cigarettes à tous les soldats malades et aux infirmiers.

Le 1ᵉʳ octobre, journée calme; on vient visiter la maison, soit à cause des malades, soit pour la rentrée des classes.

Le 2, arrivée d'une dizaine de malades venant d'autres hôpitaux de l'Ouest.

Visite de l'établissement par le commandant Dedieu, qui choisit 12 infirmiers, dont 10 prêtres, pour aller au Bourget, près Paris. Tous regrettent l'Ecole, les prêtres surtout, qui avaient la facilité de dire la sainte Messe avant l'heure du service de l'Hôpital.

Le 3 octobre, sur sa demande, le jeune Champeil, ancien élève, est transporté à Saint-Genès. Convalescent chez lui depuis vingt jours, il ne peut faire prolonger sa permission; il est cependant loin d'être guéri.

Le 4, Mme Bagnères envoie son deuxième fils pour annoncer à Saint-Genès que l'aîné, le cher et distingué Louis, a été tué, le 10 septembre, à Laneuvelotte, à 10 kilomètres de Nancy. Pauvre et regretté jeune homme sur qui on fondait de si grands espoirs !

Devant augmenter le nombre de lits des malades de 125, le 5 octobre, la bibliothèque, la salle des infirmiers et celle du gestionnaire vont être occupées, ainsi que le dortoir Saint-Jean. A partir de ce soir, les infirmiers coucheront dans l'aile sud, au dortoir Saint-Paul.

Le soir du 7, à partir de huit heures et demie, les voitures d'ambulance se succèdent et apportent en tout 30 blessés du Nord, Amiens et environs.

Le 8, la chapelle des Congrégations est transformée en dortoir pour six officiers : lieutenants et sous-lieutenants.

Le 11, dimanche, visite du général Legrand, nouveau commandant de la 18ᵉ Région; il arrive à huit heures moins le quart, avant beaucoup de médecins et le médecin-chef en particulier. Il se rend, accompagné de M. Clauzel, directeur de l'Ecole, dans les salles, qu'il visite presque en détail, ensuite chez tous les officiers, se montre très affectueux.

Le 12, sépulture d'un jeune Allemand décédé l'avant-veille. Cérémonie plutôt froide : le pasteur fait ranger les quatre hommes du piquet à droite du corps, il récite des psaumes et puis le corps est mis dans le fourgon qui l'emporte aussitôt.

Nomination de caporaux et sergents dans le corps des infirmiers : MM. Chartier, Mothu, Duboscq, pharmacien, Massicot, adjoint à l'officier gestionnaire, ces deux derniers anciens élèves de Saint-Genès.

Le 15, départ d'une quinzaine d'Allemands à peu près guéris. Ils sont envoyés à Blaye comme prisonniers de guerre.

Dimanche 18, M. Millerand, ministre de la guerre, arrive inopinément : le médecin-chef n'est pas là; le Ministre se fâche. Accompagné d'un médecin de garde et du Directeur de l'Ecole, il entre dans les salles de malades : à peine adresse-t-il la parole à quelques unités. Il ordonne que les officiers, logés sur leur demande dans le vestibule de la salle des Fêtes, soient réinstallés dans leurs chambres, au 2ᵉ étage.

Le médecin-chef, arrivé en hâte, insiste en vain pour lui faire entendre que ces messieurs, fatigués par le bruit de la rue, ont sollicité de venir occuper ce lieu plus tranquille. M. le Ministre ordonne encore que les blessés allemands soient groupés dans une même pièce et gardés par un poste armé.

Ce même jour, à 14 heures, M. le Président de la République arrive à Saint-Genès, sans s'être annoncé. Il est reçu par le médecin de garde, M. Beauvieux, et les étudiants. M. Lagrange n'arrive que plus tard. M. Poincaré se montre affable, visite toutes les salles sans exception et dit un mot à chaque malade. En se retirant, après avoir passé une heure entière dans l'Etablissement, il remet un billet de mille francs pour améliorer l'ordinaire des blessés. M. le Président était accompagné par le général Duparge, secrétaire général de la Présidence. Cette visite laissait, comme l'on pense, une excellente impression.

Lundi 20 octobre, à 15 heures, sépulture d'un militaire décédé l'avant-veille : cérémonie très touchante par sa simplicité. MM. les abbés Fortin, curé doyen d'Audenge, M. le Curé d'Hostens, et M. Potier, curé en Charente, chantent l'Invitatoire, le 1er Nocturne de l'Office des Morts, de façon émouvante. M. l'abbé Deney, aumônier, officie et accompagne le corps à sa dernière demeure. Parmi les hommes rendant les honneurs, se trouve M. Gramont, ancien élève.

Ce même jour, à 16 heures trois quarts, visite de S. E. le Cardinal Andrieu, archevêque de Bordeaux, accompagné par M. le Curé de Saint-Nicolas. Son Eminence parcourt le rez-de-chaussée et le premier étage, se montrant fort aimable pour tous : malades, auxquels il adresse un mot d'encouragement, et médecins ou autres rencontrés dans le parcours.

Le 21 octobre, M. Lagrange, médecin-chef, annonce à M. le Directeur de l'Ecole qu'à partir de ce jour l'Hôpital Saint-Genès change d'affectation; il devient hôpital de spécialités : *ophtalmologie, rhinologie* et *neurologie* (maladies nerveuses et mentales), avec les sommités médicales suivantes : docteurs Lagrange et ses chefs de clinique Beauvieux, Cabanes, Teulières, Brunetière; professeurs Pitres, Moure, Testut, Carrière, de Lille; Dr Ducosté, de Paris...

Le vendredi 23, commencement du chambardement des chambres pour la nouvelle organisation. Tous les malades atteints aux yeux sont placés au rez-de-chaussée. Au 1er étage, grands blessés, salle d'opérations, pharmacie et salle de pansements. Au 2e étage, MM. les docteurs Pitres, Ducosté et Carrière, aidés par MM. Raphaël Giard et Potier, opèrent sur leurs malades. Au 3e, blessés pouvant circuler, et au 4e, Allemands.

Le dimanche 25, à 9 heures et demie, chapelle pleine de monde : élèves, soldats, public; chants pieux, sermon de 25 minutes, par M. l'abbé Deney, sur l'immortalité de l'âme, à l'occasion de la fête de la Toussaint et des Morts, la semaine prochaine.

Le 28, opération du lieutenant Déshorties, auquel on extrait la balle qu'il a dans le haut du nez, balle qui, malheureusement, l'a déjà privé d'un œil.

Le jour de la Toussaint, à la messe de 7 heures et demie, communion générale des maîtres et des élèves de l'Ecole, qui n'étaient pas allés chez eux, comme aussi d'un grand nombre de demi-pensionnaires. Un certain nombre d'officiers et de soldats communient aussi. Très belle assistance à la messe de 9 heures et demie.

A 11 heures et demie, un déjeuner amical réunit les officiers, les médecins libres et M. Antin, en tout dix-huit couverts. Quelques amis de l'Ecole vont prendre le champagne.

Le 2, lundi, sépulture du soldat Jean-Baptiste Barquisseau, de Maubourguet; cérémonie très simple et très émouvante : une centaine de malades y ont assisté et ont accompagné, très recueillis et tête nue, leur camarade jusqu'à sa sortie de l'Ecole.

Le jeudi 5 novembre, visite du général Troussain, Inspecteur d'Armée. Il ne signale rien de particulier et se montre satisfait.

Le jour précédent, M. Welschinger, membre de l'Institut, ami du docteur Vergely, avait admiré la bonne disposition de l'Etablissement.

Le 7, samedi, arrivée comme les jours précédents, de petits groupes de malades atteints aux yeux principalement, et venant de Bayonne ou de la région. Arrivée aussi de quelques agités.

Dimanche 8, beaucoup de monde à la messe : cérémonie superbe où Sœur Isabelle, Sœur René et les autres sont heureuses et fières de constater la présence de leurs clients conduits par la persuasion.

A 1 heure, nombreux visiteurs des malades.

Jeudi 12, on commence les baraquements au fond de la cour des grands, pour mettre le mobilier de la salle de dessin, transformée en salle de malades.

Le 13, vendredi, évacuation et réception de nerveux : à 11 heures, arrivée de quatorze de ces derniers, venant de l'Hôpital militaire Saint-Nicolas; parmi eux se trouvent des hommes de toutes armes, en particulier un beau type de tirailleur marocain, un Kabyle, du nom de Sidi.

Le dimanche 22, messe des plus édifiantes. A la sortie de la chapelle, spectacle touchant à la vue de tous ces militaires plus ou moins valides, mêlés au public assez nombreux et aux élèves. Sortie très en ordre, malgré certains avis contraires; mais tout le monde ne comprend pas combien cela doit faire plaisir aux malades, qui sont de vrais prisonniers, sans cet heureux contact.

Lundi 23, arrivée de nouveaux malades. Malgré le départ des blessés allemands, évacués la veille, les lits manquent, et les arrivants couchent sur des matelas, dans les couloirs des classes.

Le 24, mardi, MM. Lagrange et Testut visitent le dortoir Saint-Pierre, accompagnés par M. Delbosc; ils le trouvent très beau, mais aussi bien haut : n'empêche, ils réquisitionnent immédiament 75 lits pour les y mettre.

Le 25, journée superbe; même remue-ménage que les jours précédents; la veille on avait dû envoyer à Nazareth un certain nombre de malades, faute de lits. Les derniers Allemands restant sont envoyés à Blaye ou dans d'autres formations.

Depuis qu'un groupe important d'Allemands occupait la salle de dessin, Sidi, le Kabyle, s'agitait fort. A la bonne sœur Isabelle même, il répugnait de les soigner, comme Française; mais, ma bonne Mère, dit-elle à sa Supérieure, comme religieuse, je le ferai volontiers. Et Sidi de dire à la Sœur : « Moi laisser aller aux Boches ce soir, et moi faire tous *Capout*. » — Oh ! mais ce serait mal, cela ferait de la peine au bon Dieu, dit la Sœur. — Moi pas vouloir faire la peine au bon Dieu français, reprend Sidi. » Néanmoins, dans le couloir du second étage Nord, devant la salle occupée par les Allemands, on tînt en permanence une sentinelle, l'arme au pied et baïonnette au canon.

Au départ donc des Allemands, l'un d'entre eux, parlant fort bien le français, remercie au nom de tous, la charitable Sœur des bons soins dont ils ont été l'objet. La sœur Isabelle ayant donné une médaille aux catholiques, les protestants aussi en demandèrent une, promettant de ne jamais la profaner.

Jeudi 26 novembre, journée plus belle encore que celle de la veille. L'Ecole paie le champagne aux officiers, à la fin de leur déjeuner, à l'occasion de la promotion du capitaine Desprès dans la Légion d'honneur.

Le nombre des blessés allant toujours croissant, les premiers jours de

QUELQUES VUES DE L'HOPITAL SAINT-GENÈS

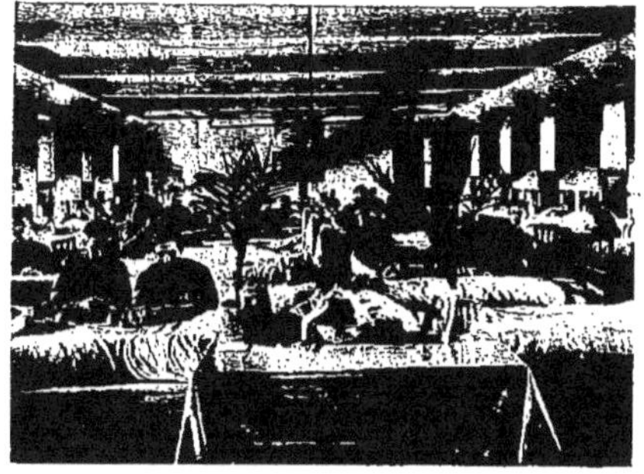

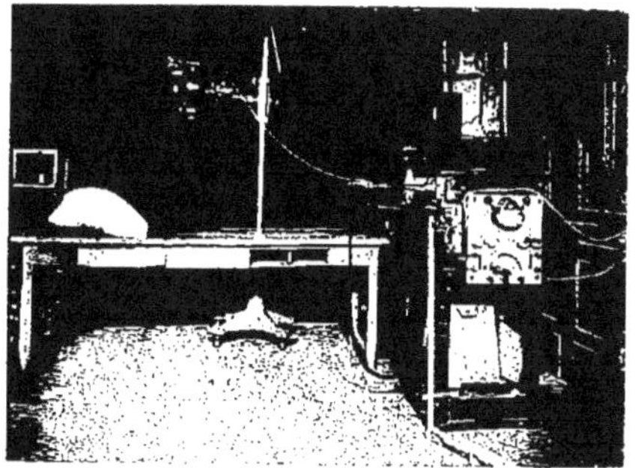

I et II. — Un Dortoir et la Salle de dessin transformés en
Salles de Malade

III. — Salle d'opération.

IV. — Service de Neurologie (Prof' Pitres)

V. — Cabinet du Prof' Testut.

VI. — Service d'Ophtalmologie (Prof' Lagrange).

VII. — Salle de Radiographie.

décembre se passent en aménagements nouveaux. M. le Médecin-Chef revient à l'idée d'une réquisition totale. Il semble même chercher des prétextes pour la provoquer.

Le 3, M. Alliaud, Inspecteur d'Académie, vient faire une enquête. Il s'adresse au chef cuisinier pour savoir le nombre de repas servis aux maîtres et aux élèves. Le 4, M. Bourbouley, conseiller général du 5ᵉ canton, et M. le Maire de Bordeaux viennent constater l'état des lieux. M. Antin, au nom de la Société Immobilière, au nom des maîtres lésés dans leurs droits, et au nom des familles des élèves, proteste contre les procédés du Médecin-Chef et demande une réquisition régulière.

Le 6, le Conseil d'Administration se réunit, approuve l'attitude de M. Antin, et décide d'attendre la notification de la réquisition.

Le 8 décembre, fête de la T.-S. Vierge, environ 150 soldats assistent à la grand'messe de 9 heures; cérémonie des plus touchantes.

10 décembre. M. le Médecin-Chef signifie la réquisition de toute l'aile Nord, comprenant cuisines, réfectoires et dépendances, avec tout le mobilier que contiennent ces locaux. L'Ecole a huit jours pour vider les lieux.

Le lendemain, le Conseil d'Administration se réunit pour protester à nouveau. Une lettre est adressée au Maire de Bordeaux et au Général en chef, en vue d'obtenir au moins un sursis jusqu'à la fin du mois.

Le 17 décembre, M. le Maire fait savoir que le sursis demandé est accordé.

Dès le 18, M. l'abbé Deney fait une démarche auprès du Médecin-Chef pour obtenir l'autorisation pour les militaires d'assister à la Messe de minuit. M. Lagrange accéda volontiers à cette demande. Pendant toute la semaine, M. l'Aumônier parcourut les salles des malades, catéchisa, exhorta, confessa. La fête fut magnifique. Presque tous les malades capables de marcher allèrent à la chapelle. Un blessé, un petit Parisien, fit sa Première Communion; il était accompagné à la Sainte Table de plusieurs officiers et d'une trentaine de soldats.

Le jour de Noël fut joyeux à l'Hôpital : visites nombreuses, gâteries de toutes sortes. Quelques blessés abusent cependant, et sortent avec de fausses permissions. Conséquence : M. le Médecin-Chef fait lire un ordre qui supprime le Concert et l'Arbre de Noël préparés pour le lendemain.

Heureusement, M. le commandant Rousseau, grand blessé, intervient et fait rapporter l'interdiction.

Vendredi, 1ᵉʳ de l'An 1915; jour heureux où l'on s'échange les bons souhaits; cette année, un peu attristés à cause de la guerre et des circonstances douloureuses qu'elle amène.

Dimanche 3 janvier, très belle cérémonie à la chapelle, malgré l'absence des élèves. A midi, MM. les Officiers blessés, invités par la Société Immobilière et la Direction de l'Ecole, déjeunent à la Villa Grisélidis.

Vendredi 8, le général Inspecteur d'Armée, Cahier, fait l'inspection de l'Hôpital.

Samedi 9, à 8 heures, la sépulture de Lucien Pitollat, de la Savoie, décédé la veille. MM. les Officiers blessés y assistent tous; ils ont offert une belle croix. Les soldats offrent une couronne et assistent aussi assez nombreux aux funérailles. Dix-huit d'entre eux ont obtenu la permission d'accompagner leur camarade jusqu'au cimetière, où le capitaine Hébert a prononcé une touchante allocution. M. l'abbé Deney avait dit quelques mots avant l'Absoute pour remercier officiers et soldats du souvenir offert.

Dimanche 10, à 9 heures et demie, cérémonie des dimanches ordinaires, avec cette différence qu'en ce jour, Solennité des Rois, on avait messe avec diacre et sous-diacre : nombreuse assistance, public et malades.

Grâce à la générosité des bienfaiteurs, tous les malades ont du gâteau des Rois : ce sont les demoiselles Coursol qui procurent ces gâteaux avec le fruit du Concert spirituel donné quelques jours auparavant à l'Institution Sainte-Marie du cours de Toulouse (cours de la Somme), en faveur des blessés.

Mardi 12, ainsi que la veille, évacuations en masse; dans le seul service de M. Lacouture, au premier étage, 31 malades quittent la maison; parmi eux se trouve le jeune Treilles, de Sainte-Eulalie-d'Olt, arrivé le 24 août avec une jambe fracassée et quatorze balles ou éclats d'obus dans les jambes. Ils sont envoyés à la caserne Fauchey, à Cambes et à d'autres ambulances des environs de Bordeaux.

Le 13 janvier, mercredi, réunion à 10 heures de MM. Lagrange, médecin-chef de l'Hôpital; Tournier, architecte de la guerre; Guestaux, gestionnaire; Antin et Viguié, pour examiner les voies et moyens de clôturer l'Hôpital et d'empêcher les hommes de passer dans la partie réservée à l'Ecole, et surtout pour les empêcher de sortir par-dessus murs et barrières. On projette d'établir tout autour des cours une barrière en planches, de 4 mètres de hauteur; un boyau couvert relierait, au milieu de la cour des moyens, les deux bâtiments Nord et Sud. Un pont ou viaduc au fond de la véranda devant la chapelle et prolongeant la galerie, permettrait aux élèves et au personnel de l'Ecole d'aller d'une cour à l'autre et au jardin.

Le lendemain, jeudi 14, le Service de Santé approuvait le projet des barrières, mais réduisait leur hauteur à deux mètres; au-dessus il y aurait des fils de fer barbelés.

Dimanche 17, les organisateurs du Concert spirituel prévu pour le jeudi suivant font part à la direction de l'Ecole de difficultés inattendues : le Service de Santé ne veut pas que l'Hôpital donne ce Concert comme Hôpital. Il est décidé alors qu'on mettra sur les programmes : Chapelle de l'Ecole Saint-Genès.

Lundi 18 janvier, arrivée de malades venant de droite et de gauche, d'autres des combats des jours derniers autour de Soissons. Ces derniers se refusent à croire qu'il y ait eu démoralisation parmi les troupes du front.

Jeudi 21 janvier, Concert spirituel, sous la présidence de Mgr Adam : bien réussi, beaucoup de monde.

Samedi 23. Après la pluie, la neige fait sa première apparition à Bordeaux pour cet hiver. Dans la matinée, elle tomba peu abondante, à plusieurs reprises; mais vers midi et demi, 1 heure, elle tombait en gros flocons épais, qui auraient vite couvert le sol, n'était la grande humidité qui le détrempe. Pauvres soldats du front !

Dimanche 24, beaucoup de va et vient parmi le public visitant les malades. La consigne n'est plus rigoureuse comme autrefois... Les permissionnaires ont été assez nombreux, d'autant que depuis le nouvel an, tous les jours il est accordé un certain nombre de permissions (une vingtaine, dit-on), mais le dimanche, les sollicitations sont nombreuses.

Lundi 25, à 14 heures précises, cérémonie très courte, mais très émouvante de la remise de la Croix de la Légion d'honneur au sous-lieutenant Thillières pour s'être distingué devant l'ennemi, et y avoir perdu un œil.

Le mercredi 27, pour la première fois, les militaires malades sortent en groupe conformément à une récente circulaire. C'est le sergent Rozis qui les accompagne; les uns paraissent gais, d'autres sont tristes et bien mal en point, l'un d'eux en particulier, aveugle, qu'un de ses camarades soutient par le bras. Quelques autres n'y voient guère non plus. Le départ de ce petit détachement occasionne un assez grand brouhaha sous le porche.

Dimanche 7 février, belle assistance à la messe; malades plus nombreux que les deux ou trois dimanches précédents.

Lundi 8, ainsi que vendredi 5, beaucoup de partants, surtout du dortoir Saint-Pierre, pour la caserne Fauchey, et de là en convalescence dans des ambulances suburbaines ou dans leurs familles.

A la belle journée de la veille, mardi 9, a succédé un bien vilain temps : pluie glaciale, qui oblige à rester dedans; aussi s'ennuie t-on copieusement à l'Hôpital !

Jeudi 11, les salles de musique sont destinées à servir de prison, celle du bout de l'escalier en particulier : à sa porte, on fait mettre clé de sûreté et gros verrou.

Dimanche 14, réunion du Comité des Anciens Elèves, à 10 heures et demie, à l'issue de la messe. Il est décidé que la Grande Salle sera offerte au Comité des fêtes de l'Hôpital Saint-Genès, le 25 courant. Les Anciens prennent la salle à leur compte et la cèdent aux militaires.

Mardi de Carnaval, temps affreux, après la belle journée de la veille : vent et bourrasques.

A l'Hôpital, on a distribué force gâteries aux malades : plus de deux mille beignets et merveilles ont été faits les deux jours précédents par les demoiselles Antin, Coursol, Manives et autres, qui aident la Sœur dépensière.

Mercredi 17 février, réunion du Comité des Fêtes de l'Hôpital et des membres du Comité des Fêtes des Anciens élèves, en vue de régler toutes choses pour le Concert du 25 courant.

Jeudi 18, M. le docteur Volpillac quitte la maison; il est ému en faisant ses adieux, car ses relations avec l'Ecole ont été des plus cordiales. Il est envoyé à Talence, à l'Hôpital complémentaire n° 17 (Noviciat des Frères).

Vendredi 19, un piquet de quatre hommes et un caporal arrive vers les deux heures de l'après-midi, pour monter la garde : 1° à l'entrée de la prison installée au dortoir des garçons, et 2°, au fond du grand escalier, côté Sud (physique). Les militaires ne doivent pas dépasser la limite du bâtiment à côté de cet escalier sans être exposés à la peine de la prison.

La garde est doublée à cause de ces deux nouveaux postes.

Dimanche 21, bonne assistance à la messe; belle instruction de M. l'abbé Lafaye sur les droits de chacun.

Lundi 22, à 16 heures et quart, arrivée du général Legrand pour décorer de la Légion d'honneur le médecin-major de 1re classe Capillery, du 4e zouaves.

Mardi 23, quelques blessés viennent de la région d'Arras, où l'on se bat ferme, disent-ils, à notre avantage. Le service de neurologie reçoit aussi quelques blessés parmi lesquels se trouve un prêtre du diocèse de Saint-Brieuc. Les malades venus du front regrettent d'avoir été obligés de quitter leurs camarades, au moment où ils font de la si bonne besogne.

La Fête de la nuit du jeudi 25 a été fort bien réussie. Elle s'est terminée vendredi vers 1 heure du matin. Tout le monde a admiré l'aspect de la salle et sa fraîcheur : elle n'a pas souffert de l'humidité de l'hiver, et M. le Maire, à qui M. Antin tenait compagnie dans la loge, l'a vivement complimenté.

Dimanche 28, nombreuse assistance à la messe. M. l'abbé Deney annonce que, par permission spéciale de Son Eminence le cardinal Andrieu, archevêque de Bordeaux, tous les militaires de l'Hôpital Saint-Genès sont autorisés à faire leurs Pâques dans la chapelle de l'Ecole, dès ce jour, deuxième dimanche de Carême. Puis il continue la lecture du Mandement de Son Eminence sur *la Guerre, rénovatrice de l'esprit chrétien dans les âmes.*

Dimanche 7 mars, à 7 heures et demie, a lieu l'enterrement d'un soldat, mort vendredi soir. A la messe de 9 heures et demie, belle assistance et splendide sermon de M. l'abbé Lafaye, faisant suite à celui d'il y a quinze jours, sur les droits et les devoirs de chacun de nous.

Mercredi, arrivée de huit estropiés de la guerre venant d'Allemagne, échangés contre des Prussiens..

Jeudi 11, évacuations nombreuses dans le service de neurologie. Arrivée de vingt-deux mutilés de la guerre, échangés contre des Allemands.

L'Hôpital devient de plus en plus un lieu de passage. Hier soir, à 8 heures et demie, arrivée de quatre officiers, dont un commandant, un capitaine et deux lieutenants.

Mardi 16, à 4 heures un quart, remise de la Croix de la Légion d'honneur au brave docteur Lafitte, que tout le monde connaît et vénère dans la maison, et au vaillant capitaine Colin.

Mercredi 17, à 16 heures, décès d'un brave infirmier, natif de Barsac, père de famille, qui a fait son modeste devoir jusques à quatre jours avant sa mort.

Jeudi 18, enterrement du pauvre infirmier décédé la veille : un certain nombre de parents et d'amis étaient venus de Barsac pour l'accompagner à sa dernière demeure, à la Chartreuse, où il a été inhumé dans le caveau des militaires.

Vendredi 19 mars, Solennité de Saint-Joseph. A 9 heures et demie, messe avec diacre et sous-diacre. M. l'abbé Fortin, sergent, officie.

Samedi 20. A 10 heures et demie, Confirmation par Son Eminence le cardinal Andrieu de trente petits enfants et d'un soldat blessé, natif de Troyes (Duriet, Joseph-Arthur-Paul), hospitalisé à Talence (Noviciat des Frères).

Dimanche 21 mars, très nombreuse assistance de militaires à la messe de 9 heures et demie, et très bonne tenue de leur part. Jolie instruction de M. l'abbé Lafaye sur la nécessité de rester avec Dieu.

Mardi 23, avec le beau temps, les malades sortent sous les galeries et dans les cours; un certain nombre vont se promener en ville.

Samedi 27 et jours précédents, beaucoup de va-et-vient parmi les blessés. Le capitaine de Rivière, l'organisateur des Fêtes et Concerts est parti ce soir chez lui, en convalescence de deux mois : c'est une perte pour ses collègues et pour les malades en général.

Lundi 29 mars, une nouvelle Circulaire ministérielle ou de la Place supprime toute permission individuelle à partir de ce jour; mais les sorties collectives continueront. Le caporal Delafont, d'une débonnaire complaisance, accompagne de nombreux groupes. Les malades l'ont surnommé : « l'enfant de chœur ».

Jeudi 1ᵉʳ avril, à 10 heures précises, remise de la Croix de chevalier de la Légion d'honneur au capitaine Hébert.

A 16 heures, chant du *Stabat* et Concert spirituel; la chapelle est comble. La quête seule produit 160 francs. Avec la vente des programmes et ce que l'on reçoit aux portes d'entrée, on arrive à une jolie recette totale. Le tout est en faveur des blessés.

Dimanche 4 avril, nomination de huit sergents, dont trois prêtres, MM. les abbés Peynon, Périsseyre et Pottier.

Départ, sur sa demande, de M. l'abbé Fortin, curé-doyen d'Audenge.

A 6 heures et demie, la messe de Communion était dite par M. l'abbé Elgué, caporal-infirmier (employé à la dépense). Cette messe a été vraiment une messe d'hommes et de communions : les militaires en grand nombre se sont approchés de la Sainte Table avec beaucoup de piété, de recueillement; leur tenue durant la messe a été on ne peut plus édifiante.

Jeudi 8 avril, à 11 heures, départ de dix-sept malades appartenant au service de MM. Lacouture et Ducosté pour l'île Lalande, près Quinsac. La direction de cette annexe de l'Hôpital est confiée à M. l'abbé Pottier.

La nuit de vendredi et samedi matin, vers 6 heures et demie, arrivaient plusieurs blessés venant du front : Perthes et Beauséjour. Blessures affreuses, moral en baisse.

Dimanche 11 et lundi, les concierges ne sont pas maîtres; malgré quatre blessés punis de prison, le désir de sortir chez certains prime toute crainte.

La Direction de l'Ecole présente le jeune Vasquez, de Medellin (Colombie), au Médecin-Chef; ce jeune élève demande l'autorisation de distribuer, au nom de ses parents, des gâteries aux blessés. M. Lagrange accepte volontiers.

Mercredi 14, de 8 heures et demie à 10 heures, inspection de l'Hôpital par le successeur de M. Pouchet à la direction du Service de Santé du 18ᵉ Corps, le docteur Clarac.

Vendredi 23, à 16 heures, décoration d'un jeune Saint-Cyrien, M. Gayral, de la Légion d'honneur; du sergent Rivière et du caporal Depaix, de la Médaille militaire, par le colonel Vidal, délégué par le Général en chef (Ce colonel est un petit-cousin de M. le docteur Galtier, qui se trouvait présent.)

Dimanche 25, les journaux publiaient le compte rendu de la cérémonie de vendredi. A 9 heures, messe chantée par M. l'abbé Deney, à cause de la Solennité du Patronage de Saint Joseph. Le soir, à 2 heures et demie, jolie Séance-Concert organisée par MM. Bernis et Dufaure et de tout point réussie, toujours au profit des blessés de l'Hôpital.

Dimanche 9 mai, dans la salle de Saint-Genès, fête en matinée organisée par le Comité d'assistance aux blessés militaires des départements envahis.

Lundi 10, nombreuses évacuations de malades : on dirait qu'on veut renouveler tout le personnel.

Dimanche 23, fête de la Pentecôte. Messes à 6 heures et quart et à 7 heures et demie; cette dernière suivie de la bénédiction du Très-Saint-Sacrement.

Une centaine de soldats et plus assistaient à la cérémonie; quelques-uns avaient entendu la première messe et y avaient fait la Communion.

La mobilisation générale est décrétée en Italie et commence à partir de ce jour. Les journaux du soir annoncent même qu'elle a déclaré la guerre à l'Autriche-Hongrie et que l'état de guerre commencera demain 24 mai.

Mardi 25, le caporal Delafont conduit trente-cinq malades au Refuge de Nazareth, qui devient une succursale de Saint-Genès. L'Hôpital Saint-Genès aura ainsi diverses annexes : après l'île Lalande, c'est Nazareth, la rue Lachassaigne, etc.

7 juin. Mouvement important dans le personnel médical : tous les jeunes docteurs — ceux qui n'ont pas quarante ans — quittent l'Hôpital n° 18 et sont envoyés au front ou disséminés dans la région.

Lundi 13 décembre 1915, M. Lagrange écrit à M. Antin pour lui signifier que ni lui ni personne de l'Ecole ne doit pénétrer dans l'Hôpital que muni d'une permission individuelle et motivée; qu'en outre, il retire à l'Ecole l'usage du téléphone. Il donne des ordres en conséquence à son personnel.

Mardi 14, M. Antin écrit au docteur Clarac, directeur du Service de Santé, pour lui transmettre copie d'une lettre du 11 courant à M. Lagrange, et copie de la réponse de ce dernier, datée d'hier.

Ainsi donc, l'Hôpital et l'Ecole n'ont plus de relations amicales. Le dortoir des domestiques transformé en prison, un règlement très rigide appliqué avec rigueur, tout cela rend le séjour à Saint-Genès peu agréable aux blessés. Les soins dévoués des infirmiers, les gâteries des bonnes sœurs, ne parviennent pas à lui enlever ce cachet, surtout dès lors que le règlement prend le caractère de discipline rigoureuse de caserne; aussi la plus mince distraction prend-elle une importance énorme.

Les jours de visite — jeudis et dimanches, de midi à deux heures, — si impatiemment attendus par tous, coupaient agréablement la semaine. Quels bons moments ! Quelles aimables causeries ! Quel réconfort ne puise-t-on pas auprès des amis, des parents qui viennent vous voir, vous entretenir des êtres bien-aimés restés au foyer ! Les blessés gardaient longtemps après le départ des visiteurs une aimable gaîté, un meilleur moral, une patience plus grande.

Rappelons les noms de quelques visiteurs de marque :

M. Raymond Poincaré, Président de la République Française, accompagné du général Duparge; M. Millerand, ministre de la guerre; M. Paul Deschanel, président de la Chambre des Députés; M. Clémenceau, sénateur, ancien président du Conseil des ministres; les généraux Oudard et Legrand, commandants de la 18ᵉ région; Lejail; Gouraud, venant voir le colonel Niessel, hospitalisé; le contrôleur général d'Armée Chapelle.

S. E. le Cardinal Andrieu, archevêque de Bordeaux, accompagné de M. le Chanoine Th. Carteau, curé de la paroisse Saint-Nicolas ; Mgr Adam multiplia ses visites fort appréciées; M. Gruet, maire de Bordeaux, plusieurs de ses adjoints et conseillers municipaux; MM. Bourbouley, conseiller général; Paul Glotin, Ballande, députés de la Gironde; nombre de sénateurs et de députés d'autres régions.

Les inspections se faisaient régulièrement par MM. les Médecins inspecteurs Brissé Saint-Macary, Pouchet, Clarac, Bergasse et les Inspecteurs généraux Delorme, Troussain, Cahier, etc...

La journée du dimanche jouit d'un autre attrait : la messe. Cette messe du dimanche, combien elle était édifiante ! Combien touchant le spectacle qu'offraient ces jeunes hommes, les uns la tête bandée, les autres, marchant péniblement avec des béquilles, ceux-ci portés sur les bras de leurs camarades convalescents ou par des infirmiers charitables; ceux-là, les membres soigneusement soutenus, allant graves et recueillis assister au Saint-Sacrifice. Ils ont vu

> « ...le soir de la bataille
> Sur les bronzes muets, sur les chevaux mourants,
> Sur les débris humains jonchés par la mitraille,
> Comme un dernier matin des mondes expirants,
> L'Ange de mort plane... »

Leurs yeux sont encore pleins des visions horrifiques, mais leurs âmes vibrent de gratitude pour la Providence, qui les éprouve, sans doute, mais qui les bénit et les récompensera, eux, leurs familles et leur patrie, du sacrifice accepté généreusement et accompli avec vaillance. Aussi, entendez avec quelle foi ils chantent les hymnes sacrées; avec quelle foi ils scandent les versets du *Credo!* avec quelle joie ils saluent la Vierge Immaculée ! *Ave, Ave, Ave, Maria !* tandis que M. l'abbé Deney ou le R. P. Othon-Ransan, ancien Provincial des Franciscains d'Aquitaine, aumôniers, célébraient le Saint Sacrifice de l'autel.

Le chroniqueur de ce temps, le regretté Raphaël Giard, s'écriait : « Jeunes élèves de Saint-Genès, qui avez le bonheur de voir ce spectacle édifiant, ne l'oubliez jamais. Gardez-en dans votre mémoire le souvenir ineffaçable, et prenez la virile résolution d'imiter ceux-là qui, aujourd'hui, vous donnent un si bel exemple de patriotisme et de piété. Ces hommes ont vu leur sang rougir la terre du champ de bataille, ils ont souffert pour la patrie : ils vous paraissent grands et glorieux; aujourd'hui vous les voyez prosternés devant le Dieu qui accorde les victoires. Eh bien ! je vous le déclare, ils sont plus grands quand ils sont à genoux; car vous le savez, vos maîtres vous l'ont dit, et Bossuet l'a surabondamment prouvé : « La piété est le tout de l'homme » (1).

A la fin de 1915, après quinze mois de fonctionnement, l'Hôpital complémentaire n° 18 est dans son plein exercice et a pris son caractère spécial qu'il gardera jusqu'à sa fermeture en 1919. Il occupe les neuf dixièmes des locaux de l'Ecole Saint-Genès.

Nous ne suivrons plus sa vie au jour le jour, ce qui nous conduirait à des développements trop grands et à des redites peu intéressantes. Donnons seulement pour fixer les idées, une vue d'ensemble de son installation matérielle.

Nous citerons presque mot pour mot, M. l'Officier d'administration Ahano dans son *Rapport*. L'aile nord est réquisitonnée en son entier : l'Ecole n'y accède plus; il faut au Directeur lui-même une autorisation écrite du Médecin-Chef pour y pénétrer.

Les locaux sont distribués de la manière suivante : Sous la voûte du grand portail se trouvent la conciergerie et le poste de l'infirmier major de garde; puis, en abordant le promenoir couvert, viennent successivement : le bureau des entrées, la lingerie luxueusement disposée, le bureau du matériel, celui du Médecin-Chef et de la Gestion, et la salle à manger des officiers.

(1) *Echo de Saint-Genès*, N° 189.

Ensuite se trouvent les salles des malades du Service Ophtalmologique, le réfectoire des malades du rez-de-chaussée (couloirs des classes), le bureau du Médecin de garde, le service d'ophtalmologie avec ses salles de consultation interne et externe, la salle de secours immédiats, enfin, la salle de radiographie.

1ᵉʳ étage. — Le premier étage, que se partagent les services de neurologie et d'ophtalmologie, est aménagé pour recevoir 120 malades environ; là sont installés le réfectoire des malades (couloir), les salles d'opération, de pansement, la pharmacie et son laboratoire, l'atelier de prothèse oculaire. Il y a en outre 10 lits pour officiers subalternes : lieutenants et sous-lieutenants, installés dans la chapelle des Congrégations et dans les chambres de M. le Directeur et du Sous-Directeur.

2ᵉ étage. — Cet étage comprend 14 salles pour soldats, avec réfectoire (couloir des classes), et six chambres pour officiers. On y trouve les bureaux de M. le doyen Pitres, de M. le professeur Testut, la salle d'électrothérapie et une petite bibliothèque pour les malades.

3ᵉ et 4ᵉ étages. — Ils sont identiques; ils contiennent chacun un réfectoire, un grand dortoir de 50 lits et d'autres petites pièces pouvant contenir ensemble 30 lits environ; plus, des chambres d'isolement.

Sous-sols. — Les sous-sols, dont le plafond dépasse de deux mètres le niveau du terrain et où la lumière arrive par de larges baies vitrées, contiennent divers locaux à l'usage des services domestiques de la formation. Il n'y a eu qu'à les utiliser au moment de l'occupation : la cuisine, la laverie, la dépense, les caves et d'une manière générale tout ce qui concerne l'alimentation est groupé très avantageusement. Tous ces services sont très vastes, bien éclairés et bien aérés. L'accès a lieu par l'escalier central.

La cuisine elle-même, est une vaste pièce de 10 mètres de long sur 7 mètres de large; elle se trouve au milieu de ses annexes, avec une issue qui donne sur une cour intérieure, laquelle communique avec la rue de Saint-Genès par une large porte de service.

Elle est aménagée dans d'excellentes conditions; le sol est en ciment cannelé pour permettre l'écoulement des eaux. Le fourneau de milieu a 3 m. 50 de long; il possède des rôtissoires avec amenée d'eau bouillante venant d'un fourneau spécial qui entretient constamment en ébullition l'eau nécessaire à la laverie et aux besoins de l'hôpital. Un grand placard en acier, appelé « chauffe-plats », de 2 m. 50 sur 3 m. 50, avec étagères, est relié au grand fourneau par plusieurs conduites en fonte, par lesquelles arrive la chaleur.

La cuisine possède en outre des machines à couper les légumes et le pain de soupe, un presse-purée dont le dispositif très ingénieux, permet de donner à 800 rationnaires les légumes sous forme de crème.

Les annexes sont : la salle d'épluchage, qui sert en même temps de réfectoire pour les cuisiniers; la plonge, avec courant continu d'eau chaude et d'eau froide, la réserve, les garde-manger, etc.

A signaler une petite salle de bains avec baignoire et bains de pieds à l'usage du personnel employé à la cuisine.

Attenante à la cuisine, séparée par un grand couloir qui sert de salle de réception, se trouve la dépense qui comprend les bureaux, les magasins et une sécherie, toujours ventilée par le jeu de soupiraux mobiles.

En somme, ces services, qui concourent à un même but, ne forment qu'un tout pour le grand avantage des malades, qui reçoivent leurs aliments dans les meilleures conditions possibles.

Continuant la description des sous-sols, nous arrivons au magasin du matériel, à la salle de conférences et enfin au réfectoire du personnel, vaste et luxueusement installé, lequel sert également de salle de fêtes. Dans tous ces locaux l'humidité est nulle.

BATIMENT SUD.

Dans cet immeuble, le service de Santé occupe les 3e et 4e étages, qui constituent deux vastes dortoirs pouvant recevoir ensemble 200 malades.

Ces hommes appartiennent en principe au service de neurologie et sont tous ingambes. L'habitat de ces dortoirs est très satisfaisant : l'été, l'air y entre à profusion; l'hiver, les ouvertures sont fermées par de doubles fenêtres avec impostes et la chaleur y est entretenue par un poêle cloche.

Les malades qui y sont affectés sont intéressés par le panorama de la ville et de la campagne. Ils y trouvent ainsi une distraction qui est pour eux, avec le charme de vivre à cette altitude, une consolation dans leur infortune.

Dans l'aile sud sont également occupés le laboratoire de chimie et la salle des manipulations. Ces deux locaux servent au service de photographie et de radiographie.

AUTRES IMMEUBLES.

Une construction légère, supportée par des colonnes de chêne et appelée « pavillon de musique », se dresse à côté du bâtiment nord. Le rez-de-chaussée de ce pavillon forme un vaste préau de 30 mètres sur 12.

Au 1er étage, des cellules qui servaient de salles de musique ont été aménagées en chambres de deux et trois lits. Des pièces plus vastes servent de salles de triage et l'ensemble peut recevoir environ 60 lits.

Les salles de bains, les salons de toilette et les salles de désinfection font partie de ce pavillon. Une grande pièce, située au-dessus de la salle de bains, est transformée en prison.

Les water-closets extérieurs se trouvent sous le préau. Ils sont en ciment avec fosses formant citerne; ils sont entretenus par les soins du Service de l'assainissement de la Ville.

Salle d'autopsie, morgue, four à brûler. — Ces services sont éloignés du milieu principal de la formation et se trouvent à l'angle nord-est du parc. Ce sont de simples constructions faites par le Service de Santé au moment de l'occupation par la formation.

Eaux potables, chauffage et éclairage. — Le service des eaux de la Ville satisfait aux besoins de la formation en eau potable. Elle est distribuée en abondance à tous les étages et dans tous les services.

Une canalisation spéciale en cas d'incendie, avec prises d'eau multiples, est installée dans les deux grands bâtiments.

Au moment de la mobilisation, l'Ecole était éclairée au gaz, le Service de Santé a fait procéder à l'installation générale de l'électricité, sans apporter aucune modification aux conduites de gaz, ce qui permet, l'hiver, de pouvoir chauffer avec des radiateurs certains services spéciaux, tels que salles d'opérations, de pansements, laboratoires et bureaux.

Egouts. — L'Hôpital possède le tout-à-l'égout pour l'évacuation des eaux souillées.

***

En 1917, M. le docteur Jourdran, médecin principal, succédait à M. le docteur Lagrange; témoin du bien que faisaient les jeunes gens de la Conférence Saint-Vincent-de-Paul, par leurs visites aux malades de l'Hôpital, il leur prodigua ses encouragements.

A l'occasion de la Fête patronale de cette œuvre de charité, il adressait, le 20 mai, à M. le Directeur de l'Ecole, en remerciements, une lettre d'une exquise délicatesse.

Il reconnut dans tous les milieux, l'honnêteté et le dévouement à la chose publique.

Il demanda la titularisation de M. l'abbé Deney, aumônier de l'Ecole et *aumônier volontaire* de l'Hôpital :

« Je soussigné, Médecin-Chef de l'Hôpital Complémentaire n° 18, certifie que Monsieur l'Abbé Deney a été agréé officieusement en qualité d'Aumônier de la formation.

» Toutefois, Monsieur Deney déclare être libéré de toute obligation militaire depuis le mois d'octobre 1916, ce qui lui donnerait des droits à sa titularisation comme aumônier militaire.

» Je dois signaler le dévouement, la distinction et la correction parfaite avec laquelle cet ecclésiastique a accompli sa mission. Ses visites dans l'Hôpital ont exercé la plus heureuse influence sur les malades et contribué au bon esprit et au bon moral de nos blessés. »

En quittant la Direction de l'Hôpital, il voulut donner à M. l'Aumônier une nouvelle marque d'estime. A la date du 28 février 1917, il lui faisait remettre la lettre suivante :

Le Médecin-Principal de 2e classe Jourdran, Médecin-Chef de l'Hôpital Complémentaire n° 18, à Monsieur l'Abbé Deney, Aumônier de l'Hôpital Complémentaire n° 18,

« Avant de quitter la Formation, je tiens à vous adresser un témoignage de haute estime et de grande satisfaction pour la distinction avec laquelle vous avez rempli les devoirs de votre ministère.

» Respectueux des règlements militaires, vous avez répondu avec empressement à l'appel des malades qui vous ont demandé à leur chevet, pour leur porter la bonne parole et les secours de la religion.

» Je suis certain d'être l'interprète de toutes les familles des glorieux blessés que vous avez consolés, en vous adressant tous leurs remerciments et leurs meilleurs vœux.

» Veuillez agréer, Monsieur l'Abbé, l'expression de mes sentiments très distingués.

» Le Médecin-Chef, JOURDRAN. »

Ces deux documents font le plus grand honneur à notre cher aumônier, aujourd'hui curé de N.-D. de Lourdes des Chartrons. Ce sont de véritables Citations à l'Ordre du jour du dévouement.

M. Léon Orcasverro, qui avait mis l'ordre et la paix dans les cuisines de l'Hôpital Saint-Genès, reçut les galons de caporal en guise d'étrennes.

Plus tard, il lui décernait la citation suivante :

« Le caporal Orcasverro Léon, classe 1895, numéro matricule 1250, a été chef cuisinier de la formation, du 1ᵉʳ mars 1916 au 10 juin 1917.

» Ce caporal a rempli ses fonctions avec zèle et dévouement; il a toujours donné satisfaction »   Signé : JOURDRAN.

Avec quelle bienveillance il accueillait une réclamation d'un soldat de 1ʳᵉ classe à qui l'on avait promis la Médaille militaire et qui ne voyait rien venir.

Ce soldat était Arnaud Carriquiry, né le 10 mars 1880 à Lichans (Basses-Pyrénées), domicilié à Alçay, canton de Tardets; mobilisé le 2 août 1914, blessé le 26 mai 1915 à Aix-Noulette par éclats d'obus; trépané le 27 mai à Béthune; évacué le 1ᵉʳ juin à Libourne, trépané une seconde fois à Libourne, le 5 juin, à l'Hôpital auxiliaire, rue Carrère, Libourne. Sorti de cet hôpital fin décembre 1915, il avait obtenu un mois de convalescence; était entré de nouveau à l'Hôpital de Bayonne en février 1916. Dirigé à Bordeaux, Hôpital Saint-Genès, il y séjourna les mois d'avril et de mai, sous l'autorité du Médecin-Chef Lagrange et du médecin traitant Marsoo. Réformé n° 1 le 3 juin par la Commission de Réforme de Bayonne.

Ce brave soldat avait mérité la Citation suivante à l'Ordre de la Division :

Carriquiry Arnaud, soldat de 1ʳᵉ classe à la 6ᵉ compagnie du 142ᵉ Régiment territorial d'infanterie :

« Bon soldat, courageux. A été blessé grièvement le 26 mai 1915, à Aix-Noulette, en faisant son devoir. »

M. le Médecin-Chef Jourdran, ancien collaborateur du Général Galliéni, à Madagascar, ne tardait pas à avoir une mission encore plus importante. Sur sa demande d'être envoyé dans la zone des armées, la direction d'un Hôpital de 1.800 lits lui était confiée à Troyes. La vénération et les sympathies de tous lui firent escorte, ainsi que la reconnaissance des blessés et des malades de l'Hôpital Saint-Genès.

M. le Professeur Testut succéda, comme Médecin-Chef, à M. Jourdran. Il s'efforça de garder avec l'Ecole les mêmes relations amicales et de bon voisinage.

Il en fut de même de M. Martin du Magny, un éminent praticien bordelais, et de M. Vassal, qui présida l'inventaire de remise de l'Hôpital.

Dix-neuf mille deux cent soixante-neuf malades ou blessés ont été soignés à l'Hôpital complémentaire n° 18 (1). En novembre 1918, lors de l'armistice, il y avait environ 600 hommes. Le nombre des décès fut de 90 : tous les catholiques — c'était le grand nombre — firent une mort chrétienne, vraiment édifiante; tous les autres — protestants ou musulmans — furent assistés par les ministres de leur culte; eux aussi, en face de la mort donnèrent à leur manière l'édification autour d'eux.

(1) Ne sont pas comptés dans ce chiffre de 19.269 les malades, hospitalisés dans des annexes, qui venaient régulièrement se faire soigner à Saint-Genès.

Pendant plusieurs mois de l'année 1918, le rez-de-chaussée donna asile à l'*Hôpital des Invalides*, de Paris (section des paraplégiques), réfugiés dans le Sud-Ouest, lors des bombardements de la Capitale.

Cet Hôpital avait son organisation propre, avec son personnel de docteurs, d'infirmières et d'employés. C'était en même temps une Ecole de rééducation ; tous ces blessés, au nombre d'environ 80, se formaient à diverses professions en rapport avec leurs aptitudes : vanniers, cordonniers, imprimeurs, tailleurs, comptables, etc...

Ceux qui pouvaient sortir en ville allaient et venaient, assis sur des petites voiturettes spéciales mues par eux-mêmes, ou poussées par des personnes de bonne volonté, d'autres blessés ingambes, le plus souvent. C'était une section vraiment intéressante et dont l'esprit paraissait être excellent. Elle était confiée à la « Société des Dames françaises ».

*
* *

Le dimanche 27 octobre, la remarquable musique anglaise *Royal Horse Guards*, venue à Bordeaux pour donner un concert d'après-midi au Jardin Public, tint à se faire entendre tout d'abord des glorieux blessés de la guerre, et c'est à Saint-Genès, dans la cour d'honneur, qu'elle donna, entre 10 heures et midi, plusieurs des meilleurs morceaux de son répertoire.

D'enthousiastes applaudissements les ont tous soulignés et à juste titre, spécialement *Typperary*, la *Marseillaise* et le *God Save the King*, ainsi que les délicats remerciements de M. Martin du Magny, le sympathique et dévoué Médecin-Chef de l'Hôpital, ami de l'Ecole, et la réponse du Chef de musique, terminée aux cris de : « Vive la France ! Vive l'Angleterre ! ».

L'Hôpital complémentaire N° 18 ouvert le 15 août 1914, fut fermé le 10 mai 1919. L'évacuation complète des locaux et leur remise à la « Société Immobilière » n'eurent lieu que le 4 octobre 1919. Dieu seul connaît la somme de souffrances supportées avec résignation et parfois même avec joie pour la Patrie, les trésors de dévouement prodigués dans l'Hôpital Saint-Genès pour Dieu et pour la France.

III

La Vie de l'École Saint-Genès pendant la Guerre.

Ainsi qu'on l'a vu dans l'article précédent : Vie de l'hôpital n° 18, l'Ecole Saint-Genès fut réquisitionnée dès le début d'août 1914, pour être transformée en Hôpital complémentaire. Durant les premiers mois de la Grande Guerre, l'Ecole et l'Hôpital fonctionnèrent parallèlement, se compénétrant plus ou moins.

C'étaient les vacances de 1914; le personnel présent de l'Ecole s'empressait de prêter son concours pour l'installation de l'Hôpital, son organisation, et pour assurer ainsi le soulagement des malades et des blessés. On put constater avec joie une louable émulation dans ce but chez un grand nombre d'anciens élèves, de parents d'élèves et d'amis de la maison.

Toutes les classes étant transformées en salles de malades, on s'inquiète de trouver de nouveaux locaux : 8 classes pourront être installées sous la chapelle, une dans le cabinet de physique, les autres seront transportées à la rue de Ségur, dans une partie du couvent des RR. PP. Franciscains; ces locaux avaient abrité durant plusieurs années l'Institution Cheverus.

Le 2 septembre, M. l'Inspecteur d'Académie fait savoir à M. le Directeur qu'aucune rentrée d'interne ne se fera en octobre dans les établissements où sont hospitalisés des soldats, mais que l'externat pourra être organisé dans les parties de l'Ecole non réquisitionnées.

Le 5 octobre, la rentrée des petits et des moyens se fait dans des conditions satisfaisantes, rue de Ségur : 236 élèves sont présents dès ce jour, sans compter les candidats.

Les travaux d'aménagement, sous la chapelle, n'étant pas terminés, la rentrée des grands est retardée de huit jours. Le lundi 12 octobre, ils reviennent de bonne humeur, en d'excellentes dispositions, et l'Ecole se voit, ce jour-là, dans la pénible obligation de refuser beaucoup de jeunes gens, faute de place. Très pittoresque la sortie de tout ce monde par groupes, après souper, pour aller coucher au dehors, 214 et 102, rue de Pessac et 8, rue de Ségur, où l'on a multiplié les lits, ou individuellement chez des familles amies de la rue de Ségur et des environs.

Le vendredi 16 octobre, à la nomination des notes, M. le Directeur compte 414 élèves présents : c'est merveilleux, vu les circonstances... Et cependant, que d'enfants, même des fils ou des neveux d'anciens élèves, que l'on n'a pu admettre, vu l'exiguïté des locaux !

Pendant les mois d'octobre et de novembre 1914, la cuisine servit aux deux groupements; deux réfectoires furent laissés à la disposition de l'Ecole; les cours des soldats n'étaient séparées que par une simple clôture de Gironde; plusieurs fois par semaine, des groupes d'élèves, accompagnés de leurs maîtres, allaient visiter les blessés; les offices à la chapelle étaient communs. Et c'était un spectacle réconfortant de voir maîtres, élèves, officiers et soldats unis dans une même prière.

Le mercredi 11 novembre, à 4 heures 1/4, s'ouvre la Retraite annuelle, prêchée par le R. P. Beauvais, dominicain. Tout le monde s'inspira de la gravité des circonstances pour porter tout le sérieux convenable au travail de ces trois jours de récollection et donner une orientation à sa vie, pour l'année scolaire et au-delà.

Le dimanche 15 novembre, le médecin-chef annonce de nouvelles réquisitions; il propose même de faire réquisitionner tout l'immeuble, afin d'éviter les inconvénients résultant de la compénétration réciproque de l'Ecole et de l'Hôpital.

Après mûre réflexion, le Conseil de Direction de l'Ecole est d'avis de refuser poliment, mais énergiquement, et de conserver au moins toutes les classes comme externat, si l'on ne peut faire différemment. Le Président de la Société Immobilière, le vénérable M. Ad. Demay, et son Conseil sont du même avis.

M. Antin sera chargé de faire valoir les droits de la Société. Il le fera avec un admirable dévouement, visitant l'immeuble tous les jours, souvent plusieurs fois par jour, durant tout le temps de l'occupation militaire.

Le 10 décembre, la pièce de réquisition immédiate de la cuisine et des réfectoires dans leur entier, *avec tout ce qu'ils contiennent*, pour le 18 courant, était remise à l'Economat.

Le Conseil d'Administration se réunit à nouveau le dimanche 13 : ses membres se montrent encore plus résolus que jamais à lutter contre la main-mise brutale et injustifiée sur la presque totalité de l'Ecole; sur les services essentiels tels que la cuisine et les réfectoires. On décide d'en référer à l'autorité municipale.

Le 17 décembre, M. le Maire obtient de M. Pouchet, directeur du Service de Santé de la 18ᵉ Région, que la cuisine et les réfectoires soient laissés à l'usage de l'Ecole jusqu'au 1ᵉʳ janvier, afin de pouvoir au moins prévenir les familles.

Entre temps, on négocie avec M. Catali, traiteur à la Villa Grisélidis, pour louer la grande salle et la cuisine de cet établissement, devenues vacantes par le départ des bureaux du Ministère de la guerre, installés là pendant le séjour du Gouvernement à Bordeaux.

Depuis 1904, aux heures difficiles, on remarqua, comme ici, une merveilleuse intervention de la Providence pour aplanir les difficultés.

Le 20 décembre, dimanche, comme toujours, grande affluence à la Messe de neuf heures et demie : soldats, parents et amis.

Lundi 21, la location de la Villa Grisélidis est chose faite.

Le 22, mardi, on commence à diviser le grand Salon pour installer la lingerie au fond.

A l'âge d'or de l'Hôpital Saint-Genès, où le règlement avait un caractère familial, les élèves de l'Ecole et leurs parents faisaient des présents et les bonnes sœurs étaient heureuses de fêter les malades de leur étage par une collation de beau raisin d'échalas ou par une distribution de livres, comme *Tartarin de Tarascon*, de Daudet, les *Feuilles de Route*, de Déroulède, etc...

Pour les chers blessés, au nombre de plus de 500, on a successivement abandonné les classes, les dortoirs, et la Direction, comme les élèves, s'est logée en des recoins, dans les sous-sols ou dans des logements de fortune au-dehors.

Bientôt, une barrière nous sépare des malades et des blessés; mais nos cœurs les suivent sur leur lit de douleur, dans les salles d'opération, pendant leurs longues heures de souffrance. La Conférence de Saint-Vincent-de-Paul de l'Ecole sollicitait néanmoins et obtenait encore de M. le Médecin-Chef l'autorisation de visiter les malades le samedi de chaque semaine, pendant la récréation de midi. Sous des modes variés et dans la mesure de ses ressources, elle s'ingénia pour pratiquer, avec beaucoup de cœur et de tact, la Charité.

Le 1er de l'an 1915 est plutôt sombre, soit à cause de la guerre, soit à cause de la situation faite à l'Ecole. On échange néanmoins des souhaits dans la matinée, individuellement.

MM. les Officiers blessés viennent présenter leurs vœux. A midi, déjeuner, à Grisélidis. M. le Directeur, M. l'abbé Lafaye, M. Blattes souhaitent la bonne année à chacun par un mot de circonstance. Le lendemain, samedi, visites d'amis qui viennent apporter à l'Ecole le témoignage de leur sympathie et leurs souhaits. Mais personne ne comprend la rigueur avec laquelle nous sommes traités : cuisines et ustensiles, réfectoires et tables, tout réquisitionné !...

Le dimanche 3, anniversaire de l'ouverture de l'Ecole, en 1874, très belle cérémonie à la chapelle, malgré l'absence des élèves. A midi, Messieurs les officiers blessés déjeunent à la villa Grisélidis, invités par la Société Immobilière et la Direction de l'Ecole. Onze d'entre eux ont pu répondre à l'invitation.

M. le docteur Volpillac, médecin de garde, averti trop tard, s'y rendait pour le champagne.

Lundi 4 janvier, M. Antin écrit au Médecin-Chef pour le prier de lui faire remettre au plus tôt les reçus avec la date d'occupation, et l'état détaillé des divers locaux occupés et du mobilier réquisitionné.

Dimanche 10 janvier, fête de l'Epiphanie; à neuf heures et demie, Messe avec diacre et sous-diacre : nombreuse assistance.

Les Rois sont tirés à souper. Y prennent part, à Grisélidis : MM. les Aumôniers et les abbés Régrény et Pottier, soldats de service à l'Hôpital.

Dimanche 14 février, à l'issue de la Messe de 9 heures et demie, dans la réunion du Comité des anciens élèves, il est décidé, entre autres choses, que la Grande Salle sera offerte au Comité des fêtes de l'Hôpital Saint-Genès, le 25 courant, pour une fête de nuit, qui fut d'ailleurs fort bien réussie.

Jeudi 18, M. le docteur Volpillac quitte la maison dès le matin; il est ému en faisant ses adieux; nous aussi, car nos relations ont été excessivement cordiales, s'étant particulièrement intéressé à l'Ecole et aux personnes qui bénéficièrent de son contact.

Le 28, à la Messe du matin, comme tous les dimanches, à moins d'empêchement par suite de visite médicale, nombreuse assistance de militaires et de public.

Jeudi 4 mars, l'état de M. Lafaurie, indisposé depuis quelques jours, s'aggrave. M. le Dr Guyot, qui le voit vers sept heures du soir, le trouve bien affaibli pour tenter une opération.

Samedi 6, décès de M. Lafaurie : le cher malade s'est éteint sans trop souffrir.

L'empoisonnement du sang a été plus rapide que l'on ne pensait. Que Dieu, qu'il a si bien servi, ait son âme !

Les obsèques eurent lieu le lundi, à 9 heures. Imposante cérémonie par sa simplicité. Les classes de 7es, 6es et 3es l'ont accompagné à la Chartreuse avec la Direction, les professeurs libres, quelques personnes externes et des soldats.

Dimanche 14 mars, à la messe de neuf heures et demie, le cantique « Les Enfants de France », par les élèves de 8e, à la Tribune, produit très bon effet.

Mardi 16, à quatre heures et demie, on assiste à la remise de la Croix de la Légion d'honneur au brave docteur Lafitte, que tout le monde connaît et vénère à l'hôpital, et au capitaine Colin.

Le 17 mars 1915, mort de l'éminent avocat, M. Roy de Clotte, président du Comité de la Croix-Rouge et grand ami de l'Ecole.

Vendredi 19 mars, solennité de Saint-Joseph; communion presque générale à la messe de six heures et demie pour les pensionnaires et les maîtres; à huit heures, 150 demi-pensionnaires environ s'approchent de la Sainte Table. A neuf heures et demie, Messe avec diacre et sous-diacre; M. l'abbé Fortin, sergent, officie, de même que le soir au Salut solennel, à quatre heures et demie.

Le lendemain, samedi 20, Son Eminence le Cardinal Andrieu administrait la Confirmation à 30 petits enfants et à un soldat blessé natif de Troyes (Joseph-Arthur-Paul Duriet) hospitalisé à Talence (Noviciat des Frères).

Après la cérémonie, Son Eminence reçoit tous les élèves par groupes, à cause de l'exiguïté du Salon divisé en deux. Le Cardinal se montre d'une amabilité remarquable et toute paternelle. On lui propose ensuite de lui montrer la grande Salle; ce qu'il accepte avec plaisir et félicite qui de droit d'avoir réalisé une partie du rêve catholique, à savoir : la construction d'une Salle d'œuvres.

Tout le monde reste sous le charme de cette bonne matinée, qui se termine par un bon déjeuner, où furent invités : M. l'abbé Fortin, curé doyen d'Audenge, MM. les Aumôniers, M. l'abbé Peynon, MM. Antin, président de l'Association amicale et Bac, parrain des confirmands.

Le dimanche des Rameaux, beaucoup de monde à la Messe et tenue respectueuse de la part des soldats. La cérémonie de la bénédiction des Rameaux, fort émouvante comme toujours. La Passion est chantée par M. l'abbé Pujo, blessé, MM. Blattes et Sagaspe.

Le Mercredi-Saint, proclamation des prix de Pâques. Les élèves renoncent aux prix en faveur des œuvres de guerre. Ils renouvelleront ce beau geste jusqu'à la fin des hostilités.

Jeudi-Saint, l'office solennel à huit heures. Communion générale des élèves : ce qui est fort impressionnant, surtout le spectacle offert par les petits bébés de sept à neuf ans.

A seize heures, chant du *Stabat* et Concert spirituel. La chapelle est comble.

Le Vendredi-Saint, office du matin, très solennel et suivi avec beaucoup de piété par les élèves et quelques militaires. Le soir, à quatre heures et demie, sermon de la Passion par M. l'abbé Lafaye. Après la cérémonie, les demi-pensionnaires et les externes s'en vont, commençant leur congé de Pâques.

L'Office du Samedi-Saint revêt un caractère de solennité et une poésie qui charment; le bon vouloir des chanteurs et de M. Pujo, diacre malade, en particulier, qui prête le concours de sa forte voix, fit que les prophéties, les litanies des saints et la messe furent chantées avec entrain et beaucoup de piété.

Le départ matinal des élèves eut lieu sans incident.

Le jour de Pâques, à 6 heures et demie, messe de Communion dite par M. l'abbé Elgué, caporal-infirmier; les militaires, en grand nombre, se sont approchés de la Sainte Table.

Mardi 13 avril, de la part de ses parents, avec l'autorisation du Médecin-Chef, le jeune Miguel Vasquez distribue des gâteaux et du Malaga vieux aux malades du rez-de-chaussée.

Dimanche 25, Fête du Patronage de Saint-Joseph; à 14 heures, jolie Séance-Concert, organisée par MM. Bernis et Dufaure, toujours au profit des blessés de l'Hôpital : tout le monde a lieu d'être content.

Samedi 1er mai, de 8 heures et demie à midi, appels incessants au téléphone des parents, dont les fils avaient été au lancement du « Languedoc ». Après 8 heures, le bruit s'était répandu en ville, comme une traînée de poudre, que, par suite d'accident, il y avait de nombreuses victimes. Heureusement, peu à peu, les groupes d'élèves arrivaient et l'on put rassurer tous les parents.

Dimanche 9, dans la Salle Saint-Genès, fête organisée en matinée par le Comité d'assistance aux blessés militaires des départements envahis.

Mercredi 12 mai, M. Sire va trouver le Médecin-Chef pour inviter les malades à la fête de samedi, au moins une centaine, ne pouvant les inviter tous, faute de place. M. Lagrange accorde la permission pour 50 que choisiront les Sœurs, à la condition que la fête soit terminée avant 4 heures et demie.

Dimanche 16, Fête de Saint-Jean-Baptiste de la Salle et de Sainte Jeanne d'Arc. Sur la demande de M. l'Aumônier, les malades sont autorisés à assister à la grand'messe, mais la sentinelle veille au fond de l'escalier nouvellement construit pour l'usage des cours et jardins.

Mardi 18, enfin, la fameuse barrière est terminée; rien n'y manque, pas même les quatre rangées de fils barbelés !...

Mardi 25 mai, les professeurs et les quelques élèves restés à l'Ecole durant le congé de Pentecôte, vont en pèlerinage à Notre-Dame de Verdelais. Ils ont très bonne journée et ils reviennent ravis de leur promenade.

Le 11 juin, procession du T.-S. Sacrement dans la chapelle; les barrières empêchent le déploiement du cortège dans les cours et les jardins.

Le 24 juin, pèlerinage au Sacré-Cœur.

Le 17 juillet, distribution des diplômes de Prix, sous la présidence de M. Brejon, avocat, ancien bâtonnier.

Ainsi se termina la première année scolaire de guerre. L'Ecole est complètement séparée de l'Hôpital : seuls les membres de la Conférence de Saint-Vincent-de-Paul y auront accès à jour et à heure déterminés.

Les classes, de la 11e aux 4es inclusivement, fonctionnent à la rue de Pessac, avec entrée au n° 8 de la rue de Ségur. Le sous-sol, au-dessous de la chapelle, divisé par cloisonnement, abrite les 3es, les classes agricoles et commerciales et les secondes. La 1re classe occupe la salle de physique; les classes de mathématiques et de philosophie se font dans le couloir cloisonné du fond de la chapelle. Les réfectoires et cuisines de l'Ecole sont à la Villa Grisélidis. Le matin, à 7 heures, tous les pensionnaires s'y rendent pour le petit déjeuner; à midi, les élèves pensionnaires et demi-pensionnaires des classes situées à Saint-Genès, aussi bien que les deux tiers de l'Ecole domiciliés à la rue de Ségur, se réunissaient à Grisélidis. On s'y rend, essuyant parfois pluie, bourrasques ou neige. Et, chose merveilleuse, à travers les intempéries des saisons, on se trouve à l'abri des rhumes et des épidémies, dans un état de santé vraiment prospère.

Tous les matins, aux environs de 6 heures, même dans le cœur de l'hiver, le quartier de Ségur était réveillé par « la grande Batterie de Saint-Genès ». C'est ainsi que l'on appelait le pas cadencé des élèves en sabots, se rendant à la messe. Le barde attitré des gloires de l'Ecole fit même sous ce titre un sonnet rappelant « la grande Batterie de Sénarmont », durant l'épopée napoléonienne.

Ainsi que nous l'avons fait pour l'Hôpital complémentaire n° 18, nous arrêterons ici le détail des éphémérides de l'Ecole. Aussi bien, les quatre années qui suivirent ressemblèrent à la période écoulée du mois de janvier au mois de juillet 1915.

Professeurs et élèves supportèrent courageusement les incommodités de la situation : eux aussi faisaient la guerre dans les « tranchées de Saint-Genès », dans les salles froides et mal aménagées de Ségur, sur les chemins boueux qui les menaient à Grisélidis, où, plus d'une fois, on fut exposé aux inondations, tout comme dans les « boyaux » du front.

Six fois, dix fois par jour, M. Sire, spécialement chargé de la section de Ségur, faisait la navette de Saint-Genès à Ségur, de Ségur à Grisélidis; si bien qu'à la fin de la guerre, il calculait avoir fait plus de sept mille kilomètres, environ le cinquième du tour du monde. La plupart des professeurs pouvaient en dire autant.

Malgré tout, l'Ecole garda sa physionomie et ses traditions : chaque année vit revenir les fêtes religieuses et scolaires : Messe de Minuit; pour s'y rendre, on s'éclairait avec des fanaux et des lanternes vénitiennes; c'était très pittoresque. De même, la Fête des Rois, à Grisélidis, avec le traditionnel programme; la Confirmation, la Semaine sainte, la Première Communion, la Procession du Très-Saint-Sacrement, avec parcours très réduit; la fête de Gymnastique, à laquelle assistaient de nombreux officiers et soldats blessés; la réunion des Anciens Elèves, avec Banquet et Soirée de gala, la Proclamation solennelle des Prix.

Ces fêtes entretenaient le bon esprit et maintenaient le moral à un niveau très élevé. Tous les jours, au réfectoire, on lisait le « Communiqué »; l'annonce d'un succès était accueillie par des applaudissements enthousiastes. On lisait aussi des lettres du front, lettres des professeurs et des anciens élèves; les citations, promotions, décorations dont ils étaient l'objet se voyaient longuement applaudies. Chaque visite était une fête. Ainsi toutes les âmes vibraient à l'unisson.

Au début, on était en famille avec les blessés, la séparation était insignifiante, la compénétration facile. Peu à peu, l'Hôpital temporaire n° 18 a pris presque tout l'immeuble, et la barrière s'est élevée. Adieu les intéressantes causeries et les parties de jeux entre soldats et élèves.

La Conférence de Saint-Vincent-de-Paul de l'Ecole ayant obtenu du Médecin-Chef l'autorisation de visiter les malades le samedi de chaque semaine, pendant la récréation de midi, parcourait un étage chaque fois, s'entretenait avec les blessés, et leur distribuait diverses gâteries. Comme il y avait six étages, ce n'était que toutes les six semaines qu'on repassait près du même lit, et rarement on retrouvait le même blessé.

La seconde année, on préféra aller moins souvent à l'Hôpital et le visiter chaque fois en entier. Mais pour donner le café, aromatisé d'un peu de rhum, un gâteau ou une orange à plus de 500 malades, il fallait une somme relativement élevée chaque fois, ce qui obligea les disciples d'Ozanam à restreindre tellement leurs visites que leur action se fit encore moins sentir que l'année précédente.

Ces deux expériences les conduisirent la troisième année à adopter la visite hebdomadaire, à l'instar de celle qu'ils font à leurs familles secourues. Ils demandèrent alors aux Sœurs de Charité attachées à l'Hôpital de leur désigner dix blessés, de préférence des pays envahis, des plus dignes d'intérêt, pris parmi ceux que personne ne venait voir, et, chaque semaine, ils allaient passer un moment avec eux et leur apporter cigares, gâteaux, oranges, cartes postales, etc. S'ils témoignaient un désir, les jeunes conférenciers essayaient de le satisfaire. L'un voudrait avoir des nouvelles de chez lui : on écrivait aux journaux pour insérer son nom, son adresse et sa demande; l'autre aimait la lecture : on lui procurait des livres; celui-ci avait perdu sa pipe : on lui en achetait une autre; celui-là voudrait un nécessaire à faire la barbe : on le lui apportait. C'était des moments très agréables que l'on passait près d'eux. C'est avec effusion qu'ils remerciaient, et plusieurs, après avoir quitté l'Hôpital, continuèrent à donner de leurs nouvelles.

En 1917, le nouveau Médecin-Chef, M. le docteur Jourdran, successeur de M. le docteur Lagrange, témoin du bien que faisaient les jeunes gens de Saint-Genès, les encouragea vivement dans leur œuvre. Le 20 mai, à l'occasion de la Fête patronale de la Conférence, il adressait à M. le Directeur de l'Ecole la lettre suivante :

« La Conférence Saint-Vincent-de-Paul, dans une pensée de généreux altruisme, n'a pas voulu que le rayon de soleil qui réchauffait hier votre belle fête de famille éclairât seulement les jeunes gens qui ne sont pas encore entrés dans la carrière. Les élèves de Saint-Genès ont pensé à leurs aînés, dont quelques-uns, hier encore sur les bancs de l'Ecole, ont à peine quitté la « robe prétexte » pour revêtir l'armure des légions magnifiques qui opposent leur digue aux hordes débordées du Rhin et de la Sprée.

» Nos jeunes amis de Saint-Genès ont pensé, dans une généreuse communion d'idées, que les cœurs qui battent dans les foyers démembrés : cœurs de mères, d'enfants, d'épouses ou de fiancées, auraient quelques minutes de douce émotion en apprenant que leurs glorieux mutilés ont reçu de leurs mains leur part de joie et de consolation.

» Ils sont passés dans nos salles en faisant le bien. Les élèves de Saint-Genès sont les amis de nos blessés de guerre....

» Je les remercie pour eux et ne puis m'empêcher d'évoquer le souvenir de la mélopée plaintive que j'ai entendue tomber de la bouche des infirmes disséminés sur les routes de la grande île de l'Océan Indien :

« Donnez, donnez, vos généreuses offrandes formeront les barreaux de » l'échelle qui vous permettra de gravir le Ciel. »

M. le docteur Jourdran n'a pas borné ses encouragements à cette aimable lettre. Il était de toutes les fêtes charitables de l'Ecole, et, chaque fois, il déposait un billet bleu dans l'aumônière. A la rentrée des classes, en octobre, il fit dire combien il serait heureux de voir les jeunes conférenciers le plus souvent possible visiter les blessés. Il se mit même à leur disposition, si, parmi les pauvres assistés, il y en avait qui eussent besoin de ses services. Déjà, durant les vacances, en l'absence de M. Hirigoyen, docteur de l'Ecole, plus d'un professeur, indisposé ou souffrant d'une crise de douleurs rhumatismales, ayant eu recours à M. le Médecin-Chef, se virent soulagés avec un obligeant empressement.

Sous la direction de M. Jourdran, les membres de la Conférence Saint-Vincent-de-Paul furent non seulement autorisés à voir les malades, mais encore à visiter les diverses pièces à destination très variée : « Toute la maison est reluisante de propreté, écrit un jeune confrère. Que M. le Médecin-Chef soit assuré qu'il a fait un grand plaisir aux jeunes gens de la Conférence en leur permettant d'exercer largement la charité parm les blessés de l'Hôpital et de se rendre compte de l'économie d'une pareille organisation dans ses moindres détails... »

Cependant les nouveaux élèves entrés depuis trois ans, et même plusieurs professeurs, ne connaissaient de l'Ecole que la petite partie non réquisitionnée, c'est-à-dire la chapelle, l'amphithéâtre des sciences et le sous-sol de l'aile Sud.

Aussi quelle fête, le mercredi 14 février 1917, pour les élèves des 4ᵉˢ et des 5ᵉˢ, et le mercredi 21 février, pour ceux des 6ᵉˢ et des 7ᵉˢ classes ! Ils visitèrent l'Ecole dans tous ses détails, ils la parcoururent dans tous ses étages, ils virent toute l'organisation de l'Hôpital, parlèrent aux blessés et se firent une joie de leur distribuer chaque fois plus de 500 oranges apportées par eux.

Le 14, M. le Médecin-Chef voulut les accompagner lui-même, leur tout montrer et expliquer, surtout la radiographie. C'était le professeur aimable, le père condescendant au milieu de ce groupe d'environ 150 élèves.

Chaque chef de service était à son poste et tout était reluisant d'ordre et de propreté.

Le 21, ce fut M. l'adjudant Bouchot qui fit les honneurs de la maison. Avec quelle joie tous les blessés virent cette sémillante jeunesse, qui rappelait à plusieurs d'entre eux le souvenir de petits êtres chéris, objet de leurs plus vives affections ! Avec quel plaisir les élèves voyaient leurs classes spacieuses, pleines d'air et de lumière, et serraient la rude main de ces glorieux mutilés de la guerre, heureux de leur visite et de leurs témoignages de sympathie !

Le mercredi 28 février, ce fut le tour de la division des grands.

M. le Médecin-Chef voulut, avant de quitter Saint-Genès, donner un nouveau témoignage de l'intérêt qu'il portait à l'Ecole en faisant une causerie aussi intéressante qu'instructive sur les *Rayons X* et sur la *Radiographie*.

« Notre curiosité, dit le chroniqueur ordinaire de l'*Echo de Saint-Genès*, était depuis longtemps mise en éveil par une installation faite dans la salle des manipulations, entre le laboratoire et l'amphithéâtre des sciences. Nous entendions le mouvement des appareils, mais nous ne pouvions les apercevoir : des portes cadenassées et une barrière infranchissable nous séparaient depuis deux ans et demi de cette salle, un peu mystérieuse pour nos jeunes imaginations.

» Ce jour-là, les portes s'ouvrirent, la barrière fut levée pendant quelques heures, afin que nous pussions circuler et voir de près tous les appareils que l'on fit fonctionner sous nos yeux.

» M. le Médecin-Chef nous fit d'abord succinctement l'histoire des *Rayons X*, cette grande découverte du siècle dernier qui, quoique peu connue encore, a cependant rendu de si grands services, surtout depuis la guerre, pour l'exploration des tissus, la découverte et la localisation des projectiles.

» Nous avons vu de nombreuses photographies de membres fracturés, d'autres où l'on apercevait le projectile dans les tissus; une, particulièrement curieuse, nous montrait une balle dans le cœur d'un soldat en traitement à l'Hôpital, balle qui n'a pu être extraite et qui suit tous les mouvements du cœur.

» M. le Médecin-Chef a encore montré des clichés qu'il a eu l'occasion de prendre pendant qu'il dirigeait, à Madagascar, le Service de Santé de la Mission Galiéni, et plus tard l'Ecole de Médecine de Tananarive. Un de ces clichés fait voir très distinctement une pièce de dix centimes dans l'œsophage d'un indigène.

» Pour terminer, et comme application immédiate, il a fait radiographier devant nous la main et le bras d'un élève qui, autrefois, avait eu une cassure de l'avant-bras.

» Nous défilons par groupes devant les dynamos et le transformateur en marche, qui porte la tension de 100 à 25 et 30 mille volts.

» Avant de lever la séance, M. le Médecin-Chef nous annonce qu'il laisse la chefferie de l'Hôpital Saint-Genès pour prendre, dans la zone des armées, où il est envoyé sur sa demande, la direction d'un Hôpital de 1.800 lits. Il veut bien nous dire qu'il regrettera notre « voisinage ».

» M. le Directeur remercie M. le Médecin principal Jourdran de son intéressante causerie et exprime les regrets de tous de voir s'éloigner de l'Ecole un véritable ami.

» Par acclamations, M. le docteur Jourdran est nommé *Professeur honoraire de l'Ecole Saint-Genès.*

» Il quittera l'Hôpital complémentaire n° 18 escorté d'universels regrets et des sympathies de tout Saint-Genès. »

*
* *

Le corps professoral de l'Ecole Saint-Genès paya largement son tribut à la France pendant la guerre : trente-neuf professeurs furent mobilisés; quatre tombèrent glorieusement sur le champ de bataille; trois autres moururent des suites de la guerre.

Ceux qui ne furent pas mobilisés, à cause de leur âge ou de leurs infirmités, durent se multiplier pour suppléer les manquants : sept d'entre eux succombèrent à la tâche. Nous croyons devoir rappeler ici leur souvenir : leurs noms méritent de figurer au « *Livre d'Or* »; eux aussi sont « morts au champ d'honneur ! »

Jeudi 30 juillet 1914, la veille de la mobilisation, l'Ecole Saint-Genès et l'Enseignement libre faisaient une perte sensible en la personne de M. Louis Viguié, organisateur du Musée, auteur de plusieurs trouvailles scientifiques appliquées à l'agriculture, à l'élevage sous ses divers aspects, à la chimie agricole, par un labeur de près de quarante ans. Profondément religieux, d'un zèle désintéressé, il suscita de solides amitiés par sa bienveillance et ses obligeants services. C'était le frère de M. Victor Viguié, économe ,et de M. Casimir Viguié, professeur de 11ᵉ.

Pierre Etchalecou (ancien Frère Lumanor), enseigna d'abord les éléments aux tout-petits enfants du Pensionnat J.-B. de la Salle. Il dirigea plus tard avec succès l'Ecole de Chérubin, au quartier du Grand Séminaire, à Bayonne. Il fut le continuateur presque immédiat du Frère Justinus-Marie, éducateur éminent de douce et vénérée mémoire, à Orthez. Son dévouement et ses brillantes qualités pédagogiques le mirent successivement à la tête des écoles de Pau et de Bayonne. A peu près guéri d'une paralysie faciale, il dépensait un reste de forces au « Cours normal » de Saint-Genès, quand, le 20 novembre 1915, il se vit frappé d'hémiplégie et de congestion cérébrale et pulmonaire.

N'est-ce pas une sorte d'oraison funèbre très ingénieuse et très expressive dans sa concision, qu'un prêtre, qui le vit de près, prononçait lorsque ne retenant pas le nom de Frère Lumanor, il s'écriait : *Oui, c'était l'humanité en or !*

Pierre Lafaurie, de la Congrégation des Petits Frères de Marie, se montra partout religieux, sage éducateur, confrère charitable et des plus distingués. A Royan, il connut notre ancien élève tant regretté, l'enseigne de vaisseau J.-B. Dupon; sa piété, son zèle d'apôtre et ses procédés délicats ne furent pas étrangers à la formation de cette âme d'élite dont s'honore l'Ecole Saint-Genès. Jamais on n'entendit sortir de sa bouche une plainte, une parole de critique, la moindre médisance. Assisté de tous les secours de la religion, le samedi 6 mars, vers midi, il rendait doucement sa belle âme à Dieu, à l'âge de 67 ans.

Victor Fiolès, ancien Frère des Ecoles chrétiennes, professeur idéal pour petits enfants : doux, avenant et ferme à la fois, il ne fit qu'un séjour de quelques mois à l'Ecole Saint-Genès, juste le temps de se faire apprécier pour ses procédés délicats, ses manières distinguées et son talent musical très propre à développer le goût artistique chez ses charmants petits élèves de 8ᵉ classe.

Firmin-Casimir Clauzel (ancien Frère Lucien-Casimir), second Econome, membre honoraire de l'Association amicale des Anciens élèves, frère de M. Ad. Clauzel, Directeur, tenait à la fois la caisse de l'Ecole et celle de la Société anonyme immobilière de Saint-Genès. En apparence, il n'avait qu'une place modeste dans l'administration de l'Ecole; en réalité, son action était rayonnante. Il vivait d'une vraie vie surnaturelle. Chaque matin à la Sainte Table, et fréquemment, dans la journée, au pied du Tabernacle, cette vie retrouvait ses forces et sa perpétuelle jeunesse. Cette bonne physionomie qu'il montrait pour recevoir les personnes qui avaient affaire à lui, était l'effet de sa maîtrise de lui-même autant que de son bon naturel.

Sa bonté vraie, son bon sens, et sa droiture, son désir surnaturel du bien lui dictaient des conseils toujours judicieux. Atteint de la grippe, à l'aurore du dimanche 29 avril 1917, sans agonie, son âme chargée de mérites, retournait à Dieu, son principe et sa fin, pour recevoir la récompense du bon et fidèle serviteur.

Jean-Marie Saint-Germès (ancien Frère des Ecoles chrétiennes), originaire de la Haute-Garonne, avait d'abord exercé auprès des petits enfants de Toulouse jusqu'en juillet 1908. Lorsque le Pensionnat Saint-Joseph se transporta à Lez, en Espagne, J.-M. Saint-Germès offrit ses services à la Société Immobilière de Saint-Genès. La ponctualité même pour les surveillances, dévoué, patient, il savait mettre son enseignement à la portée des jeunes intelligences.

Un mal subit le frappa fin mai 1918, et il rendait sa belle âme à Dieu, le dimanche 2 juin. Ses élèves lui témoignèrent leur reconnaissance en faisant dire plus de quarante messes à son intention.

Nous ne saurions passer sous silence le décès de J.-Augustin Blattes (Frère Israël), ancien Directeur du Pensionnat J.-B. de la Salle, pieusement endormi dans le Seigneur, le 7 juillet 1920. Bien que cette mort n'ait pas eu lieu durant la période des hostilités, on peut dire qu'elle fut hâtée par les anxiétés et les fatigues du temps de guerre.

Cette brillante intelligence, ce beau caractère, doué de rares qualités pédagogiques, fut le principal collaborateur du Frère Louis dans la composition du *Cours de Philosophie à l'usage de la Jeunesse Catholique des Ecoles*, et des trois volumes : *La Composition française aux divers examens*, édités à la Maison A. Mame et fils, à Tours.

Après diverses péripéties, conséquences de la guerre religieuse déchaînée contre les Congrégations, M. Blattes acceptait la direction des études à l'Ecole Saint-Genès, reprenait ses leçons de philosophie et assurait la discipline dans la première Division. Cette âme forte se montrait à la hauteur des circonstances dans la période où s'écrivait la plus belle page de l'histoire de Saint-Genès. Témoins de cette attitude virile et réconfortante, maîtres et élèves le suivaient avec entrain dans les « tranchées » où il avait une large part de commandement.

Mais, comme un coup de foudre, le 19 janvier 1918, le voilà frappé d'hémiplégie du côté droit. Grâce aux soins dévoués des médecins et des infirmiers, un mieux sensible se produisit. Mais alors que la paralysie avait brisé ses forces physiques, l'amour des œuvres d'éducation conservait dans son âme toute sa vivacité. Cela le rendait inconscient de son impuissance et il rêvait de nouveaux travaux, lorsqu'une seconde attaque de paralysie du côté gauche l'emporta inopinément. On peut dire de lui : « Bienheureux ceux qui meurent dans le Seigneur; que dès à présent ils reposent en paix, car leurs œuvres les suivent. »

*
* *

Parmi les visiteurs de marque, mentionnons M. l'abbé Bergey, curé de Saint-Emilion, actuellement député de la Gironde, durant la guerre, l'aumônier idéal, objet de l'admiration de tous ceux qui le virent à l'œuvre, d'un dévouement complet pour les chers poilus en faveur de qui il prodigue encore sa parole éloquente; entraîneur de foules, athlète du Christ, qui de la poussière de catholiques travaille, avec le général de Castelnau, à cimenter un bloc infrangible où le sectarisme usera ses dents.

M. le chanoine Etcheber, jeune prêtre basque; au moment de la guerre, vicaire à Saint-André de Bayonne, puis aumônier du 49e R. I.; après la guerre, aumônier de l'armée du Rhin, chevalier de la Légion d'honneur. Le dimanche 29 mai 1919, à 17 heures, il faisait dans la Salle Saint-Genès une Conférence sous le titre « *Impressions Rhénanes* » (La force française - Le péril prussien).

Le 23 avril 1915, visite de F. Allais-Charles, assistant, et en 1923, Supérieur général des Frères des Ecoles chrétiennes; du Frère Justinus, Secrétaire général, ancien directeur de l'Ecole Supérieure, à Bordeaux.

Le 13 mai, c'est M. Brunhes (Frère Gabriel-Marie), ancien Supérieur général des Ecoles chrétiennes.

Jeudi 3 juin, visite de M. Sodoyer (Frère Auguste), sous-directeur d'Estaimpuis; depuis visiteur à Caen.

On eut aussi la visite du C. Frère Alban, directeur du Collège Saint-Bernard, à Saint-Sébastien; de M. le capitaine Lhoste, présentement Directeur du Pensionnat Saint-Gilles, à Moulins; de M. L. Silie, Colonel du Génie; de M. Maurice Salles, Officier de Marine; des capitaines Louis, Michel et Gabriel Giard, anciens élèves, etc.

En janvier 1916, celle de M. l'abbé Elgué, qui fut longtemps infirmier à l'Hôpital de l'Ecole, et, par occasion troisième aumônier de Saint-Genès; dans une agréable causerie au réfectoire, il dépeint la vie de nos chers soldats, véritables troglodytes, terrés dans les bois de l'Argonne; il dit les joies du prêtre brancardier, qui a trouvé tant d'occasions d'exercer son saint ministère.

Plusieurs fois, l'Hôpital et l'Ecole eurent la visite de S. E. le Cardinal Andrieu, de Mgr Adam, évêque de Tmui, auxiliaire de Son Eminence. Un grand nombre d'autres personnalités ecclésiastiques, militaires ou civiles, en visite à l'Hôpital, voulurent aussi voir l'Ecole.

Tous les anciens élèves et professeurs, permissionnaires de guerre, qui séjournèrent ou passèrent seulement à Bordeaux, firent chaque fois leur visite à Saint-Genès : ils émerveillèrent par leurs récits et charmèrent par leur entrain et leur bonne humeur. Ils nous montraient en action les *vertus du soldat français*, telles que les décrivit dans son discours, à la Séance de Gymnastique de 1914, le Colonel de Galembert, du 4ᵉ Cuirassiers : courage, honneur, patriotisme; ces trois grandes forces morales, cimentées par la Foi et assaisonnées d'une solide gaîté.

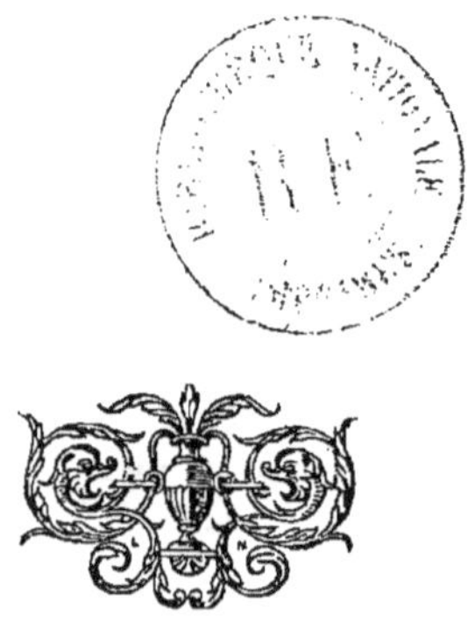

TABLE DES MATIÈRES

Pages

PREMIÈRE PARTIE

DEUXIÈME PARTIE

TROISIÈME PARTIE

ACHEVÉ D'IMPRIMER LE
DEUX JUILLET MIL NEUF
CENT VINGT-SIX, SUR LES
PRESSES DE LA MAISON
AL. SÉGALAS-BÉROU
RUE SAINTE-COLOMBE,
A BORDEAUX